Die Abgrenzung „horizontaler" und „vertikaler" Wettbewerbsbeschränkungen nach der 6. GWB-Nove'·

Deutsches und Europäisches Wirtschaftsrecht

Herausgegeben von Jürgen F. Baur

Band 3

PETER LANG
Frankfurt am Main · Berlin · Bern · Bruxelles · New York · Oxford · Wien

Bernd Nelißen

Die Abgrenzung „horizontaler“ und „vertikaler“ Wettbewerbsbeschränkungen nach der 6. GWB-Novelle

PETER LANG
Europäischer Verlag der Wissenschaften

Die Deutsche Bibliothek - CIP-Einheitsaufnahme

Nelißen, Bernd:

Die Abgrenzung „horizontaler“ und „vertikaler“ Wettbewerbsbeschränkungen nach der 6. GWB-Novelle / Bernd Nelißen. - Frankfurt am Main ; Berlin ; Bern ; Bruxelles ; New York ; Oxford ; Wien : Lang, 2001
(Deutsches und Europäisches Wirtschaftsrecht ; Bd. 3)
Zugl.: Köln, Univ., Diss., 2001
ISBN 3-631-38253-7

D 38
ISSN 1617-352X
ISBN 3-631-38253-7

www.peterlang.de

Vorwort

Die vorliegende Arbeit wurde im Wintersemester 2000/2001 von der Rechtswissenschaftlichen Fakultät der Universität zu Köln als Dissertation angenommen. Sie befindet sich auf dem Stand von Mai 1999. Nach diesem Zeitpunkt erschienene Rechtsprechung und Literatur konnte nur noch insoweit berücksichtigt werden, als sie den eigentlichen Schwerpunkt der Arbeit betrifft.

Meinem Doktorvater, Herrn Professor Dr. Jürgen F. Baur, danke ich für die Anregung zu dem Thema der Arbeit und dafür, daß er mich durch sein Urteil in der Konzeption der Arbeit wie auch in den gefundenen Ergebnissen bestärkt hat. Darüber hinaus danke ich ihm und dem Verlag Peter Lang für die Aufnahme der Arbeit in die Reihe "Deutsches und Europäisches Wirtschaftsrecht". Herrn Professor Dr. Norbert Horn bin ich für die zügige Erstellung des Zweitgutachtens verbunden.

Meiner Freundin Iris danke ich für ihre Unterstützung in jeder Phase der Arbeit. Die intensiven Diskussionen mit ihr insbesondere über die wirtschaftlichen Aspekte der Arbeit haben mir ungezählte Male geholfen, meine Gedanken wieder zu ordnen und neue Ideen zu entwickeln.

Schließlich und vor allem aber danke ich meinen Eltern, die mich in allen Phasen meines Lebens und bei allen Entscheidungen behutsam geleitet und großzügig unterstützt haben. Ihr Rat und ihr Rückhalt waren für mich immer von unschätzbarer Bedeutung.

Frankfurt am Main, im April 2001 — Bernd Nelißen

Inhaltsverzeichnis

Literaturverzeichnis

Areeda, Phillip / Kaplow, Louis: Antitrust Analysis, 4. Auflage, Boston 1988

Baden, Gerd-Uwe: Ausschließlichkeitsbindungen von Absatzmittlern in Handels- und Kartellrecht, Frankfurt 1986 (zit.: Baden, Ausschließlichkeitsbindungen)

Ballerstedt, Kurt: "Grundprobleme des Rechtes der Konzessionsabgaben", BB 1958, 125

ders.: "Der gemeinsame Zweck als Grundbegriff des Rechts der Personengesellschaften", JuS 1963, 253

ders.: "Handlungsunwert oder Erfolgsunwert im Gesetz gegen Wettbewerbsbeschränkungen?", in: Festschrift für Franz Böhm, S. 179, Karlsruhe 1965 (zit.: Ballerstedt, in: Festschrift Böhm)

Baumbach, Adolf / Hefermehl, Wolfgang: Wettbewerbsrecht, 20. Auflage, München 1998

Baums, Theodor: "Kartellverbot und gemeinsamer Zweck", JuS 1990, 608

ders.: "GWB-Novelle und Kartellverbot", ZIP 1998, 233

Baur, Jürgen F.: Der Mißbrauch im deutschen Kartellrecht, Tübingen 1972 (zit.: Baur, Mißbrauch)

ders.: Die Gebietsschutzverträge der Energieversorgungswirtschaft, Heidelberg 1981 (zit.: Baur, Gebietsschutzverträge)

ders.: "Entwicklungslinien im Recht der Wettbewerbsbeschränkungen", JZ 1978, 586 ders.: "Abbau der Gebietsschutzverträge und Durchleitungspflicht - Mittel zur Verbesserung der Versorgung?", in: Baur, Jürgen F. / Lukes, Rudolf: Geschlossene Versorgungsgebiete, Versorgungssicherheit oder Wettbewerb, S. 1, Köln 1979 (zit.: Baur, in: Geschlossene Versorgungsgebiete)

ders.: "Der Einfluß des Europäischen Wettbewerbsrechts auf die deutsche Energiewirtschaft", RdE 1992, 41

ders.: "Energieversorgungsmonopole unter dem Recht des Vertrages über die Europäische Gemeinschaft (EGV)", in: Baur, Jürgen F. (Hrsg.): Aktuelle Probleme des Energierechts, S. 77, Baden-Baden 1995 (zit.: Baur, in: Aktuelle Probleme)

ders.: "Schicksal der Lieferverträge nach Wegfall der Ausschließlichkeitsabrede", RdE 1997, 41

Baur, Jürgen F. / Ehlers, Henning: "Der Tätigkeitsbericht des Bundeskartellamtes für das Jahr 1976", WuW 1977, 683

Becher, Hans: "Wettbewerbsverbot und gesellschaftsmäßige Treupflicht", NJW 1961, 1998

Bechtold, Rainer: Kartellgesetz - Gesetz gegen Wettbewerbsbeschränkungen, München 1993 (zit.: Bechtold, Kartellgesetz)

ders.: Das neue Kartellrecht, München 1981 (zit.: Bechtold, Kartellrecht)

ders.: "Zum Referenten-Entwurf der 6. GWB-Novelle", BB 1997, 1853

ders.: "Die Entwicklung des deutschen Kartellrechts 1995 - 1997", NJW 1997, 1959

ders.: "Das neue Kartellgesetz", NJW 1998, 2769

Becker, Peter: "Rechtsfragen langfristiger Lieferverträge zwischen Energieversorgern im Wettbewerb", ZNER 1997, 12

Bejcek, Josef: Wettbewerbspolitische Theorien und ihre Umsetzung im Kartellrecht, Baden-Baden 1998 (zit.: Bejcek, Wettbewerbspolitische Theorien)

Belke, Rolf: "Die vertikalen Wettbewerbsbeschränkungen nach der Kartellgesetznovelle 1973", ZHR 138 (1974) 227

ders.: "Grundfragen des Kartellverbots", ZHR 143 (1979) 74

Benisch, Werner: "Fehlwirkungen eines Individualschutzes nach § 18 GWB der Kartellgesetznovelle", WRP 1970, 369

Bergh, Roger J. van den / Camesasca, Peter D.: "Die 6. GWB-Novelle unter dem Gesichtspunkt des Subsidiaritätsprinzips: Teilkonvergenz mit dem europäischen Recht", WuW 1998, 1147

Beuthien, "Gesellschaftsrecht und Kartellrecht", ZHR 142 (1978) 259

Biedenkopf, Kurt H.: Vertragliche Wettbewerbsbeschränkung und Wirtschaftsverfassung - Die Ausschließlichkeitsbindung als Beispiel", Heidelberg 1958, (zit.: Biedenkopf, Wettbewerbsbeschränkung)

ders.: "Freiheitliche Ordnung durch Kartellverbot - Vom Sinn eines Gesetzes gegen Wettbewerbsbeschränkungen", in: Biedenkopf, Kurt H. / Callmann, Rudolf / Deringer, Arved: Aktuelle Grundsatzfragen des Kartellrechtes, S. 11, Heidelberg 1957 (zit.: Biedenkopf, Grundsatzfragen)

Böhm, Franz: Wettbewerb und Monopolkampf, Berlin 1933 (zit.: Böhm, Monopolkampf)

Börner, Bodo: "Elektrizitätsversorgung und Gebietsgrenzen", RdE 1979, 50

ders.: "Frankreichstrom nach Deutschland? Art. 90 II EWGV, Teil I", in: Börner, Bodo (Hrsg.): Das Energiewirtschaftsgesetz im Wandel von fünf Jahrzehnten, S. 61, Baden-Baden 1987 (zit.: Börner, in: Das Energiewirtschaftsgesetz im Wandel)

Bork, Robert H.: "The Rule of Reason and the Per Se Concept: Price Fixing and Market Division", Yale L.J. 1966, 373

ders.: "A Reply to Professors Gould and Yamey", Yale L.J. 1967, 731

ders.: "Vertical Restraints: Schwinn overruled", Sup. Ct. Rev. 1977, 171

Bornkamm, Joachim: "Das Kartellverbot in der neueren Rechtsprechung des Bundesgerichtshofs", in: Festschrift für Karlmann Geiß, S. 539, Köln 2000 (zit.: Bornkamm, in: Festschrift Geiß)

Brachmann, Harald: "Die Aufhebung der Gebietsschutzverträge und ihre preis- und wettbewerbsrechtlichen Folgen", ET 1981, 19

Britz, Gabriele: Örtliche Energieversorgung nach nationalem und europäischem Recht, Baden-Baden 1994 (zit.: Britz, Örtliche Energieversorgung)

dies.: "Elektrizitätsbinnenmarkt-Richtlinie und Umsetzung ins deutsche Recht", EuZW 1997, 334

Büdenbender, Ulrich: Energierecht, Köln 1982

ders.: "Zur Notwendigkeit geschlossener Versorgungsgebiete in der leitungsgebunden Versorgungswirtschaft", ET 1978, 735

ders.: "Erfahrungen in der Elektrizitätswirtschaft mit §§ 103, 103 a GWB nach der 4. Kartellgesetznovelle", ZfE 1983, 60

ders.: "Durchleitung elektrischer Energie nach der Energierechtsreform", RdE 1999, 1

ders.: "Energierecht nach der Energierechtsreform", JZ 1999, 62

Bundesverband der Deutschen Industrie (Hrsg.): Kooperationsfibel - Bundesrepublik und EWG, 4. Auflage, Bergisch-Gladbach 1973 (zit.: Kooperationsfibel)

Bunte, Hermann-Josef: "Ein Votum für eine 6. GWB-Novelle", WuW 1994, 1

ders.: "Abschied vom 'gemeinsamen Zweck' und den 'gleichgerichteten Interessen'?", WuW 1997, 857

ders.: "Die 6. GWB-Novelle - Das neue Gesetz gegen Wettbewerbsbeschränkungen", DB 1998, 1748

Callmann, Rudolf: Das deutsche Kartellrecht, Berlin 1934

Canaris, Claus-Wilhelm: Die Feststellung von Lücken im Gesetz, 2. Auflage, Berlin 1983 (zit.: Canaris, Lücken im Gesetz)

Coing, Helmut: Europäisches Privatrecht, Band II, 19 Jahrhundert, München 1989

Craig, Paul / de Búrca, Gráinne: EC Law - Text, Cases and Materials, Oxford 1995 (zit.: Craig/de Búrca, EC Law)

Crome, Carl: "Der Konzessionsvertrag und seine Ausführung im Kriege", AcP 115 (1917) 1

Cronenberg, Martin: "Das neue Energiewirtschaftsrecht", RdE 1998, 85

Deutsche Bank Research: Energiewirtschaft im Umbruch - Auswirkungen der Liberalisierung auf Produktion, Verteilerstrukturen und kommunale Versorger, Frankfurt 1998 (zit.: DB-Research, Energiewirtschaft im Umbruch)

dies.: Kernenergie: Ist ein Ausstieg möglich?, Frankfurt 1999 (zit.: DB-Research, Atomausstieg)

Deutsches Institut für Wirtschaftsforschung: "Schwierige Ausgangslage der ostdeutschen Stromversorgung im beginnenden Wettbewerb", Wochenberichte 1998, S. 725

Dörinkel, Wolfram: "Wettbewerbsklauseln in Betriebsüberlassungsverträgen - Beurteilung nach deutschem und EWG-Kartellrecht", NJW 1966, 1597

Drasdo, Peter (u.a.): Konzentration und Wettbewerb in der deutschen Energiewirtschaft, München 1998 (zit.: Drasdo, Konzentration und Wettbewerb)

Dreher, Meinrad: "Vertikale Wettbewerbsbeschränkungen im US-amerikanischen Kartellrecht nach den Vertical Restraints Guidelines des US-Justizministeriums", DB 1986, 93 ders.: "Das deutsche Kartellrecht vor der Europäisierung", WuW 1995, 881

Easterbrook, Frank H.: "Vertical Arrangements and the Rule of Reason", Antitrust L.J. 1984, 135 (zit.: Easterbrook, Antitrust L.J.)

Ebel, Hans-Rudolf: Energielieferungsverträge, Heidelberg 1992

ders.: "Der gemeinsame Zweck in § 1 GWB und Austauschverträge", WuW 1979, 792

ders.: "Abgegrenzte Versorungsgebiete auch nach der Energierechtsreform?", WuW 1998, 448

Ehlermann, Claus-Dieter: "EG-Binnenmarkt für die Energiewirtschaft", EuZW 1992, 689

Ehricke, Ulrich: "Der Art. 90 EWGV - eine Neubetrachtung", EuZW 1993, 211

Eickhoff, Norbert / Kreikenbaum, Dieter: "Die Liberalisierung der Märkte für leitungsgebundene Energien", WuW 1998, 666

Eisenkopf, Alexander: "Mehr Wettbewerb durch 6. GWB-Novelle?", Wirtschaftsdienst 1998, 625

Elzer, Hansjörg: Die Abgrenzung des Kartellvertrages gegen die sonstigen Verträge im Gesetz gegen Wettbewerbsbeschränkungen, Heidelberg 1981 (zit.: Elzer, Kartellvertrag)

Emmerich, Volker: Kartellrecht, 8. Auflage, München 1999 (zit.: Emmerich, Kartellrecht)

ders.: Kartellrecht, 7. Auflage, München 1994 (zit.: Emmerich, Kartellrecht, 7. Auflage) ders.: Ist der kartellrechtliche Ausnahmebereich für die leitungsgebundene Versorgungswirtschaft wettbewerbspolitisch gerechtfertigt?, Hannover 1978 (zit.: Emmerich, Ausnahmebereich)

ders.: Das Wirtschaftsrecht der öffentlichen Unternehmen, Bad Homburg 1969 (zit.: Emmerich, Öffentliche Unternehmen)

ders.: "Die höchstrichterliche Rechtsprechung zum GWB", ZHR 139 (1975) 476

Enaux, M.: "Die wettbewerbsrechtliche Beurteilung von vertraglichen Wettbewerbsverboten bei Unternehmensveräußerungen", DB 1970, 1305

Enneccerus, Ludwig / Lehmann, Heinrich: Recht der Schuldverhältnisse, 15. Auflage, Tübingen 1958 (zit.: Enneccerus/Lehmann, Schuldrecht)

Europäische Kommission: XXVII. Bericht über die Wettbewerbspolitik 1997, Brüssel 1998 (zit.: Kommission, 27. Wettbewerbsbericht 1997)

Evers, Hans-Ulrich: Das Recht der Energieversorgung, 2. Auflage, Baden-Baden 1983 (zit.: Evers, Energieversorgung)

Ewald, H.: "Sind Einkaufsgenossenschaften Kartelle?", WuW 1956, 253

Feist, Christian: "Die Vereinbarkeit der Demarkationsverträge in der leitungsgebundenen Gaswirtschaft mit dem europäischen Kartellrecht", RdE 1995, 186

Fikentscher, Wolfgang: Wettbewerb und gewerblicher Rechtsschutz, München 1958 (zit.: Fikentscher, Gewerblicher Rechtsschutz)

ders.: Methoden des Rechts in vergleichender Darstellung, Band III, Mitteleuropäischer Rechtskreis, Tübingen 1976 (zit.: Fikentscher, Methoden des Rechts III)

ders.: "Horizontale Wettbewerbsbeschränkungen und Verträge mit Dritten", BB 1956, 793

Fikentscher, Wolfgang / Heinemann, Andreas: "Der 'Draft International Antitrust Code' - Initiative für ein Weltkartellrecht im Rahmen des GATT", WuW 1994, 97

Fischerhof, Hans: "Gesetz gegen Wettbewerbsbeschränkungen und Energiewirtschaft - Fragen der Vertragspraxis", in: Rechtsfragen der Energiewirtschaft, Band II, S. 80, Gräfeling/München 1966 (zit.: Fischerhof, Vertragspraxis)

ders.: "Gesetz gegen Wettbewerbsbeschränkungen und Energiewirtschaft", BB 1958, 135

Flechtheim, Julius: Die rechtliche Organisation der Kartelle, Mannheim 1912

Flume, Werner: Allgemeiner Teil des Bürgerlichen Rechts, Zweiter Band, Das Rechtsgeschäft, 3. Auflage, Berlin 1979 (zit.: Flume, Bürgerliches Recht, Band 2)

ders.: "Verbotene Preisabsprache und Einzelvertrag", WuW 1956, 457

Forrester, Ian / Norall, Chistopher: "The Laicization of Community Law: Self-Help and the Rule of Reason: How Competition Law is and could be applied", C.M.L.Rev. 1984, 11

Frankfurter Kommentar zum Gesetz gegen Wettbewerbsbeschränkungen,
3. Auflage, Stand der Bearbeitung: September 1998, Köln
Band 1, Texte GWB/EU, Auslandsrechte
Band 2, §§ 1 - 19 GWB
Band 3, §§ 20 - 27 GWB
(zit.: Bearbeiter, in: Frankfurter Kommentar)

Freitag, Klaus Peter: Der Leistungswettbewerb als rechtliche Denkfigur, Göttingen 1968 (zit.: Freitag, Leistungswettbewerb)

Fuchs, Andreas: "Kartellrechtliche Immanenztheorie und Wettbewerbsbeschränkungen in Genossenschaftssatzungen", BB 1993, 1893

Fuchs, Klaus: Kartellvertrag und Bereicherung, Heidelberg 1990 (zit.: Fuchs, Kartellvertrag)

Gamm, Otto-Friedrich Frhr. von: Kartellrecht, 2. Auflage, Köln 1990

ders.: "Die Begrenzung der Freistellung der geschlossenen Versorgungsgebiete der Energiewirtschaft nach §§ 103, 103a GWB", WRP 1987, 1

Gärtner, Rudolf: "Handelsrechtliches Wettbewerbsverbot und Kartellvertrag", BB 1970, 946

Gassner, Ulrich M.: Grundzüge des Kartellrechts, München 1999 (zit.: Gassner, Grundzüge)

Gellhorn, Ernest: Antitrust Law and Economics, 2. Auflage, St. Paul 1981 (zit.: Gellhorn, Antitrust Law)

Gemeinschaftskommentar: Gesetz gegen Wettbewerbsbeschränkungen und Europäisches Kartellrecht, 4. Auflage, Köln 1980 ff.
1. Lieferung 1980, §§ 1- 4 GWB
11. Lieferung 1987, §§ 15 - 19 GWB
6. Lieferung 1982, §§ 34 - 39 GWB
(zit.: Bearbeiter, in: Gemeinschaftskommentar)

Gemeinschaftskommentar: Gesetz gegen Wettbewerbsbeschränkungen und Europäisches Kartellrecht, 3. Auflage, Köln 1972 ff.
1. Lieferung 1972, §§ 1 - 4 GWB
(zit.: Bearbeiter, in: Gemeinschaftskommentar, 3. Auflage)

Gleiss, Alfred / Hootz, Christian: "Die kartellrechtliche Zulässigkeit des gesellschaftsrechtlichen Wettbewerbsverbots im Recht der OHG", NJW 1963, 1338

Gleiss, Alfred / Kracht, F.: "'Mißbrauchsbestimmungen' des GWB als Schutzgesetze?", NJW 1959, 971

Gould, J.R. / Yamey, B.S.: "Professor Bork on Vertical Price Fixing", Yale L.J. 1967, 722

dies.: "Professor Bork on Vertical Price Fixing; A Rejoinder", Yale L.J. 1968, 936

Grabitz, Eberhard / Hilf, Meinhard: Kommentar zur Europäischen Union Band I: EUV, Art. 1 - 136 a EGV, Stand der Bearbeitung: Mai 1998, München (zit.: Bearbeiter, in: Grabitz/Hilf)

Groeben, Hans von der / Thiesing, Jochen / Ehlermann, Claus-Dieter: Kommentar zum EWG-Vertrag Band 2: Art. 85 - 109, 4. Auflage, Baden-Baden 1991 (zit.: Bearbeiter, in: Groeben/Thiesing/Ehlermann)

Großfeld, Bernhard: "Hauptpunkte der Kartellrechtsentwicklung vor dem Ersten Weltkrieg", ZHR 141 (1977) 442

Grunzel, Josef: Über Kartelle, Leipzig 1902 (zit.: Grunzel, Kartelle)

Günther, Eberhard: "Einkaufsvereinigungen und Kartellgesetzentwurf", MA 1957, 35

Gugerbauer, Norbert: Kommentar zum Kartellgesetz, 2. Auflage, Wien 1993 (zit.: Gugerbauer, Kartellgesetz)

Haase, Horst: "Anmerkungen zur Vierten Kartellgesetznovelle und ihre Auswirkungen auf versorgungswirtschaftliche Verträge", BB 1980, 1833

Hamm, Walter: "Die Bedeutung des leistungsgerechten Wettbewerbs im Rahmen der Wettbewerbsregeln", WuW 1975, 115

Haußmann, Fritz / Hollaender, Adolf: Kartellverordnung, München 1925 (zit.: Haußmann/Hollaender, Kartellverordnung)

Heinze, Gero: "Wettbewerbsverbote in Unternehmensveräußerungsverträgen", NJW 1973, 492

Helm, Horst: "Zulässigkeit von Wettbewerbsverboten beim Unternehmenskauf", in: Festgabe für Wolfgang Hefermehl, S. 299, Stuttgart 1972 (zit.: Helm, in: Festgabe Hefermehl)

Hensing, Ingo / Pfaffenberger, Wolfgang / Ströbele, Wolfgang: Energiewirtschaft, Wien 1998

Hesse, Konrad: Grundzüge des Verfassungsrechts der Bundesrepublik Deutschland, 17. Auflage, Heidelberg 1990 (zit.: Hesse, Verfassungsrecht)

Heymann: Handelsgesetzbuch, Band 2, Zweites Buch §§ 105 - 237, 2. Auflage, Berlin 1996 (zit.: Bearbeiter, in: Heymann)

Hiddemann, Hans-Joachim: "Die Rechtsprechung des Bundesgerichtshofs zum Bierlieferungsvertrag", WM 1975, 942

Hölzler, H. / Wissel, H.: Vertikale Verträge - US-Guidelines 1985 und EG-Kartellrecht, Köln 1986 (zit.: Hölzler/Wissel, Vertikale Verträge)

Hönn, Günther: "Zur Bedeutung spezieller Normen für die Konkretisierung von Generalklauseln, am Beispiel des Wettbewerbsrechts", in: Festschrift für Otto Mühl, S. 309, Stuttgart 1981 (zit.: Hönn, in: Festschrift Mühl)

Hoppmann, Erich: Die Abgrenzung des relevanten Marktes im Rahmen der Mißbrauchsaufsicht über marktbeherrschende Unternehmen, Baden-Baden 1974 (zit.: Hoppmann, Relevanter Markt)

ders.: "Zum Schutzobjekt des Gesetzes", in: Mestmäcker, Ernst-Joachim (Hrsg.): Wettbewerb als Aufgabe - Nach zehn Jahren Gesetz gegen Wettbewerbsbeschränkungen, S. 61, Bad Homburg v.d.H. 1968 (zit.: Hoppmann, in: Wettbewerb als Aufgabe)

ders.: "Die sogenannten Bagatellkartelle der 'neuen Wettbewerbspolitik'", DB 1970, 93

Hübner, Klaus: Außerkartellrechtliche Einschränkungen des Kartellverbotes, Köln 1971 (zit.: Hübner, Einschränkung)

Immenga, Ulrich: Wettbewerbsbeschränkungen auf staatlich gelenkten Märkten, Tübingen 1967 (zit.: Immenga, Wettbewerbsbeschränkungen) ders.: "Begriffliches zur Wettbewerbsbeschränkung", ZHR 148 (1984) 268

ders.: "Die kartellrechtliche Zuordnung von Konzessionsverträgen", WuW 1985, 453

Immenga, Ulrich / Mestmäcker, Ernst-Joachim: Gesetz gegen Wettbewerbsbeschränkungen, 2. Auflage, München 1992 (zit.: Bearbeiter, in: Immenga/Mestmäcker)

dies.: Gesetz gegen Wettbewerbsbeschränkungen, 1. Auflage, München 1981 (zit.: Bearbeiter, in: Immenga/Mestmäcker, 1. Auflage)

dies.: EG-Wettbewerbsrecht, Band I, München 1997

Isay, Rudolf: Die Geschichte der Kartellgesetzgebungen, Berlin 1955 (zit.: Isay, Kartellgesetzgebungen)

Isay, Rudolf / Tschierschky, S.: Kartellverordnung, 2. Auflage, Mannheim 1930

Jansen, Udo: Die Kopplungsverträge im Recht der Wettbewerbsbeschränkungen, Bad Homburg 1968, (zit.: Jansen, Kopplungsverträge)

Jarass, Hans D. / Pieroth, Bodo: Grundgesetz für die Bundesrepublik Deutschland, 4. Auflage, München 1997

Junius, Andreas G. / König, Andreas: "Die Richtlinien des US-Justizministeriums zu vertikalen Wettbewerbsbeschränkungen", RIW 1985, 364

Kahlenberg, Harald: "Novelliertes deutsches Kartellrecht", BB 1998, 1593

Kallfass, Hermann H.: "Vertikale Verträge in der Wettbewerbspolitik der EU", WuW 1999, 225

Kapp, Thomas: Wettbewerbsbeschränkung durch vertikale Vertriebsbindung?, Baden-Baden 1984 (zit.: Kapp, Vertikale Vertriebsbindung)

ders.: "Die neuen Vertical Restraints Guidelines der Antitrust Division des U.S. Department of Justice: Vertikalbindungen auf dem Weg zur per se-Legalität", RIW 1985, 677

Kardaras, Athanasios: Das Wettbewerbsverbot in den Personalgesellschaften, München 1967 (zit.: Kardaras, Wettbewerbsverbot)

Kellermann, Alfred: "Einfluß des Kartellrechts auf das gesellschaftsrechtliche Wettbewerbsverbot des persönlich haftenden Gesellschafters", in: Festschrift für Robert Fischer, S. 307, Berlin 1979, (zit.: Kellermann, in: Festschrift Fischer)

Kestner, Fritz: Der Organisationszwang, Berlin 1912

Kirchhoff, Wolfgang: Die kartellrechtliche Beurteilung vertikaler Vertriebsverträge, Köln 1990 (zit.: Kirchhoff, Vertikale Vertriebsverträge)

Klaue, Siegfried: Das Kartellrecht in der Praxis, Düsseldorf 1961 (zit.: Klaue, Kartellrecht)

ders.: "Wettbewerbsverbote und § 1 GWB", WuW 1961, 323

ders.: "Kartellrecht und Versorgungswirtschaft", WuW 1983, 460

Kleemann, Gerd: "Die kartellrechtliche Beurteilung von vertikalen Ausschließlichkeitsverträgen im Gemeinsamen Markt", DB 1962, 1631

Kleinwächter, Friedrich: Die Kartelle, Innsbruck 1883

Knöpfle, Robert: Der Rechtsbegriff "Wettbewerb" und die Realität des Wirtschaftslebens, Köln 1969 (zit.: Knöpfle, Rechtsbegriff)

ders.: "Anwendung des § 1 GWB auf einseitige Wettbewerbsverbote", DB 1986, Beilage 11

Koch, Eckart: Schadenersatz bei unerlaubten wettbewerbsbeschränkenden Handlungen nach deutschem und europäischen Recht", Bad Homburg 1968 (zit.: Koch, Schadenersatz)

Köhler, Helmut: Wettbewerbsbeschränkungen durch Nachfrager, München 1977 (zit.: Köhler, Wettbewerbsbschränkungen)

ders.: "Wettbewerbsverbote bei Veräußerung und Stillegung von Unternehmen in kartellrechtlicher Sicht", ZHR 148 (1984) 487

ders.: "Das Kartellverbot und die Zukunft der Kooperationsgruppen des Handels", DB 1984, 2022

ders.: "Zur Reform des GWB", WRP 1996, 835

ders.: "Zulässigkeit von Wettbewerbsbeschränkungen beim Energievertrieb", in: Baur, Jürgen F. (Hrsg.): Energiewirtschaft – Der neue energie- und kartellrechtliche Rahmen, S. 51, Baden-Baden 1999 (zit.: Köhler, Wettbewerbsbeschränkungen beim Energievertrieb)

Koenigs, Folkmar: "Einige Probleme des § 18 GWB", in: Mestmäcker, Ernst-Joachim (Hrsg.): Wettbewerb als Aufgabe - Nach zehn Jahren Gesetz gegen Wettbewerbsbeschränkungen, S. 301, Bad Homburg v.d.H. 1968 (zit.: Hoppmann, in: Wettbewerb als Aufgabe)

Kötz, Hein: Deliktsrecht, 8. Auflage, Neuwied 1998

Koppensteiner, Hans-Georg: Wettbewerbsrecht, Band 1: Österreichisches und Europäisches Kartellrecht, 2. Auflage, Wien 1989 (zit.: Koppensteiner, Wettbewerbsrecht)

ders.: Wettbewerbsrecht, Kartellrecht und unlauterer Wettbewerb, 1. Auflage, Wien 1981 (zit.: Koppensteiner, Wettbewerbsrecht, 1. Auflage)

Korah, Valentine: An Introductory Guide to EC Competition Law and Practice, 6. Auflage, Oxford 1997 (zit.: Korah, Competition Law)

Kretzer, Martin: Immanenztheorien im Kartellrecht, Kehl am Rhein 1992 (zit.: Kretzer, Immanenztheorien)

Kropff, Bruno: Aktiengesetz, Düsseldorf 1965

Kruse, Jörn: "Vertikale Integration als Wettbewerbsproblem", in: Festschrift für Ingo Schmidt, S. 247, Baden-Baden 1997 (zit.: Kruse, in: Festschrift Schmidt)

Kühne, Gunther: "Schicksal langfristiger Lieferverträge zwischen Energieversorgungsunternehmen (EVU) bei Aufhebung der §§ 103, 103 a GWB", BB 1997, Beilage 19

Kühne, Gunther / Scholtka, Boris: "Das neue Energiewirtschaftsrecht", NJW 1998, 1902

Kuhnt, Dietmar: "Warum geschlossene Versorgungsgebiete in der leitungsgebundenen Versorgungswirtschaft?", ET 1978, 657

ders.: "Die Versorgung Europas mit sicherer und preisgünstiger Energie", RdE 1994, 41

Kummer, Max: Der Begriff des Kartells, Bern 1966 (zit.: Kummer, Kartell)

Kunth, Bernd / Slabschi, Peter: "Zu den Folgen nichtiger Gebietsschutzabreden in Energielieferverträgen", RdE 1997, 174

Langen, Eugen / Niederleithinger, Ernst / Schmidt, Ulrich: Kommentar zum Kartellgesetz, 5. Auflage, Neuwied 1977, (zit.: Langen/Niederleithinger/Schmidt, 5. Auflage)

Langen, Eugen / Bunte, Hermann-Josef : Kommentar zum deutschen und europäischen Kartellrecht, 8. Auflage, Neuwied 1998 (zit.: Bearbeiter, in: Langen/ Bunte)

Larenz, Karl: Lehrbuch des Schuldrechts, Zweiter Band, Besonderer Teil, 12. Auflage, München 1981 (zit.: Larenz, Schuldrecht II)

ders.: Methodenlehre der Rechtswissenschaft, 6. Auflage, Berlin 1991 (zit.: Larenz, Methodenlehre)

Larenz, Karl / Canaris, Claus-Wilhelm: Lehrbuch des Schuldrechts, Band II/2, Besonderer Teil, 13. Auflage, München 1994 (zit.: Larenz/Canaris, Band II/2)

Larenz, Karl / Wolf, Manfred: Allgemeiner Teil des deutschen Bürgerlichen Rechts, 8. Auflage, München 1997 (zit.: Larenz/Wolf, AT)

Lecheler, Helmut / Gundel, Jörg: "Die Rolle von Art. 90 Abs. 2 und 3 EGV in einem liberalisierten Energiemarkt - Zur Bedeutung der EuGH-Entscheidungen vom 23.10.1997 für die Zukunft", RdE 1998, 92

Lehmpfuhl, Rolf-S.: Vertriebsbindungen, Köln 1965

ders.: "Vertriebsbindungen als Mittel der Absatzpolitik", MA 1967, 383

Lehnich, Oswald: Kartelle und Staat, Berlin 1928 (zit.: Lehnich, Kartelle und Staat)

ders.: Die Wettbewerbsbeschränkung, Köln 1956 (zit.: Lehnich, Wettbewerbsbeschränkung)

Leo, Hans-Christoph: "Zum Begriff der Schutzvorschrift in § 35 GWB", WuW 1959, 485

ders.: "§ 18 Absatz I des Gesetzes gegen Wettbewerbsbeschränkungen und der Änderungsantrag der SPD", WRP 1961, 325

ders.: "Der Ausschließlichkeitsvertrag in den Entwürfen für eine Reform des GWB", WRP 1964, 327

ders.: "Das Wettbewerbsverbot des Handelsvertreters im Lichte des § 18 GWB", WRP 1969, 85

Lieberknecht, Otfried / Gnauk, Herbert: "Zur kartellrechtlichen Beurteilung von Wettbewerbsverboten in Personengesellschaften", BB 1963, 1067

Liebs, Rüdiger: Wettbewerbsbeschränkende Vertriebsverträge und unerlaubte Handlung, Stuttgart 1973 (zit.: Liebs, Vertriebsverträge)

Liefmann, Robert: Kartelle, Konzerne und Trusts, 7. Auflage, Stuttgart 1927 (zit.: Liefmann, Kartelle)

Loewenheim, Ulrich / Belke, Rolf: Gesetz gegen Wettbewerbsbeschränkungen, 4. Auflage, Berlin 1977 ff. (zit.: Bearbeiter, in: Loewenheim/Belke)

Löwisch, Manfred: Die Stellung der Produzentenhändler im Wettbewerbsbeschränkungsrecht, Tübingen 1961 (zit.: Löwisch, Produzentenhändler)

Lohse, Andrea: "Diskussionsbericht zum Vierten Symposion zu Fragen des Kartell- und Energierechts zu Ehren von Herrn Prof. Dr. Kurt Markert", AG 1998, 578

Lucas: "Der Zweck im Kartellrecht", JW 1924, 1119

Ludwig, Wolfgang / Odenthal, Hans: Recht der Elektrizitäts-, Gas- und Wasserversorgung, Stand der Bearbeitung: Juli 1998, Neuwied (zit.: Bearbeiter, in: Ludwig/Odenthal)

Lukes, Rudolf: Der Kartellvertrag, München 1959

ders.: "Die Reformdiskussion zur wettbewerbsrechtlichen Regelung der leitungsgebundenen Versorgungswirtschaft, insbesondere der Elektrizitätswirtschaft", in: Baur, Jürgen F. / Lukes, Rudolf: Geschlossene Versorgungsgebiete, Versorgungssicherheit oder Wettbewerb, S. 65, Köln 1979 (zit.: Lukes, in: Geschlossene Versorgungsgebiete)

ders.: "Energiewirtschaftliche Demarkationsverträge und EWG-Wettbewerbsrecht", DB 1987, 1925

ders.: "Beseitigung der kartellrechtlichen Freistellung für die leitungsgebundene Energieversorgung und die Auswirkungen auf Netzbenutzungen", RdE 1998, 49

ders.: "Die Neuregelung des Energiewirtschaftsrechts", BB 1998, 1217

ders.: "Strom- und Gasimport aus Drittstaaten", RIW 1998, 581

Lutz, Helmuth: "Die Arbeitsgemeinschaft und das Gesetz gegen Wettbewerbsbeschränkungen", NJW 1960, 1833

ders.: "Auswirkungen der Kartellgesetznovelle auf vertikale Bindungen nach § 18 GWB", BB 1965, 1336

Maasch, Beate: "Auslegung von Normen - ein spezifisches Problem im Kartellrecht?", ZHR 150 (1986) 354

Magen, Albrecht: "Gesellschaftsrechtliche Wettbewerbsverbote und Kartellrecht", NJW 1961, 147

Mailänder, K. Peter: Privatrechtliche Folgen unerlaubter Kartellrechtspraxis, Karlsruhe 1965 (zit.: Mailänder, Privatrechtliche Folgen)

Malzer, Georg: "Energieversorgung und Kartellgesetz", WuW 1959, 780

ders.: "Die Benutzung öffentlicher Wege zur Leitungsverlegung durch Versorgungsunternehmen und industrielle Eigenanlagen in kartellrechtlicher Sicht", WuW 1962, 252

ders.: "Umfang des ausschließlichen Wegerechts zur Leitungsverlegung bei öffentlicher Versorgung und Eigenversorgung", WuW 1974, 816

Markert, Kurt: "Aktuelle Fragen des Energiekartellrechts im Jahre 1993 aus der Sicht des Bundeskartellamtes", RdE 1993, 134

ders.: "Application of European and German Competition Law to Energy Utilities in Germany", OGLTR 1996, 220

ders.: "Durchleitung von Strom und Gas: Allgemeines Kartellrecht oder Sonderregelung?", BB 1997, 1421

ders.: "Die Zukunft des Kartellrechts", AG 1998, 576

ders.: "Langfristige Bezugsbindungen für Strom und Gas nach deutschem und europäischem Kartellrecht", EuZW 2000, 427

Maunz, Theodor / Dürig, Günter (u.a.): Grundgesetz, Stand der Bearbeitung: Juni 1998, München, Band V, Art. 92 - 146 (zit.: Bearbeiter, in: Maunz/Dürig)

Mestmäcker, Ernst-Joachim: Europäisches Wettbewerbsrecht, München 1974 (zit.: Mestmäcker, Wettbewerbsrecht)

ders.: "Das Verhältnis des Rechts gegen Wettbewerbsbeschränkungen zum Privatrecht (I)", DB 1968, 787

ders.: "Das Verhältnis des Rechts gegen Wettbewerbsbeschränkungen zum Privatrecht (II)", DB 1968, 835

Metzenthin, Andreas: "Rechtliche Maßstäbe für die Laufzeit von Stromlieferungsverträgen", in: VDEW (Hrsg.): Energierechtsnovelle und Stromlieferungsverträge, S. 57, Frankfurt 1997 (zit.: Metzenthin, in: Energierechtsnovelle und Stromlieferungsverträge)

Meyer-Cording, Ulrich: "Die Grundbegriffe des Wettbewerbsrechts", WuW 1962, 461

Meysenburg, Helmut: "Die deutsche Elektrizitätsversorgung - Grundsätzliche und zeitnahe Fragen und Aufgaben aus der Sicht des Jahres 1970", Jahrbuch für Bergbau, Energie, Mineralöl und Chemie 1970, 13

Michalski, Lutz: "Die Anwendbarkeit des Kartellverbots (§ 1 GWB) auf Wettbewerbsverbote in Austauschverträgen", BB 1991, 1875

Möschel, Wernhard: Recht der Wettbewerbsbeschränkungen, Köln 1983 (zit.: Möschel, Wettbewerbsbeschränkungen)

ders.: "Reform des europäischen und des deutschen Kartellrechts", EWS 1995, 249

ders.: "Anpassung des GWB an das europäische Wettbewerbsrecht", EuZW 1995, 817

Monopolkommission: "Mehr Wettbewerb ist möglich", Hauptgutachten 1973/1975, Baden-Baden 1977 (zit.: Monopolkommission, Hauptgutachten I)

dies.: "Mehr Wettbewerb auf allen Märkten", Hauptgutachten 1992/1993, Baden-Baden 1994 (zit.: Monopolkommission, Hauptgutachten X)

dies.: "Wettbewerbspolitik in Zeiten des Umbruchs", Hauptgutachten 1994/1995, Baden-Baden 1996 (zit.: Monopolkommission, Hauptgutachten XI)

Müller, Leonhard: Handbuch der Elektrizitätswirtschaft, Berlin 1998 (zit.: Müller, Elektrizitätswirtschaft)

Müller, Rudolf: "Anwendbarkeit von § 134 BGB im Kartellrecht", JZ 1954, 720

Müller, Heinz / Gießler, Peter / Scholz, Ulrich: Wirtschaftskommentar - Kommentar zum Gesetz gegen Wettbewerbsbeschränkungen, Kartellgesetz, 4. Auflage, Frankfurt 1981
Band 1, §§ 1 - 24 GWB
Band 2, §§ 25 - 109
(zit.: Bearbeiter, in: Müller/Gießler/Scholz)

Müller-Henneberg / Schwartz, Gustav: Gesetz gegen Wettbewerbsbeschränkungen, 1. Auflage, Köln 1958 (zit.: Müller-Henneberg/Schwartz, GWB, 1. Auflage)

Münchener Kommentar zum Bürgerlichen Gesetzbuch:
Band 1, Allgemeiner Teil (§§ 1 - 240), AGBG, 3. Auflage, München 1993
Band 2, Schuldrecht, Allgemeiner Teil (§§ 241 - 432), 3. Auflage, München 1994
Band 5, Schuldrecht, Besonderer Teil III (§§ 705 - 853) 3. Auflage, München 1997
(zit.: Bearbeiter, in: Münchener Kommentar BGB)

Mugdan, B.: Die gesamten Materialien zum Bürgerlichen Gesetzbuch für das Deutsche Reich, I. Band, Einführungsgesetz und Allgemeiner Teil, Berlin 1899 (zit.: Mugdan, Band I)

Niederleithinger, Ernst: Die Stellung der Versorgungswirtschaft im Gesetz gegen Wettbewerbsbeschränkungen, Düsseldorf 1968 (zit.: Niederleithinger, Versorgungswirtschaft)

ders.: "Der 'gemeinsame Zweck' des § 1 GWB in der Rechtsprechung des Bundesgerichtshofes", in: Festschrift für Werner Benisch, S. 277, Köln 1989, (zit.: Niederleithinger, in: Festschrift Benisch)

Obernolte, Wolfgang / Danner, Wolfgang: Energiewirtschaftsrecht, Band I, Stand der Bearbeitung: März 1998, München (zit.: Bearbeiter, in: Obernolte/Danner)

Oppenländer, Frank: "Die Beurteilung von Wettbewerbsverboten nach §§ 1 und 18 GWB", WuW 1981, 389

Palandt, Otto: Bürgerliches Gesetzbuch, 58. Auflage, München 1999 (zit.: Palandt-Bearbeiter)

Peters, Joachim: Ausschließlichkeitsbindungen und Kartellverbot, Köln 1990 (zit.: Peters, Ausschließlichkeitsbindungen)

Pfeiffer, Herbert: Die kartellrechtliche Wirksamkeit energiewirtschaftlicher Konzessionsverträge, Baden-Baden 1985 (zit.: Pfeiffer, Konzessionsverträge)

Piltz, Harald: "Kartellrechtliche Bewertung bestehender Gaslieferungsverträge", RdE 1999, 60

Pleßke, Andreas: Der "gemeinsame Zweck" im Sinne des Kartellrechts, Frankfurt 1993 (zit.: Pleßke, Gemeinsamer Zweck)

Posner, Richard A.: "The Next Step in the Antitrust Treatment of Restricted Distribution: Per Se Legality", U. Chi. L. R. 1981, 6

Rapp-Jung, Barbara: "Zur Tragweite von Art. 90 Abs. 2 EGV für die Energiewirtschaft", RdE 1994, 165

dies.: "Die EU Richtlinie für Elektrizität im Spannungsfeld zwischen den Wettbewerbsregeln des Vertrags und den verbliebenen energiepolitischen Befugnissen der Mitgliedsstaaten", RdE 1997, 133

Rasch, Harold: Wettbewerbsbeschränkungen - Kartell- und Monopolrecht, 2. Auflage, Berlin 1958 (zit.: Rasch, Wettbewerbsbeschränkungen)

ders.: "Ausschließlichkeitsbindungen im Handelsvertreterrecht", WuW 1958, 208

Rauschenbach, Gerhard: "Die Entwicklung des deutschen Kartellrechts 1977", NJW 1978, 185

Rebe, Bernd: Privatrecht und Wirtschaftsordnung, Bielefeld 1978 (zit.: Rebe, Wirtschaftsordnung)

Recknagel, Henning / Pardemann, Hansjörg: "Zu den Auswirkungen des Wegfalls des § 103 GWB auf Energielieferverträge zwischen EVU", in: VDEW (Hrsg.): Energierechtsnovelle und Stromlieferungsverträge, S. 101, Frankfurt 1997 (zit.: Recknagel/Pardemann, in: Energierechtsnovelle und Stromlieferungsverträge)

Rey, Patrick / Caballero-Sanz, Francisco: The Policy Implications of the Economic Analysis of Vertical Restraints, Brüssel 1996 (zit.: Rey/Caballero-Sanz, Vertical Restraints)

Riechmann, Volkhard: "Nochmals: Die kartellrechtliche Zuordnung von Konzessionsverträgen", WuW 1985, 945

Riesenkampff, Alexander: "Die Ausschließlichkeitsbindung des Tankstellenhalters für Treib- und Schmierstoffe", BB 1968, 732

Riordan, Michael H.: "Anticompetitive Vertical Integration by a Dominant Firm", American Economic Review 1998, 1232

Ritter, Lennart: "Die EG-kartellrechtliche Beurteilung ausschließlicher Bezugsbindungen in Lieferverträgen mit Weiterverarbeitern", in: Festschrift für Otfried Lieberknecht, S. 495, München 1997 (zit.: Ritter, in: Festschrift Lieberknecht)

Rittner, Fritz: Wettbewerbs- und Kartellrecht, 5. Auflage, Heidelberg 1995

ders.: Wirtschaftsrecht, 2. Auflage, Heidelberg 1987

ders.: Die Ausschließlichkeitsbindungen in dogmatischer und rechtspolitischer Betrachtung, Düsseldorf 1957 (zit.: Rittner, Ausschließlichkeitsbindungen)

ders.: "Die Ausschließlichkeitsbindungen nach dem Gesetz gegen Wettbewerbsbeschränkungen", DB 1957, 1091

ders.: "Ausschließlichkeitsbindungen nach dem Gesetz gegen Wettbewerbsbeschränkungen (Teil II)", DB 1957, 1118

ders.: "Die Wettbewerbsverbote der Handelsvertreter und § 18 GWB", ZHR 135 (1971) 289

ders.: "Keine Doppelkontrolle für Vertikalvereinbarungen!", WuW 2000, 696

ders.: "Schlusswort: Keine Doppelkontrolle für Vertikalvereinbarungen", WuW 2000, 1204

Rohardt, Klaus P.: "Grünbuch über vertikale Beschränkungen des Wettbewerbs - Diskussion frei?", WuW 1997, 473

Sandrock, Otto: Grundbegriffe des Gesetzes gegen Wettbewerbsbeschränkungen, München 1968 (zit.: Sandrock, Grundbegriffe)

Schäfer, Ralf: "Ausschließlichkeitsbindungen in Energielieferverträgen", in: VDEW (Hrsg.): Energierechtsnovelle und Stromlieferungsverträge, S. 27, Frankfurt 1997 (zit.: Schäfer, in: Energierechtsnovelle und Stromlieferungsverträge)

Schaub, Alexander / Dohms, Rüdiger: "Der wettbewerbliche Binnenmarkt für Strom und Gas", AG 1998, 566

Scheuten, Günther H.: "Probleme einer umfassenden Neuregelung des Energierechts", EW 1970, 288

Schiffer, Hans-Wilhelm: Energiemarkt Bundesrepublik Deutschland, 6. Auflage, Köln 1997 (zit.: Schiffer, Energiemarkt)

Schlegelberger: Handelsgesetzbuch, Band III, 1. Halbband §§ 105 - 160, 5. Auflage, München 1992 (zit.: Bearbeiter, in: Schlegelberger)

Schluep, Walter R.: Der Alleinvertriebsvertrag - Markstein der EWG-Kartellpolitik, Bern 1966 (zit.: Schluep, Alleinvertriebsvertrag)

Schmidt, Karsten: Kartellverfahrensrecht - Kartellverwaltungsrecht - Bürgerliches Recht, Köln 1977 (zit.: Schmidt, Kartellverfahrensrecht)

ders.: Kartellverbot und "sonstige Wettbewerbsbeschränkungen", Köln 1978 (zit.: Schmidt, Kartellverbot)

ders.: "Vertragliche Wettbewerbsverbote im deutschen Kartellrecht", ZHR 149 (1985) 1

ders.: "'Altes' und 'neues' Kartellverbot", AG 1998, 551

ders.: "Ausschließlichkeitsbindungen, Kartellverbot und Immanenztheorie - Zum Verhältnis zwischen § 16 GWB und § 1 GWB", in: Festschrift für Otto Sandrock, S. 833, Heidelberg 2000 (zit.: Schmidt, in: Festschrift Sandrock)

ders.: "Doppelkontrolle für Vertikalvereinbarungen nach dem GWB? – Thesen zu Rittner, WuW 2000, 696", WuW 2000, 1199

Schmidt, Ingo: Wettbewerbspolitik und Kartellrecht, 5. Auflage, Stuttgart 1996 (zit.: Schmidt, Wettbewerbspolitik)

Schmidt, Ingo / Kirschner, Ulrich: "Darstellung und wettbewerbspolitische Würdigung der U.S. Vertical Restraints Guidelines", WuW 1985, 781

Schmidt-Bleibtreu, Bruno / Klein, Franz: Kommentar zum Grundgesetz, 9. Auflage, Neuwied 1999 (zit.: Bearbeiter, in: Schmidt-Bleibtreu/Klein)

Schmidt-Preuß, Matthias: "Verfassungskonflikt um die Durchleitung? - Zum Streitstand nach dem VNG-Beschluß des BGH", RdE 1996, 1

Schmitt, Dieter: "'Stranded Costs' und Liberalisierung", ET 1998, 143

Schmitz, Erich: "Die Anwendung der Wettbewerbsregeln des EWG-Vertrages auf die Elektrizitätswirtschaft", RdE 1991, 142

Scholz, Ulrich: "Die Beurteilung von Bezugsbindungen in Elektrizitätslieferverträgen nach deutschem und EG-Kartellrecht", RdE 1998, 209

Schüller, Alfred: "Vermachtungserscheinungen im tertiären Sektor", ORDO 1968, 171

Schütte, Dietz: Wettbewerbsverbote der Personalhandelsgesellschafter und ihre Beurteilung nach § 1 GWB, Köln 1971 (zit.: Schütte, Wettbewerbsverbote)

Schütte, Matthias: "Richtlinienvorschlag für Elektrizität im Rahmen des EWG-Vertrages", ET 1992, 258

Schuster, Stephan: Atypische Vertriebsformen im Recht der vertikalen Wettbewerbsbeschränkungen, Frankfurt 1990 (zit.: Schuster, Atypische Vertriebsformen)

Schwartz, Gustav: "Zur Kartellamtspraxis und Rechtsprechung bei Austauschverträgen im Sinn der §§ 15 - 18 GWB", GRUR Int. 1973, 497

Schwarz, Günter Christian: Kartellvertrag und sonstige wettbewerbsbeschränkende Verträge, Köln 1984 (zit.: Schwarz, Kartellvertrag)

Schwintowski, Hans-Peter: "Wettbewerb und Ordnung auf Energiemärkten nach Wegfall der §§ 103, 103 a GWB", WuW 1997, 769

Seifert, Dorothea: "Die kartellrechtliche Beurteilung von Wettbewerbsverboten in Lieferverträgen", in: Festschrift für Otfried Lieberknecht, S. 583, München 1997 (zit.: Seifert, in: Festschrift Lieberknecht)

Seydel, Helmut: "Zur Systematik des Gesetzes gegen Wettbewerbsbeschränkungen", NJW 1957, 1300

Sölter, Arno: Vertriebsbindungen im Gemeinsamen Markt, Köln 1962 (zit.: Sölter, Vertriebsbindungen)

Soergel, Hans Theodor: Bürgerliches Gesetzbuch,
Band 1, Allgemeiner Teil (§§ 1 - 240 BGB), 12. Auflage, Stuttgart 1987
(zit.: Bearbeiter, in: Soergel)

ders.: Bürgerliches Gesetzbuch
Band 4, Schuldrecht III (§§ 705 - 853), 11. Auflage, Stuttgart 1985
(zit.: Bearbeiter, in: Soergel, 11. Auflage)

Sombart, Werner: Der moderne Kapitalismus, Dritter Band: Das Wirtschaftsleben im Zeitalter des Hochkapitalismus, Zweiter Halbband, München 1928 (zit.: Sombart, Hochkapitalismus)

Sontag, Peter-Michael: "Ausschließlichkeitsverträge - Individualschutz und Wettbewerbsschutz", WRP 1970, 229

Statistisches Bundesamt: Statistisches Jahrbuch 1997 für die Bundesrepublik Deutschland, Stuttgart 1997 (zit.: Statistisches Jahrbuch 1997)

Staub: Großkommentar zum Handelsgesetzbuch, 4. Auflage, Berlin 1983 ff., 12. Lieferung §§ 105 - 113 (zit.: Bearbeiter, in: Staub)

Staudinger, Julius von: Kommentar zum Bürgerlichen Gesetzbuch
Buch 1, Allgemeiner Teil, §§ 134 - 163, 13. Auflage, Berlin 1996
(zit.: Bearbeiter, in: Staudinger)

Steinbach, Emil: Rechtsgeschäfte der wirtschaftlichen Organisation, Wien 1897 (zit.: Steinbach, Wirtschaftliche Organisation)

ders.: Der Staat und die moderne Privatmonopole, Wien 1903 (zit.: Steinbach, Privatmonopole)

Steinbeck, Anja Verena: "Der Anspruch auf Aufnahme in einen Verein", WuW 1996, 91

Steinberg, Rudolf / Britz, Gabriele / Schaub, Andrea: "Die Bedeutung des Rechts der Europäischen Gemeinschaft für eine umweltorientierte Energiepolitik und Energierechtssetzung - insbesondere für eine Dezentralisierung der Energieversorgung", RdE 1996, 165

Steindorff, Ernst: Sind Handelsgenossenschaften Kartelle?, Heidelberg 1978 (zit.: Steindorff, Handelsgenossenschaften)

ders.: "Politik des Gesetzes als Auslegungsmaßstab im Wirtschaftsrecht", in: Festschrift für Karl Larenz, S. 217, München 1973 (zit.: Steindorff, in: Festschrift Larenz)

ders.: "Gesetzeszweck und gemeinsamer Zweck des § 1 GWB", BB 1977, 569

ders.: "Bezugsbindungen und Konzentrationsrabatte im Bereiche der Handelsgenossenschaften", BB 1979, Beilage 3

ders.: "Bezugsbindungen und gemeinsamer Zweck in § 1 GWB", BB 1981, 377

Stern, Klaus: "Zur Problematik des energiewirtschaftlichen Konzessionsvertrages", AöR 84 (1959) 137 ff., 273 ff.

Stewing, Clemens: "Umsetzung einer allgemeinen Durchleitungsverpflichtung für Elektrizität in das nationale Recht", EWS 1997, 83

Tegethoff, Wilm / Büdenbender, Ulrich / Klinger, Heinz: Das Recht der öffentlichen Energieversorgung, Stand der Bearbeitung: September 1998, Essen (zit.: Bearbeiter, in: Tegethoff/Büdenbender/Klinger)

Tetzner, Heinrich: Kartellrecht, 2. Auflage, München 1967

Thiessen, Jan: "Art. 90 Abs. 2 Satz 1 EGV - eine Privilegierung für deutsche Energieversorger?", EWS 1998, 10

Trinkner, Reinhold: "Die Kartellgesetzgebung des Corpus Iuris Iustiniani im Vergleich zum modernen Recht", BB 1973, 860

Ulmer, Peter: "Wettbewerbsverbote in Unternehmensveräußerungsverträgen", NJW 1979, 1585

ders.: "Die kartellrechtliche Beurteilung von Wettbewerbsverboten bei Unternehmensveräußerung", NJW 1982, 1975

ders.: "Zur Problematik vertikaler Wettbewerbsbeschränkungen und zum Schutz des intrabrand-Wettbewerbs im GWB", ZHR 130 (1968) 164

Venit, James S.: "Pronuptia: ancillary restraints - or unholy alliances", E.L.Rev. 1986, 213

Voges, Hans-Joachim: "Zum Verhältnis der gesellschaftsrechtlichen Wettbewerbsverbote zum Kartellrecht", DB 1977, 2081

Wallenberg, Gabriela von: Kartellrecht, Neuwied 1997

Wellenhofer-Klein, Marina: “Das neue Kartellverbot und seine Abgrenzung zu den Vertikalvereinbarungen”, WuW 1999, 557

Whish, Richard: Competition Law, 3. Auflage, London 1993

Wiedemann, Gerhard: Kommentar zu den Gruppenfreistellungsverordnungen des EWG-Kartellrechts, Band I, Köln 1989 (zit.: Wiedemann, Gruppenfreistellungsverordnungen)

Wiedemann, Herbert: Gesellschaftsrecht, Band I, München 1980

Wilhelm, Jan: "Der gemeinsame Zweck als Merkmal des Kartellverbots wie der daran anknüpfenden Verbote", ZHR 150 (1986) 320

ders.: "Gemeinsamer Zweck und Wettbewerbsbeschränkung", ZHR 150 (1986) 434

Wissenschaftlicher Beirat beim Bundesministerium für Wirtschaft: "Anpassung des deutschen Kartellgesetzes an das europäische Recht?", WuW 1996, 812

Wrage, Heidi: UWG-Sanktionen bei GWB-Verstößen?, Heidelberg 1984 (zit.: Wrage, UWG-Sanktionen)

Würdinger, Hans: " Verhältnis des § 112 HGB zu § 1 GWB", WuW 1969, 143

Würzberg, Guntram / Bartsch, Michael: "Sicherung der Ausschließlichkeit", in: VDEW (Hrsg.): Energierechtsnovelle und Stromlieferungsverträge, S. 9, Frankfurt 1997 (zit.: Würzberg/Bartsch, in: Energierechtsnovelle und Stromlieferungsverträge)

Zipfel, W.: "Kartellrechtliche Beurteilung von Bierlieferungsverträgen", BB 1958, 1004

Abkürzungsverzeichnis

a.A.	anderer Ansicht
ABGB	Allgemeines Bürgerliches Gesetzbuch (Österreich)
ABl. EG	Amtsblatt der Europäischen Gemeinschaften
AcP	Archiv für die civilistische Praxis
a.E.	am Ende
AG	(Die) Aktiengesellschaft
AGBG	Gesetz zur Regelung des Rechts der Allgemeinen Geschäftsbedingungen
AktG	Aktiengesetz
ALR	Preußisches Allgemeines Landrecht
Am. Ec. Rev.	The American Economic Review
Anm.	Anmerkung
Antitrust L.J.	Antitrust Law Journal
AöR	Archiv des öffentlichen Rechts
Art.	Artikel
AT	Allgemeiner Teil
BB	Der Betriebs-Berater
Bd.	Band
BGB	Bürgerliches Gesetzbuch
BGBl.	Bundesgesetzblatt
BGH	Bundesgerichtshof
BGHZ	Entscheidungen des Bundesgerichtshofs in Zivilsachen
BKartA	Bundeskartellamt
Bl.	Blatt
BMWi	Bundesministerium für Wirtschaft
BR-Drucksache	Bundesrats-Drucksache
BT-Drucksache	Bundestags-Drucksache
BVerfGE	Entscheidungen des Bundesverfassungsgerichts
bzw.	beziehungsweise
C.M.L.Rev.	Common Market Law Review
DB	Der Betrieb
DB-Research	Deutsch Bank Research
ders./dies.	derselbe/dieselbe(n)
DIW	Deutsches Institut für Wirtschaftsforschung
EC	European Community

EG	Europäische Gemeinschaft
EGV	Vertrag über die Europäische Gemeinschaft
E.L.Rev.	European Law Review
EnBW	Energie Baden-Württemberg Badenwerk AG
EnWG	Energiewirtschaftsgesetz
EnWR	Energiewirtschaftsrecht
ET	Energiewirtschaftliche Tagesfragen
etc.	et cetera
EuG	Europäisches Gericht erster Instanz
EuGH	Europäischer Gerichtshof
EUV	Vertrag über die Europäische Union
EuZW	Europäische Zeitschrift für Wirtschaftsrecht
EVU	Energieversorgungsunternehmen
EW	Elektrizitätswirtschaft
EWG	Europäische Wirtschaftsgemeinschaft
EWiR	Entscheidungen zum Wirtschaftrecht
EWS	Europäisches Wirtschafts- und Steuerrecht
f./ff.	folgende
F.A.Z.	Frankfurter Allgemeine Zeitung
Fn.	Fußnote(n)
GFVO	Gruppenfreistellungsverordnung
GG	Grundgesetz
GRUR Int.	Gewerblicher Rechtsschutz und Urheberrecht Internationaler Teil
GWB	Gesetz gegen Wettbewerbsbeschränkungen
HGB	Handelsgesetzbuch
h.M.	herrschende Meinung
i.E.	im Ergebnis
i.S.d.	im Sinne der/des
i.V.m.	in Verbindung mit
JuS	Juristische Schulung
JW	Juristische Wochenschrift
JZ	Juristenzeitung
KG	Kammergericht
KGaA	Kommanditgesellschaft auf Aktien
kWh	Kilowattstunde
LG	Landgericht
li. Sp.	linke Spalte

lit.	Buchstabe
LM	Lindenmaier/Möhring
MA	Der Markenartikel
m.a.W.	mit anderen Worten
Mio.	Million(en)
Mrd.	Milliarde(n)
m.w.N.	mit weiteren Nachweisen
NJW	Neue Juristische Wochenschrift
NJWE	Neue Juristische Wochenschrift - Entscheidungsdienst
Nr(n).	Nummer(n)
o.ä.	oder ähnliches
OGLTR	Oil and Gas Law and Taxation Review
OLG	Oberlandesgericht
ORDO	Jahrbuch für die Ordnung von Wirtschaft und Gesellschaft
para.	Paragraph
Pf.	Pfennig
RdE	Recht der Energiewirtschaft
Rdn(rn).	Randnummer(n)
re. Sp.	rechte Spalte
RG	Reichsgericht
RGBl.	Reichsgesetzblatt
RGSt	Entscheidungssammlung des Reichsgerichts in Strafsachen
RGZ	Entscheidungssammlung des Reichsgerichts in Zivilsachen
RIW	Recht der Internationalen Wirtschaft
Rspr.	Rechtsprechung
S.	Seite
S. Ct.	Supreme Court Reporter
st.	ständige
StGB	Strafgesetzbuch
Sup. Ct. Rev.	Supreme Court Review
Tz(rn).	Textziffer(n)
u.a.	und andere/unter anderem
U. Chi. L. R.	University of Chicago Law Review
U.S.	United States (of America)
u.U.	unter Umständen
UWG	Gesetz gegen den unlauteren Wettbewerb
v.	vom/von
VDEW	Vereinigung Deutscher Elektrizitätswerke e.V.

vgl.	vergleiche
VO	Verordnung
WM	Wertpapier-Mitteilungen
WRP	Wettbewerb in Recht und Praxis
WuB	Wirtschafts- und Bankrecht
WuW	Wirtschaft und Wettbewerb
WuW/E	Entscheidungssammlung der Zeitschrift Wirtschaft und Wettbewerb
Yale L.J.	Yale Law Journal
z.B.	zum Beispiel
ZfE	Zeitschrift für Energiewirtschaft
ZHR	Zeitschrift für das gesamte Handels- und Wirtschaftsrecht
zit.	zitiert
ZIP	Zeitschrift für Wirtschaftsrecht
ZNER	Zeitschrift für Neues Energierecht
z.T.	zum Teil

Einleitung

Die Abgrenzung "horizontaler" und "vertikaler" Wettbewerbsbeschränkungen stellte, vom Inkrafttreten des GWB bis in die jüngste Vergangenheit hinein, eine der meistdiskutierten Fragen des deutschen Kartellrechts dar. Hauptgrund hierfür war die Tatsache, daß über die Auslegung des insoweit maßgeblichen Abgrenzungskriteriums, des Tatbestandsmerkmals "zu einem gemeinsamen Zweck" in § 1 GWB, wenig Klarheit bestand.[1]

Im Zuge der am 01.01.1999 in Kraft getretenen, 6. GWB-Novelle[2] wurde § 1 GWB nun wie folgt neu gefaßt:

> § 1
> Kartellverbot
>
> Vereinbarungen zwischen miteinander im Wettbewerb stehenden Unternehmen, Beschlüsse von Unternehmensvereinigungen und aufeinander abgestimmte Verhaltensweisen, die eine Verhinderung, Einschränkung oder Verfälschung des Wettbewerbs bezwecken oder bewirken, sind verboten.[3]

Von den insgesamt fünf Änderungen, die § 1 GWB im Vergleich zu seiner bisherigen Fassung erfahren hat,[4] ist im vorliegenden Zusammenhang daher vor allem die

---

1 Aus dem umfangreichen Schrifttum vgl. zunächst nur die Angaben bei Immenga, in: Immenga/ Mestmäcker, § 1 vor Rdn. 144 und bei Huber/Baums, in: Frankfurter Kommentar, § 1 vor Rdn. 408.

2 Sechstes Gesetz zur Änderung des Gesetzes gegen Wettbewerbsbeschränkungen, BGBl. 1998 I S. 2521. Nachdem vom BMWi am 02.05.1996 erste Eckpunkte der beabsichtigten Neuregelung vorgestellt worden waren (vgl. WuW 1996, 359 sowie die Stellungnahme des Wissenschaftlichen Beirats beim BMWi, WuW 1996, 812), wurde am 17.03.1997 ein erster Formulierungsentwurf veröffentlicht, der jedoch ausdrücklich noch unterhalb des Referentenentwurfs stehen sollte (vgl. hierzu Bechtold, NJW 1997, 1959, 1960). Dem folgte dann am 22.07.1997 der Referentenentwurf (BMWi, I B 5 - 22 12 00; dazu Bechtold, BB 1997, 1853), der Ende 1997 ohne wesentliche Änderungen als Regierungsentwurf in das Gesetzgebungsverfahren eingebracht wurde, vgl. Gesetzentwurf der Bundesregierung, BR-Drucksache 852/97 v. 07.11.1997. Aus dem Gesetzgebungsverfahren vgl. weiterhin die Stellungnahme des Bundesrats, BR-Drucksache 852/97 (Beschluß) vom 19.12.1997 und die Gegenäußerung der Bundesregierung, BT-Drucksache 13/9720 v. 29.01.1998, Anlage 3.

3 Bis dahin lautete er:

> Verträge, die Unternehmen oder Vereinigungen von Unternehmen zu einem gemeinsamen Zweck schließen, und Beschlüsse von Unternehmensvereinigungen sind unwirksam, soweit sie geeignet sind, die Erzeugung oder die Marktverhältnisse für den Verkehr mit Waren oder gewerblichen Leistungen durch Beschränkung des Wettbewerbs zu beeinflussen.

4 Dabei handelt es sich neben der Umformulierung des Merkmals "zu einem gemeinsamen Zweck" um die Ausformung des § 1 GWB als Verbotsvorschrift, die Zusammenfassung der bisherigen § 1 GWB (Kartellverträge und -beschlüsse) und § 25 GWB (Verbot abgestimmten Verhaltens) zu einem einheitlichen Tatbestand, die Übernahme der Formulierung "die eine Verhinderung, Einschränkung oder Verfälschung des Wettbewerbs bezwecken oder bewirken" aus Art. 81 I EGV und die Streichung des Merkmals der "Beeinflussung der Marktverhältnisse". Speziell zur Änderung des § 1 GWB vgl. Baums, ZIP 1998, 233; Bunte, WuW 1997, 857.

Umformulierung des Merkmals "zu einem gemeinsamen Zweck" in die Fassung "zwischen miteinander im Wettbewerb stehenden Unternehmen" von Interesse. Zur Begründung dieser Änderung führt die Bundesregierung aus:

> "Das bisherige Merkmal 'zu einem gemeinsamen Zweck' wird [...] durch die sprachlich treffendere Formulierung 'zwischen miteinander im Wettbewerb stehenden Unternehmen' ersetzt."[5]

Durch die neue Formulierung soll der Inhalt des für die Abgrenzung "horizontaler" und "vertikaler" Wettbewerbsbeschränkungen maßgeblichen Kriteriums also offenbar klarer als bisher zum Ausdruck gebracht werden.

Eine solch klarstellende Wirkung scheint der Änderung des Wortlauts auf den ersten Blick auch tatsächlich zuzukommen: Im Gegensatz zum "gemeinsamen Zweck" ist die neue Formulierung "zwischen miteinander im Wettbewerb stehenden Unternehmen" nicht mehr wertausfüllungsbedürftig, vielmehr scheint sie ohne weiteres durch tatsächliche Feststellungen zu klären zu sein.

Umso mehr überrascht es, daß in ersten Stellungnahmen dieser Teil der Änderung des § 1 GWB auf heftige Kritik gestoßen ist. So heißt es, die Neufassung bringe "im Hinblick auf die langjährige Rechtsprechung nur eine Verunsicherung"[6] und führe dazu, daß "zweifelsfrei wirksame Vereinbarungen rechtlich sogar in Zweifel zu ziehen" seien.[7] Zumindest nach dem Verständnis einiger Autoren scheint die bezweckte Klarstellung also nicht so recht geglückt zu sein. Es besteht daher Anlaß zu untersuchen, ob der Änderung die beabsichtigte, klarstellende Wirkung für die Abgrenzung "horizontaler" und "vertikaler" Wettbewerbsbeschränkungen tatsächlich zukommt, oder ob sie insoweit in der Tat nur zu weiterer Unsicherheit führt.

Hierfür ist es erforderlich, zunächst den Meinungsstand, wie er bei Inkrafttreten der Novelle bestand, herauszuarbeiten (1. Teil), um vor diesem Hintergrund dann (2. Teil) beurteilen zu können, ob und inwieweit die neue gesetzliche Regelung eine Klarstellung mit sich bringt. Sofern danach etwaige Unklarheiten verbleiben, werden anschließend (3. Teil) Wege zu ihrer Lösung aufgezeigt, wobei der Behandlung von Wettbewerbsbeschränkungen in Austauschverträgen besondere Aufmerksamkeit gewidmet wird. Die Arbeit schließt mit der Untersuchung, welche Auswirkungen eine Anwendung der gefundenen Ergebnisse auf die kartellrechtliche Beurteilung einiger

---

5 Regierungsbegründung, BR-Drucksache 852/97, S. 32.

6 Bunte, WuW 1997, 857, 863. Auch Emmerich, Kartellrecht, § 3, 2 geht davon aus, daß die Abgrenzungsschwierigkeiten durch die Neuregelung nicht geringer werden.

7 Baums, ZIP 1998, 233, 235.

typischer Verträge im Bereich der Energiewirtschaft hat, bei denen die Abgrenzung "horizontaler" und "vertikaler" Wettbewerbsbeschränkungen bislang ebenfalls problematisch war (4. Teil).

1. Teil: Die Abgrenzung "horizontaler" und "vertikaler" Wettbewerbsbeschränkungen bis zur 6. GWB-Novelle

A. Die gesetzliche Regelung

Die Diskussion um die Abgrenzung "horizontaler" und "vertikaler" Wettbewerbsbeschränkungen findet ihre Grundlage in der vom GWB-Gesetzgeber getroffenen, strukturellen Grundentscheidung, bei Wettbewerbsbeschränkungen unter anderem zwischen den als Kartell erfaßten Verhaltensweisen (1. Abschnitt, §§ 1 - 13 GWB)[8] und den sogenannten Vertikalvereinbarungen (2. Abschnitt, §§ 14 - 18)[9] zu differenzieren. Die im 1. Abschnitt geregelten Vereinbarungen sind gemäß § 1 GWB verboten[10] und können grundsätzlich[11] nur unter den Voraussetzungen der §§ 2 ff. GWB freigestellt werden. Demgegenüber sieht der 2. Abschnitt für die von ihm erfaßten Vereinbarungen ein abgestuftes System von Verboten (§§ 14, 17 I GWB), Freistellungen (§§ 15, 17 II GWB), Erlaubnisvorbehalten (§ 17 III GWB) und einer - hohen Eingriffsschwellen unterliegenden - Mißbrauchskontrolle (§§ 15 III, 16 GWB) vor. Zur Begründung für diese unterschiedliche Behandlung führte der Gesetzgeber aus, daß die im 2. Abschnitt geregelten Verträge in ihren Auswirkungen auf den Wettbewerb nicht einheitlich beurteilt werden könnten.[12] Insbesondere den von § 16 GWB erfaßten Ausschließlichkeits- und Vertriebsbindungen wird eine wettbe-

---

8 Bis zur 6. GWB-Novelle §§ 1 - 14 GWB. Aus Gründen der Einheitlichkeit beziehen sich nachfolgend alle Paragraphenangaben - soweit nicht anderweitig gekennzeichnet - auf die Neufassung des GWB nach der 6. Novelle. Ausgenommen hiervon sind Fundstellennachweise aus der Zeit vor der Novelle.

9 Früher §§ 15 - 21 GWB. Die Überschrift "Vertikalvereinbarungen" wurde dabei ebenfalls erst durch die Novelle eingeführt. Bis dahin lautete die Überschrift des 2. Abschnitts schlicht "Sonstige Verträge".

10 Vor der Neufassung waren sie von § 1 GWB lediglich für "unzulässig" erklärt worden. Künftig ist damit bereits der Abschluß einer entsprechenden Vereinbarung und nicht erst ihre Praktizierung sanktioniert (vgl. § 81 I Nr. 1 GWB). Da jedoch schon bisher das Sich-Hinwegsetzen über die Unwirksamkeit bußgeldbewehrt war (vgl. den früheren § 38 GWB), dürfte diese Änderung praktisch nur geringe Auswirkungen haben, vgl. Bechtold, BB 1997, 1853, 1854. Auch die Bundesregierung begründet sie primär damit, daß nunmehr "das Unwerturteil bezüglich wettbewerbsbeschränkender Verhaltensweisen deutlicher zum Ausdruck" komme, vgl. BR-Drucksache 852/97, S. 32.

11 Ungeschriebene Ausnahmen vom Kartellverbot werden vor allem unter den Gesichtspunkten der vertragsimmanenten Wettbewerbsbeschränkungen sowie der Rechtsgüterabwägung zum Schutz außerökonomischer Rechtsgüter diskutiert, vgl. Immenga, in: Immenga/Mestmäcker, § 1 Rdnrn. 350 ff., 374 ff. m.w.N.

12 Vgl. Regierungsentwurf eines Gesetzes gegen Wettbewerbsbeschränkungen, BT-Drucksache II/1158, S. 25 f.: "Die Zahl dieser Individualverträge mit wettbewerbsbeschränkender Wirkung ist groß, ihre Eigenart vielfältig. [...] Es ist weder möglich noch notwendig, [sie] generell für unwirksam oder von einer Erlaubnis abhängig zu erklären."

werblich ambivalente, d.h. neben einer wettbewerbsbeschränkenden auch eine wettbewerbs-, insbesondere absatzfördernde Wirkung beigemessen.[13]

Terminologisch hat es sich durchgesetzt, von "horizontalen" bzw. "vertikalen" Wettbewerbsbeschränkungen zu sprechen.[14] Bei der Verwendung dieser Begriffe ist jedoch stets zu bedenken, daß dies - jedenfalls ursprünglich - nicht die Terminologie des Gesetzes war.[15] Wenngleich die Begriffe "horizontal" und "vertikal" bisweilen auch in den Gesetzesmaterialien zu finden sind,[16] erscheint doch im Gesetz selber dieses Begriffspaar nicht. Solange nicht festgestellt ist, daß auch das GWB selbst zwischen horizontalen und vertikalen Wettbewerbsbeschränkungen unterscheiden will, sollte man sich daher stets des Umstands bewußt sein, daß es sich hierbei um eine sprachliche Vereinfachung handelt.

Als Abgrenzungsmerkmal zwischen den Verträgen des 1. und 2. Abschnitts sollte nach dem insoweit eindeutigen Willen des Gesetzgebers bis zur 6. GWB-Novelle das Tatbestandsmerkmal "zu einem gemeinsamen Zweck"[17] bzw. soll nunmehr die

---

13 Vgl. WuW/E BGH 3115, 3118 ("Druckgußteile"); Wolter, in: Frankfurter Kommentar, § 18 Rdnrn. 13 ff.; Fikentscher/Straub, in: Gemeinschaftskommentar, § 18 Rdn. 13; Emmerich, in: Immenga/Mestmäcker, § 18 Rdn. 3; ders., Kartellrecht, § 15, 1; Peters, Ausschließlichkeitsbindungen, S. 8, 57; Baums, JuS 1990, 608, 610; Köhler, WRP 1996, 835, 836; van den Bergh/Camesasca, WuW 1998, 1147, 1153; Monopolkommission, Hauptgutachten XI, Tz. 938; zur Berechtigung dieser Argumentation vgl. unten 3. Teil, B. III.

14 WuW/E BGH 2285, 2287 ("Spielkarten"); WuW/E BGH 3115, 3118 ("Druckgußteile"); Immenga, in: Immenga/Mestmäcker, § 1 Rdn. 154; Bunte, in: Langen/ Bunte, § 1 Rdn. 42; Emmerich, Kartellrecht, § 3, 3. Auch der Draft International Antitrust Code (abgedruckt in WuW 1994, 128, 129 f.) unterscheidet zwischen horizontalen (Art. 4) und vertikalen (Art. 5) Beschränkungen; vgl. dazu auch Fikentscher/Heinemann, WuW 1994, 97, 104 f.

15 Hierauf weist Baums, ZIP 1998, 233, 234 hin. Das Gesetz sprach bis zur 6. GWB-Novelle vielmehr von "Kartellverträgen bzw. -beschlüssen" und "sonstigen Verträgen". Dezidiert auch Pleßke, Gemeinsamer Zweck, S. 80, nach dem die Gleichsetzung der gesetzlichen Terminologie mit dem Begriffspaar "horizontal/vertikal" eine völlige Neuinterpretation des ersten Teils des GWB darstellt. Erst durch die jüngste Novelle wurde die Überschrift des 2. Abschnitts in "Vertikalvereinbarungen" geändert. Der Terminus "horizontale Wettbewerbsbeschränkung" findet sich im GWB hingegen nach wie vor nicht.

16 Vgl. Regierungsentwurf eines Gesetzes gegen Wettbewerbsbeschränkungen, BT-Drucksache II/1158, S. 35 (unter 2.); Regierungsentwurf einer 6. GWB-Novelle, BR-Drucksache 852/97, S. 32; zur historischen Entwicklung der Merkmale "horizontal" und "vertikal" in diesem Zusammenhang vgl. Schwarz, Kartellvertrag, S. 55 ff.

17 Vgl. schon die Begründung zum Entwurf eines Gesetzes gegen Wettbewerbsbeschränkungen, BT-Drucksache II/1158, S. 30; dem folgend auch die st. Rspr. und die nahezu einhellige Meinung in der Literatur, vgl. nur WuW/E BGH 359, 361 ("Gasglühkörper"); WuW/E BGH 1458, 1461 ("Fertigbeton"); WuW/E BGH 3115, 3117 ("Druckgußteile"); Immenga, in: Immenga/Mestmäcker, § 1 Rdn. 144; Huber/Baums, in: Frankfurter Kommentar, § 1 Rdn. 408; Bunte, in: Langen/ Bunte, § 1 Rdn. 42; Möschel, Wettbewerbsbeschränkungen, Rdn. 169; Emmerich, Kartellrecht, § 3, 3; Peters, Ausschließlichkeitsbindungen, S. 59; Schwarz, Kartellvertrag, S. 115; Baums, JuS 1990, 608, 609; a.A. jedoch Schmidt, Kartellverbot, S. 24.

Formulierung "zwischen miteinander im Wettbewerb stehenden Unternehmen" dienen.[18]

B. Die Entwicklung bis Anfang 1997

Das herrschende Verständnis der Frage, wann ein Vertrag "zu einem gemeinsamen Zweck" i.S.d. § 1 GWB geschlossen wurde, hat sich in den über 40 Jahren seit Inkrafttreten des GWB am 01.01.1958 mehrfach gewandelt und war Gegenstand einer umfangreichen literarischen Diskussion.[19] Da auch aus jüngerer Zeit einige Darstellungen der Rechtsentwicklung vorliegen,[20] soll nachfolgend lediglich eine, auf die wesentlichen Punkte beschränkte Darstellung der Entwicklung gegeben werden.

I. Die "drei Generationen"

Die Interpretation des "gemeinsamen Zwecks" vollzog sich im wesentlichen in "drei Generationen".[21] Diese können schlagwortartig als (1.) der "gesellschaftsrechtliche Ansatz", (2.) der funktionale Ansatz der "gleichgerichteten Interessen", sowie schließlich (3.) als der auf horizontale Wettbewerbsbeschränkungen ausgerichtete Ansatz der Beschränkung aktuellen oder potentiellen Wettbewerbs bezeichnet werden.

1. Der gesellschaftsrechtliche Ansatz

Die "erste Generation" der Interpretation des "gemeinsamen Zwecks", die auf einem gesellschaftsrechtlichen Verständnis dieses Merkmals beruhte, war eng verknüpft mit der Entstehungsgeschichte des § 1 GWB. Ihr Ansatz wird daher nur verständlich, wenn man sich diese vorab noch einmal kurz vor Augen führt.

---

18 Die Funktion dieses Merkmals als Abgrenzungskriterium auch nach der Novellierung wurde von der Bundesregierung ausdrücklich hervorgehoben, vgl. BR-Drucksache 852/97, S. 32.

19 Vgl. auch hier zunächst nur die Schrifttumsangaben bei Immenga, in: Immenga/ Mestmäcker, § 1 vor Rdn. 144; Bunte, in: Langen/Bunte, § 1 vor Rdn. 40; Huber/ Baums, in: Frankfurter Kommentar, § 1 vor Rdnrn. 408, 556.

20 Vgl. etwa Pleßke, Gemeinsamer Zweck, S. 37 ff., 73 ff.; Schwarz, Kartellvertrag, S. 18 ff.; Niederleithinger, in: Festschrift Benisch, S. 277 ff.

21 Vgl. Niederleithinger, in: Festschift Benisch, S. 277, 278. Diese Kategorisierung ist nicht im Sinne einer zeitlich trennscharfen Abfolge zu verstehen, sondern schließt Überlappungen durchaus ein.

a) Die historische Entwicklung des Kartellverbots bis 1957

Als Ausgangspunkt der Entwicklung, die zur Sanktionierung wettbewerbsbeschränkender Vereinbarungen im GWB führte, ist - so überraschend es auf den ersten Blick klingen mag - die Tatsache anzusehen, daß die Reichsgewerbeordnung von 1867 erstmals wieder kein ausdrückliches Verbot privater wettbewerbsbeschränkender Vereinbarungen mehr enthielt,[22] nachdem über einen Zeitraum von mehreren hundert Jahren hinweg Ansätze für ein derartiges Verbot in allerdings unterschiedlicher Ausprägung praktisch fester Bestandteil des jeweils geltenden Rechts gewesen waren.[23] Damit lagen, wenn man so will, die "gesetzlichen Voraussetzungen" für eine wirtschaftliche Entwicklung vor, die sich ausgangs des 19. Jahrhunderts - nicht nur in Deutschland - in einer, dem sich erheblich verschärfenden Konkurrenzdruck entgegensteuernden Kartellierungsbewegung äußerte.[24] Diese wurde angesichts des Fehlens einer gesetzlichen Mißbilligung von der Rechtsprechung[25] und vom Schrifttum[26] als zulässig, wenn nicht sogar als begrüßenswert[27] erachtet.

---

22 Vgl. Kestner, Der Organisationszwang, S. 315, 320 ff.; Coing, Europäisches Privatrecht, Bd. II, S. 176 ff., 180; Huber/Baums, in: Frankfurter Kommentar, § 1 Rdnrn. 5 ff; Kestner selber (S. 319, 322) folgerte jedoch aus §§ 7 - 10 der Reichsgewerbeordnung, daß Privatmonopole vom damaligen Gesetzgeber als unerwünscht angesehen wurden.

23 Vgl. die Darstellungen bei Isay, Kartellgesetzgebungen, S. 8 ff., 12 ff.; Steinbach, Wirtschaftliche Organisation, S. 158 ff.; Großfeld, ZHR 141 (1977) 442, 443. Schon im Corpus Iuris Iustiniani (C. 4, 59, 2) fand sich die Aussage: "Weiter ist verboten, sich in unerlaubten Zusammenkünften dahingehend zu verschwören oder vertraglich zu binden, Handelswaren nicht billiger als untereinander festgesetzt zu verkaufen", zitiert nach Trinkner, BB 1973, 860. Vgl. auch das Verbot in II 8 § 199 ALR: "Sie [die Zünfte] dürfen keinen Preis der von den Zunftgenossen zu verfertigenden Arbeiten bestimmen".

24 Vgl. die Darstellungen bei Grunzel, Kartelle, S. 198 ff., 289 ff.; Lehnich, Kartelle und Staat, S. 32 ff.; Liefmann, Kartelle, S. 50 ff.; Großfeld, ZHR 141 (1977) 442, 443. Vgl. Kleinwächter, Die Kartelle, S. 143, der von ihnen als "Kinder der Not" spricht.

25 Vgl. RGZ 28, 238, 244: "Aus dem Prinzip der Gewerbefreiheit folgt keine Unantastbarkeit des freien Spiels wirtschaftlicher Kräfte in dem Sinne, daß den Gewerbetreibenden der Versuch untersagt wäre, im Wege genossenschaftlicher Selbsthilfe die Betätigung dieser Kräfte zu regeln und von Ausschreitungen, die für schädlich gehalten werden, abzuhalten"; RGZ 42, 51, 58: "Die Gewerbefreiheit erstreckt sich nur auf die freie Zulassung zum Gewerbe, nicht auf die Art der Ausübung desselben"; RGSt 34, 15, 21: "Ein Gesetz, das die Kartellbildung verbietet, gibt es nicht". Vgl. auch Großfeld, ZHR 141 (1977) 442, 443.

26 Kartelle wurden zu diesem Zeitpunkt in praktisch ganz Europa als volkswirtschaftlich legitime Organisationsformen angesehen, vgl. Grunzel, Kartelle, S. 2 f., 15; Lehnich, Kartelle und Staat, S. 37 f.; Fikentscher, Gewerblicher Rechtsschutz, S. 165 ff.; Rasch, Wettbewerbsbeschränkungen, S. 4. Anschaulich Steinbach, Privatmonopole, S. 17, der feststellt, daß man "am Schlusse einer solchen Periode des Glaubens an die unbedingte Heilkraft des freien Wirkens der wirtschaftlichen Kräfte" stehe, und Sombart, Hochkapitalismus, S. 693: "im letzten Viertel des 19. Jahrhunderts nehmen sowohl die Notwendigkeit als die Möglichkeit, den Zustand der freien Konkurrenz zu besiegen, rasch zu".

27 Vgl. RGZ 38, 155, 157, wo es "als eine dem Interesse der Gesamtheit dienende Maßregel" gebilligt wurde, "wenn sich die an einem Geschäftszweige beteiligten Unternehmer zusammenschließen, um die gegenseitigen Preisunterbietungen und das dadurch herbeigeführte Sinken der

Diese - überwiegend positive - Beurteilung von Kartellen änderte sich jedoch im wirtschaftlichen Klima nach dem Ende des Ersten Weltkrieges: Die Macht der Kartelle wuchs mit der rasch fortschreitenden Inflation, die das Verhältnis von Angebot und Nachfrage zuungunsten der Verbraucher verschob; die erheblichen Nachteile, die insbesondere Preiskartelle für die Marktgegenseite haben können, wurden hierdurch besonders deutlich.[28] Der Krieg, vor allem aber die Vielzahl der Kartelle hatte darüber hinaus in Deutschland zu einer Situation geführt, in der die heimischen Preise deutlich über dem Weltmarktniveau lagen, wodurch die internationale Wettbewerbsfähigkeit deutscher Produzenten stark geschwächt war.[29] Es setzte sich die Überzeugung durch, daß die bestehenden Exportschwierigkeiten - neben dem Vorgehen gegen Kartellabsprachen - eine Rationalisierung der Produktion erforderten, die am besten durch das freie Spiel der Marktkräfte gefördert werden könne. Infolgedessen trat ein Bemühen ein, die Rückkehr zur freien Marktwirtschaft zu beschleunigen.[30] Vor dem Hintergrund dieser völlig veränderten wirtschaftlichen Rahmenbedingungen wurde am 02.11.1923 die "Verordnung gegen Mißbrauch wirtschaftlicher Machtstellungen" erlassen.[31] Deren § 1 lautete:

> § 1
>
> Verträge und Beschlüsse, welche Verpflichtungen über die Handhabung der Erzeugung oder des Absatzes, die Anwendung von Geschäftsbedingungen, die Art der Preisfestsetzung oder die Forderung von Preisen enthalten (Syndikate, Kartelle, Konventionen und ähnliche Abmachungen) bedürfen der schriftlichen Form."

Mit dieser Formulierung sollten die zum damaligen Zeitpunkt bekannten und für schädlich erachteten Formen wettbewerbsbeschränkender Absprachen erfaßt und in Verbindung mit den übrigen Vorschriften der KartellVO 1923[32] wenn auch nicht für unwirksam erachtet,[33] so doch einer gewissen Kontrolle unterworfen werden.[34]

Preise ihrer Produkte zu verhindern oder zu mäßigen" oder Steinbach, Wirtschaftliche Organisation, S. 174, nach dem den Kartellen eine sehr wohltuende Wirkung zukommen könne.

28 Vgl. Lehnich, Wettbewerbsbeschränkungen, S. 320 f.

29 Zu den Ursachen vgl. Reichsregierung, Begründung zur KartellVO 1923, Kartell-Rundschau 1923, 225; Isay/Tschierschky, Kartellverordnung, S. 33; Lehnich, Kartelle und Staat, S. 239; ders., Wettbewerbsbeschränkungen, S. 311, 335.

30 Isay/Tschierschky, Kartellverordnung, S. 36; Lehnich, Wettbewerbsbeschränkungen, S. 301, 311.

31 RGBl. 1923 I S. 1067; berichtigt in RGBl. 1923 I S. 1090.

32 Genannt seien hier neben dem Schriftformerfordernis des § 1 in erster Linie § 4 (Möglichkeit einer Untersagungverfügung des Reichswirtschaftsministeriums bei einer Gefährdung der Gesamtwirtschaft oder des Gemeinwohls) und § 8 (Kündigungsrecht der Kartellmitglieder).

33 Eine völlige Zertrümmerung wurde nicht angestrebt, Begründung der Reichsregierung, Kartell-Rundschau 1923, 225. Aus dem Fehlen eines Verbots der Kartelle wurde in der Folgezeit ihre rechtliche Anerkennung gefolgert, vgl. RGZ 122, 260, 263; Lucas, JW 1924, 1119, 1120; Fikentscher, Gewerblicher Rechtsschutz, S. 171 f.

34 Haußmann/Hollaender, Kartellverordnung, Vorbemerkungen Anm. 1, § 1 Anm. 1; Isay/Tschierschky, Kartellverordnung, § 1 KartellVO 1923 Anm. 21; Lehnich, Wettbewerbsbeschränkungen, S. 338, 458.

Zugleich intensivierten sich die Bemühungen der Wissenschaft in Richtung auf eine systematische Einordnung der Kartellorganisationen. Dabei bildete sich auf der Basis der neuen gesetzlichen Regelung in der Rechtsprechung und Literatur die Ansicht als herrschend heraus, wesentliches Merkmal der in § 1 KartellVO 1923 aufgeführten Tatbestände sei das Vorliegen eines Gesellschaftsverhältnisses oder zumindest gesellschaftsähnlichen Rechtsverhältnisses.[35] Diesen Ansatz griff auch der GWB-Gesetzgeber wieder auf, als er - unter ausdrücklicher Bezugnahme auf die zuletzt herrschende Meinung - davon ausging, daß der Kartellvertrag stets ein Gesellschaftsvertrag sei, und - in Anlehnung an § 705 BGB - das Erfordernis einer gesellschaftsrechtlichen Bindung der Beteiligten durch Aufnahme des Tatbestandsmerkmals des "gemeinsamen Zwecks" in § 1 GWB zum Ausdruck brachte.[36] § 1 GWB wurde daher bewußt in die Tradition des Kartellorganisationsrecht gestellt.[37]

b) Die frühe Auslegung unter dem GWB

Vor dem Hintergrund dieser Entstehungsgeschichte, insbesondere bestärkt durch die erwähnte Ansicht des Gesetzgebers, Kartellverträge seien stets als Gesellschaftsverträge einzuordnen, knüpften die frühe Rechtsprechung und Literatur unter dem GWB an die bis dahin herrschende Auffassung an und gingen davon aus, daß ein gemeinsamer Zweck nur dann vorlag, wenn die Vertragsbeteiligten sich zu einem gesellschaftlichen oder zumindest gesellschaftsähnlichen Rechtsverhältnis zusammengeschlossen hatten.[38]

c) Die Unzulänglichkeit des gesellschaftsrechtlichen Ansatzes

Diese, organisationsrechtlich geprägte Sichtweise erwies sich in der praktischen Handhabung jedoch schon bald als zu starr für den wettbewerbspolitischen Zweck des Kartellverbots: Auf der einen Seite schienen Wettbewerbsverbote in ansonsten

---

35 Vgl. RGZ 114, 262, 264; RG JW 1938, 1025; OLG Hamm, JW 1930, 1749, 1750; OLG Düsseldorf, JW 1931, 3138; Callmann, Kartellrecht, B IV 1 (S. 117), B IV 3 (S. 127), §§ 1-3 Rdn. 11; Haußmann/Hollaender, Kartellverordnung, § 1 Anm. 4; Isay/Tschierschky, Kartellverordnung, § 1 KartellVO 1923 Anm. 8. Schon vor Inkrafttreten der KartellVO 1923 waren Kartellverträge überwiegend als Gesellschaftsverträge oder diesen nahestehende Verträge eingeordnet worden, vgl. RGZ 53, 19, 22; Flechtheim, Die rechtliche Organisation der Kartelle, S. 138 f.

36 BT-Drucksache II/1158, S. 25, 30.

37 Vgl. Schwarz, Kartellvertrag, S. 5; Immenga, in: Immenga/Mestmäcker, § 1 Rdn. 144; ähnlich auch Bunte, in: Langen/Bunte, § 1 Rdn. 41; Emmerich, Kartellrecht, § 3, 3 a; Rittner, Wettbewerbs- und Kartellrecht, § 7 Rdn. 27; Baur, JZ 1978, 586, 587.

38 WuW/E BGH 359, 361 ("Gasglühkörper"); WuW/E BGH 605, 607 ("Flußspat"); WuW/E BGH 811, 814 ("Zimcofot"); Müller-Henneberg/Schwartz, GWB, 1. Auflage, § 1 Rdn. 12; ebenso noch dies., in: Gemeinschaftskommentar, 3. Auflage, § 1 Rdn. 35; Rasch, Wettbewerbsbeschränkungen, § 1 Anm. 6; Klaue, Kartellrecht, § 1 Anm. 3; Tetzner, Kartellrecht, S. 14.

kartellrechtsneutralen Gesellschaftsverträgen eindeutig unter dieses Merkmal zu fallen, obwohl diese auch nach dem Willen des Gesetzgebers nicht per se verboten werden sollten.[39] Auf der anderen Seite ließen sich nur einseitige Wettbewerbsbeschränkungen häufig nicht als gesellschaftsähnliche Vereinbarungen einordnen, so daß insoweit Schutzlücken entstehen konnten.[40] Darüber hinaus führte diese Sichtweise zu Unsicherheiten deshalb, weil nicht deutlich wurde, wann eine Vereinbarung "gesellschaftsähnlichen" Charakter hatte.[41]

d) Der "gemeinsame Zweck" als Abgrenzungskriterium

Die mit einem gesellschaftsrechtlichen Verständnis des Kartelltatbestandes einhergehenden Anwendungsschwierigkeiten erwiesen sich unter der Geltung des GWB jedoch aus zwei Gründen als besonders unbefriedigend: War die rechtssystematische Einordnung der Kartelle vor und auch noch während der Geltung der KartellVO 1923 mehr von dem Interesse geleitet, eine gewisse Ordnung in das Bestehen von Kartellorganisationen zu bringen,[42] knüpfte das GWB an die Einordnung eines Vertrages als Kartellvertrag (anders als noch die KartellVO 1923, die die Durchführbarheit derartiger Verträge grundsätzlich unberührt ließ) mit der Unwirksamkeitssanktion eine einschneidende Rechtsfolge. Dem damit verbundenen Bedürfnis nach einer auch praktisch befriedigenden Erfassung der unwirksamen Vereinbarungen konnte die gesellschaftsrechtliche Interpretation des "gemeinsamen Zwecks" jedoch - wie erwähnt - nicht ausreichend Rechnung tragen.

Darüber hinaus ergab sich aufgrund einer weiteren Neuerung im GWB gegenüber der KartellVO 1923 die Notwendigkeit einer differenzierteren, stärker wettbewerblich

---

39 Vgl. bereits die Regierungsbegründung, BT-Drucksache II/1158, S. 25 f., wo es (im Zusammenhang mit § 13 GWB, dem heutigen § 16 GWB) heißt, daß z.B. das Wettbewerbsverbot des Veräußerers eines Unternehmens nicht generell verboten werden sollte. Kritisch insofern daher auch Huber/Baums, in: Frankfurter Kommentar, § 1 Rdn. 422. In der Praxis zeigte sich diese Problematik z.B. in der Entscheidung WuW/E BGH 519, 520 ("Kino"); vgl. dazu Schmidt, Kartellverbot, S. 43.

40 Huber/Baums, in: Frankfurter Kommentar, § 1 Rdn. 421; Immenga, in: Immenga/ Mestmäcker, § 1 Rdn. 147; Schmidt, Kartellverbot, S. 43, 47. Dies zeigte sich z.B. in der Entscheidung WuW/E BGH 712, 714 ("Bierbezug") betreffend einen Fall des sog. "Abkaufs von Wettbewerb", in der - da auch kein Austauschvertrag i.S.d. § 16 GWB vorlag - mangels eines gesellschaftsähnlichen Verhältnisses keine kartellrechtliche Würdigung möglich war. Vgl. auch die Entscheidungen WuW/E BGH 810, 814 ("Zimcofot") und OLG Schleswig, WuW/E OLG 460. Auch die bis dahin h.M. hatte die Unzulänglichkeit des gesellschaftsrechtlichen Ansatzes erkannt, versuchte die Probleme aber durch die Erweiterung des § 1 GWB auf gesellschaftsähnliche Verhältnisse zu umgehen, vgl. Lukes, Kartellvertrag, S. 118.

41 Emmerich, ZHR 139 (1975) 476, 484 ff. und Lukes, Der Kartellvertrag, S. 118.

42 Flechtheim, Die rechtliche Organisation der Kartelle, Vorwort zur ersten Auflage, S. V; Callmann, Kartellrecht, B.IV.1., 2. (S. 116 ff.).

orientierten Einordnung und Beurteilung wettbewerbsbeschränkender Vereinbarungen. Der "gemeinsame Zweck" sollte nämlich, neben seiner Funktion als den Kartelltatbestand umschreibendes Merkmal, zugleich als Abgrenzungskriterium zu den, von der KartellVO 1923 noch nicht behandelten,[43] "sonstigen" wettbewerbsbeschränkenden Verträgen fungieren.[44] Diese wurden vom GWB aufgrund ihrer wettbewerblich ambivalenten Wirkung einem gegenüber den Kartellverträgen deutlich günstigeren Regime unterstellt (vgl. oben unter A.). Den damit an ihn gestellten Anforderungen konnte der "gemeinsame Zweck" bei einer organisationsrechtlichen Auslegung indes nicht gerecht werden.

2. Der funktionale Ansatz - "gleichgerichtete Interessen"

Es setzte sich daher die Auffassung durch, daß die Auslegung des Tatbestandsmerkmals des "gemeinsamen Zwecks" von den zivilrechtlichen Kategorien zu lösen sei,[45] und es eigenständig und mit Blick auf die wettbewerblichen Zielsetzungen des GWB, mithin funktional ausgelegt werden müsse.[46] Diesen Schritt vollzog der BGH endgültig in der "Fertigbeton"-Entscheidung, in der er die Ansicht vertrat, ein "gemeinsamer Zweck" liege dann vor, wenn die Wettbewerbsbeschränkung oder das Ziel der Wettbewerbsbeschränkung oder der durch sie zu bewirkende Erfolg einem gleichgerichteten Interesse entsprach und gemeinsam angestrebt werde; eine gesellschaftsrechtliche Bindung sei darüber hinaus nicht erforderlich.[47]

---

43 Vgl. Callmann, Kartellrecht, §§ 1 - 3 Rdn. 11; Isay/Tschierschky, Kartellverordnung, § 1 KartellVO 1923 Anm. 4, 8.

44 Vgl. Regierungsbegründung, BT-Drucksache II/1158, S. 30. Diese Doppelfunktion betont insbesondere Möschel, Wettbewerbsbeschränkungen, Rdnrn. 169 ff. In der Belastung der Vorschrift auch mit der Abgrenzungsaufgabe sehen denn auch Huber/Baums, in: Frankfurter Kommentar, § 1 Rdnrn. 30 f., 35 f. den Hauptgrund für die Schwierigkeiten bei dem Verständnis des § 1 GWB.

45 So wohl als erster Lukes, Kartellvertrag, S. 118 ff., 123 ff., 126 ff.; ihm folgend Ballerstedt, JuS 1963, 253, 263.

46 Ständige Rechtsprechung und herrschende Meinung, vgl. WuW/E BGH 1458, 1460 ff. ("Fertigbeton"); WuW/E BGH 1600, 1601 ("Frischbeton"); WuW/E BGH 1898, 1900 (" Holzpaneele"); WuW/E BGH 2285, 2287 ("Spielkarten"); WuW/E BGH 3115, 3117 ("Druckgußteile"); Immenga, in: Immenga/Mestmäcker, § 1 Rdn. 148; Huber/Baums, in: Frankfurter Kommentar, § 1 Rdnrn. 426 ff.; Schmidt, Kartellverbot, S. 51; Rittner, Wettbewerbs- und Kartellrecht, § 7 Rdn. 29; Knöpfle, DB 1986, Beilage 11, S. 6; Oppenländer, WuW 1981, 389, 393.

47 WuW/E 1458, 1460 ff. ("Fertigbeton"). In diesem Fall hatte sich ein Fertigbetonhersteller verpflichtet, den von ihm benötigten Kies in einem Zeitraum von 14 Jahren ausschließlich bei einem bestimmten Kieshändler zu beziehen. Im Gegenzug versprach der Kieshändler, nicht selber als Hersteller von Fertigbeton zu dem Abnehmer in Konkurrenz zu treten. Das gleichgerichtete Interesse sah der BGH in der Sicherung der Marktstellung des Abnehmers, weil auch der Lieferant hieran - mittelbar - dadurch partizipierte, daß er umso mehr Kies liefern konnte, je mehr sein Abnehmer absetzte. Bereits in den Entscheidungen "Bahnen aus Kunststoff" (WuW/E BGH 1332, 1335: "Der [...] gemeinsame Zweck ergibt sich daraus, daß [...] die angestrebte Beschränkung des Wettbewerbs [...] einem gemeinsamen Interesse entsprach") und "Schnittblumentransport" (WuW/E BGH 1353, 1355: "gleichlaufende Interessen") hatte sich diese Entwicklung angedeutet.

In der Literatur fand der Übergang zum Kriterium der "gleichgerichteten Interessen" zunächst Zustimmung.[48] Hervorgehoben wurde insbesondere, daß das neue Kriterium im Gegensatz zum gesellschaftsvertraglichen Ansatz eine sachgerechte Behandlung auch von lediglich einseitigen Wettbewerbsbeschränkungen ermögliche.[49] Aber auch für die "Kernfälle" des § 1 GWB, wie z.B. Marktaufteilungen, mit denen die Parteien in erster Linie ihr eigenes Wohl verfolgten und bei denen ein "gemeinsamer" Zweck daher häufig nur schwer zu erkennen war, ermögliche das Abstellen auf ein "gleichgerichtetes Interesse" an der Beschränkung des Wettbewerbs erstmals eine zufriedenstellende Erklärung, warum diese Fälle unter § 1 GWB fielen.[50]

Schon bald mehrten sich jedoch die Stimmen in der Literatur, die dem neuen Kriterium ablehnend gegenüber standen. Denn so sehr der Übergang zu einer funktionalen Auslegung auch von diesen Autoren grundsätzlich als ein Schritt in die richtige Richtung angesehen wurde,[51] so sehr führte es auf der anderen Seite zu unbefriedigenden Ergebnissen, hierbei auf das Vorliegen gleichgerichteter Interessen abzustellen. Das zeigte sich insbesondere bei nur einseitigen Wettbewerbsbeschränkungen: Während in Fällen gegenseitiger Kundenkreis- oder Sortimentsabgrenzungen gleichgerichtete Interessen in der Entschärfung des gegenseitigen Konkurrenzdrucks gesehen werden konnten,[52] bereitete dies bei nur einseitigen Wettbewerbsbeschränkungen erhebliche Schwierigkeiten. So war z.B. im "Frischbeton"-Fall zu entscheiden, ob ein Wettbewerbsverbot zu Lasten des Verkäufers eines Unternehmens unter § 1 GWB fiel. Dies verneinte der BGH mit der Begründung, es diene ausschließlich den Interessen des Käufers an der Absicherung seiner Marktstellung.[53] Da der Verkäufer auch nicht indirekt - wie im "Fertigbeton"-Fall - an den Marktergebnissen des Käufers partizipierte, mußte der BGH das Vorliegen eines gemeinsamen Zwecks verneinen (erklärte das Wettbewerbsverbot dann aber nach § 138 BGB für unwirksam). In einem vergleichbaren Fall, der sich nur dadurch unterschied, daß dem Käufer der Kaufpreis gestundet worden war und die Kaufpreisraten aus den Ergebnissen einer erfolgreichen Unternehmensfortführung ge-

---

48 Ebel, WuW 1979, 792, 794; Baur/Ehlers, WuW 1977, 683, 688; Rauschenbach, NJW 1978, 185; Hootz, DB 1986, 2010, 2011; vgl. schon früher Ballerstedt, JuS 1963, 253, 263.

49 Rauschenbach, NJW 1978, 185; Baur/Ehlers, WuW 1977, 683, 688.

50 Ebel, WuW 1979, 792, 794; Ulmer, NJW 1977, 805.

51 Immenga, in: Immenga/Mestmäcker, § 1 Rdnrn. 148, 154; Huber/Baums, in: Frankfurter Kommentar, § 1 Rdn. 422; Rittner, Wettbewerbs- und Kartellrecht, § 7 Rdn. 29; Steindorff, BB 1977, 569, 570.

52 WuW/E BGH 1353, 1355 ("Schnittblumentransport"); WuW/E BGH 1709, 1710 ("Sortimentsabgrenzung"); Huber/Baums, in: Frankfurter Kommentar, § 1 Rdnrn. 443 f.; Ebel, WuW 1979, 792, 794; Niederleithinger, in: Festschrift Benisch, S. 277, 280.

53 WuW/E BGH 1600, 1601 ("Frischbeton"). Vgl. auch Kummer, Kartell, S. 104, der einseitige Konkurrenzverbote wegen des Fehlens einer Gemeinsamkeit nie als Kartelle ansah.

zahlt werden sollten, konnte der BGH unter Rückgriff auf den Partizipationsgedanken hingegen das Bestehen gleichgerichteter Interessen bejahen.[54] Letztlich hing die Frage nach der Wirksamkeit des Wettbewerbsverbotes also von den - wettbewerblich irrelevanten - Modalitäten der Kaufpreiszahlung ab.

Diese Fälle zeigten anschaulich, daß das Abstellen auf die Motive der Beteiligten keine geeignete Grundlage für die Beurteilung der objektiven Wettbewerbsschädlichkeit der Vereinbarung bot.[55] Das Kriterium der gleichgerichteten Interessen konnte daher - zumal es auch terminologisch keine Präzisierung gegenüber dem gemeinsamen Zweck darstellte[56] - die erstrebte, funktionale Auslegung des Merkmals "zu einem gemeinsamen Zweck" nicht gewährleisten.[57]

3. Weitere Funktionalisierung - "Aktueller oder potentieller Wettbewerb"

Angesichts dieser Bedenken fand daher eine andere, in der Literatur vertretene Ansicht mehr und mehr Anhänger, die zwar ebenfalls eine vom organisationsrechtlichen Verständnis losgelöste, funktionale Auslegung des "gemeinsamen Zwecks" forderte, sich hierbei aber stärker an der Schutzrichtung des Kartellverbots orientierte. Da § 1 GWB den Schutz Marktbeteiligter Dritter bezwecke, der immer dann berührt werde, wenn der zwischen den an der Abrede Beteiligten bestehende Wettbewerb eingeschränkt werde, liege ein "gemeinsamer Zweck" immer dann vor, wenn ein zwischen den Beteiligten (aktuell oder potentiell) bestehendes, horizontales Wettbewerbsverhältnis beschränkt werde.[58] Dieser Ansicht schloß sich in der Folgezeit die ganz herrschende Meinung in der Literatur an.[59]

---

54 WuW/E BGH 1898, 1900 ("Holzpaneele"). Kritik an diesen Fällen wurde insbesondere geübt von Ulmer, NJW 1979, 1585 und NJW 1982, 1975 sowie von Schwarz, Kartellvertrag, S. 49.

55 Immenga, in: Immenga/Mestmäcker, § 1 Rdn. 151; Schmidt, Kartellverbot, S. 55; Ulmer, NJW 1979, 1585; Belke, ZHR 143 (1979) 74, 82.

56 Steindorff, BB 1979, 569, 570; ders., BB 1981, 377, 383.

57 Immenga, in: Immenga/Mestmäcker, § 1 Rdn. 151; Schmidt, Kartellverbot, S. 55; Niederleithinger, in: Festschrift Benisch, S. 277, 281; Steindorff, BB 1977, 569, 570; ders., BB 1981, 377, 379; Ulmer, NJW 1979, 1585; ders., NJW 1982, 1975, 1976; hieran festhaltend aber Wolter, in: Frankfurter Kommentar, § 18 Rdn. 25.

58 Schmidt, Kartellverfahrensrecht, S. 50 ff.; ders., Kartellverbot, S. 55 ff.; Steindorff, BB 1977, 569, 570. Bereits Lukes (Kartellvertrag, S. 120) und Biedenkopf (Wettbewerbsbeschränkung, S. 94) hatten auf die Einwirkung auf die Interessen Dritter als maßgeblichen Aspekt der Kartellabsprachen hingewiesen.

59 Vgl. Immenga, in: Immenga/Mestmäcker, § 1 Rdnrn. 154 f.; Bunte, in: Langen/ Bunte, § 1 Rdn. 46; Emmerich, Kartellrecht, 7. Auflage, § 5, 5 c; Möschel, Wettbewerbsbeschränkungen, Rdn. 175; Rittner, Wettbewerbs- und Kartellrecht, § 7 Rdn. 29; Fuchs, Kartellvertrag, S. 8; Kummer, Kartell, S. 83; Belke, ZHR 143 (1979) 74, 81; Wilhelm, ZHR 150 (1986) 320, 326. Zum Teil wurde der neue Ansatz auch mit der gesellschaftsrechtlichen Betrachtung kombiniert: Insbesondere Steindorff (BB 1981, 377, 380) vertrat eine von ihm selbst als "sowohl-als-auch-Theorie" bezeichnete Variante, nach der eine horizontale Wettbewerbsbeschränkung ausreichte, darüber

Diese Entwicklung wurde schließlich auch von der Rechtsprechung rezipiert. So schloß sich das OLG Stuttgart im Fall "Strohgäu-Wochenjournal", der wiederum nur eine einseitige Wettbewerbsbeschränkung betraf,[60] dem in der Literatur vertretenen Ansatz an.[61] Ausdrücklich bestätigt wurde er dann vom BGH in der "Spielkarten"-Entscheidung, der eine Markt- und Kundenkreisaufteilung zugrunde lag: Bei der Frage, ob dies zu einem gemeinsamen Zweck geschehen war, stellte der BGH - ohne sich allerdings vom Kriterium der gleichgerichteten Interessen ausdrücklich zu distanzieren - "vor allem auf die durch den Vertrag begründete Wettbewerbsbeschränkung" ab, "insbesondere darauf, ob sich die Vertragsbeteiligten als (aktuelle oder potentielle) Wettbewerber gegenüberstehen und durch die Vereinbarung den Wettbewerb untereinander (horizontal) beschränken."[62] Damit schien, jedenfalls was das grundsätzliche Verständnis des Kartellverbotes und sein Verhältnis zu den Verträgen des 2. Abschnitts angeht, ein weitestgehender Konsens erreicht zu sein.

Auch dieser Ansatz sah sich aber wiederum in Teilen der Literatur Kritik ausgesetzt.[63] Geltend gemacht wurde insbesondere, daß er sich in einigen wichtigen Randbereichen als unscharf erwies. So scheint das Abstellen auf die Beschränkung eines horizontalen Wettbewerbsverhältnisses zwischen den Beteiligten die Fälle, in denen die Parteien den einer oder auch beiden von ihnen drohenden Drittwettbewerb beschränken, nicht zu erfassen, was im Widerspruch zur Handhabung dieser Fälle in der Praxis stehe, die auch auf derartige Konstellationen § 1 GWB anwende.[64] Während sich die herrschende Meinung in diesen Fällen also anscheinend als zu eng erwies, war sie in anderer Hinsicht zu weit. So schienen Wettbewerbsverbote in Gesellschaftsverträgen und Unternehmenskaufverträgen, die bereits ihrer Natur nach potentiellen Wettbewerb ausschließen sollen, generell gegen

hinaus aber auch in all den Fällen ein "gemeinsamer Zweck" zu bejahen sei, in denen eine gesellschaftsrechtliche Einordnung der Vereinbarung möglich ist.

60 Ein Zeitungsverleger hatte sich gegen Zahlung einer Abfindung verpflichtet, seine Mitteilungsblätter im Vertragsgebiet nicht weiter zu vertreiben.

61 WuW/E OLG 2983, 2985 ("Strohgäu-Wochenjournal I"); der BGH bestätigte diesen Teil der Entscheidung, ohne hierzu allerdings nähere Ausführungen zu machen, WuW/E BGH 2085, 2087 ("Strohgäu-Wochenjournal").

62 WuW/E BGH 2285, 2287.

63 Vgl. Huber/Baums, in: Frankfurter Kommentar, § 1 Rdnrn. 455 ff.; Pleßke, Gemeinsamer Zweck, S. 80 ff.; Schwarz, Kartellvertrag, S. 54 ff.; 61 ff.

64 Huber/Baums, in: Frankfurter Kommentar, § 1 Rdn. 455, unter Verweis auf die Entscheidungen WuW/E BGH 1332, 1335 ("Bahnen aus Kunststoff"); WuW/E BGH 2088, 2090 ("Korkschrot"). Auch in der Literatur wurde - ausgehend vom Schutzzweck des § 1 GWB - überwiegend angenommen, daß die horizontale Wettbewerbsbeschränkung nicht notwendigerweise "inter partes" eintreten müsse, es vielmehr ausreiche, wenn eine (horizontale) Wettbewerbsbeziehung im Verhältnis zu einem Dritten beschränkt werde, vgl. Köhler, ZHR 148 (1984) 487, 489 f.; Schmidt, Kartellverbot, S. 63.

§ 1 GWB zu verstoßen, ein Ergebnis, das auch von der herrschenden Meinung selber nicht vertreten wurde.

II. Zwischenergebnis

Ungeachtet dieser Einwände hielt die ganz herrschende Meinung in Rechtsprechung und Literatur jedoch im Grundsatz an ihrer Ansicht fest, entscheidendes Kriterium für das Merkmal des "gemeinsamen Zwecks" in § 1 GWB sei, daß die Parteien aktuelle oder potentielle Wettbewerber sind und dieses Wettbewerbsverhältnis untereinander (horizontal) beschränken.[65]

C. Die neue Rechtsprechung des BGH

In das Gesetzgebungsverfahren zur 6. GWB-Novelle förmlich "hineingeplatzt" sind zu Beginn des Jahres 1997 zwei Entscheidungen des BGH zur Behandlung von Wettbewerbsbeschränkungen in Austauschverträgen.[66] In den Kernpassagen der neuen Entscheidungen führt der BGH aus:

> "Soweit der Senat [...] für das Tatbestandsmerkmal des gemeinsamen Zwecks auf gleichgerichtete Interessen der Vertragsschließenden abgestellt hat, hält er an dieser Auffassung nicht fest. [...] Ein gemeinsamer Zweck i.S.d. § 1 GWB liegt bei Austauschverträgen vor, wenn für die Wettbewerbsbeschränkung bei wertender Betrachtungsweise im Hinblick auf die Freiheit des Wettbewerbs ein anzuerkennendes Interesse nicht besteht."[67]

Die Behandlung von Wettbewerbsbeschränkungen in Austauschverträgen ist in der bisherigen Darstellung nur vereinzelt angeklungen. Es erscheint daher angezeigt, vor der Darstellung der neuen Entscheidungen (II.) und der genauen Auswirkungen der in ihnen vollzogenen Rechtsprechungsänderung (III.) kurz darauf einzugehen, um welche Tatbestände es sich bei dieser Fallgruppe handelt,[68] und worin ihre

---

65 Die Frage, wie die h.M. den gegen sie geltend gemachten Einwänden Rechnung trug und die Behandlung weiterer Grenzfälle wird im Laufe dieser Arbeit noch eingehend behandelt werden. Vgl. zur Problematik der Beschränkung des Drittwettbewerbs 2. Teil, C. II. 2. a) cc), 3. Teil, C. Zu Wettbewerbsbeschränkungen in Austauschverträgen siehe 2. Teil, C. II. 2. a) bb), 3. Teil, B. und zu Wettbewerbsverboten in Gesellschaftsverträgen vgl. 2. Teil, C. II. 2. a) aa), 3. Teil, A. Aus Gründen der Übersichtlichkeit wird an dieser Stelle auf eine nähere Darstellung verzichtet.

66 Entscheidungen vom 14.01.1997, WuW/E BGH 3115 ("Druckgußteile"); WuW/E BGH 3121 ("Bedside-Testkarten"); bestätigt in WuW/E BGH 3137 ("Solelieferung"), BGH ZIP 1998, 1159 ("Subunternehmervertrag") und BGH NJW 1998, 2825 ("Carpartner").

67 WuW/E BGH 3115, 3118 ("Druckgußteile"); WuW/E BGH 3121, 3125 ("Bedside-Testkarten").

68 Zur Frage, wie die einzelnen Tatbestände bislang, d.h. vor der Rechtsprechungsänderung behandelt wurden, vgl. unten I. 2. b), c).

besondere Problematik besteht,[69] um dadurch möglicherweise zugleich Aufschluß über den Grund für die Rechtsprechungsänderung zu gewinnen.

I. Der Grund für die Rechtsprechungsänderung

1. Die unterschiedlichen Tatbestände

Unter dem Stichwort Wettbewerbsbeschränkungen in Austauschverträgen wurden in der bisherigen Rechtsprechung und Literatur eine ganze Reihe verschiedener Tatbestände zusammengefaßt. Neben den bereits erwähnten Wettbewerbsverboten in Unternehmenskaufverträgen[70] zählen hierzu auch Wettbewerbsbeschränkungen in Liefer-,[71] Miet-,[72] Geschäftsbesorgungs-[73] oder auch Lizenzverträgen.[74] Als entscheidendes Merkmal für das Vorliegen eines Austauschvertrages ist nach der Rechtsprechung die Tatsache anzusehen, daß die vertraglichen Pflichten der Parteien im Verhältnis von Leistung und Gegenleistung stehen.[75] Sofern dies der Fall ist, steht der Einordnung eines Vertrages als Austauschvertrag nicht entgegen, daß es sich dabei nicht um einen "klassischen" Austauschvertrag (wie z.B. einen Kauf- oder Liefervertrag) handelt. So wurde z.B. auch die Übertragung eines Geschäftsbetriebes mit der Gegenleistung eines Konkurrenzverbotes im Rahmen einer Erbauseinandersetzung als Austauschvertrag eingeordnet.[76]

---

69 Bzw. bestand; die Untersuchung bezieht sich an dieser Stelle auf den Stand der Rechtsprechung bis zu den neuen Entscheidungen und folglich auf die alte, d.h. bis zum Inkrafttreten der 6. GWB-Novelle gültige Gesetzesfassung. Zur Rechtslage nach der Neufassung vgl. unten 3. Teil, B.

70 Vgl. WuW/E BGH 1600, 1601 ("Frischbeton"). Auch in der Literatur werden diese ganz überwiegend als Wettbewerbsbeschränkungen in Austauschverträgen eingeordnet, vgl. z.B. Bunte, in: Langen/Bunte, § 1 vor Rdn. 48 ("Wettbewerbsverbote in Unternehmenskaufverträgen und sonstigen Austauschverträgen"); Immenga, in: Immenga/Mestmäcker, § 1 Rdn. 164; Emmerich, Kartellrecht, § 3, 3 a; Michalski, BB 1991, 1875, 1876. Zu den Gegenansichten vgl. näher unten 3. Teil, B. I. 1. a).

71 Vgl. WuW/E BGH 1458, 1459 f. ("Fertigbeton"). Während die dort vereinbarte Ausschließlichkeitsbindung sich lediglich auf das Austauschverhältnis bezog und folglich eine Wettbewerbsbeschränkung in einem Austauschvertrag darstellte, war das weiterhin vereinbarte Wettbewerbsverbot des Lieferanten mangels sachlicher Erforderlichkeit jedoch als zu einem gemeinsamen Zweck geschlossen angesehen worden.

72 OLG Frankfurt, WuW/E OLG 4488, 4489 f. ("Konkurrenz im selben Haus"), betreffend eine, in einem gewerblichen Mietvertrag vereinbarte Konkurrenzausschlußklausel.

73 WuW/E BGH 1353, 1354 ("Schnittblumentransport"), wo eine Kundenschutzzusage getroffen worden war.

74 WuW/E BGH 1525 f. ("Fertighäuser"); dort war eine Gebietsschutz- und Konkurrenzklausel Gegenstand der kartellrechtlichen Beurteilung.

75 WuW/E BGH 359, 361 ("Gasglühkörper").

76 Vgl. WuW/E BGH 1597, 1598 f. ("Erbauseinandersetzung").

2. Die Problematik bei der Behandlung von Wettbewerbsbeschränkungen in Austauschverträgen

Die Behandlung derartiger Wettbewerbsbeschränkungen in Austauschverträgen hat sich unter dem GWB als nicht unproblematisch erwiesen.

a) Wettbewerbsbeschränkungen in Austauschverträgen und § 1 GWB

Bei einem gesellschaftsrechtlichen Verständnis des "gemeinsamen Zwecks" mußte sich das Kartellverbot im Hinblick auf die Behandlung von Wettbewerbsbeschränkungen in Austauschverträgen nahezu zwangsläufig als zu eng erweisen. Denn auch bei weitester Auslegung lassen sich diese Verträge, mit denen die Parteien einen Ausgleich ihrer - entgegengesetzten - Interessen verfolgen, nicht als gesellschaftsähnliche Vereinbarungen einordnen; die Austauschverträge stehen nach der Konzeption des Zivilrechts gerade im Gegensatz zu den durch eine Interessengleichrichtung und eine Vereinigung der Leistungen im Hinblick auf einen gemeinsam angestrebten Zweck geprägten Gesellschaftsverhältnissen.[77] Es waren daher auch und vor allem die Fälle der Wettbewerbsbeschränkungen in Austauschverträgen, die zur Aufgabe des gesellschaftsrechtlichen Ansatzes bei der Auslegung des "gemeinsamen Zwecks" beitrugen.[78]

Aber auch bei der darauffolgenden Interpretation des "gemeinsamen Zwecks" anhand des Kriteriums der gleichgerichteten Interessen führte die Behandlung von Wettbewerbsbeschränkungen in Austauschverträgen zu unbefriedigenden Ergebnissen, da die Motive der Beteiligten nur sehr begrenzt eine Beurteilung der objektiven Wettbewerbsschädlichkeit der Vereinbarung zuließen.[79]

Diesem Vorwurf versuchte die herrschende Meinung in Rechtsprechung und Literatur dadurch zu entgehen, daß sie den "gemeinsamen Zweck" noch weiter funktionalisierte und ihn bereits dann bejahte, wenn durch die Vereinbarung ein horizontales Wettbewerbsverhältnis beschränkt wurde. Im Hinblick auf Wettbewerbsbeschränkungen in Austauschverträgen erwies sich jedoch auch dieser Ansatz als

---

77 Vgl. Enneccerus/Lehmann, Schuldrecht, § 175 I 1; Larenz, Schuldrecht II, § 60 I b; aus neuerer Zeit vgl. Ulmer, in: Münchener Kommentar BGB, § 705 Rdnrn. 137 f. Aus dem kartellrechtlichen Schrifttum Huber/Baums, in: Frankfurter Kommentar, § 1 Rdn. 433.

78 Vgl. nur die Entscheidung WuW/E BGH 1458, 1460 f. ("Fertigbeton"); Immenga, in: Immenga/Mestmäcker, § 1 Rdn. 147; Bunte, in: Langen/Bunte, § 1 Rdn. 46; Huber/Baums, in: Frankfurter Kommentar, § 1 Rdnrn. 432 ff.

79 Dies hatte sich insbesondere in den Entscheidungen WuW/E 1600, 1601 ("Frischbeton") und WuW/E BGH 1898, 1900 ("Holzpaneele") gezeigt, vgl. dazu schon oben B. I. 2.

problematisch. Am augenfälligsten war dies bei Wettbewerbsverboten in Unternehmenskaufverträgen, die bereits ihrer Natur nach ein (zumindest potentiell bestehendes) Wettbewerbsverhältnis zwischen Verkäufer und Käufer des Unternehmens ausschließen sollen.[80] Aber auch einfache Lieferverträge schienen oftmals unter § 1 GWB zu fallen:[81] Denn der Hersteller eines Produkts wird häufig zumindest potentieller Konkurrent seines Abnehmers auf der Vertriebsebene sein,[82] so daß ein Konkurrenzverbot in diesem Liefervertrag ebenfalls ein horizontales Wettbewerbsverhältnis beschränkt. Nach dem Übergang zum Kriterium der horizontalen Wettbewerbsbeschränkung schien in derartigen Fällen daher ohne weiteres das Kartellverbot einzugreifen.

b) Die Korrektur in der Literatur

Um dieses Ergebnis zu vermeiden, das allgemein für unbillig gehalten wurde, nahm die herrschende Meinung im Schrifttum eine ungeschriebene Restriktion des Tatbestands des § 1 GWB anhand der von ihr entwickelten "Immanenztheorie" vor, nach der Wettbewerbsbeschränkungen nicht dem Kartellverbot unterfallen sollen, wenn sie zur Durchführung eines ansonsten in kartellrechtlicher Hinsicht erlaubten Vertrages erforderlich sind.[83]

c) Die Korrektur in der Rechtsprechung

Auch nach der Rechtsprechung waren die genannten Wettbewerbsbeschränkungen - obwohl ein gemeinsamer Zweck "an sich" vorlag - nicht grundsätzlich unzulässig. Allerdings bot sie hinsichtlich der Frage, warum dies nicht der Fall sein sollte, ein weitaus weniger einheitliches Bild als die Literatur.

Während wettbewerbsbeschränkende Vereinbarungen teilweise ganz allgemein als "der Anwendung des § 1 GWB entzogen" angesehen wurden, wenn sie Bestandteil

---

80 Emmerich, Kartellrecht, § 4, 4 a.

81 Für eine generelle Anwendung des § 1 GWB auf Wettbewerbsbeschränkungen in Lieferverträgen zwischen Wettbewerbern Fuchs, Kartellvertrag, S. 18.

82 Emmerich, Kartellrecht, § 3, 3 b; Bunte, WuW 1997, 857, 861 ff.; Baums, LM Nr. 48 zu § 1 GWB (Bl. 8); Bechtold, NJW 1998, 2769, 2770.

83 So, im Anschluß an Steindorff (BB 1977, 569, 570 f.), Immenga, in: Immenga/ Mestmäcker, § 1 Rdn. 164; Bunte, in: Langen /Bunte, § 1 Rdn. 50; Möschel, Wettbewerbsbeschränkungen, Rdn. 204; Schmidt, Kartellverbot, S. 80; ders., ZHR 149 (1985) 1, 10 f.; Fuchs, Kartellvertrag, S. 19 ff.; Belke, ZHR 143 (1979) 74, 90; Fuchs, BB 1993, 1893, 1894 (Fn. 21). In der Sache ebenso Fikentscher, Wettbewerb und gewerblicher Rechtsschutz, S. 294. Der Begriff "Immanenztheorie" geht - soweit ersichtlich - zurück auf Rittner, ZHR 135 (1971) 289, 294 (der ihn allerdings im Zusammenhang mit § 16 GWB verwendete). Zur Herleitung und Berechtigung der Immanenztheorie vgl. ausführlich unten 3. Teil, A. II. 3. b).

des Leistungsaustauschs geworden und zur Erreichung des mit dem Austauschvertrag verfolgten Zwecks sachlich geboten waren,[84] wurde das gleiche Ergebnis in anderen Entscheidungen mit der Begründung vertreten, in diesen Fällen fehle es in der Regel am Vorliegen eines "gemeinsamen Zwecks".[85] Hier wurde die Zulässigkeit der Wettbewerbsbeschränkung also unmittelbar aus dem Tatbestand des § 1 GWB, und zwar aus dem Abgrenzungskriterium selber, hergeleitet. Diese Ansicht wurde zum Teil sogar noch vertreten, nachdem sich die grundsätzliche Maßgeblichkeit einer horizontalen Wettbewerbsbeschränkung bereits weitgehend durchgesetzt hatte. Insbesondere die Tatsache, daß der BGH das Kriterium der "gleichgerichteten Interessen" nie ausdrücklich aufgegeben hatte, verleitete einige Instanzgerichte dazu, es als ergänzendes Kriterium bei der Beurteilung von Wettbewerbsbeschränkungen in Austauschverträgen heranzuziehen.[86] In anderen Entscheidungen finden sich hingegen wieder vorsichtige Anleihen bei der in der Literatur vertretenen Immanenztheorie, d.h. einer ungeschriebenen Tatbestandsrestriktion.[87]

Eine einheitliche Begründung dafür, warum derartige Wettbewerbsbeschränkungen nicht generell unwirksam sein sollten, ließ sich der Rechtsprechung daher nicht entnehmen. Diesem Begründungsdefizit wollte der BGH in den neuen Entscheidungen nun offenbar entgegentreten.

II. Die neuen Entscheidungen

Vor diesem Hintergrund sollen die neuen Entscheidungen zunächst näher dargestellt, und sodann (III.) auf ihre konkreten Auswirkungen auf die Behandlung von Wettbewerbsbeschränkungen in Austauschverträgen hin untersucht werden.

---

84 Vgl. WuW/E BGH 1458, 1461 ("Fertigbeton"); WuW/E BGH 1597, 1599 ("Erbauseinandersetzung"); WuW/E BGH 2085, 2087 ("Strohgäu-Wochenjournal"), WuW/E BGH 2285, 2288 ("Spielkarten").

85 WuW/E BGH 1353, 1355 ("Schnittblumentransport"); WuW/E BGH 1525, 1526 ("Fertighäuser"); WuW/E BGH 1898, 1899 ("Holzpaneele").

86 Vgl. z.B. OLG Karlsruhe, WuW/E OLG 5478, 5483 ("Bedside-Testkarten"). Eine kumulative Anwendung beider Kriterien bereits im Obersatz findet sich z.B. auch bei OLG Stuttgart, WuW/E OLG 2799, 2800 ("Pulverbeschichtungsanlage").

87 Vgl. BGH BB 1993, 1899 ("Taxigenossenschaft II"); BGH NJW 1994, 384, 385 ("Ausscheidender Gesellschafter"); KG, WuW/E OLG 5565, 5577 ("Fernsehübertragungsrechte"); OLG Frankfurt, WuW/E OLG 4488, 4489 ("Konkurrenz im selben Haus").

1. "Druckgußteile"

Dem Fall "Druckgußteile"[88] lag kurz skizziert folgender Sachverhalt zugrunde: Mehrere Hersteller von Druckgußteilen hatten sich ihrem Käufer gegenüber in einer "Kundenschutzvereinbarung" verpflichtet, einen bestimmten seiner Kunden nicht selber, sondern nur über den Käufer zu beliefern, und auch unaufgeforderte Bestellungen des Kunden zurückzuweisen. Im Gegenzug verpflichtete sich der Käufer, sämtliche ihm von seinem Abnehmer erteilten Aufträge an die betreffenden Hersteller weiterzugeben. Aufgrund technischer Probleme, deren Behebung sich bei einer indirekten Lieferung über den Käufer als schwierig gestaltete, gingen die Hersteller dazu über, den betreffenden Kunden direkt zu beliefern. Daraufhin verlangte der Käufer unter anderem Schadensersatz. Es kam daher darauf an, ob die Kundenschutzvereinbarung wirksam war.

Das OLG München als Berufungsgericht[89] hatte, wie schon das Landgericht, die Kundenschutzvereinbarung wegen eines Verstoßes gegen § 1 GWB für unwirksam gehalten und das Bestehen eines Schadensersatzanspruches dementsprechend verneint. Mit der Wettbewerbsbeschränkung werde das Ziel verfolgt, die Marktposition des Käufers durch Ausschaltung des potentiellen Wettbewerbs der Hersteller zu stärken. Dies komme auch den Herstellern zugute, da sie sich durch die Bindung ihres Abnehmers aller, zur Deckung seines Bedarfs erforderlichen Aufträge sicher sein konnten. Mit der Vereinbarung würden daher gleichgerichtete Interessen, mithin ein gemeinsamer Zweck i.S.d. § 1 GWB verfolgt.[90]

Der BGH hingegen gab der Revision statt und verwies die Sache an das Berufungsgericht zurück. Er stellte zunächst fest, daß derartige Ausschließlichkeitsbindungen in Austauschverträgen nach § 16 Nr. 2 grundsätzlich als wirksam anzusehen seien. Ausnahmsweise könnten sie aber gegen § 1 GWB verstoßen, sofern sie zu einem gemeinsamen Zweck abgeschlossen wurden. Das Kriterium der "gleichgerichteten Interessen" sei bei dieser Beurteilung, da es in keinem inneren Zusammenhang mit der objektiven Wettbewerbsschädlichkeit des Verhaltens stehe, jedoch ungeeignet und deshalb aufzugeben. Ein gemeinsamer Zweck liege vielmehr vor, wenn für die, den Austauschvertrag begleitende Wettbewerbsbeschränkung ein anzuerkennendes Interesse nicht bestehe.

---

88 WuW/E BGH 3115 ("Druckgußteile").

89 OLG München, WuW/E OLG 5520 ("Druckgußteile").

90 Mit dieser Argumentation knüpfte das OLG München erkennbar an den Partizipationsgedanken aus der "Fertigbeton"-Entscheidung an, vgl. WuW/E BGH 1458, 1460 ("Fertigbeton").

Die ausschließliche Bindung des Käufers an die Hersteller, die allein das Vertikalverhältnis zwischen den Parteien betraf, stellte nach Ansicht des BGH lediglich das Äquivalent für die ständige Lieferbereitschaft der Hersteller dar. Sie diente daher keinem, über den Leistungsaustausch hinausgehenden, gemeinsamen Zweck, so daß sie ausschließlich nach § 16 Nr. 2 GWB zu beurteilen sei. Demgegenüber habe die Kundenschutzzusage der Hersteller, da diese potentielle Wettbewerber des Käufers waren, auch horizontalen Charakter. Auch diese stelle jedoch keine selbständige Leistungspflicht dar, sondern diene hauptsächlich der Sicherung des mit erheblichem finanziellen Aufwand gewonnenen Kundenstammes des Käufers, und damit letztlich ebenfalls allein dem Leistungsaustausch, so daß ein anzuerkennendes Interesse für die hierin liegende Wettbewerbsbeschränkung bestehen könne. Zweifelhaft sei dies allein insofern, als die Kundenschutzzusage zeitlich unbegrenzt vereinbart worden war und auch keine Kündigungsmöglichkeiten vorsah. Ob hierfür noch ein anzuerkennendes Interesse bestand, müsse noch vom Berufungsgericht festgestellt werden.

2. "Bedside-Testkarten"

Im Fall "Bedside-Testkarten"[91] ging es um die Beurteilung eines Vertrages, in dem ein Hersteller von Diagnostika die andere Vertragspartei mit dem Alleinvertrieb bestimmter Produkte betraut hatte. Gleichzeitig hatte er zugesagt, in dem Vertragsgebiet keine anderen Händler einzusetzen und - sofern es nicht bestimmte Altkunden betraf - die Produkte dort auch nicht selbst zu vertreiben. Im Gegenzug verpflichtete sich der Abnehmer, ausschließlich die Produkte des Herstellers zu vertreiben. Nachdem der Händler begonnen hatte, auch Konkurrenzprodukte zu vertreiben, klagte der Hersteller auf Feststellung der Schadensersatzpflicht des Händlers.

Das OLG Karlsruhe[92] hatte das der Klage stattgebende Urteil des Landgerichts aufgehoben und die Klage abgewiesen. Zwar liege dem Vertrag scheinbar ein typisches Austauschverhältnis zugrunde. Bei näherer Betrachtung werde aber deutlich, daß mit den in ihm enthaltenen Wettbewerbsbeschränkungen ein gemeinsamer Zweck i.S.d. § 1 GWB verfolgt werde. Die Herstellerin stehe nämlich bei dem Vertrieb der Vertragsprodukte mit ihrer Händlerin im Wettbewerb. Dieser Wettbewerb werde durch die, in dem Vertrag erfolgte Aufteilung des Marktes in Alt- und Neukunden beschränkt, was einem gemeinsamen Zweck i.S.d. § 1 GWB diene.

---

91 WuW/E BGH 3121 ("Bedside-Testkarten").

92 OLG Karlsruhe, WuW/E OLG 5478 ("Bedside-Testkarten").

Der BGH wiederum hob auf die Revision der Herstellerin auch diese Entscheidung auf. Nachdem er die im Fall "Druckgußteile" angestellten Erwägungen zur Aufgabe des Kriteriums der "gleichgerichteten Interessen" und den Übergang zum Merkmal des "anzuerkennenden Interesses" noch einmal wiederholt hatte, kam er bei der anschließenden Untersuchung der in dem Vertrag enthaltenen Wettbewerbsbeschränkungen zu dem Ergebnis, daß für sie ein "anzuerkennendes Interesse" bestand. So sah er die ausschließliche Bindung des Händlers an den Hersteller als notwendig zur Erreichung des Vertragszwecks an, da sie das Korrelat zur ständigen Lieferbereitschaft des Herstellers sei. Der Produzent müsse erwarten können, daß sich der Händler auf seine Produkte konzentriert. Ebenso hielt er auch das Alleinvertriebsrecht für notwendig, um sicherzustellen, daß der Händler die Investitionen, die den Absatz der Produkte erst ermöglichen, auch wieder erwirtschaften kann; eine über die, in § 16 Nr. 2 GWB für zulässig erklärte, hinausgehende Wettbewerbsbeschränkung liege nicht vor. Schließlich führe auch die mit dem Alleinvertriebsrecht verbundene Marktaufteilung zu keiner anderen Beurteilung, da es sich hierbei lediglich um eine Modifizierung des Alleinvertriebsrechts handele, das als solches zu billigen sei.

3. Weitere Entscheidungen

Diese beiden Entscheidungen wurden vom BGH später ausdrücklich bestätigt. Im Fall "Solelieferung"[93] war über einen Sachverhalt zu entscheiden, in dem sich der frühere Eigentümer eines Grundstücks (eine Gemeinde) dem Erwerber gegenüber verpflichtet hatte, die von diesem zum Betrieb eines Badehauses benötigte Sole kostenlos zur Verfügung zu stellen und darüber hinaus keine Sole an Konkurrenzunternehmen des Erwerbers zu liefern.

Der BGH stellte fest, daß das der Gemeinde auferlegte Verbot, Sole an potentielle Konkurrenten des Erwerbers zu liefern nicht allein das vertikale Verhältnis der Parteien als Anbieter und Nutzer von Sole, d.h. das Austauschverhältnis zwischen den Parteien betraf, und daher nicht als bloße Ausschließlichkeitsbindung i.S.d. § 16 Nr. 2 GWB anzusehen sei. Es sollte vielmehr die Marktzutrittsmöglichkeiten Dritter als potentielle Konkurrenten des Abnehmers beim beiderseits gewünschten Betrieb eines Badehauses erschweren, und sei deshalb als ein Fall der gezielten Beschränkung von Drittwettbewerb anzusehen.[94] Derartige Beschränkungen seien jedoch nur

93 WuW/E BGH 3137 ("Solelieferung").
94 WuW/E BGH 3137, 3139.

dann zulässig, wenn sie auch mit Blick auf die Freiheit des Wettbewerbs noch geboten sind. Eine abschließende Entscheidung konnte der BGH auf der Basis der Feststellungen der Vorinstanzen aber nicht treffen.

Eine erneute Bestätigung dieser Rechtsprechung erfolgte dann in der Entscheidung "Subunternehmervertrag".[95] Dort ging es unter anderem um die Frage der Wirksamkeit einer Kundenschutzklausel, in der sich der Subunternehmer verpflichtet hatte, während der Laufzeit des Vertrages keine Kunden seines Hauptunternehmers abzuwerben. Als der Subunternehmer Klage auf Zahlung noch ausstehenden Werklohns erhob, machte der beklagte Hauptunternehmer auf eine Verletzung der Kundenschutzklausel gestützte Gegenansprüche geltend.

Der BGH verneinte einen Verstoß gegen § 1 GWB. Denn der kartellrechtsneutrale Hauptzweck des Vertrages, der in der arbeitsteiligen Durchführung der Gebäudereinigungsarbeiten lag[96] könne nur dann erreicht werden, wenn sichergestellt sei, daß der Subunternehmer nicht durch Aufnahme direkter Vertragsbeziehungen zu den Kunden an die Stelle des Generalunternehmers treten und sich dadurch dessen Aufwendungen zunutze machen werde. Die Kundenschutzklausel diene daher einem anzuerkennenden Interesse und sei folglich nicht nach § 1 GWB unwirksam.

III. Einordnung und Auswirkungen der neuen Rechtsprechung

Es stellt sich nunmehr die Frage, welche Auswirkungen diese neue Rechtsprechung auf die Abgrenzung "horizontaler" und "vertikaler" Wettbewerbsbeschränkungen im Zusammenhang mit Austauschverträgen haben wird. Die Beantwortung dieser Frage hängt zunächst vom sachlichen Anwendungsbereich des neu eingeführten Kriteriums "anzuerkennendes Interesse" ab (1.) sowie davon, inwieweit der BGH seine frühere Rechtsprechung aufgeben wollte (2.). Schließlich kommt es insbesondere darauf an, wann ein "anzuerkennendes Interesse" gegeben ist, d.h. auf den Inhalt dieses Kriteriums (3.).

---

95 BGH ZIP 1998, 1159.

96 Der Hauptunternehmer sollte die Akquisition von Reinigungsaufträgen leisten, während dem Subunternehmer die Durchführung der konkreten Reinigungsarbeiten oblag.

1. Anwendungsbereich der neuen Rechtsprechung

a) Nur Austauschverträge

Den Anwendungsbereich des neu eingeführten Kriteriums hat der BGH auf Austauschverträge beschränkt.[97] Insoweit, d.h. bei der Frage, ob es sich im konkreten Fall um ein Austauschverhältnis handelt, kann daher auf die von der Rechtsprechung entwickelten, oben (I. 1.) dargestellten Grundsätze zurückgegriffen werden.

Danach fallen auch Wettbewerbsbeschränkungen in Unternehmenskaufverträgen unter die neue Rechtsprechung. Für Wettbewerbsverbote in Gesellschaftsverträgen soll die Formel vom "anzuerkennenden Interesse" hingegen offensichtlich nicht gelten. Hier bleibt es bei der bisherigen Handhabung, nach der solche Wettbewerbsverbote, die zum Schutz, d.h. für den Bestand und die Erhaltung des Gesellschaftsunternehmens notwendig sind und in sachlicher, räumlicher und zeitlicher Hinsicht nicht über die schützenswerten Interessen des Unternehmens hinausgehen, nicht unter § 1 GWB fallen.[98]

b) Nur Nebenabreden

In eine nähere Prüfung, ob ein "anzuerkennendes Interesse" für die jeweilige Wettbewerbsbeschränkung vorliegt, tritt der BGH jedoch nur dann ein, wenn sie sich als Nebenabrede, d.h. dem Hauptzweck des Vertrages untergeordnete und diesem dienliche Vereinbarung einordnen läßt.[99] Dies scheint zwar auf den ersten Blick selbstverständlich zu sein; der Leitsatz und die Kernpassage der neuen Entscheidungen lassen das jedoch nicht direkt erkennen. Lediglich aus der nachfolgenden, konkretisierenden Passage[100] und den Erwägungen in der Entscheidung "Solelieferung" wird dies deutlich: Zwar ging der BGH in "Solelieferung" davon aus, daß der Vertrag "auch und gerade" dazu dienen sollte, Drittwettbewerb unmöglich zu machen, und nicht lediglich dem Zusammenwirken beim Absatz der Produkte dienen

---

97 BGH WuW/E 3115, 3118 ("Druckgußteile"); BGH WuW/E 3121, 3125 ("Bedside-Testkarten"); WuW/E BGH 3137, 3138 ("Solelieferung"); BGH ZIP 1998, 1159, 1161 ("Subunternehmervertrag"); ebenso Bunte, WuW 1997, 857, 858.

98 Vgl. WuW/E BGH 519, 521 ("Kino"); BGH NJW 1978, 1001; BGH BB 1984, 1381, 1382; BGH NJW 1986, 1107; BGH BB 1990, 11, 12; Sack, in: Staudinger, § 138 Rdn. 299. Eingehend hierzu unten 3. Teil, A. I.

99 WuW/E BGH 3115, 3118 ("Druckgußteile"), WuW/E BGH 3121, 3125 ("Bedside-Testkarten").

100 "Werden Wettbewerbsbeschränkungen in Austauschverträgen als Nebenabreden vereinbart", WuW/E BGH 3115, 3118 ("Druckgußteile").

sollte,[101] was die Wettbewerbsbeschränkung in die Nähe eines Hauptzwecks zu rücken scheint. An anderer Stelle führt er aber aus, daß der Vertrag "in erster Linie" die Wiedereröffnung des Kur- und Badehauses ermöglichen sollte,[102] die Wettbewerbsbeschränkung hierzu also offensichtlich doch nur Nebenabrede war. Auch ist es unwahrscheinlich, daß der BGH dann, wenn eine Wettbewerbsbeschränkung Haupt- und nicht nur Nebenzweck eines Austauschvertrages ist, überhaupt noch in eine nähere Prüfung eintreten würde, ob hierfür ein anzuerkennendes Interesse besteht. Der BGH hat nämlich durch Nicht-Annahme der zweiten Revision indirekt die Auffassung des OLG Stuttgart im Fall "Strohgäu-Wochenjournal" bestätigt, daß es kartellfreie Wettbewerbsbeschränkungen nur in Verträgen geben könne, in denen die Wettbewerbsbeschränkung nicht die Hauptleistungspflicht ist.[103] Darüber hinaus stünde eine Zulassung von Wettbewerbsbeschränkungen, die Hauptgegenstand des Vertrages sind, auch im Widerspruch zu der Funktion des Merkmals vom anzuerkennenden Interesse, die darin besteht, den Leistungsaustausch, d.h. das Primärziel des Vertrages unterstützende und hierfür erforderliche Wettbewerbsbeschränkungen zuzulassen. Die neue Formel gilt demnach nur für Fälle, in denen die wettbewerbsbeschränkende Abrede den Charakter einer Nebenabrede trägt.[104]

2. Umfang der Rechtsprechungsänderung

Als nächstes stellt sich die Frage, inwieweit die neuen Entscheidungen in sachlicher und dogmatischer Hinsicht eine Änderung gegenüber dem bisherigen Standpunkt der Rechtsprechung darstellen.[105]

a) Die "gleichgerichteten Interessen"

Soweit es zunächst das Merkmal der "gleichgerichteten Interessen" betrifft, lassen die neuen Entscheidungen keinen Zweifel daran, daß es bei Wettbewerbsbeschränkungen in Austauschverträgen in Zukunft hierauf nicht mehr ankommen wird, sondern allein darauf, ob für die Wettbewerbsbeschränkung ein anzuerkennendes Interesse besteht.

---

101 WuW/E BGH 3137, 3138 ("Solelieferung").

102 WuW/E BGH 3137, 3138 ("Solelieferung").

103 Vgl. OLG Stuttgart, WuW/E OLG 2983, 2985 ("Strohgäu-Wochenjournal I"); WuW/E OLG 3485, 3488 ("Strohgäu-Wochenjournal II"); WuW/E BGH 2270 ("Strohgäu-Wochenjournal II").

104 In einer späteren Entscheidung hat der BGH dies auch in den Obersatz aufgenommen, in dem er schreibt, daß "ein in einem Austauschvertrag als Nebenabrede vereinbartes Wettbewerbsverbot dann gegen § 1 GWB" verstößt, wenn für es ein anzuerkennendes Interesse nicht besteht, vgl. BGH ZIP 1998, 1159, 1161 ("Subunternehmervertrag").

105 Vgl. hierzu eingehend auch Bornkamm, in: Festschrift Geiß, S. 539, 545 ff.

b) Die horizontale Wettbewerbsbeschränkung

Fraglich ist jedoch, ob es bei Wettbewerbsbeschränkungen in Austauschverträgen auch weiterhin erforderlich ist, daß sich die Vertragsbeteiligten als aktuelle oder potentielle Wettbewerber gegenüberstehen und den Wettbewerb untereinander horizontal beschränken können. Diese Frage stellt sich deshalb, weil nur in diesem Fall überhaupt ein Abgrenzungsproblem zu bestehen scheint: Wenn eine horizontale Wettbewerbsbeschränkung mangels eines Wettbewerbsverhältnisses zwischen den Parteien nicht in Betracht kommt, scheint nach der bislang von der Rechtsprechung vertretenen Auffassung ein Eingreifen von § 1 GWB nämlich von vorneherein ausgeschlossen zu sein.

Gegen ein solches Verständnis der neuen Rechtsprechung scheint zu sprechen, daß das Erfordernis eines horizontalen Wettbewerbsverhältnisses zwischen den an der Vereinbarung beteiligten Unternehmen vom BGH in den neuen Entscheidungen nicht ausdrücklich erwähnt wird. Die Aussage dort lautet nicht etwa "Ein gemeinsamer Zweck i.S.d. § 1 GWB liegt demnach bei Austauschverträgen zwischen Wettbewerbern vor", sondern ist allgemein auf Austauschverträge bezogen. Andererseits wird in den maßgeblichen Passagen der neuen Entscheidungen regelmäßig bezug auf die "Spielkarten"-Entscheidung genommen, in der das Kriterium der horizontalen Wettbewerbsbeschränkung vom BGH erstmals ausdrücklich für maßgeblich erklärt worden war.[106] Darüber hinaus ist in tatsächlicher Hinsicht zu berücksichtigen, daß sich die Hersteller bzw. Lieferanten in den ersten beiden Fällen dazu verpflichtet hatten, nicht selber im Tätigkeitsbereich ihrer Abnehmer aktiv zu werden. Die Parteien waren insoweit also potentielle Wettbewerber.[107] Ein solches, potentielles Wettbewerbsverhältnis war auch im Fall "Subunternehmervertrag" gegeben.[108] Die Vorinstanzen in den Fällen "Druckgußteile" und "Bedside-Testkarten" hatten denn auch dem Umstand erhebliches Gewicht beigemessen, daß der Vertragspartner des von der Alleinvertriebsvereinbarung begünstigten Unternehmens jeweils als dessen Konkurrent auf der Vertriebsebene anzusehen war, insoweit also eine horizontale Wettbewerbsbeschränkung vorlag.[109] Auch in den anschließenden Revisionsentscheidungen des BGH finden sich ausführliche Erörterungen zur Frage des "anzuerkennenden Interesses" insbesondere dann, wenn die betreffende Wettbewerbsbe-

---

106 WuW/E BGH 3115, 3118 ("Druckgußteile"); BGH WuW/E 3121, 3125 ("Bedside-Testkarten"); WuW/E BGH 3137, 3138 ("Solelieferung").

107 BGH WuW/E 3115, 3118 ("Druckgußteile"); BGH WuW/E 3121, 3126 ("Bedside-Testkarten").

108 Vgl. BGH ZIP 1998, 1159, 1161.

109 OLG München, WuW/E OLG 5520, 5522 ("Druckgußteile"); OLG Karlsruhe, WuW/E OLG 5478, 5483 ("Bedside-Testkarten").

schränkung das horizontale Wettbewerbsverhältnis der Vertragsparteien betraf.[110] Ein derartiges Wettbewerbsverhältnis war im Fall "Solelieferung" zwar nicht gegeben;[111] hieraus den Schluß zu ziehen, daß eine horizontale Wettbewerbsbeschränkung nicht mehr erforderlich sei, wäre aber voreilig: Denn auch im Fall "Solelieferung" maß der BGH dem Umstand entscheidendes Gewicht bei, daß die Vereinbarung den dem einen Unternehmen drohenden Drittwettbewerb verhindern sollte. Ein solches Verständnis (horizontale Wettbewerbsbeschränkung oder zumindest Ausschluß horizontalen Drittwettbewerbs) stünde auch in Einklang mit der bisherigen Rechtsprechung, nach der auch die bloße Verhinderung von Drittwettbewerb einen gemeinsamen Zweck darstellt.[112]

Problematisch ist in diesem Zusammenhang jedoch, daß auch rein vertikale Beschränkungen vom BGH zumindest kurz daraufhin untersucht wurden, ob sie sich im von § 16 GWB vorgegebenen Rahmen hielten.[113] Obgleich der Abnehmer nicht einmal als potentieller Konkurrent seines Lieferanten auf der Herstellerebene anzusehen war, hielt es der BGH für erforderlich, die Bezugsbindung als Korrelat zur ständigen Lieferbereitschaft der Hersteller zu rechtfertigen. Hielte der BGH auch bei Austauschverträgen das Bestehen eines horizontalen Wettbewerbsverhältnisses für erforderlich, damit derartige Wettbewerbsbeschränkungen unter § 1 GWB fallen können, hätte dessen Fehlen im Fall "Druckgußteile" den sachgerechteren und einfacheren Weg dargestellt, die Untersuchung bereits auf dieser vorgelagerten Stufe zu beenden. Daß der BGH dies nicht tat, läßt sich nur damit erklären, daß es bei Austauschverträgen bei der Prüfung des § 1 GWB auf das Erfordernis eines horizontalen Wettbewerbsverhältnisses zwischen den Parteien nicht ankommt.[114]

3. Inhalt der neuen Rechtsprechung

Entscheidende Bedeutung für die Beantwortung der Frage, welche Auswirkungen die neue Rechtsprechung auf die Abgrenzung horizontaler und vertikaler Wettbewerbsbeschränkungen bei Austauschverträgen hat, kommt aber vor allem dem Inhalt des neuen Kriteriums zu, d.h. der Frage, wann ein anzuerkennendes Interesse an Wettbewerbsbeschränkungen in Austauschverträgen besteht.

---

110 WuW/E BGH 3115, 3118 f. ("Druckgußteile"); WuW/E BGH 3121, 3125 f. ("Bedside-Testkarten").

111 Vgl. Bornkamm, in: Festschrift Geiß, S. 539, 544, 552.

112 WuW/E BGH 1332, 1335 ("Bahnen aus Kunststoff"); WuW/E BGH 2088, 2090 ("Korkschrot").

113 WuW/E BGH 3115, 3118 ("Druckgußteile"), unter I 3 c) aa) der Gründe.

114 Ebenso Baums, ZIP 1998, 233, 235; Bornkamm, in: Festschrift Geiß, S. 539, 546, 552 f., nach dem die neue Formel des BGH insoweit daher tendenziell zu einer Erweiterung des § 1 GWB führt. Vgl. hierzu auch unten 3. Teil, B. I. 2.

a) Dogmatische Einordnung des Kriteriums "anzuerkennendes Interesse"

Bei dieser Beurteilung könnte zunächst die dogmatische Einordnung des neuen Kriteriums aufschlußreich sein.

aa) Übernahme der Immanenztheorie?

In der Formulierung weist das neue Kriterium eine unverkennbare sachliche Nähe zu der von der Literatur und auch von Teilen der Rechtsprechung zur Einschränkung des § 1 GWB verwendeten Immanenztheorie auf.[115] Die Verwandtschaft in der Terminologie hat Teile des Schrifttums zu der Annahme bewogen, daß der BGH mit der Formel vom anzuerkennenden Interesse die Immanenztheorie auch auf Austauschverträge anwenden wollte.[116] Träfe dies zu, dann böte sich bei der Auslegung des neuen Kriteriums ein Rückgriff auf die hierzu in der Literatur geleisteten Vorarbeiten und auch auf die vorhandene Rechtsprechung an.

bb) Die funktionale Auslegung durch den BGH

Bei näherer Betrachtung erweist sich dieses Verständnis jedoch als unzutreffend. Der BGH führt in den neuen Entscheidungen nämlich aus, daß ein "gemeinsamer Zweck" i.S.d. § 1 GWB dann gegeben ist, wenn für die Wettbewerbsbeschränkung ein anzuerkennendes Interesse nicht besteht. Anders gewendet: Liegt ein anzuerkennendes Interesse nicht vor, ist die Vereinbarung zu einem "gemeinsamen Zweck" geschlossen.

(1) Das "anzuerkennende Interesse" als Tatbestands- und Abgrenzungskriterium

Damit liefert der BGH also die (wie oben dargestellt) in seiner Rechtsprechung bislang fehlende Begründung dafür, warum "sachlich gebotene" Wettbewerbsbeschränkungen in Austauschverträgen nicht nach § 1 GWB unzulässig sein sollen.

---

115 Vgl. OLG Frankfurt, WuW/E OLG 4488, 4489 ("Konkurrenz im selben Haus"); KG WuW/E OLG 5565, 5577 ("Fernsehübertragungsrechte"); Immenga, in: Immenga/Mestmäcker, § 1 Rdn. 164; Bunte, in: Langen/Bunte, § 1 Rdn. 50; Emmerich, Kartellrecht, § 4, 4 a, b; Möschel, Wettbewerbsbeschränkungen, Rdn. 204; Steindorff, BB 1977, 569, 570; Schmidt, ZHR 149 (1985) 1, 10 ff.

116 So ausdrücklich Paefgen, EWiR 1997, 705, 706; Kunth/Slabschi, RdE 1997, 174; Ebel, WuW 1998, 448, 449; Köhler, Wettbewerbsbeschränkungen beim Energievertrieb, S. 51, 55; noch weitergehend Schmidt, AG 1998, 551, 556, der in der neuen Rechtsprechung sogar eine teleologische Erweiterung des Immanenzgedankens sieht. Etwas zurückhaltender hingegen Bunte, WuW 1997, 857, 861.

Die Antwort lautet nach den neuen Entscheidungen, daß nach seiner Ansicht in diesen Fällen bereits der Tatbestand des § 1 GWB nicht erfüllt ist, vielmehr allein §§ 14 ff. GWB Anwendung finden. Er siedelt das "anzuerkennende Interesse" also unmittelbar im Tatbestand dieser Vorschrift an, und dort bei der Frage der Abgrenzung zu den in §§ 14 ff. GWB erfaßten Vereinbarungen. Die neue Rechtsprechung soll also keine ungeschriebene Tatbestandsrestriktion darstellen, sondern eine, am Tatbestand selber anknüpfende, funktionale Auslegung des Merkmals "gemeinsamer Zweck".[117] Der BGH wollte mit dem von ihm gewählten Ansatz zur Immanenztheorie also ganz offenbar auf Distanz gehen.[118]

(2) Die Entscheidung "Subunternehmervertrag"

In der Literatur ist allerdings nach der Entscheidung "Subunternehmervertrag", in der der BGH das Kriterium des "anzuerkennenden Interesses" nicht mehr ausdrücklich mit dem "gemeinsamen Zweck" in Verbindung brachte,[119] teilweise die Ansicht vertreten worden, er habe den tatbestandlichen Anknüpfungspunkt wieder aufgegeben,[120] und damit spätestens in dieser Entscheidung den Immanenzgedanken übernommen.[121]

In der Tat scheint der zeitliche Zusammenhang zwischen der Entscheidung "Subunternehmervertrag" und der Verabschiedung der GWB-Novelle,[122] in der sich das Tatbestandsmerkmal "zu einem gemeinsamen Zweck" nicht mehr findet, dafür zu sprechen, daß der BGH die geplante Gesetzesänderung in seiner Rechtsprechung hat "vorwirken" lassen. Es ist aber auch zu berücksichtigen, daß der BGH die anderen neuen Entscheidungen, aus denen der tatbestandliche Bezug unzweideutig

---

117 Vgl. Emmerich, Anm. zur Entscheidung "Druckgußteile", LM Nr. 47 zu § 1 GWB, Bl. 5; Baums, Anm. zur Entscheidung "Solelieferung", LM Nr. 48 zu § 1 GWB, Bl. 8; Martinek, EWiR 1997, 1141, 1142. Zum österreichischen Recht tritt Koppensteiner, Wettbewerbsrecht, § 7 III 2 f (S. 125 und Fn. 186) ebenfalls für eine tatbestandliche Anknüpfung ein; allerdings siedelt er die Diskussion nicht beim Tatbestandsmerkmal des "gemeinsamen Zwecks" an, sondern bei dem der "Wettbewerbsbeschränkung". Im deutschen Recht ähnlich Möschel, Wettbewerbsbeschränkungen, Rdnrn. 170, 175, 204 ff.

118 Bornkamm, in: Festschrift Geiß, S. 539, 547.

119 Vgl. BGH ZIP 1998, 1159, 1161. Die Passage dort lautet schlicht: "verstößt ein in einem Austauschvertrag als Nebenabrede vereinbartes Wettbewerbsverbot dann gegen § 1 GWB".

120 Vgl. Traugott, Anm. zur Entscheidung "Subunternehmervertrag", BB 1998, 1556; Schmidt, AG 1998, 551, 558. Kritisch gegenüber dem von der neuen Rechtsprechung gewählten, "tatbestandlichen" Konzept auch Bechtold, Anm. zur Entscheidung "Druckgußteile", WuB V. A. § 1 GWB 1.97.

121 Vgl. Schmidt, AG 1998, 551, 558.

122 Die Entscheidung "Subunternehmervertrag" datiert vom 12.05.1998, die GWB-Novelle wurde am 07.05.1998 vom Bundestag beschlossen, vgl. F.A.Z. v. 08.05.1998, S. 17 ("Bundestag verabschiedet die Kartellnovelle").

hervorgeht, auch in der Entscheidung "Subunternehmervertrag" wieder in Bezug genommen hat.[123] Wollte der BGH seine gerade erst entwickelte Rechtsprechung in diesem umstrittenen Punkt sogleich wieder ändern, hätte man insoweit eine deutlichere Stellungnahme erwarten können. In Ermangelung einer solchen erscheint eine Interpretation der Passage in der Entscheidung "Subunternehmervertrag" als Aufgabe des tatbestandlichen Ansatzes durch den BGH daher als voreilig. Wie der BGH nach der Novellierung auf die Streichung des "gemeinsamen Zwecks" reagieren wird, bleibt hingegen abzuwarten.

(3) Die verwendete Terminologie

Vor allem aber ergibt sich bei kritischer Betrachtung gerade auch aus der jeweils verwendeten Terminologie selbst, daß der vom BGH und der von den Vertretern der Immanenztheorie verwendete Ansatz in sachlicher Hinsicht nicht deckungsgleich sind. *Steindorff* als einer der ersten Vertreter der Immanenztheorie fragte, inwieweit "eine Klausel für den Zweck eines nach der Rechtsordnung erwünschten oder gebilligten Vertrages notwendig" ist.[124] Dieser Fomulierung haben sich zahlreiche weitere Stimmen angeschlossen, die solche Wettbewerbsbeschränkungen vom Verbot des § 1 GWB ausnehmen wollen, die zur Erreichung bzw. Sicherung des kartellrechtsneutralen Hauptzwecks des Vertrages erforderlich sind.[125] Zum Teil wird auch davon ausgegangen, daß eine Wettbewerbsbeschränkung einem Vertrag dann "immanent" sei, wenn sie sich auch ohne ausdrückliche Vereinbarung als Nebenpflicht aus § 242 BGB bzw. unter dem Gesichtspunkt der gesellschaftsrechtlichen Treuepflicht aus dem Vertrag ergebe.[126]

Der BGH hingegen stellt in seiner neuen Rechtsprechung darauf ab, ob für die betreffende Wettbewerbsbeschränkung im Hinblick auf die Freiheit des Wettbewerbs ein anzuerkennendes Interesse besteht. Diese Formulierung ist ersichtlich weiter als die Erforderlichkeits- oder gar die Immanenzprüfung.[127]

---

123 BGH ZIP 1998, 1159, 1161.

124 BB 1977, 569, 571. Rittner, ZHR 135 (1971) 289, 294 fragte (zu § 16 GWB), ob sich die Bindung aus dem Institut des Handelsvertreterverhältnisses ergebe.

125 Vgl. Immenga, in: Immenga/Mestmäcker, § 1 Rdn. 164; Bunte, in: Langen/ Bunte, § 1 Rdn. 50; Möschel, Wettbewerbsbeschränkungen, Rdn. 204; Belke, ZHR 143 (1979) 74, 90; Schmidt, ZHR 149 (1985) 1, 12.

126 Immenga, in: Immenga/Mestmäcker, § 1 Rdn. 165; Belke, ZHR 143 (1979) 74, 90.

127 Ebenso Kühne, BB 1997, Beilage 19, S. 7; Bornkamm, in: Festschrift Geiß, S. 539, 549, nach dem die neue Formel des BGH daher zu einer tendenziellen Einschränkung des Anwendungsbereichs des § 1 GWB führt.

cc) Fazit

Sowohl der vom BGH gewählte methodische Ansatz als auch ein Vergleich der jeweils verwendeten Terminologie zeigen, daß die neue Rechtsprechung des BGH nicht die Anwendung der Immanenztheorie auf Wettbewerbsbeschränkungen in Austauschverträgen bedeutet.[128] Er leitet das Merkmal "anzuerkennendes Interesse" vielmehr unmittelbar aus dem Tatbestand des § 1 GWB ab und lehnt eine ungeschriebene Tatbestandsrestriktion nach dem Vorbild der Immanenztheorie ab.

b) Inhalt des Kriteriums

Maßstäbe dafür, wann ein anzuerkennendes Interesse für die vereinbarte Wettbewerbsbeschränkung anzunehmen ist, müssen daher auf einem anderen Weg gefunden werden.

aa) Die Maßgeblichkeit des Einzelfalls

Nach der neuen Formel des BGH ist eine Wettbewerbsbeschränkung in einem Austauschvertrag daraufhin zu untersuchen, ob sie gegenüber der Freiheit des Wettbewerbs einem anzuerkennenden Interesse entspricht, d.h. ob sich für sie Gründe anführen lassen, gegenüber denen die Freiheit des Wettbewerbs zurücktreten muß. Es ist daher eine Abwägung vorzunehmen, bei der auf der einen Seite die durch den Vertrag begründete Wettbewerbsbeschränkung und ihre Wirkung auf den relevanten Markt, auf der anderen Seite die Aspekte zu berücksichtigen sind, die die mit dem Leistungsaustausch verbundene Wettbewerbsbeschränkung rechtfertigen können.[129] Danach läßt sich die Frage, ob ein "anzuerkennendes Interesse" besteht, nur im Einzelfall beantworten. Denn "die durch den Inhalt des Vertrages begründete Wettbewerbsbeschränkung und ihre Wirkung auf den relevanten Markt"[130] lassen sich nur in bezug auf die konkrete Wettbewerbsbeschränkung und die konkrete Marktsituation, mithin nur einzelfallabhängig beurteilen.

Dennoch soll im folgenden versucht werden, anhand der, in den bisher entschiedenen Fällen verwendeten Maßstäbe einen Überblick darüber zu gewinnen, anhand welcher Leitlinien der BGH bei der Beurteilung vorgeht.

---

128 Ebenso Kühne, BB 1997, Beilage 19, S. 7; Traugott, Anm. zur Entscheidung "Subunternehmervertrag", BB 1998, 1556; Bornkamm, in: Festschrift Geiß, S. 539, 547.

129 WuW/E BGH 3115, 3118 ("Druckgußteile").

130 WuW/E BGH 3115, 3118 ("Druckgußteile"); WuW/E BGH 3121, 3125 ("Bedside-Testkarten"); WuW/E BGH 3137, 3138 ("Solelieferung").

bb) Die Beurteilungskriterien in den neuen Fällen

Im Fall "Druckgußteile" sah der BGH die Verpflichtung des Käufers, die benötigten Waren ausschließlich bei den Herstellern zu beziehen als zulässiges Äquivalent zur Absicherung der von diesen zugesagten, ständigen Lieferbereitschaft und damit letztlich des Leistungsaustauschs an. Da ein hierüber hinausgehender Zweck der Alleinbezugsvereinbarung nicht erkennbar sei, war diese wirksam. Auch die Kundenschutzzusage, durch die es dem Käufer ermöglicht werden sollte, aus den von ihm aufgebauten Kundenbeziehungen wirtschaftlichen Nutzen zu ziehen, diene grundsätzlich dem Leistungsaustausch. Bei der Frage, ob für die hierin liegende Wettbewerbsbeschränkung ein anzuerkennendes Interesse besteht, kam es aber auf die Höhe der, bei der Werbung der Kunden und der im Interesse der Absatzförderung getätigten finanziellen Aufwendungen an. Die Notwendigkeit, diese in der Folgezeit durch die Ausschaltung möglichen Wettbewerbs von seiten der gebundenen Partei wieder zu erwirtschaften, konnte nach Ansicht des BGH nicht nur das den Herstellern auferlegte Verbot einer aktiven Kundensuche, sondern auch die Ausschaltung des sog. "passiven" Wettbewerbs rechtfertigen. Damit unterstreicht der BGH die Unterscheidung zwischen aktivem und passivem Wettbewerb.[131] An die Zulässigkeit der Ausschaltung auch des passiven Wettbewerbs sind also offenbar strengere Anforderungen zu stellen, als bei einem Ausschluß nur des passiven Wettbewerbs.

Bedenken hinsichtlich der Zulässigkeit der Kundenschutzzusage bestanden nach Ansicht des BGH jedoch insofern, als ihre Laufzeit nicht begrenzt worden war und sie auch keine Kündigungsmöglichkeiten vorsah. Welcher Zeitraum nach § 139 BGB noch als zulässig angesehen werden konnte, hing insbesondere von der (noch zu klärenden) Höhe der Aufwendungen ab, die zur Gewinnung des Kunden und zur Absatzförderung notwendig waren, sowie von der Frage, ob die Kundenschutzzusage nur einen einzelnen oder mehrere Abnehmer erfaßte.

Im Fall "Bedside-Testkarten" sah der BGH das anzuerkennende Interesse an der Alleinbezugsvereinbarung wiederum darin, daß sie das Korrelat zur ständigen

---

131 Bereits in einer früheren Entscheidung zum "gemeinsamen Zweck" (WuW/E BGH 1353 ("Schnittblumentransport") hatte der BGH zwischen aktivem und passivem Wettbewerb unterschieden, vgl. dazu noch unter cc). Dies entspricht auch der Praxis im europäischen Kartellrecht. Dort ist z.B. in Art. 2 II lit. c) der VO 1983/83 nur das Verbot einer aktiven Verkaufspolitik, nicht hingegen ein Verbot auch "passiver" Verkäufe freigestellt, vgl. Veelken, in: Immenga/Mestmäcker, EG-Wettbewerbsrecht, Bd. I, V.B., Rdn. 45. Vgl. dazu auch auch die Bekanntmachung der Kommission zu den Verordnungen (EWG) Nr. 1983/83 und Nr. 1984/83, ABl. EG 1984 Nr. C 101, S. 2 ff., unter Tz. 31.

Lieferbereitschaft des Herstellers war: Dieser muß erwarten können, das sich der Vertragshändler auf die von ihm gelieferten Produkte konzentriert, was letztlich auch im Interesse des Wettbewerbs liege. Da durch eine solche Vereinbarung jedoch der inter-brand-Wettbewerb beschränkt wird, kann hiermit nur der intra-brand-Wettbewerb gemeint sein. Die gleiche Erwägung rechtfertigte nach Ansicht des BGH auch die Alleinvertriebsvereinbarung - und damit letztlich die wechselseitigen Ausschließlichkeitsbindungen - da der Händler nur dann erwarten könne, die von ihm getätigten Aufwendungen für verkaufs- und imagefördernde Maßnahmen auch wieder zu erwirtschaften, wenn ihm Wettbewerb im Vertragsgebiet von seiten anderer Vertragshändler oder des Herstellers selbst nicht drohe. Die dadurch zu erwartende Einführung eines neuen Produktes am Markt diene letztlich dem Wettbewerb, womit hier allerdings in erster Linie der inter-brand-Wettbewerb gemeint sein dürfte. Auch die Marktaufteilung hinsichtlich der Kunden diene nur der Absicherung des kartellrechtlich unbedenklichen Alleinvertriebsrechts.

Aus dieser Argumentation geht zunächst deutlich hervor, daß der BGH der betriebswirtschaftlichen Notwendigkeit von Maßnahmen, die dem Ausgleich notwendigerweise entstehender Anlaufinvestitionen und -verluste ("compensation of sunk costs") dienen, auch bei der kartellrechtlichen Beurteilung eine erhebliche Bedeutung beimißt. Die funktionale Auslegung des "gemeinsamen Zwecks" und damit die streng wettbewerbliche Handhabung des Kartellverbots wird hierdurch besonders deutlich.

Darüber hinaus scheint aus der neuen Ansicht des BGH auf den ersten Blick auch eine im Ergebnis freundlichere Haltung gegenüber Wettbewerbsbeschränkungen in Austauschverträgen zu sprechen. Im Schrifttum wird nämlich darauf hingewiesen, daß die (ältere) Rechtsanwendung wechselseitigen Ausschließlichkeitsbindungen, durch die der Wettbewerb zwischen den Vertragsparteien im Vertragsgebiet völlig ausgeschlossen wird, ausgesprochen skeptisch gegenüber stand.[132] In den Entscheidungen "Druckgußteile" und "Bedside-Testkarten" hingegen ging der BGH davon aus, daß für die wechselseitigen Ausschließlichkeitsbindungen, insbesondere zum Schutz getätigter Investitionen, durchaus ein anzuerkennendes Interesse bestehen kann. Bei näherem Hinsehen läßt sich in der neuen Rechtsprechung aber gleichwohl keine Änderung der Haltung im Hinblick auf die Beurteilung wechselseitiger Ausschließlichkeitsbindungen erkennen. Denn in den älteren Ent-

---

132 Vgl. Müller-Henneberg, in: Gemeinschaftskommentar, § 18 Rdn. 55; Emmerich, in: Immenga/ Mestmäcker, § 18 Rdn. 39; ders., Kartellrecht, 7. Auflage, § 14, 4 a, die insbesondere auf die Entscheidungen WuW/E BGH 1871 ("Transportbeton-Vertrieb"), WuW/E BGH 2285 ("Spielkarten"), KG, WuW/E OLG 1339 ("Linoleum"), OLG Stuttgart, WuW/E OLG 2799 ("Pulverbeschichtungsanlage") und WuW/E BKartA 953 ("Sisalkordel") verweisen.

scheidungen, in denen diese für unzulässig erklärt worden waren,[133] dienten sie nach den getroffenen Feststellungen jeweils der Absicherung einer zwischen den Parteien getroffenen Kooperationsvereinbarung bzw. einer vereinbarten Markt- oder Produktionsaufteilung, die ihrerseits schon die Voraussetzungen des § 1 GWB erfüllten.[134] In den neuen Entscheidungen dienten sie hingegen lediglich der Absicherung des - kartellrechtsneutralen - Leistungsaustauschs. Von daher knüpft der BGH mit seiner neuen Rechtsprechung lediglich an den von ihm schon vorher aufgestellten Grundsatz an, daß (nur) solche Wettbewerbsbeschränkungen in Austauschverträgen einer Anwendung des § 1 GWB entzogen sein können, die der Sicherung des Leistungsaustauschs dienen.

Im Fall "Solelieferung" führte der BGH zunächst aus, daß der gezielte Ausschluß potentiellen Drittwettbewerbs grundsätzlich unzulässig ist, und nur unter besonderen Voraussetzungen gestattet werden kann. Damit ist also zunächst einmal klargestellt, daß die, für die Anwendung des § 1 GWB erforderliche, horizontale Wettbewerbsbeschränkung in Übereinstimmung mit der im Schrifttum überwiegend vertretenen Ansicht[135] und auch der früheren Handhabung durch den BGH[136] nicht notwendigerweise "inter partes" eintreten muß, vielmehr auch der gezielte Ausschluß von Drittwettbewerb ausreicht. Darüber hinaus wird aber auch deutlich, daß in diesen Fällen über die für die Beurteilung "normaler" Ausschließlichkeitsbindungen geltenden Grundsätze hinausgehende, strengere Anforderungen zu stellen sind. Danach kann ein "anzuerkennendes Interesse" z.B. dann bestehen, wenn ein Marktzutritt ohne die Vereinbarung unrealistisch ist,[137] oder wenn die Vereinbarung zum Schutz der Aufwendungen für die Markterschließung erforderlich ist.[138] Auch dann kommt aber nur eine zeitlich begrenzte Bindung in Betracht.[139]

Im Fall "Subunternehmervertrag" erachtete der BGH die Kundenschutzklausel insbesondere deshalb als wirksam, weil erst durch sie der Vertrag aus Sicht des

133 Vgl. WuW/E BGH 1871, 1877 ("Transportbeton-Vertrieb"); WuW/E BGH 2285, 2287 ("Spielkarten"); KG, WuW/E OLG 1339, 1344 f. ("Linoleum"); OLG Stuttgart, WuW/E OLG 2799, 2801 ("Pulverbeschichtungsanlage"); WuW/E BKartA 953, 955 ("Sisalkordel").

134 Vgl. WuW/E BGH 1871, 1872, 1877 f. ("Transportbeton-Vertrieb"); WuW/E BGH 2285, 2287 ("Spielkarten"); KG, WuW/E OLG 1339, 1345 ("Linoleum"); OLG Stuttgart, WuW/E OLG 2799, 2801 ("Pulverbeschichtungsanlage"), WuW/E BKartA 953, 55 ("Sisalkordel").

135 Immenga, in: Immenga/Mestmäcker, § 1 Rdn. 233; Emmerich, Kartellrecht, § 3, 3 a, b; Steindorff, BB 1981, 377, 380; Köhler, ZHR 148 (1984) 487, 489 f.

136 WuW/E BGH 1332, 1335 ("Bahnen aus Kunststoff"); WuW/E BGH 2088, 2090 ("Korkschrot"). Vgl. Bornkamm, in: Festschrift Geiß, S. 539, 552 f.

137 WuW/E BGH 3137, 3139 ("Solelieferung").

138 So Baums, Anm. zur Entscheidung "Solelieferung", LM Nr. 48 zu § 1 GWB.

139 WuW/E BGH 3137, 3139 ("Solelieferung").

Generalunternehmers durchführbar wurde. Ohne diese Klausel wäre der Anreiz für ihn, die Investitionen überhaupt zu tätigen, deutlich geringer gewesen, da das Risiko bestanden hätte, daß sich der Subunternehmer als "free rider" die Erfolge der Bemühungen des Generalunternehmers beim Aufbau eines Kundenstammes zunutze machen würde. Die Aufwendungen hätten sich dann möglicherweise nie amortisiert. Angesichts der Personal- und Materialkosten sowie der für die Akquise neuer Kunden erforderlichen Aufwendungen war auch nicht zu beanstanden, daß sich die Kundenschutzklausel sowohl auf das aktive Abwerben von Kunden als auch auf das "passive", d.h. lediglich auf unaufgeforderte Angebote reagierende Eindringen in den Kundenkreis erstreckte. Dies zumal die Wettbewerbsbeschränkung sachlich, räumlich und vor allem auch zeitlich (auf die Laufzeit des Vertrages und teilweise ein Jahr darüber hinaus) begrenzt war. Die zeitliche Begrenzung war insbesondere deshalb erforderlich, weil sich die von dem Hauptunternehmer zu den Kunden aufgebauten Beziehungen nach einer bestimmten Zeit typischerweise wieder lockern würden, so daß dann kein anzuerkenndes Interesse an einem derartigem Kundenschutz auf Seiten des Generalunternehmers mehr bestehen würde.

Auch in diesem Fall hebt der BGH also zum einen die Bedeutung der finanziellen Aufwendungen hervor. Zum anderen macht er aber auch deutlich, daß ein anzuerkennendes Interesse an der Wettbewerbsbeschränkung nur im Rahmen der sachlichen, räumlichen und zeitlichen Erfordernisse des jeweiligen Unternehmens bestehen kann.

cc) Die Beurteilungskriterien in den alten Fällen

Über die seit Anfang 1997 entschiedenen Fälle hinaus lassen sich aber auch noch einige ältere Entscheidungen für die Konkretisierung des "anzuerkennendes Interesses" heranziehen. Denn der BGH verwendet in den neuen Entscheidungen neben diesem Merkmal auch noch das der "sachlichen Gebotenheit" der Wettbewerbsbeschränkung, ein Kriterium, auf das er teilweise schon vor der Rechtsprechungsänderung abgestellt hatte.[140] Da der BGH auf diese älteren Entscheidungen in den neuen Urteilen zum Teil ausdrücklich Bezug nimmt,[141] an den dort

---

140 So in WuW/E BGH 1353 ("Schnittblumentransport"); WuW/E BGH 1458 ("Fertigbeton"); WuW/E BGH 1597 ("Erbauseinandersetzung"); WuW/E BGH 1898 ("Holzpaneele"); WuW/E BGH 2085 ("Strohgäu-Wochenjournal"); WuW/E BGH 2088 ("Korkschrot"); WuW/E BGH 2285 ("Spielkarten"); BGH NJW 1994, 384 ("Ausscheidender Gesellschafter").

141 WuW/E BGH 3115, 3118 ("Druckgußteile"); WuW/E BGH 3121, 3125 ("Bedside-Testkarten"); WuW/E BGH 3137, 3139 ("Solelieferung"); BGH ZIP 1998, 1159, 1161 ("Subunternehmervertrag").

entwickelten Gundsätzen insoweit also offenbar festhalten möchte, erscheint es zulässig, sie auch bei der Auslegung des "anzuerkennenden Interesses" zu berücksichtigen. In sachlicher Hinsicht wollte der BGH mit der neuen Rechtsprechung also keine durchgreifende Änderung herbeiführen, sondern im Gegenteil sogar eine gewisse sachliche Kontinuität andeuten.

Im Fall "Schnittblumentransport",[142] der eine gegenseitige Kundenschutzzusage betraf, wurde deren Zulässigkeit unter anderem damit begründet, daß nur der aktive, nicht aber der passive Eingriff in den Kundenkreis der anderen Partei verboten war.[143] Damit liefert dieser Fall eine aufschlußreiche Abgrenzung zum Fall "Druckgußteile" und auch zu der Entscheidung "Subunternehmervertrag"; dort wurde der Ausschluß passiven Wettbewerbs jeweils mit den erheblichen finanziellen Aufwendungen bei der Kundengewinnung gerechtfertigt. Solche waren im hier gegebenen Fall nicht ersichtlich. Der Ausschluß auch passiven Wettbewerbs bedurfte also auch schon früher einer weitergehenden, besonderen Rechtfertigung, bei der insbesondere die "Kostbarkeit" der gewonnnenen Kunden von Bedeutung ist.

In dem Sachverhalt, der der "Fertigbeton"-Entscheidung[144] zugrundelag, hatte sich ein Fertigbetonhersteller gegenüber einem Sandhändler verpflichtet, den benötigten Sand ausschließlich von diesem zu beziehen, der im Gegenzug jederzeitige Lieferbereitschaft versprach und sich verpflichtete, für die Dauer des Vertrages im Vertragsgebiet selber keinen Fertigbeton herzustellen und zu verkaufen. Bereits hier hatte der BGH die ausschließliche Bezugsbindung als Äquivalent für die Zusage der ständigen Lieferbereitschaft des Herstellers und daher als lediglich der Sicherung des Leistungsaustauschs dienend gewertet, so daß insoweit allein § 16 Nr. 2 GWB Anwendung fand. Diesbezüglich knüpft der BGH in seiner neuen Rechtsprechung also an frühere Entscheidungen an. Das dem Hersteller auferlegte Wettbewerbsverbot, das die Marktstellung des Abnehmers sichern sollte, lag hingegen im Interesse beider Vertragsparteien ("Partizipationsgedanke"), und diente nach Ansicht des BGH daher einem gemeinsamen Zweck.[145] Damit war aber noch nicht endgültig über die Zulässigkeit des Wettbewerbsverbots entschieden. Diese hing vielmehr noch von weiteren Feststellungen zur Abgrenzung des räumlich und sachlich relevanten Marktes und der Zahl sowie der Marktstärke der dort tätigen Wettbewerber ab.[146]

---

142 WuW/E BGH 1353.
143 WuW/E BGH 1353, 1355.
144 WuW/E BGH 1458.
145 WuW/E BGH 1458, 1460.
146 WuW/E BGH 1458, 1462.

Nachdem der BGH das Kriterium der gleichgerichteten Interessen, das für die Berücksichtigung derartiger Aspekte keinen Raum bot, nunmehr ausdrücklich aufgegeben hat, werden diese Erwägungen jedoch nicht obsolet. Vielmehr können sie, da sie die Wirkung des Wettbewerbsverbotes auf den relevanten Markt betreffen, nach der neuen Formel des BGH[147] auch künftig, nur eben bei der Frage nach dem anzuerkennenden Interesse für das Wettbewerbsverbot von Bedeutung sein.

Im Fall "Erbauseinandersetzung"[148] hatten die Erben die Kundenkreise der von ihnen jeweils fortzuführenden Unternehmen zeitlich unbefristet gegeneinander abgegrenzt. Die Erforderlichkeit dieses dauerhaften Wettbewerbsverbotes zog der BGH in Zweifel. Er forderte eine Untersuchung dahingehend, ob nicht auch eine zeitlich beschränkte Vereinbarung den wirtschaftlichen Vorteil der Auseinandersetzung, d.h. Unternehmensfortführung sicherstellen könne.[149]

Der Fall "Holzpaneele"[150] betraf ein Wettbewerbsverbot im Rahmen eines Unternehmenskaufvertrages. Derartige Wettbewerbsverbote sind nach der Rechtsprechung des BGH nur wirksam, soweit sie in sachlicher, zeitlicher und räumlicher Hinsicht, insbesondere zur Festigung der mit der Unternehmensübertragung überlassenen Kundenbeziehungen erforderlich sind.[151] Zur zeitlichen Erforderlichkeit führte der BGH aus, daß ein Zeitraum von 10 Jahren bedenklich sei, da sich die Kundenbeziehungen in der Regel schon vorher lockern würden. Um zu entscheiden, welcher Zeitraum noch vertretbar war, bedurfte es noch weiterer Feststellungen dahingehend, wie sehr sich die geschäftlichen Beziehungen verfestigt hatten.

Die Frage der räumlichen und zeitlichen Erforderlichkeit eines Wettbewerbsverbotes bei einer, einem Unternehmenskauf entsprechenden Kundenstammübertragung stellte sich auch im Fall "Strohgäu-Wochenjournal".[152] In zeitlicher Hinsicht waren 5 Jahre nicht von vornherein bedenklich, machten aber eine nähere Untersuchung erforderlich. In räumlicher Hinsicht war nur ein Wettbewerbsverbot zu rechtfertigen, das auf das Erscheinungsgebiet der übertragenen Anzeigenblätter (d.h. den Wirkungskreis der unternehmerischen Tätigkeit) beschränkt war.[153]

---

147 Danach ist "auf die durch den Inhalt des Vertrages begründete Wettbewerbsbeschränkung und ihre Wirkung auf den relevanten Markt abzustellen", vgl. z.B. WuW/E BGH 3115, 3118 ("Druckgußteile").

148 WuW/E BGH 1597.

149 WuW/BGH 1597, 1599.

150 WuW/E BGH 1898.

151 WuW/E BGH 1898, 1899. So auch schon WuW/E BGH 1600, 1602 ("Frischbeton").

152 WuW/E BGH 2085.

153 WuW/E BGH 2085, 2087.

Im "Korkschrot"-Fall,[154] auf den in der Entscheidung "Solelieferung" ausdrücklich Bezug genommen wurde, nahm der BGH an, daß die vereinbarten, wechselseitigen Ausschließlichkeitsbindungen nach Inhalt und Zweck darauf gerichtet waren, möglichen Wettbewerbern des Abnehmers den Marktzutritt zu erschweren, d.h. dem gezielten Ausschluß von Drittwettbewerb dienen sollten. Er ging deshalb vom Vorliegen eines "gemeinsamen Zwecks" aus. Die Wirksamkeit der Wettbewerbsbeschränkungen hing letztlich allerdings davon ab, ob potentielle Wettbewerber nicht noch - wie vom Berufungsgericht angenommen - konkurrenzfähige, alternative Bezugsmöglichkeiten hatten. Während der BGH diese Frage in "Korkschrot" unter dem Gesichtspunkt der Spürbarkeit der Wettbewerbsbeschränkung behandelte, dürfte sie, da sie die Wirkung der Wettbewerbsbeschränkung auf den relevaten Markt betrifft, auch künftig für das "anzuerkennende Interesse" von Bedeutung sein.

Die für Unternehmenskaufverträge entwickelten Grundsätze wendete der BGH auch auf eine Auseinandersetzungsvereinbarung zwischen dem ausscheidenden und den in der Gesellschaft verbleibenden Gesellschaftern an,[155] die unter anderem vorsah, daß beide Parteien die Vertriebsgebiete der jeweils anderen Partei für die Dauer von fünf Jahren nach dem Ausscheiden respektieren sollten. Über diese Vereinbarung setzte sich der ausscheidende Gesellschafter in der Folgezeit jedoch hinweg.

Nach Ansicht des BGH war das Wettbewerbsverbot der Anwendung des § 1 GWB nur insoweit entzogen, als es sachlich, zeitlich und räumlich erforderlich war, um die illoyale Ausnutzung der Kenntnisse und Beziehungen der Gesellschaft durch den Ausscheidenden zu verhindern.

In räumlicher Hinsicht war dies nur dann der Fall, wenn die Gesellschaft in dem betreffenden Gebiet auch tatsächlich Kundenbeziehungen unterhielt. Dies könnte unter Umständen auch eine ausdrückliche Aufteilung der Vertriebsgebiete rechtfertigen. Sofern sich die Tätigkeit in einem Gebiet aber auf einige wenige, bestimmte Kunden beschränkt hatte, könne dem Interesse der Gesellschaft auch durch eine, diese erfassende Kundenschutzvereinbarung genügt werden. Ein umfassender Gebietsschutz sei dann nicht erforderlich.

---

154 WuW/E BGH 2088.

155 BGH NJW 1994, 384 ("Ausscheidender Gesellschafter"). Diese stellte nach Ansicht des BGH deshalb einen Austauschvertrag dar, weil sie u.a. die Ubertragung des Gesellschaftsanteils an die verbleibenden, sowie die Zahlung einer Abfindung an den ausscheidenden Gesellschafter vorsah, vgl. BGH, NJW 1994, 384 f.

Der gewählte Zeitraum von fünf Jahren schien dem BGH zu lang. Die Konsolidierung der Geschäftsbeziehungen könne bei ernsthaftem Bemühen schon früher erreicht werden. Der erforderliche Zeitraum hänge aber auch von der Lebensdauer der Güter oder auch den Abständen zwischen den Kundenkontakten ab.

dd) Zusammenfassung und Fazit

Zusammenfassend lassen sich daher bei der Prüfung, ob für Wettbewerbsbeschränkungen in Austauschverträgen ein anzuerkennendes Interesse besteht, folgende Beurteilungsmaßstäbe in der Rechtsprechung des BGH erkennen:

(1) Ausschließlichkeitsbindungen

Ausschließlichkeitsbindungen, d.h. Alleinvertriebs- und Alleinbezugsvereinbarungen sieht der BGH grundsätzlich als zulässig an, vor allem, wenn sie der Absicherung einer vereinbarten, ständigen Lieferbereitschaft der begünstigten Partei dienen sollen. Insbesondere in Absatzmittlungsverhältnissen bestehen gegen ihre Wirksamkeit in der Regel keine Bedenken, sofern nur der begünstigten Partei für ihre Tätigkeit ein gewisses Maß an Aufwendungen entstanden ist, zu dessen Kompensation die Ausschließlichkeitsbindung geboten erscheint.

In diesen Fällen zeigt sich eine Neigung des BGH, Wettbewerbsbeschränkungen, die in ihrer sachlichen Ausgestaltung dem Leitbild der in § 16 GWB geregelten Vertriebs- und Bezugsbindungen entsprechen, dieser gesetzgeberischen Erlaubnisentscheidung entsprechend auch im Rahmen des § 1 GWB grundsätzlich als zulässig anzusehen; insofern kann von einem gesetzlich vertypten "anzuerkennenden Interesse" gesprochen werden".[156]

Auch wechselseitige Ausschließlichkeitsbindungen können zulässig sein; dabei finden jedoch die Aufwendungen des Abnehmers zur Verkaufsförderung besondere Beachtung. Dieser Gesichtpunkt ist insbesondere auch bei der Rechtfertigung des Ausschlusses passiven Wettbewerbs zu berücksichtigen. Darüber hinaus sind Ausschließlichkeitsbindungen umso eher zulässig, je höhere Marktzutrittsschranken bestehen, da in diesen Fällen eher von der Notwendigkeit einer Wettbewerbs-

---

156 So Baums, Anm. zur Entscheidung "Solelieferung", LM Nr. 48 zu § 1 GWB (Bl. 8), und wohl auch Paefgen, EWiR 1997, 705, 706. Eine gesetzliche Vertypung eines "anzuerkennenden Interesses" findet sich auch in den in § 17 II GWB aufgezählten Bindungen im Rahmen von Lizenzverträgen, auf die das Verbot des § 17 I GWB keine Anwendung findet.

beschränkung aus Gründen des betriebswirtschaftlichen bzw. unternehmerischen Kalküls (Amortisation der Investitionen) ausgegangen werden kann.

(2) Kundenschutzzusagen und Kundenkreisabgrenzungen

Bei Kundenschutzzusagen und Kundenkreisabgrenzungen ist insbesondere auf ihre Laufzeit sowie darauf zu achten, ob Kündigungsmöglichkeiten vorgesehen sind. Längere Laufzeiten und fehlende Kündigungsmöglichkeiten erfordern eine nähere Prüfung. Sie sind aber nicht per se zu mißbilligen und umso eher zulässig, je höher die zur Kundengewinnung und Absatzförderung nötigen Aufwendungen sind. Weiterhin kann sich auch eine Begrenzung der Zahl der von der Zusage erfaßten Abnehmer oder eine Beschränkung auf die Neukunden positiv auf die Beurteilung der Vereinbarung auswirken.

(3) Ausschluß von Drittwettbewerb

Dem gezielten, dauerhaften Ausschluß von Drittwettbewerb zugunsten eines Vertragsbeteiligten steht der BGH skeptisch gegenüber, insbesondere dann, wenn auf dem räumlich relevanten Markt alternative Bezugsmöglichkeiten hinsichtlich der Produkte nicht bestehen. Ein hohes wirtschaftliches Risiko, das der Bindende mit dem Abschluß des Grundvertrages eingeht, oder die Erforderlichkeit der Vereinbarung für den Marktzutritt als solchen und damit für das Entsehen von Wettbewerb überhaupt, kann jedoch in gewissem Umfang (unter Umständen auch längere) zeitliche Beschränkungen rechtfertigen.

(4) Wettbewerbsverbote

Bei Wettbewerbsverboten (insbesondere in Unternehmenskaufverträgen) ist streng darauf zu achten, daß sie nur den räumlichen Tätigkeitsbereich des Unternehmens abdecken. Als milderes Mittel kann auch eine Kundenschutzvereinbarung angezeigt sein. In zeitlicher Hinsicht ist ein unbeschränktes Wettbewerbsverbot kaum zu rechtfertigen; gleiches gilt für Wettbewerbsverbote mit einer Dauer von (mehr als) fünf bis zehn Jahren.[157] Im übrigen ist auf die Besonderheiten des Unternehmens abzustellen, wie z.B. auf die Regelmäßigkeit und Frequenz der Kundenkontakte sowie die damit verbundene Intensität der Kundenbeziehungen und ihre typischerweise zu erwartende Lockerung. Darüber hinaus ist auch die Art der betroffenen

157 Ebenso Emmerich, Kartellrecht, § 4, 4 a.

Güter und vor allem der wirtschaftliche Zustand des Unternehmens zu berücksichtigen, wie z.B. eine voraussichtlich notwendige Aufbau-, Reorganisations- oder Konsolidierungsphase.

Insbesondere bei Wettbewerbsverboten in sonstigen Austauschverträgen kommt es darüber hinaus auf das Ausmaß des auf dem relevanten Markt herrschenden Wettbewerbs an, wobei vor allem Zahl und Stärke der Wettbewerber eine Rolle spielen.

(5) Stellungnahme

Es ist nicht zu verkennen, daß das neue Kriterium noch keine allzu scharfen Konturen aufweist und daher zu einer gewissen Rechtsunsicherheit führt.[158] Vor dem Hintergrund, daß die maßgeblichen Kriterien in der Sache selbst keine große Neuerung darstellen, und die in früheren Entscheidungen entwickelten Maßstäbe auch weiterhin Geltung beanspruchen, zeigen sich aber doch einige, zum Teil recht deutliche Tendenzen (Aufgeschlossenheit gegenüber (auch wechselseitigen) Ausschließlichkeitsbindungen insbesondere zum Schutz von Investitionen, Maßgeblichkeit der Höhe der finanziellen Aufwendungen, Skepsis gegenüber dem gezielten Ausschluß von Drittwettbewerb, per se-Verbot zeitlich unbegrenzter Wettbewerbsverbote). Bei der Beurteilung ist zudem zu bedenken, daß es der - allgemein anerkannte - funktionale Ansatz geradezu gebietet, die Wettbewerbsschädlichkeit und die Anforderungen an die Zulässigkeit einer Wettbewerbsbeschränkung einzelfallorientiert zu beurteilen.[159] Die damit - notwendigerweise - verbundene Rechtsunsicherheit ist im Interesse eines effektiven Wettbewerbsschutzes daher hinzunehmen.

D. Fazit

Zum Zeitpunkt des Inkrafttretens der GWB-Novelle am 01.01.1999 bot die herrschende Meinung bei der Abgrenzung horizontaler und vertikaler Wettbewerbsbeschränkungen daher folgendes Bild: Nach der in Rechtsprechung und Literatur ganz überwiegend vertretenen Auffassung erfolgt die Abgrenzung der Verträge des ersten und zweiten Abschnitts des GWB danach, ob die Vertragsparteien sich auf dem betreffenden Markt als (aktuelle oder potentielle) Wettbewerber gegenüberstehen und durch den Vertrag diesen Wettbewerb untereinander, d.h. horizontal beschrän-

---

158 Paefgen, EWiR 1997, 706, 707; Martinek, EWiR 1997, 1141, 1142; Schmidt, in: Festschrift Sandrock, S. 833, 842; kritisch daher auch Bunte, WuW 1997, 857, 864.

159 Hierauf weist völlig zu Recht Schmidt, AG 1998, 551, 560 hin.

ken. Nach dem Schutzzweck des § 1 GWB reicht aber auch der gezielte Ausschluß (horizontalen) Drittwettbewerbs für die Bejahung eines "gemeinsamen Zwecks" aus. Bei Wettbewerbsbeschränkungen in Austauschverträgen schränkte die Literatur § 1 GWB anhand der Immanenztheorie ein, wohingegen die Rechtsprechung aufgrund einer funktionalen Auslegung des Tatbestandsmerkmals "zu einem gemeinsamen Zweck" Wettbewerbsbeschränkungen, für die ein "anzuerkennendes Interesse" besteht, nicht als zu einem "gemeinsamen Zweck" geschlossen ansah.

2. Teil: Die Neufassung nach der 6. GWB-Novelle

Vor dem Hintergrund des soeben im 1. Teil dargestellten Meinungsstands und seiner Entwicklung erscheint die Entscheidung des Gesetzgebers, das Tatbestandsmerkmal "zu einem gemeinsamen Zweck" durch eine sprachlich treffendere Formulierung ersetzen zu wollen, als durchaus nachvollziehbar. Zwar war mit dem Abstellen darauf, ob sich die Parteien als aktuelle oder potentielle Wettbewerber gegenüberstehen und durch die Vereinbarung den Wettbewerb untereinander (horizontal) beschränken, in Rechtsprechung und Literatur ein weitestgehender Konsens bei der Interpretation dieses Merkmals erreicht worden. Andererseits war aber auch nicht zu leugnen, daß man sich mit dieser Auslegung vom Wortlaut des "gemeinsamen Zwecks" relativ weit entfernt hatte, ja daß sie zu ihm praktisch keinen erkennbaren Bezug mehr aufwies.[160]

Auch die Entscheidung für die neue Formulierung "zwischen miteinander im Wettbewerb stehenden Unternehmen" ist man auf den ersten Blick durchaus geneigt, positiv zu beurteilen,[161] scheint sie doch im wesentlichen dem zuletzt von der ganz herrschenden Meinung vertretenen Verständnis zu entsprechen. Wie in der Einleitung bereits angedeutet wurde, hat die Neuregelung in Teilen des Schrifttums aber auch deutliche Kritik erfahren: So soll sie erhebliche Abgrenzungsprobleme mit sich bringen und darüber hinaus sogar zum Entstehen von Schutzlücken führen; angesichts der bis dahin konsolidierten Rechtslage erweise sich die Änderung daher nicht nur als unnötig, sondern schaffe im Gegenteil sogar neue Rechtsunsicherheit.[162]

Angesichts dieser, doch recht massiven Vorwürfe scheint es also durchaus zweifelhaft zu sein, ob es sich bei der Neufassung tatsächlich - wie vom Gesetzgeber und einigen Stimmen im Schrifttum angenommen - um eine gegenüber der alten Regelung sprachlich treffendere Formulierung handelt. Dieser Frage soll daher im folgenden, 2. Teil nachgegangen werden, wobei insbesondere auf die erhobenen Vorwürfe näher einzugehen sein wird.

---

160 Wellenhofer-Klein, WuW 1999, 557, 563.

161 So vor allem Schmidt, AG 1998, 551, 552, 559; Kahlenberg, BB 1998, 1593, 1594; Bechtold, NJW 1998, 2769, 2770; im Grundsatz zustimmend immerhin noch Bunte, WuW 1997, 857, 863; ders., DB 1998, 1749, 1749.

162 So vor allem Baums, ZIP 1998, 233, 235. Kritisch auch Bunte, WuW 1997, 857, 863; ders., DB 1998, 1748, 1749. Auch Emmerich, Kartellrecht, § 3, 2 geht davon aus, daß die Abgrenzungsschwierigkeiten durch die Neuregelung nicht geringer werden. Ein gewisses Unbehagen wird auch von denjenigen konzediert, die der Änderung an sich positiv gegenüberstehen, vgl. Schmidt, AG 1998, 551, 560.

A. Die Zielvorstellung des Novellen-Gesetzgebers

Hierfür ist es zunächst erforderlich, die mit der hier zu untersuchenden Änderung des § 1 GWB verfolgte Zielvorstellung des Novellen-Gesetzgebers noch etwas näher zu präzisieren. In der Begründung zum Regierungsentwurf heißt es, das bisherige Merkmal "zu einem gemeinsamen Zweck" solle durch die sprachlich treffendere Formulierung "zwischen miteinander im Wettbewerb stehenden Unternehmen" ersetzt werden.[163]

Dies beinhaltet bei genauer Betrachtung zwei verschiedene Aussagen. Die eine Aussage lautet, daß die Neufassung eine sprachlich *treffendere* Formulierung darstellen soll. Ob das der Fall ist, läßt sich aber erst dann beurteilen, wenn zuvor geklärt worden ist, "was" denn überhaupt mit der Neufassung treffender zum Ausdruck gebracht werden sollte. Die Antwort hierauf ergibt sich aus der zweiten bzw. aus dem Zusammenspiel der beiden Aussagen. Denn wenn es heißt, die Neufassung solle (nur) eine *sprachlich* treffendere Formulierung darstellen, eine Änderung inhaltlicher, sachlicher Art solle damit also nicht verbunden sein, dann wird deutlich: Der Novellen-Gesetzgeber beabsichtigte nicht, eine eigene gesetzgeberische und damit verbindliche Entscheidung dahingehend zu treffen, daß der maßgebende Aspekt für die Abgrenzung der Verträge des 1. Abschnitts von denjenigen des 2. Abschnitts sein solle, daß erstere zwischen Wettbewerbern geschlossen werden.[164] Auch die - angesichts der terminologischen Verwandtschaft - naheliegende Vermutung, der Gesetzgeber habe lediglich die Auffassung der herrschenden Meinung rezipieren und in der Neufassung zum Ausdruck bringen wollen, erweist sich danach als unzutreffend. Aus der Kombination der beiden Aussagen ergibt sich vielmehr, daß der Novellen-Gesetzgeber beabsichtigte, den - seiner Ansicht nach - "wahren" Inhalt des Merkmals "zu einem gemeinsamen Zweck" durch die Neufassung deutlicher zum Ausdruck zu bringen.[165]

---

163 BR-Drucksache 852/97, S. 32. Die damit bezweckte Verbesserung der Lesbarkeit des Gesetzes bildete einen wesentlichen Bestandteil des, neben der "Stärkung des Wettbewerbsprinzips" und der "Harmonisierung des deutschen mit dem europäischen Recht", dritten Reformziels der Novelle, nämlich der "Neuordnung und Straffung des Gesetzes", vgl. hierzu die Regierungsbegründung, BR-Drucksache 852/97, S. 31. Auf die Unübersichtlichkeit und die schlechte Lesbarkeit des Gesetzes in seiner alten Fassung war im Schrifttum bereits frühzeitig hingewiesen worden, vgl. Bunte, WuW 1994, 1, 8; Dreher, WuW 1995, 881, 884; Möschel, EuZW 1995, 817; ders., EWS 1995, 249, 253. Die Neuregelung insoweit begrüßend Eisenkopf, Wirtschaftsdienst 1998, 626.

164 In diesem Fall müßte sich die neue Formulierung - weil ja den Willen des Gesetzgebers wiedergebend - zwangsläufig als "treffend" erweisen.

165 Auch Emmerich, Kartellrecht, § 3, 3 b geht davon aus, daß der Gesetzgeber lediglich den bisherigen Rechtszustand verdeutlichen wollte.

Aus den angestellten Erwägungen ergeben sich nunmehr die Maßstäbe, anhand derer sich die Erreichung des mit der Novellierung verfolgten Zieles beurteilen läßt: Die der Neufassung zugrunde liegende Ansicht des Gesetzgebers muß zunächst auf einem zutreffenden Verständnis des Merkmals "zu einem gemeinsamen Zweck" beruhen (nachfolgend unter B.). Darüber hinaus muß der neue Wortlaut diesen "wahren" Gehalt des Merkmals klarer als die bisherige Fassung zum Ausdruck bringen (unter C.).

B. Maßgeblichkeit einer Vereinbarung zwischen Wettbewerbern?

Es ist daher zunächst die Frage zu untersuchen, ob wesentliches Merkmal der Vereinbarungen, die von § 1 GWB erfaßt werden sollen, tatsächlich ist, daß sie zwischen miteinander im Wettbewerb stehenden Unternehmen abgeschlossen werden.

I. Die Schwierigkeiten bei der Auslegung

Grundsätzlich ist der "wahre" Inhalt einer Norm anhand der hierfür entwickelten, allgemeinen Auslegungskriterien zu ermitteln.[166] Diese erweisen sich im vorliegenden Zusammenhang jedoch überwiegend als wenig hilfreich, ja bisweilen sogar als irreführend.

Was zunächst den Wortlaut des fraglichen Merkmals ("zu einem gemeinsamen Zweck") betrifft, läßt sich diesem kein Hinweis darauf entnehmen, bei der betreffenden Vereinbarung müsse es sich um eine solche zwischen Wettbewerbern handeln. Aufgrund einer grammatikalischen Auslegung lassen sich daher keine Erkenntnisse für die Beantwortung der eingangs gestellten Frage gewinnen.

Als wenig hilfreich erweist sich aber auch eine Berücksichtigung der Normvorstellungen des GWB-Gesetzgebers. Dieser hatte sich nämlich, wie oben (1. Teil, B. I. 1.) dargestellt wurde, bei der Formulierung des § 1 GWB an den in Rechtsprechung und Literatur zu § 1 KartellVO 1923 entwickelten Ergebnissen orientiert, wonach als wesentliches Merkmal der in § 1 KartellVO 1923 genannten Tatbestände das Vorliegen eines Gesellschaftsverhältnisses oder gesellschaftsähnlichen Rechtsverhält-

---

166 Vgl. Larenz, Methodenlehre, S. 315 f. Hierbei werden hauptsächlich die grammatikalische, systematische, historische und objektiv-teleologische Auslegung als Kriterien genannt, vgl. Larenz, Methodenlehre, S. 320 ff.

nisses angesehen wurde.[167] Da sich eine gesellschaftsrechtliche Auslegung und Anwendung des Kartelltatbestandes jedoch in der Praxis als wettbewerbspolitisch völlig unsachgemäß erwiesen hatte, wurde sie allgemein und zu Recht als eine historisch bedingte Fehlvorstellung des Gesetzgebers bewertet,[168] die für die Auslegung des "gemeinsamen Zwecks" folglich nichts beizutragen vermag.[169]

Wenngleich sich hieraus noch keine (positive) Antwort auf die Frage ergibt, ob wesentliches Merkmals des Kartelltatbestandes tatsächlich das Vorliegen einer Vereinbarung zwischen Wettbewerbern ist, rechtfertigt die gewonnene Erkenntnis doch die Schlußfolgerung, daß die ursprüngliche - falsche - Normvorstellung des Gesetzgebers diesem Ergebnis, wenn es sich aus anderen Gründen als richtig erweisen würde, zumindest nicht entgegenstünde.[170]

II. Die Funktion des Merkmals als ausschlaggebendes Kriterium

Weder aufgrund grammatikalischer noch aufgrund historischer Erwägungen lassen sich somit Erkenntnisse darüber gewinnen, welches der entscheidende Gesichtspunkt für das Vorliegen eines "gemeinsamen Zwecks" i.S.d. § 1 GWB ist. Ausschlaggebende Bedeutung kommt daher der objektiv-teleologischen Auslegung,[171] d.h. dem mit der Regelung verfolgten Zweck und damit der Funktion dieses Merkmals zu.[172]

---

167 Vgl. Regierungsbegründung, BT-Drucksache II/1158, S. 24 f.

168 Vgl. Schmidt, Kartellverfahrensrecht, S. 25 ff.; ders., ZHR 149 (1985) 1, 5; Steindorff, BB 1977, 569, 570. Ähnlich WuW/E BGH 1458, 1461 ("Fertigbeton"); Huber/Baums, in: Frankfurter Kommentar, § 1 Rdn. 432; Lukes, Kartellvertrag, S. 118 ff.

169 Bei der Beantwortung der vorliegenden Frage kommt dem Willen des historischen Gesetzgebers daher, anders als normalerweise bei relativ jungen Gesetzen (vgl. Knöpfle, DB 1986, Beilage 11, S. 2, Fn. 1), nur eine erheblich eingeschränkte Bedeutung zu.

170 Vgl. BVerfGE 1, 29, 312; BVerfGE 62, 1, 45. Danach können die subjektiven Vorstellungen der am Gesetzgebungsverfahren beteiligten Personen und Organe den objektiven Sinn des Gesetzes nicht derogieren. Vgl. auch WuW/E BGH 795, 798 ("Schallplatten"); Huber/Baums, in: Frankfurter Kommentar, § 1 Rdn. 434.

171 Auch systematische Erwägungen können sinnvollerweise nur im Zusammenhang mit dem Regelungszweck einer Norm angestellt werden, vgl. Larenz, Methodenlehre, S. 327. Auf sie wird daher ebenfalls an dieser Stelle einzugehen sein.

172 Vgl. allgemein Larenz, Methodenlehre, S. 344. So auch die ganz h.M. in dieser Frage, vgl. WuW/E BGH 1458, 1461 ("Fertigbeton"); WuW/E BGH 2285, 2287 ("Spielkarten"); WuW/E BGH 3115, 3117 ("Druckgußteile"); OLG Stuttgart, WuW/E OLG 2983, 2985 ("Strohgäu-Wochenjournal"); Immenga, in: Immenga/ Mestmäcker, § 1 Rdn. 154; Emmerich, Kartellrecht, § 3, 3 a, b, § 4, 4 a; Schmidt, Kartellverbot, S. 70; Steindorff, BB 1981, 377, 380.

1. § 1 GWB als Definition des Kartelltatbestands

Aus der Begründung zum Regierungsentwurf ergibt sich, daß in § 1 GWB - anders als noch in § 1 KartellVO 1923, der sich auf die Aufzählung einiger Erscheinungsformen beschränkte - eine gesetzliche Definition des Kartelltatbestandes gegeben werden sollte.[173] Als dessen typisches Merkmals wurde es angesehen, daß die Beteiligten zur Erreichung eines "gemeinsamen Zwecks" zusammenwirken.[174] Wenn dieser Vorstellung auch fälschlicherweise ein gesellschaftsrechtliches Verständnis des "gemeinsamen Zwecks" zugrundelag, geht hieraus dennoch deutlich hervor, und kann auch als erste, sichere Schlußfolgerung festgehalten werden, daß das wesentliche Merkmal der von § 1 GWB erfaßten Verhaltensweisen in diesem Merkmal zum Ausdruck kommen soll.

2. Der "gemeinsame Zweck" als Abgrenzungskriterium

Damit stellt sich die Frage, welche Vereinbarungen von § 1 GWB erfaßt werden sollen. Auch insoweit erweisen sich die Gesetzesmaterialien als aufschlußreich. Denn die Definition des Kartelltatbestandes sollte nicht um ihrer selbst Willen gegeben werden, sondern - in gesetzessystematischer Hinsicht - die Abgrenzung gegenüber den Vereinbarungen des 2. Abschnitts ermöglichen.[175] Wenn aber typisches Merkmal der im 1. Abschnitt geregelten Vereinbarungen ist, daß sie "zu einem gemeinsamen Zweck" geschlossen werden, dann folgt aus der Abgrenzungsfunktion des § 1 GWB, daß in diesem - wie auch immer verstandenen - Merkmal der Unterschied zu den Vereinbarungen des 2. Abschnitts zum Ausdruck kommen muß.[176] Da sich nun aber herausgestellt hat, daß - anders als der Gesetzgeber dachte - entscheidendes Charakteristikum nicht das Vorliegen eines Gesellschafts- bzw. gesellschaftsähnlichen Rechtsverhältnisses ist, stellt sich die Frage, worin denn nun der "wahre" Unterschied zwischen den Verträgen des 1. und 2. Abschnitts zu sehen ist.

---

173 BT-Drucksache II/1158, S. 24 f., 30.

174 BT-Drucksache II/1158, S. 25.

175 BT-Drucksache II/1158, S. 25, 30.

176 Diese Abgrenzungsfunktion soll dem Merkmal nach dem ausdrücklichen Willen des Gesetzgebers auch noch nach der 6. Novelle zukommen, vgl. Regierungsbegründung, BR-Drucksache 852/97, S. 32. Dieses Verständnis des Merkmals entspricht auch dem der ganz h.M., vgl. WuW/E BGH 1458, 1460 f. ("Fertigbeton"); WuW/E BGH 3115, 3117 ("Druckgußteile"); Immenga, in: Immenga/ Mestmäcker, § 1 Rdn. 154; Bunte, in: Langen/Bunte, § 1 Rdn. 42; Emmerich, Kartellrecht, § 3, 3; Schmidt, Kartellverbot, S. 58 ff.; Peters, Ausschließlichkeitsbindungen, S. 61 f.; Niederleithinger, in: Festschrift Benisch, S. 277, 289.

3. Der Schluß von der Sanktion auf den Tatbestand

Der Versuch, diese Frage von der tatbestandlichen Umschreibung her zu beantworten, erscheint wenig erfolgversprechend. Denn soweit es die (positive) Umschreibung in § 1 GWB bzw. den Gesetzesmaterialien angeht, wurde der Gesetzgeber ja von einer falschen, organisationsrechtlichen Vorstellung geleitet (weshalb sich auch die grammatikalische Auslegung als unergiebig erwiesen hat). Aber auch aus einer Untersuchung der tatbestandlichen Umschreibung der Verträge des 2. Abschnitts sind aufgrund ihrer vielfältigen Erscheinungsformen[177] keine verallgemeinerungsfähigen Erkenntnisse für einen möglichen Rückschluß auf den Kartelltatbestand zu erwarten.

Erweist sich demnach eine Untersuchung, die vom Tatbestand der Normen ausgeht, als wenig erfolgversprechend, bietet es sich alternativ an, eine Antwort in den Sanktionen zu suchen, die für die jeweiligen Tatbestände angeordnet wurden.

a) Verbot mit Erlaubnisvorbehalt gegenüber differenzierender Regelung

Während es der Gesetzgeber im Hinblick auf die im 2. Abschnitt geregelten Vereinbarungen weder für möglich, noch für notwendig hielt, sie generell für unwirksam oder von einer Erlaubnis abhängig zu erklären,[178] ordnete er für die Vereinbarungen des § 1 GWB ein generelles Verbot mit Erlaubnisvorbehalt an.[179] Letztere sollen also ohne jede nähere Untersuchung oder Differenzierung grundsätzlich unwirksam sein, und nur unter eng umgrenzten Voraussetzungen vom Kartellverbot freigestellt werden können.

b) Die Zielsetzung der §§ 1, 14 ff. GWB

Auch diese Feststellung erweist sich isoliert aber noch als unergiebig. Denn die vorgesehenen Sanktionen dienen letztlich nur dazu, das mit dem Erlaß der §§ 1, 14 ff. GWB verfolgte Ziel einer Sicherstellung der Freiheit des Wettbewerbs gegenüber wettbewerbsbeschränkenden Vereinbarungen zu erreichen bzw. durchzusetzen.[180] An dieser wirtschafts- bzw. wettbewerbspolitischen Zielsetzung muß sich demnach

---

177 Vgl. Regierungsbegründung, BT-Drucksache II/1158, S. 25 f.

178 BT-Drucksache II/1158, S. 26.

179 BT-Drucksache II/1158, S. 25 f., 30.

180 BT-Drucksache II/1158, S. 21; Immenga/Mestmäcker, in: Immenga/Mestmäcker, Einleitung Rdn. 1.

auch die Auslegung des Gesetzes und damit die Ermittlung des "wahren" Inhalts des "gemeinsamen Zwecks" orientieren.[181]

c) Die typische Wettbewerbsschädlichkeit einer horizontalen Wettbewerbsbeschränkung

Aus den vorangegangenen Erwägungen läßt sich nun die Antwort auf die Frage nach dem wesentlichen Merkmal der von § 1 GWB erfaßten Vereinbarungen finden. Denn wenn es einerseits Ziel dieser Vorschrift ist, die Freiheit des Wettbewerbs zu gewährleisten, zum anderen aber alle von ihr erfaßten Vereinbarungen einem grundsätzlichen Verbot unterfallen sollen, dann wird eine solch weitgehende Rechtsfolge dem wirtschaftspolitischen Ziel dieser Vorschrift nur gerecht und ist auch unter rechtsstaatlichen Gesichtspunkten nur zu rechtfertigen, wenn diese Vereinbarungen typischerweise wettbewerbsschädlich sind.[182] Eine solche, "typische Wettbewerbsschädlichkeit" kommt nun aber gerade solchen Abreden zu, die allein dazu dienen, ein horizontales Wettbewerbsverhältnis zu beschränken. Denn hierdurch wird der Konkurrenzdruck, der die Marktteilnehmer zum optimalen Einsatz ihrer Produktionsfaktoren zwingt, und mit ihm die positiven Effekte des Leistungswettbewerbs, wie etwa seine wohlfahrtssteigernde Wirkung[183] ausgeschaltet. Ein derartiger Konkurrenzdruck geht aber in erster Linie von Wettbewerbern auf derselben Marktstufe, d.h. von einem horizontalen Wettbewerbsverhältnis aus.

Genau diese "typische Wettbewerbsschädlichkeit" ist es, die die Vereinbarungen des 1. Abschnitts von den in den §§ 14 ff. GWB geregelten Vereinbarungen unterscheidet, denen eine solche Wirkung eben nicht (immer) zukommt.[184] Nur unter diesem Gesichtspunkt ist es daher wettbewerbspolitisch sinnvoll und gerechtfertigt, sie generell zu verbieten.

---

181 Vgl. Larenz, Methodenlehre, S. 332. Für die "Politik des Gesetzes" als selbständiges Auslegungskriterium insbesondere auch gegenüber dem - in der Regel apolitischen - Wortlaut Steindorff, in: Festschrift Larenz, S. 217, 223, 231 ff.

182 Die "typische Wettbewerbsschädlichkeit" als entscheidendes Kriterium der Vereinbarungen des § 1 GWB klingt auch an bei Monopolkommission, Hauptgutachten XI, Tz. 938; Lieberknecht/ Gnauk, BB 1963, 1067, 1071.

183 Vgl. Emmerich, Kartellrecht, § 1, 1 a; ders., Kartellrecht, 7. Auflage, § 1, 1 a aa, bb; Baumbach/ Hefermehl, Wettbewerbsrecht, Allgemeine Grundlagen, Rdnrn. 3 f., 21 f. Zum Wettbewerb als Verhaltens- und Ausleseprozeß vgl. Baumbach/Hefermehl, Wettbewerbsrecht, Allgemeine Grundlagen, Rdnrn. 18 ff., 21 ff.

184 Vgl. Fikentscher/Straub, in: Gemeinschaftskommentar, § 18 Rdn. 13; van den Bergh/Camesasca, WuW 1998, 1147, 1153.

III. Zwischenergebnis

Als Zwischenergebnis kann daher festgehalten werden, daß nach Funktion und Systematik der §§ 1, 14 f. GWB entscheidendes Merkmal der von § 1 GWB erfaßten Vereinbarungen die Beschränkung eines horizontalen Wettbewerbsverhältnisses ist.

C. Klarstellung durch die Neufassung?

Da die Neufassung des § 1 GWB insoweit nun eine sprachlich treffendere Formulierung bringen sollte, müßte dieser, "wahre" Gehalt des § 1 GWB durch die neue Formulierung klarer als bisher zum Ausdruck gebracht werden. An dieser Stelle lohnt es sich, die jeweils relevanten Passagen der alten und neuen Fassung zunächst noch einmal gegenüberzustellen:

§ 1 GWB lautete in der bis zum 31.12.1998 gültigen Fassung:

> "Verträge, die Unternehmen oder Vereinigungen von Unternehmen zu einem gemeinsamen Zweck schließen (...)"

In der 6. GWB-Novelle ist die entsprechende Passage nun wie folgt neu gefaßt worden:

> "Vereinbarungen zwischen miteinander im Wettbewerb stehenden Unternehmen (...)"

I. "Gemeinsamer Zweck" - "horizontale Wettbewerbsbeschränkung" - "Vereinbarung zwischen Wettbewerbern"

Gegenüber der alten Formulierung scheint die Neufassung in der Tat eine Klarstellung gebracht zu haben. Während der "gemeinsame Zweck" - wie festgestellt - keine sicheren Schlüsse auf das Wesen der von § 1 GWB erfaßten Vereinbarungen zuließ, kommt deren maßgeblicher Inhalt in der neuen Formulierung deutlicher zum Ausdruck. Denn es kann davon ausgegangen werden, daß ein horizontales Wettbewerbsverhältnis typischerweise durch eine Vereinbarung zwischen miteinander im Wettbewerb stehenden Unternehmen betroffen sein wird, durch die diese den Wettbewerb untereinander - eben horizontal - beschränken.[185] Unter diesem

---

185 Zustimmend daher vor allem Schmidt, AG 1998, 551, 552, 559; Bechtold, NJW 1998, 2769, 2770; Kahlenberg, BB 1998, 1593, 1594. Für im Grundsatz begrüßenswert hält die Änderung auch Bunte, DB 1998, 1748, 1749; ders., WuW 1997, 857, 863. Auch der Draft International Antitrust Code (abgedruckt in WuW 1994, 128) definiert in Art. 4 horizontale Beschränkungen

Gesichtspunkt gewährt nun erstmals bereits der Wortlaut des § 1 GWB unmittelbar Einblick in das "wahre" Wesen des Kartelltatbestandes.

Andererseits ergibt sich bereits aus dem Gesetz selber (vgl. § 17 IV GWB), daß eine wettbewerbsbeschränkende Vereinbarung zwischen Wettbewerbern nicht notwendigerweise zur Beschränkung gerade eines horizontalen Wettbewerbsverhältnisses führen muß.[186] In einem solchen Fall fehlt es der Vereinbarung aber auch an der von § 1 GWB vorausgesetzten, typischen Wettbewerbsschädlichkeit.[187] Darüber hinaus hat sich gezeigt, daß es Fälle geben kann, in denen Nicht-Wettbewerber eine Vereinbarung treffen, durch die ein horizontales Wettbewerbsverhältnis beschränkt wird, und die deshalb unter § 1 GWB fällt.[188] Die auf den ersten Blick erfreulich anschauliche Formel "zwischen miteinander im Wettbewerb stehenden Unternehmen" bringt das "wahre" Wesen des Kartelltatbestandes letzten Endes also offenbar doch nicht hinreichend präzise zum Ausdruck.

Gleichwohl gelangt man aufgrund einer ersten - vorläufigen - Einschätzung der Neufassung zu dem Ergebnis, daß sie - gegenüber dem Ausgangspunkt, dem "gemeinsamen Zweck" - eine deutliche Klarstellung bringt, da nunmehr bereits der Wortlaut des § 1 GWB einen Hinweis darauf gibt, worum es in dieser Vorschrift eigentlich geht, nämlich um die Beschränkung eines horizontalen Wettbewerbsverhältnisses. Von daher dürfte die Neufassung zumindest als ein (großer) Schritt in die richtige Richtung anzusehen sein.

II. Praktische Anwendung des neuen Kriteriums

Vor allem die an der Neufassung geäußerte Kritik erfordert es jedoch, an dieser Stelle nicht stehen zu bleiben und sich etwa mit dieser ersten Einschätzung zu begnügen. Die Frage, ob die Neufassung unter dem Strich tatsächlich als eine "sprachlich treffendere Formulierung" anzusehen ist, d.h. der "Erfolg" dieser

---

als solche zwischen Wettbewerbern; vgl. dazu auch Fikentscher/Heinemann, WuW 1994, 97, 104 f.

186 Diese, in erster Linie Lizenzverträge betreffende, und daher im 2. Abschnitt stehende Vorschrift besagt, daß die Vorschriften des 1. Abschnitts durch § 17 GWB nicht berührt werden. Diese Vorschrift wäre daher sinnlos, wenn es ausgeschlossen wäre, daß Wettbewerber eine der dort erfaßten Vereinbarungen schließen können. Vgl. auch Emmerich, in: Immenga/Mestmäcker, § 20 Rdnrn. 98 ff. Zur Bedeutung dieser Vorschrift für das Verhältnis der §§ 1 ff., 14 ff. GWB vgl. näher Schwarz, Kartellvertrag, S. 100 f.

187 Dementsprechend sind zahlreiche Wettbewerbsbeschränkungen in Lizenzverträgen gem. § 17 I 2, II GWB ohne weiteres wirksam.

188 Vgl. die oben (1. Teil, C. II. 3., III. 3. b) cc)) eingehend dargestellten Fälle WuW/E BGH 2088 ("Korkschrot") und WuW/E BGH 3137 ("Solelieferung") sowie die Darstellung zur Beschränkung von Drittwettbewerb bei Huber/Baums, in: Frankfurter Kommentar, § 1 Rdnrn. 455 ff.

Änderung, läßt sich letztlich nämlich erst vor dem Hintergrund der Ergebnisse beantworten, zu denen das neue Kriterium in der praktischen Anwendung führen wird.

Hierbei bietet es sich an, zwischen einem "Kernbereich" von Fällen,[189] der schon unter der Geltung des Merkmals "zu einem gemeinsamen Zweck" weitgehend unproblematisch war,[190] und sogenannten "Grenzfällen" zu unterscheiden, deren Behandlung der Praxis besondere Schwierigkeiten bereitete.[191]

1. Der "Kernbereich" des § 1 GWB

Soweit es den "Kernbereich" des § 1 GWB betrifft, soll das neue Kriterium nachfolgend - exemplarisch - auf einige, typischerweise unter § 1 GWB subsumierte Vereinbarungen angewendet werden.

a) Preisabsprachen

In erster Linie kommen hierfür die sog. Preisabsprachen in Betracht. In ihrer typischen Form haben diese eine Vereinbarung zwischen Unternehmen zum Gegenstand, die darauf zielt, von den jeweiligen Kunden bestimmte (Mindest- oder Höchst-) Preise zu fordern.[192] Die mit einer solchen Vereinbarung einhergehende Wirkung eines verminderten Preisdrucks kommt den an ihr beteiligten Parteien aber nur dann zugute, wenn es sich bei ihnen um Wettbewerber handelt, die auf demselben Markt tätig sind. In aller Regel wird der neue § 1 GWB daher auf diese Vereinbarungen anwendbar sein. Da hierdurch zwangsläufig ein horizontales Wettbewerbsverhältnis beschränkt wird, erweist sich dieses Ergebnis auch im Hinblick auf

---

189 Hierbei handelt es sich jedoch nicht um einen klar definierbaren Bereich, der einer abschließenden Aufzählung zugänglich wäre. Es hat sich aber in der Praxis herausgestellt, daß es Fälle gibt, bei denen es nicht in Frage gestellt werden konnte, daß § 1 GWB eingreift. Diese Argumentationsweise findet sich z.B. bei Ebel, WuW 1979, 792, 794 und Ulmer, NJW 1977, 805, die das Abstellen auf gleichgerichtete Interessen deshalb begrüßten, weil diese Formel es erstmals ermöglichte, Marktaufteilungen, Submissionsabsprachen und Spezialisierungsvereinbarungen zu erfassen.

190 Vgl. die Darstellung bei Huber/Baums, in: Frankfurter Kommentar, § 1 Rdnrn. 426 ff. zum gesellschaftsrechtlichen Ansatz, Rdnrn. 442 ff. zum Kriterium der gleichgerichteten Interessen und Rdnrn. 452 ff. zur Lehre von der horizontalen Wettbewerbsbeschränkung.

191 Vgl. die (korrespondierenden) Ausführungen bei Huber/Baums, in: Frankfurter Kommentar, § 1 Rdnrn. 432 ff. zum gesellschaftsrechtlichen Ansatz, Rdnrn. 446 ff. zum Kriterium der gleichgerichteten Interessen und Rdnrn. 455 ff. zur Lehre von der horizontalen Wettbewerbsbeschränkung.

192 Vgl. z.B. KG, WuW/E OLG 1339, 1340 ("Linoleum"); Huber/Baums, in: Frankfurter Kommentar, § 1 Rdn. 513; v. Wallenberg, Kartellrecht, Rdn. 100. Zu weiteren Erscheinungsformen von Preisabsprachen vgl. Immenga, in: Immenga/ Mestmäcker, § 1 Rdnrn. 240 ff.; v. Wallenberg, Kartellrecht, Rdn. 100.

den oben herausgearbeiteten Schutzzweck des § 1 GWB als richtig.[193] Die gleichen Erwägungen treffen auch auf Konditionen- oder Quotenabsprachen zu.[194]

Dies kam unter der Geltung des "gemeinsamen Zwecks" weniger deutlich zum Ausdruck, wenngleich aufgrund der von der herrschenden Meinung vertretenen Auslegung dieses Merkmals insoweit kein anderes Ergebnis erzielt wurde.[195] Denn obwohl die Ausschaltung des Preiswettbewerbs in der Regel ohne weiteres einem "gemeinsamen Zweck" diente, so kann doch bisweilen, etwa bei Ausschreibungen, wo die Preisabsprache darauf zielt, daß bei der ersten Vergabe der eine, bei der zweiten Vergabe hingegen der andere Wettbewerber zum Zuge kommt,[196] ein "gemeinsamer" Zweck auch an der ersten Wettbewerbsbeschränkung nicht ohne weiteres begründet werden.[197]

b) Produktions- und Vertriebsgemeinschaften

Ein weiteres Beispiel bilden die sog. Produktions- und Vertriebsabsprachen, in denen zwei oder mehr Unternehmen - häufig in der Form eines Gemeinschaftsunternehmens - vereinbaren, bestimmte Produkte (zumeist ausschließlich) gemeinsam zu produzieren bzw. abzusetzen.[198] Da diese Vereinbarungen den an ihnen beteiligten Parteien nur dann von wirtschaftlichem Nutzen sind, wenn sie es dadurch vermeiden können, die betreffenden Aufwendungen und Risiken alleine tragen zu müssen, d.h. wenn sie zumindest potentielle Wettbewerber sind, werden diese Vereinbarungen in aller Regel von § 1 GWB erfaßt werden.[199] Dies entspricht angesichts der mit ihnen

---

193 Dies entspricht auch dem Verbotsgrund des § 1 GWB. Denn der Preiswettbewerb, der die Unternehmen dazu zwingt, ihre Ressourcen möglichst wirtschaftlich einzusetzen, wird nur durch konkurrierende Anbieter, d.h. durch ein horizontales Wettbewerbsverhältnis vermittelt. In dessen Beschränkung liegt die typische Wettbewerbsschädlichkeit, die für die Anwendung des § 1 GWB entscheidend ist. "Verträge über die Art der Preisfestsetzung" waren dementsprechend auch schon in § 1 KartellVO 1923 enthalten.

194 Vgl. zu Konditionenabsprachen OLG Stuttgart, WuW/E OLG 2376 ff. ("CRP-Umzüge"); BKartA, WuW/E BKartA 953, 956 ("Sisalkordel"); Huber/Baums, in: Frankfurter Kommentar, § 1 Rdn. 520; auch diese fanden sich als "Verträge über die Anwendung von Geschäftsbedingungen" bereits in § 1 KartellVO 1923. Zu Quotenabsprachen vgl. KG, WuW/E OLG 1339, 1347 ("Linoleum").

195 Vgl. KG, WuW/E OLG 1339, 1340 ("Linoleum"); KG, WuW/E OLG 1449, 1450 ("Bitumenhaltige Bautenschutzmittel II"); Huber/Baums, in: Frankfurter Kommentar, § 1 Rdn. 513; Immenga, in: Immenga/Mestmäcker, § 1 Rdn. 240.

196 Vgl. Huber/Baums, in: Frankfurter Kommentar, § 1 Rdn. 513 a.E.; v. Wallenberg, Kartellrecht, Rdn. 101.

197 So aber wohl Huber/Baums, in: Frankfurter Kommentar, § 1 Rdn. 513 a.E.

198 Vgl., insbesondere zur möglichen Ausgestaltung dieser Absprachen, Huber/ Baums, in: Frankfurter Kommentar, § 1 Rdnrn. 317 ff., 517; Emmerich, Kartellrecht, § 4, 2 c; v. Wallenberg, Kartellrecht, Rdn. 108.

199 Zur besonderen Problematik der Gemeinschaftsunternehmen, insbesondere zum Verhältnis des Kartellverbots zu den Vorschriften über die Zusammenschlußkontrolle, vgl. BGHZ 96, 69, 77 ff.

einhergehenden Beschränkung eines horizontalen Wettbewerbsverhältnisses, wie oben dargelegt, auch dem Schutzzweck dieser Vorschrift.[200]

Vor der Novellierung ließen sich diese Vereinbarungen auch ohne große Probleme als Verträge "zu einem gemeinsamen Zweck" einordnen, und zwar sowohl nach der, von der herrschenden Meinung hierzu vertretenen Auslegung, die ebenfalls auf eine Vereinbarung unter Wettbewerbern abstellte, als auch bereits nach dem Wortlaut des Merkmals: Denn der gemeinsame Zweck bestand ja gerade in der gemeinsamen Produktion oder im gemeinsamen Vertrieb, nicht selten durch die Schaffung eines diese Funktion wahrnehmenden Gemeinschaftsunternehmens.

c) Marktaufteilungen und Kundenkreisabgrenzungen

Schließlich soll auch noch die Behandlung von Vereinbarungen untersucht werden, die regeln, wer wo und mit wem in Geschäftsbeziehungen treten kann, d.h. sogenannte Marktaufteilungen und Kundenkreisabgrenzungen.[201] Auch an derartigen Vereinbarungen werden sich nur solche Unternehmen beteiligen, die andernfalls, d.h. ohne den Abschluß einer solchen Vereinbarung in dem betreffenden Gebiet bzw. um die betreffenden Kunden miteinander konkurrieren müßten, die also zumindest potentielle Wettbewerber sind. Von daher werden diese Vereinbarungen in der Regel - und im Hinblick auf die mit ihnen verbundene Beschränkung eines horizontalen Wettbewerbsverhältnisses zu Recht - dem neuen § 1 GWB unterfallen.[202]

("Mischwerke"); Immenga, in: Immenga/Mestmäcker, § 1 Rdnrn. 499 ff.; Emmerich, Kartellrecht, § 24, 5 e.

200 Dementsprechend wurden diese Absprachen auch früher, d.h. vor der 6. GWB-Novelle § 1 GWB unterworfen. Vgl. für Produktionsgemeinschaften BGHZ 96, 69, 86 f. ("Mischwerke"); Huber/Baums, in: Frankfurter Kommentar, § 1 Rdnrn. 317 ff. und für Vertriebsgemeinschaften WuW/E BGH 1367, 1369 ("Zementverkaufsstelle Niedersachsen"); BGHZ 96, 69, 87 ("Mischwerke"); Huber/Baums, in: Frankfurter Kommentar, § 1 Rdn. 517. Auch § 1 KartellVO 1923 erfaßte diese Vereinbarungen als Verträge "über die Handhabung der Erzeugung oder des Absatzes". Die typische Wettbewerbsschädlichkeit liegt hier darin, daß die Vereinbarung einer gemeinsamen Produktion oder eines gemeinsamen Vertriebs die Notwendigkeit entfallen läßt, sich jeweils selber um eine möglichst effiziente Form der Herstellung oder des Absatzes zu bemühen, insbesondere sich gegenüber derjenigen der Konkurrenz zu behaupten. Der von einem horizontalen Wettbewerbsverhältnis ausgehende Zwang zu einer Optimierung der Wirtschaftlichkeit des Betriebs und zur permanenten Weiterentwicklung der Produktions- und Vertriebsmechanismen wird folglich beseitigt.

201 Vgl. hierzu Immenga, in: Immenga/Mestmäcker, § 1 Rdnrn. 259 ff.

202 Dies entspricht wiederum der Behandlung unter dem "alten" GWB. Auch dort wurden diese Vereinbarungen i.d.R. als einem "gemeinsamen Zweck" dienend angesehen, vgl. für Marktaufteilungen WuW/E BGH 486, 490 ("SPAR"); WuW/E BGH 1871, 1877 ("Transportbeton-Vertrieb"); Huber/Baums, in: Frankfurter Kommentar, § 1 Rdn. 491. Für Kundenkreisabgrenzungen vgl. WuW/E BGH 1353, 1355 ("Schnittblumentransport"); OLG Düsseldorf, WuW/E OLG 2631, 2632 ("Heilwasser"); Huber/Baums, in: Frankfurter Kommentar, § 1 Rdn. 498.

Dies kommt in der Neufassung auch deutlicher zum Ausdruck als in der alten Formulierung. Denn der hinter der Vereinbarung stehende Zweck, den jeweils anderen Partner aus dem eigenen Tätigkeitsgebiet heraus- und von den eigenen Kunden fernzuhalten, konnte früher ebensogut als "gemeinsamer" wie als "entgegengesetzter" Zweck verstanden werden.[203]

d) Fazit

Auf der Basis dieser - exemplarischen - Anwendung des neuen Kriteriums ist festzuhalten, daß es in einem Kernbereich bislang typischerweise unter § 1 GWB subsumierter Vereinbarungen ebenfalls zu sachgerechten, dem Schutzzweck des § 1 GWB entsprechenden Ergebnissen führt. Indem diese Ergebnisse nunmehr bereits im Wortlaut deutlich zum Ausdruck kommen, läßt sich feststellen, daß die Neufassung im Kernanwendungsbereich des § 1 GWB durch das Abstellen auf Vereinbarungen zwischen miteinander im Wettbewerb stehenden Unternehmen und dem Verzicht auf das unbestimmte Merkmal des "gemeinsamen Zwecks", das insoweit erst in seiner Auslegung durch Rechtsprechung und Literatur verständlich wurde, in der Tat eine deutliche und begrüßenswerte Klarstellung bringt.

2. Behandlung der Grenzfälle

Bereits unter der früheren Fassung hatte sich jedoch nicht die Behandlung dieser "Kernfälle", sondern diejenige einiger "Grenzfälle" als problematisch erwiesen.[204] Hierbei handelte es sich insbesondere um die Behandlung von Wettbewerbsverboten in Gesellschaftsverträgen, Wettbewerbsbeschränkungen in Austauschverträgen sowie um die Behandlung sogenannter Beschränkungen von Drittwettbewerb.[205] Auch die an der Neufassung geäußerte Kritik bezieht sich ganz überwiegend auf die künftige Behandlung dieser Grenzfälle: So wird geltend gemacht, die Neuregelung führe im Hinblick auf Beschränkungen von Drittwettbewerb zu Schutzlücken,[206] und ziehe die rechtliche Wirksamkeit insbesondere von Wettbewerbsbeschränkungen in Austauschverträgen in Zweifel.[207]

---

203 Zu Abgrenzungsschwierigkeiten kann es jedoch dann kommen, wenn diese Vereinbarungen Bestandteil eines Austauschvertrages sind. Auf die Behandlung dieser Fälle wird im Zusammenhang mit den sog. "Grenzfällen" einzugehen sein, vgl. unten 3. Teil, B. I. 1.

204 Diese wurden teilweise sogar explizit als "problematische Fälle" bezeichnet, vgl. Huber/Baums, in: Frankfurter Kommentar, § 1 Rdnr. 446 ff., 455 ff.; Emmerich, Kartellrecht, § 3, 3 a; Schwarz, Kartellvertrag, S. 61 f.; Monopolkommission, Hauptgutachten XI, Tz. 938.

205 Vgl. die Darstellungen oben 1. Teil, B. I. 3., C. I. 2.

206 Baums, ZIP 1998, 233, 235.

207 Baums, ZIP 1998, 233, 234 f.; Bunte, WuW 1997, 857, 863; ders., DB 1998, 1748, 1749 f.

a) Die bisherige Behandlung der Grenzfälle

Bevor darauf einzugehen ist, ob diese Kritik berechtigt ist, oder ob der neue § 1 GWB nicht auch im Hinblick auf die bislang problematischen Fälle eine gewisse Klarstellung mit sich bringt, soll noch einmal kurz in Erinnerung gerufen werden, wie diese Fälle bislang behandelt wurden.

aa) Wettbewerbsverbote in Gesellschaftsverträgen

Wettbewerbsverbote in Gesellschaftsverträgen schienen sowohl bei einer gesellschaftsrechtlichen Auslegung des "gemeinsamen Zwecks", als auch bei einem Abstellen darauf, ob die Vertragsparteien gleichgerichtete Interessen verfolgten bzw. ob es sich bei ihnen um aktuelle oder potentielle Wettbewerber handelte, die Voraussetzungen des § 1 GWB zu erfüllen.[208] Gleichwohl wurden sie dann für zulässig erachtet, wenn sie in sachlicher, zeitlicher und räumlicher Hinsicht erforderlich waren, um den Bestand und die Erhaltung des Gesellschaftsunternehmens zu ermöglichen.[209]

bb) Wettbewerbsbeschränkungen in Austauschverträgen

Auch im Hinblick auf die Behandlung von Wettbewerbsbeschränkungen in Austauschverträgen ließ sich dem Gesetz keine Antwort auf die Frage entnehmen, was zu gelten hat, wenn Wettbewerbsbeschränkungen, die in ihrer Reinform ohne weiteres unter § 1 GWB fallen (wie z.B. Wettbewerbsverbote oder Kundenkreisabgrenzungen) in einem Austauschvertrag (z.B. in einem Liefervertrag) vereinbart werden, insbesondere wie das dann bestehende Spannungsverhältnis zwischen den §§ 1 und 16 GWB aufzulösen ist. Während die Literatur in diesen Fällen die Immanenztheorie anwendete, nach der solche Wettbewerbsbeschränkungen, die zur Durchführung des kartellrechtsneutralen Austauschvertrages erforderlich waren, nicht nach § 1 GWB verboten sein sollten,[210] stellte die jüngste Rechtsprechung darauf

---

208 Vgl. Huber/Baums, in: Frankfurter Kommentar, § 1 Rdnrn. 435, 447, 462.

209 Vgl. WuW/E BGH 519, 521 ("Kino"); BGH NJW 1978, 1001; BGH BB 1984, 1381, 1382; BGH NJW 1986, 1107; BGH BB 1990, 11, 12. Eingehend hierzu sowie zu den unterschiedlichen Begründungsansätzen vgl. 3. Teil, A. I., II.

210 Immenga, in: Immenga/Mestmäcker, § 1 Rdn. 164; Emmerich, in: Immenga/ Mestmäcker, § 18 Rdnrn. 34, 38; Bunte, in: Langen/Bunte, § 1 Rdn. 50; Emmerich, Kartellrecht, 7. Auflage, § 5, 12 a; Schmidt, Kartellverbot, S. 80; ders., ZHR 149 (1985) 1, 10 ff.; Köhler, ZHR 148 (1984) 487, 491.

ab, ob für die Wettbewerbsbeschränkung ein anzuerkennendes Interesse bestand.[211]

cc) Beschränkungen von Drittwettbewerb

Was schließlich die sogenannten Beschränkungen von Drittwettbewerb betrifft, vertrat die überwiegende Meinung, obwohl sie einen gemeinsamen Zweck grundsätzlich immer dann bejahte, wenn es sich bei den Beteiligten um aktuelle oder potentielle Wettbewerber handelte und diese den Wettbewerb untereinander - horizontal - beschränkten,[212] die Ansicht, daß die Beschränkung eines lediglich im Verhältnis zwischen einer der Vertragsparteien und einem Dritten bestehenden Wettbewerbsverhältnisses für die Anwendung des § 1 GWB ausreichte.[213]

b) Der neue § 1 GWB

Mit Blick auf die Behandlung dieser Fallgruppen wird man der Neufassung die beabsichtigte Klarstellungswirkung eindeutig absprechen müssen.

---

211 WuW/E BGH 3115, 3118 ("Druckgußteile"); WuW/E BGH 3121, 3125 ("Bedside-Testkarten"); WuW/E BGH 3137, 3138 ("Solelieferung"); BGH ZIP 1998, 1159, 1161 ("Subunternehmervertrag").

212 WuW/E BGH 2285, 2287 ("Spielkarten"); OLG Stuttgart, WuW/E OLG 2983, 2985 ("Strohgäu-Wochenjornal"); Immenga, in: Immenga/Mestmäcker, § 1 Rdnrn. 154 f.; Schmidt, Kartellverbot, S. 55 f.

213 WuW/E BGH 1332, 1335 ("Bahnen aus Kunststoff"); WuW/E BGH 2088, 2090 ("Korkschrot"); WuW/E BGH 2247, 2249 ("Wegenutzungsrecht"); WuW/E BKartA 802, 803 ("ratio-Verbrauchermarkt"); Immenga, in: Immenga/Mestmäcker, § 1 Rdn. 233; Bunte, in: Langen/Bunte, § 1 Rdn. 53; Emmerich, Kartellrecht, 7. Auflage, § 5, 5 c; Köhler, Wettbewerbsbeschränkungen, S. 95 ff.; ders., ZHR 148 (1984) 487, 489; Steindorff, Handelsgenossenschaften, S. 58 f.; ders., BB 1981, 377, 380; Günther, MA 1957, 35, 43 f.; Ewald, WuW 1956, 253, 256; Hoppmann, DB 1970, 93, 94; ebenso Schmidt, ZHR 149 (1985) 1, 9 f. A.A. Müller-Henneberg, in: Gemeinschaftskommentar, § 1 Rdn. 59; Müller/Gießler/Scholz, § 1 Rdn. 106; Meyer-Cording, WuW 1962, 461, 470 f.; Köhler, DB 1984, 2022, 2024 (die davon ausgehen, daß die Freiheit gegenüberstehender Marktpartner nur durch das Merkmal der "Beeinflussung der Marktverhältnisse" erfaßt werde); Schmidt, Kartellverbot, S. 59, 62 f. (der gemeinsame Zweck setze voraus, daß die Wettbewerbsbeschränkung das Wettbewerbsverhältnis gerade zwischen den Parteien betrifft); in diesem Sinne wohl auch Fuchs, Kartellvertrag, S. 9; Niederleithinger, in: Festschrift Benisch, S. 277, 290. Vgl. auch Knöpfle, Rechtsbegriff, S. 282 sowie Huber/Baums, in: Frankfurter Kommentar, § 1 Rdrn. 455 ff. (es sei widersprüchlich, einerseits ein Wettbewerbsverhältnis zwischen den Parteien zu verlangen, dann aber die Beschränkung von Wettbewerb in einem ganz anderen Verhältnis als ausreichend zu erachten. Allerdings wollen sie auf der Grundlage ihrer eigenen Ansicht - selbständiger Vertragsgegenstand - die Beschränkung von Drittwettbewerb wiederum einbeziehen).

aa) Der "gemeinsame Zweck" als "offener" Tatbestand

Zwar war ihre Behandlung auch unter dem alten § 1 GWB keineswegs unproblematisch und ließ sich letztlich erst aufgrund einer Beschäftigung mit der hierzu ergangenen Rechtsprechung und den Beiträgen in der Literatur erkennen. Folgendes ist jedoch zu berücksichtigen:

(1) KartellVO 1923 als Vorläufer

Seit der KartellVO 1923 waren alle gesetzlichen Regelungen mehr oder weniger offen gehalten. So sprach die KartellVO 1923 von "Syndikaten, Kartellen, Konventionen und ähnlichen Abmachungen". Diese Offenheit kam auch in den Interpretationen des frühen Kartelltatbestands zum Ausdruck. So hieß es bei *Flechtheim*:[214] "Das Vorhandensein einer Organisation ist nicht allgemeines Erfordernis für den Gesellschaftsvertrag". Auch *Callmann*[215] brachte diese Flexibilität dadurch zum Ausdruck, daß er die Regelungstechnik im Hinblick auf die "ähnlichen Abmachungen" in § 1 KartellVO 1923 mit der im Hinblick auf die sonstigen Rechte in § 823 Abs. 1 BGB verglich.

(2) Das GWB

Im GWB wählte der Gesetzgeber dann mit dem "gemeinsamen Zweck" ebenfalls eine offene, wertausfüllungsbedürftige Formulierung. Wenn er diese auch in Anlehnung an § 705 BGB gewählt hatte, so brachte er den flexiblen Anwendungsbereich dieser Vorschrift dennoch dadurch deutlich zum Ausdruck, daß er bereits in der Gesetzesbegründung klarstellte, daß hierunter auch gesellschaftsähnliche Vereinbarungen fallen können.[216]

(3) Die horizontale Wettbewerbsbeschränkung

Vor allem wurde das Bestreben in Rechtspraxis und Literatur, § 1 GWB "offen" zu interpretieren, unter der zuletzt herrschenden Interpretation des "gemeinsamen Zwecks" deutlich. Bereits in der Entscheidung "Strohgäu-Wochenjournal", in der das OLG Stuttgart als Vorinstanz den ersten Schritt in Richtung der Maßgeblichkeit einer

---

214 Die rechtliche Organisation der Kartelle, S. 138 ff.

215 Kartellrecht, §§ 1 - 3, Rdn. 2.

216 Vgl. BT-Drucksache II/1158, S. 30.

horizontalen Wettbewerbsbeschränkung getan hatte,[217] machte der BGH deutlich, daß auch dann, wenn eine Beschränkung horizontalen Wettbewerbs erfolgt, dies nicht notwendigerweise zu einer Anwendung von § 1 GWB führen muß, zur Durchführung der Transaktion erforderliche Wettbewerbsbeschränkungen vielmehr gleichwohl der Anwendung des § 1 GWB entzogen sein können.[218] Dem entspricht auch die Interpretation des Urteils des OLG Stuttgart in der Literatur, wo ausdrücklich bezweifelt wird, daß die Auslegung des "gemeinsamen Zwecks" durch das Gericht eine erschöpfende Umschreibung des Kartelltatbestands gibt.[219]

Vor allem in der Entscheidung "Spielkarten" machte der BGH deutlich, daß mit der Feststellung, durch die Vereinbarung werde ein horizontales Wettbewerbsverhältnis beschränkt, nicht abschließend auch über die Zulässigkeit der betreffenden Vereinbarung entschieden war: Er führte aus, daß vor allem auf die Wettbewerbsbeschränkung und ihre Wirkung auf den Markt und damit insbesondere auf ein horizontales Wettbewerbsverhältnis abzustellen sei. Die ausschließliche und abschließende Maßgeblichkeit dieser Feststellung für die Zulässigkeitsbeurteilung wurde damit aber nicht begründet, zumal ausdrücklich darauf hingewiesen wurde, daß die funktionale Notwendigkeit der Wettbewerbsbeschränkung für die Durchführung des Vertrages eine abweichende Beurteilung rechtfertigen könne.[220]

bb) Die Formulierung "zwischen miteinander im Wettbewerb stehenden Unternehmen" als "geschlossener" Tatbestand

Demgegenüber stellt die Formulierung "zwischen miteinander im Wettbewerb stehenden Unternehmen" einen - wenn man so will - "geschlossenen" Tatbestand dar. So scheinen derartige Vereinbarungen nur dann unter § 1 GWB zu fallen, wenn sie zwischen (aktuellen oder potentiellen) Wettbewerbern geschlossen werden (was, wie gezeigt, die Fälle der Beschränkung des Drittwettbewerbs auszuschließen scheint); unter dieser Voraussetzung scheinen sie dann aber auf jeden Fall unter § 1 GWB zu fallen (was einem per se-Verbot aller Wettbewerbsbeschränkungen in Gesellschafts- und Austauschverträgen gleichzukommen scheint).[221] Hingegen

---

217 OLG Stuttgart, WuW/E OLG 2983, 2985 ("Strohgäu-Wochenjournal").

218 WuW/E BGH 2085, 2087 ("Strohgäu-Wochenjournal").

219 Vgl. Köhler, ZHR 148 (1984) 487, 489.

220 Vgl. WuW/E BGH 2285, 2287 ("Spielkarten").

221 Vgl. einerseits Wellenhofer-Klein, WuW 1999, 557, 565 (zur Beschränkung von Drittwettbewerb), andererseits Bornkammm, in: Festschrift Geiß, S. 539, 554 und Schmidt, in: Festschrift Sandrock, S. 833, 838 (zu Wettbewerbsbeschränkungen in Gesellschafts- und Austauschverträgen), die feststellen, daß die neue Fassung insoweit zu weit greift.

ermöglichte die offene Formulierung des "gemeinsamen Zwecks" in Randbereichen ohne weiteres eine differenzierende Beurteilung.

Anders formuliert: Weder die Rechtsprechung noch die herrschende Lehre sagten, daß das Kartellverbot *immer* oder *alleine* in Fällen einer horizontalen Wettbewerbsbeschränkung anwendbar sei. Sie gingen jeweils nur davon aus, daß § 1 GWB *insbesondere* in diesen Fällen eingreifen könne. Der neue Wortlaut suggeriert hingegen im Gegenteil eine abschließende Wirkung, die dem Abgrenzungskriterium bis dahin so nie beigemessen worden war. Die Flexibilität der alten Regelung läßt die Neufassung daher vermissen.

Indem mit der Neufassung des § 1 GWB von dieser Tradition einer offenen Formulierung des Kartelltatbestands Abschied genommen und eine Wendung hin zu einem (scheinbar?) geschlossenen Tatbestand vollzogen wurde, wird gegenüber den Normadressaten der Eindruck erweckt, § 1 GWB stelle eine abschließende und erschöpfende Regelung dar.[222]

c) Fazit

Während die Neufassung im Kernanwendungsbereich des Kartellverbots eine begrüßenswerte Klarstellung bringt, führt sie bei der Behandlung der dargestellten Grenzfälle zu Unklarheiten, indem sie aufgrund ihrer nicht mehr wertausfüllungsbedürftigen Formulierung die Vorschrift des § 1 GWB ihrer Flexibilität beraubt und nach außen einen abschließenden Eindruck erweckt.

Dem Mehr an Rechtssicherheit, das im Kernbereich des § 1 GWB erzielt werden konnte, steht damit ein Mehr an Rechtsunsicherheit im Grenzbereich dieser Vorschrift gegenüber. Die beabsichtigte Klarstellung ist demnach nur teilweise erreicht worden.

---

222 Hierauf gründet sich letztlich auch die Kritik von Baums, ZIP 1998, 233, 234 f.; Bunte, WuW 1997, 857, 863; ders., DB 1998, 1748, 1749.

3. Teil: Behandlung der Grenzfälle nach der 6. GWB-Novelle

Angesichts der soeben im 2. Teil aufgezeigten Unsicherheiten, zu denen die Neufassung in Grenzfällen führt, soll im folgenden 3. Teil der Frage nachgegangen werden, wie diese Grenzfälle nach der 6. GWB-Novelle zu behandeln sind, insbesondere ob sich die unter der alten Rechtslage insoweit entwickelten Lösungsansätze - sofern ihnen zu folgen ist - auch auf die Neuregelung übertragen lassen.

A. Wettbewerbsverbote in Gesellschaftsverträgen

Unter der neuen gesetzlichen Regelung scheinen Wettbewerbsverbote in Gesellschaftsverträgen, sofern es sich bei den Parteien - was beim Abschluß eines Gesellschaftsvertrages die Regel sein dürfte - um zwischen miteinander im Wettbewerb stehende Unternehmen[223] handelt, grundsätzlich verboten zu sein. Auch der oben herausgearbeitete Normzweck des § 1 GWB spricht in diesen Fällen scheinbar für ein Eingreifen dieser Vorschrift: Denn durch die Vereinbarung des Wettbewerbsverbotes soll die Möglichkeit horizontalen Wettbewerbs ja gerade ausgeschlossen werden.

Demselben Problem hatten sich Rechtspraxis und Lehre, wie dargestellt, aber letztlich auch schon vor der Neufassung ausgesetzt gesehen. In der Sache hat sich die Problematik, daß gesellschaftsrechtliche Wettbewerbsverbote gegen § 1 GWB zu verstoßen scheinen, daher durch die Neufassung nicht geändert; allerdings tritt sie durch den neuen Wortlaut jetzt mit besonderer Prägnanz hervor.

Nun würde ein Verbot sämtlicher, gesellschaftsrechtlicher Wettbewerbsverbote aber ein evident unsachgemäßes, verheerende Auswirkungen in der Praxis nach sich ziehendes Ergebnis darstellen.[224] Gesellschafter werden in der Regel nur dann bereit sein, ihr Unternehmen nach besten Kräften zu unterstützen und vertrauensvoll zusammenzuarbeiten, wenn sichergestellt ist, daß ihre Bemühungen nicht letztlich dem Konkurrenzunternehmen eines Mitgesellschafters zugute kommen. Dementspre-

---

[223] Der Unternehmensbegriff des § 1 GWB erfaßt jede nicht lediglich dem privaten Verbrauch dienende Tätigkeit im geschäftlichen Verkehr, vgl. WuW/E BGH 1253, 1257 ("Nahtverlegung"); Huber/Baums, in: Frankfurter Kommentar, § 1 Rdn. 41; Immenga, in: Immenga/Mestmäcker, § 1 Rdn. 42. Daher stellen auch Gesellschafter, soweit sie sich selber geschäftlich betätigen bzw. sich insoweit einem Wettbewerbsverbot unterwerfen "Unternehmen" i.S.d. § 1 GWB dar, vgl. Huber/Baums, in: Frankfurter Kommentar, § 1 Rdn. 50.

[224] Schon in seiner ersten, ein Wettbewerbsverbot eines oHG-Gesellschafters betreffenden Entscheidung zu dieser Frage warnte der BGH davor, daß eine uneingeschränkte Anwendung des § 1 GWB die Grundlagen dieser volkswirtschaftlich besonders erwünschten Unternehmensform erschüttern würde, vgl. WuW/E BGH 519, 520 ("Kino").

chend war man sich schon unter der alten Rechtslage im Ergebnis weitgehend einig, daß derartige Wettbewerbsverbote zumindest unter bestimmten Voraussetzungen zulässig sein mußten.[225]

Damit scheint allerdings zugleich das Merkmal der horizontalen Wettbewerbsbeschränkung seine Überzeugungskraft einzubüßen. Denn ein gesellschaftsrechtliches Wettbewerbsverbot beinhaltet in aller Regel eine horizontale Wettbewerbsbeschränkung. Hierin ein Argument gegen die Richtigkeit einer solchen Auslegung des Abgrenzungskriteriums zu sehen, ist jedoch voreilig. Denn bereits aus der, dem Abgrenzungsmerkmal vom Gesetzgeber beigemessenen Aufgabe, "typische" Wettbewerbsbeschränkungen voneinander abzugrenzen[226] folgt, daß es sich hierbei nicht um ein allgemeingültiges und in jedem Fall abschließendes Kriterium bei der Beurteilung der Zulässigkeit einer wettbewerbsbeschränkenden Vereinbarung handeln kann.[227] Vielmehr liegt es danach gerade in der Natur der Sache, daß sich - wenn auch nur in Einzelfällen - Überschneidungen und Abgrenzungsprobleme ergeben können.[228] Dementsprechend spricht die Tatsache, daß sich - wie z.B. hier bei Wettbewerbsverboten in Gesellschaftsverträgen - ein solches Problem stellt, nicht gegen die grundsätzliche Richtigkeit der Auslegung des Abgrenzungsmerkmals im Sinne der Maßgeblichkeit einer horizontalen Wettbewerbsbeschränkung.

Hinsichtlich der Frage, warum § 1 GWB auf Wettbewerbsverbote in Gesellschaftsverträgen nicht uneingeschränkt anwendbar sein sollte, bestanden allerdings erhebliche Meinungsunterschiede. Es stellt sich daher die Frage, welchem der vorgeschla-

---

225 Nahezu einhellige Ansicht, vgl. WuW/E BGH 519, 520 f. ("Kino"); WuW/E BGH 1517, 1519 ("Gabelstapler"); BGH BB 1984, 1381, 1382; BGH BB 1990, 11, 12; OLG Stuttgart, WuW/E OLG 1410, 1412 ("Doppelmitgliedschaft Taxizentrale"); Immenga, in: Immenga/Mestmäcker, § 1 Rdn. 359; Huber/Baums, in: Frankfurter Kommentar, § 1 Rdn. 585; Müller-Henneberg, in: Gemeinschaftskommentar, § 1 Rdn. 104; Ulmer, in: Staub, § 112 Rn. 43; Emmerich, in: Heymann, § 112 Rdn. 3; Martens, in: Schlegelberger, § 112 Rdn. 31; Sack, in: Staudinger, § 138 Rdn. 299; Wiedemann, Gesellschaftsrecht, § 13 II 1 a; Schmidt, Kartellverbot, S. 81; Kardaras, Wettbewerbsverbot, S. 132 ff.; Belke, ZHR 143 (1979) 74, 90; Beuthien, ZHR 142 (1978) 259, 289; Gärtner, BB 1970, 946, 948; Gleiss/Hootz, NJW 1963, 1338, 1339; Lieberknecht/Gnauk, BB 1963, 1067, 1071; Magen, NJW 1961, 147, 149; Voges, DB 1977, 2081, 2086; Würdinger, WuW 1969, 143, 147. A.A. offenbar Lutz, NJW 1960, 1833, 1835.

226 Vgl. schon die Regierungsbegründung, BT-Drucksache II/1158, S. 25, unter 2. Das Gesetz als abstrakt-generelle Regelung kann lediglich typisierte Lebenssachverhalte regeln und muß sich in Einzelfällen beinahe zwangsläufig als nicht randscharf erweisen. Dies gilt erst recht im vorliegenden Bereich, wo es um das wirtschaftpolitische Ziel der Sicherung der Freiheit des Wettbewerbs geht, vgl. Schmidt, AG 1998, 551, 560 f.

227 Gegen den Versuch, eine allgemeingültige Regel unter Verzicht auf Einzelfallausnahmen aufzustellen ausdrücklich Pleßke, Gemeinsamer Zweck, S. 151.

228 Vgl. Niederleithinger, in: Festschrift Benisch, S. 277, 289; auch Seydel, NJW 1957, 1300, 1303 und Schwarz, Kartellvertrag, S. 6 hielten es für möglich, daß es in Einzelfällen zu Überschneidungen kommen kann.

genen Lösungsansätze der Vorzug zu geben ist, und inwieweit er sich auch nach der Neuregelung des § 1 GWB aufrechterhalten läßt.

I. Die bisherigen Begründungen

Hierfür ist zunächst zu untersuchen, mit welchen Begründungen das Eingreifen des § 1 GWB unter der alten Regelung verneint wurde.

1. Keine Kollision mit § 1 GWB

Von einigen Autoren wurde, zumindest soweit es die in § 112 HGB genannten Beschränkungen betrifft,[229] bereits eine Kollision mit § 1 GWB verneint.[230] Dies müsse jedenfalls dann gelten, wenn die Parteien selber insoweit keine Regelung getroffen haben, da die Beschränkung dann ja nicht auf dem Willen der Parteien (und folglich auch nicht auf einem Vertrag i.S.d. § 1 GWB), sondern auf einer Gesetzesvorschrift beruhe.[231] Aber selbst dann, wenn die Parteien eine § 112 HGB entsprechende Vereinbarung in den Gesellschaftsvertrag aufnähmen, handele es sich bei der bloßen Wiederholung dieser Bestimmung nicht um einen eigenständigen Kartellvertrag.[232] Teilweise wurde zur Begründung aber auch angeführt, daß § 112 HGB letztlich nur sicherstellen wolle, daß die abgeschlossenen Geschäfte auch tatsächlich dem gemeinsamen Geschäftsbetrieb zugute kommen; in der Sache stelle diese Vorschrift daher gar keine Beschränkung des Wettbewerbs dar.[233]

2. Vorrang des Zivilrechts bzw. des GWB

Andere gestanden eine Kollision zwar zu, versuchten dieses Problem aber über einen systematischen Vorrang des Zivilrechts oder umgekehrt des GWB zu lösen. Während für einen Vorrang des Zivilrechts sprechen sollte, daß die gesellschaftsrechtlichen Wettbewerbsverbote im ausführlichen Katalog des (alten) § 109 II GWB[234] der durch das GWB aufgehobenen Gesetze nicht aufgeführt waren,[235]

---

229 Danach darf ein Gesellschafter ohne Einwilligung der anderen Gesellschafter weder in dem Handelszweig der Gesellschaft Geschäfte machen, noch sich an einer anderen gleichartigen Handelsgesellschaft als persönlich haftender Gesellschafter beteiligen.

230 Kardaras, Wettbewerbsverbot, S. 132 ff.; Gärtner, BB 1970, 946, 948; Würdinger, WuW 1969, 143, 147.

231 Kardaras, Wettbewerbsverbot, S. 132 ff.

232 Vgl. Gärtner, BB 1970, 946, 948.

233 Würdinger, WuW 1969, 143, 147.

234 § 109 GWB wurde seit der 4. GWB-Novelle (BGBl. 1980 I S. 458) nicht mehr mit abgedruckt, vgl. Immenga, in: Immenga/Mestmäcker, § 109 Anm. zu Rdn. 1.

wurde ein Vorrang des GWB mit dem Grundsatz "lex posterior derogat legi priori" begründet.[236]

3. Keine Anwendung auf erforderliche Wettbewerbsverbote

Die ganz herrschende Meinung in Rechtsprechung und Literatur hingegen bejahte zwar die grundsätzliche Anwendbarkeit des § 1 GWB auch auf Wettbewerbsverbote in Gesellschaftsverträgen. Solche Wettbewerbsverbote jedoch, die für den Bestand und die Erhaltung des Gesellschaftsunternehmens erforderlich waren, sollten gleichwohl nicht gemäß § 1 GWB unwirksam sein.[237]

a) Herleitung aus Treu und Glauben

Teilweise wurde dieses Ergebnis aus den Grundsätzen von Treu und Glauben hergeleitet, die kraft objektiven Rechts Vorrang vor den kartellrechtlichen Wertungen hätten, da es sich bei der Vorschrift des § 242 BGB um eine das gesamte Recht beherrschende bzw. diesem übergeordnete, rechtsethische Norm handele.[238]

b) Immanenztheorie

Die ganz überwiegende Ansicht zog zur Begründung hingegen die im Schrifftum entwickelte "Immanenztheorie" heran, nach der solche Wettbewerbsbeschränkun-

---

235 Magen, NJW 1961, 147, 149. Für einen Vorrang des Zivilrechts auch Immenga, in: Immenga/ Mestmäcker, 1. Auflage, § 1 Rdn. 170, allerdings ohne nähere Begründung, und wohl auch in Widerspruch zu seiner eigenen Ansicht in Rdn. 371.

236 Klaue, WuW 1961, 323, 325; ebenso Lutz, NJW 1960, 1833, 1835.

237 WuW/E BGH 519, 521 ("Kino"); WuW/E BGH 1517, 1519 (" Gabelstapler"); OLG Stuttgart, WuW/E OLG 1410, 1412 ("Doppelmitgliedschaft Taxizentrale"); OLG Stuttgart, WuW/E OLG 4134, 4136 ("neuform-Artikel"); Immenga, in: Immenga/Mestmäcker, § 1 Rdn. 359; Huber/ Baums, in: Frankfurter Kommentar, § 1 Rdn. 585; Müller-Henneberg, in: Gemeinschaftskommentar, § 1 Rdn. 104; Bechtold, Kartellgesetz, § 1 Rdn. 15; Ulmer, in: Staub, § 112 Rn. 43; Emmerich, in: Heymann, § 112 Rdn. 3; Martens, in: Schlegelberger, § 112 Rdn. 31; Wiedemann, Gesellschaftsrecht, § 13 II 1 a; Möschel, Wettbewerbsbeschränkungen, Rdn. 204; Schmidt, Kartellverbot, S. 81; Becher, NJW 1961, 1998, 2000; Belke, ZHR 143 (1979) 74, 90; Beuthien, ZHR 142 (1978) 259, 289; Gleiss/Hootz, NJW 1963, 1338, 1339; Lieberknecht/ Gnauk, BB 1963, 1067, 1071; Voges, DB 1977, 2081, 2086. Zum Teil wurde hierbei noch näher nach der Stellung des Betroffenen in der Gesellschaft und nach den sonstigen Umständen des Einzelfalles differenziert, vgl. z.B. Immenga, in: Immenga/Mestmäcker, § 1 Rdnrn. 361 ff.; Martens, in: Schlegelberger, § 112 Rdnrn. 32 ff.; Emmerich, Kartellrecht, § 4, 4 b; Wiedemann, Gesellschaftsrecht, § 13 II 1 b: Differenzierung nach Gesellschaftsform und Gesellschafterstellung; Müller/Gießler/Scholz, § 1 Rdn. 144; Kellermann, in: Festschrift Fischer, S. 307, 314: am jeweiligen Einzelfall orientierte Beurteilung.

238 Becher, NJW 1961, 1998, 2000; Gleiss/Hootz, NJW 1963, 1338, 1339. Ebenso i.E. OLG Stuttgart, WuW/E OLG 1410, 1412 ("Doppelmitgliedschaft Taxizentrale"); Roth, in: Münchener Kommentar BGB, § 242 Rdn. 156; Ballerstedt, in: Festschrift Böhm, S. 179, 197 f. Ähnlich Belke, ZHR 143 (1979) 74, 90.

gen, die zur Sicherung des kartellrechtsneutralen Hauptzwecks eines Vertrages erforderlich sind, nicht gegen § 1 GWB verstoßen.[239] Methodisch handelt es sich hierbei um eine ungeschriebene Restriktion des Kartellverbots.[240]

c) Tatbestandliche Anknüpfung

Andere hingegen bemühten sich um eine stärker am Tatbestand des § 1 GWB orientierte Begründung und sprachen sich für eine teleologische Reduktion des Tatbestandsmerkmals "Wettbewerbsbeschränkung" aus.[241] Teilweise wurde aber auch die Ansicht geäußert, in diesen Fällen fehle es am Vorliegen eines "gemeinsamen Zwecks".[242]

4. Fazit

An Versuchen, eine Begründung für das nahezu einhellig für richtig erachtete Ergebnis zu finden, daß Wettbewerbsverbote in Gesellschaftsverträgen zumindest unter bestimmten Voraussetzungen zulässig sind, hat es somit nicht gemangelt.

II. Untersuchung der bisherigen Begründungen

Im Folgenden ist nun zu untersuchen, welchem dieser Begründungsansätze der Vorzug zu geben ist, und ob er sich auch unter der Neufassung unverändert aufrechterhalten läßt.

---

239 Vgl. OLG Stuttgart, WuW/E OLG 4134, 4136 ("neuform-Artikel"); Immenga, in: Immenga/Mestmäcker, § 1 Rdnrn. 164 f.; Bunte, in: Langen/Bunte, § 1 Rdn. 51; Ulmer, in: Staub, § 112 Rdn. 43 (Fn. 76); Martens, in: Schlegelberger, § 112 Rdn. 31; Emmerich, Kartellrecht, § 4, 4 b; Schmidt, Kartellverbot, S. 79 ff.; ders., ZHR 149 (1985) 1, 10 f.

240 Immenga, in: Immenga/Mestmäcker, § 1 Rdn. 164; Schmidt, ZHR 149 (1985) 1, 10; Martens, in: Schlegelberger, § 112 Rdn. 31; Ulmer, in: Staub, § 112 Rdn. 43, der ausdrücklich hervorhebt, daß sich die Restriktion nicht auf einzelne Tatbestandsmerkmale, sondern auf den Tatbestand des § 1 GWB insgesamt bezieht.

241 Möschel, Wettbewerbsbeschränkungen, Rdn. 204; Belke, ZHR 143 (1979) 74, 90. Vereinzelt geblieben ist die Ansicht, bei Wettbewerbsbeschränkungen, die sich bereits aus dem gewählten Vertragstyp selber ergeben, fehle es an der Kausalität der Verhaltenskoordination für die Wettbewerbsbeschränkung, zutreffender Ansatzpunkt für die teleologische Reduktion sei deshalb das Tatbestandsmerkmal "durch", vgl. Schwintowski, WuW 1997, 769, 772 f.

242 Vgl. Gleiss/Hootz, NJW 1963, 1338, 1339 (li. Sp., unter II. a.E.). Vgl. auch Belke, ZHR 143 (1979) 74, 90. Ebenso - allerdings auf der Basis ihrer eigenen Auslegung des "gemeinsamen Zwecks" ("selbständiger Vertragsgegenstand") - Huber/Baums, in: Frankfurter Kommentar, § 1 Rdn. 479.

1. Keine Kollision mit § 1 GWB

Als nicht tragfähig erweist sich zunächst die Ansicht, die schon eine Kollision gesellschaftsrechtlicher Wettbewerbsverbote mit § 1 GWB verneint. Daß ein solches Wettbewerbsverbot eine Wettbewerbsbeschränkung bewirkt (und gerade auch bezweckt), kann ernstlich wohl nicht bestritten werden: Dem gebundenen Vertragspartner wird die Möglichkeit genommen, selber im Wettbewerb aufzutreten. Hierbei spielt es auch keine Rolle, ob sich das Wettbewerbsverbot aus § 112 HGB, einer vergleichbaren Vorschrift oder einfach aufgrund einer mehr oder weniger vergleichbaren vertraglichen Vereinbarung ergibt. Die wettbewerblichen Auswirkungen sind in jedem Fall die gleichen. Eine Kollision gesetzlicher oder vertraglicher Wettbewerbsverbote mit § 1 GWB läßt sich daher nicht leugnen.

2. Vorrang des Zivilrechts bzw. des GWB

Aber auch die Ansicht, die eine Lösung des Kollisionsproblems in einer möglichen Normenhierarchie sucht, kann nicht überzeugen. Denn für einen Vorrang der einen oder anderen Regelung läßt sich weder dem Willen des Gesetzgebers noch der Systematik der Gesetze eine verläßliche Aussage entnehmen.

Dies gilt zunächst für die These, § 1 GWB verdränge als jüngere Vorschrift diejenige des § 112 HGB. Denn ebensogut könnte man sich auf den Standpunkt stellen, daß es sich zumindest bei den gesetzlich normierten Wettbewerbsverboten um gegenüber der allgemeinen Vorschrift des § 1 GWB speziellere Vorschriften handelt, die dieser folglich vorgehen müßten.[243] Vor allem aber steht sie im Widerspruch zum offensichtlichen Willen des Gesetzgebers selber: Dieser hat nämlich das für persönlich haftende Gesellschafter einer KGaA geltende Wettbewerbsverbot des (alten) § 226 I AktG 1937 durch die Aktiengesetz-Novelle 1965 verschärft (vgl. den heutigen § 284 I AktG).[244] Damit läßt sich aber die These, der Gesetzgeber habe 1957 durch den Erlaß des GWB die gesetzlichen Wettbewerbsverbote für unwirksam erklären wollen, nicht mehr aufrechterhalten.

Gleiches gilt aber auch für die Ansicht, daß eine zivilrechtlich erlaubte Vereinbarung kartellrechtlich nicht verboten sein könne, mithin ein Vorrang des Zivilrechts bestehe.

---

243 "Lex posterior generalis non derogat legi priori speciali", vgl. Klaue, WuW 1961, 323, 325.

244 Vgl. Kropff, Aktiengesetz, S. 368; Magen, NJW 1961, 147, 149. Danach ist es diesem auch versagt, Mitglied der Geschäftsführung einer anderen gleichartigen Handelsgesellschaft zu werden (§ 284 I 1 AktG); darüber hinaus kann die Einwilligung auch nur für bestimmte Arten von Geschäften erteilt werden (§ 284 I 2 AktG).

Aus der Tatsache, daß die gesellschaftsrechtlichen Wettbewerbsverbote im Katalog der durch das GWB aufgehobenen Vorschriften des alten § 109 II GWB nicht enthalten waren, läßt sich mit Bestimmtheit nur folgern, daß sie nicht gänzlich wegfallen sollten. Daß ihnen durch § 1 GWB nicht gewisse Grenzen gesetzt werden sollten, wird dadurch hingegen nicht ausgeschlossen. Vor allem aber würde eine solche Sichtweise dem Umstand nicht ausreichend Rechnung tragen, daß es sich bei den gesellschaftsrechtlichen und den kartellrechtlichen Vorschriften um zwei voneinander unabhängige Normenkomplexe mit jeweils eigenständigen Zielsetzungen handelt, von denen keiner a priori der Vorrang vor der anderen eingeräumt werden kann.[245]

3. Keine Anwendung auf erforderliche Wettbewerbsverbote

Die herrschende Meinung geht daher völlig zu Recht davon aus, daß eine Kollision gesellschaftsrechtlicher bzw. -vertraglicher Wettbewerbsverbote mit § 1 GWB gegeben ist, daß diese Kollision aber nicht durch einen generellen Vorrang der einen oder der anderen Regelung aufgelöst werden kann, da hierbei die jeweiligen, wettbewerblichen bzw. gesellschaftsrechtlichen Wertungen vernachlässigt würden.[246] Damit stellt sich jedoch die Frage, wie das bestehende Spannungsverhältnis aufzulösen ist.

a) Vorrang von Treu und Glauben

Als wenig überzeugend erweist sich zunächst der Ansatz, aus Treu und Glauben (§ 242 BGB) folge ein zwingender Vorrang objektiv-rechtlicher Wertungen. Denn diese Vorschrift bezieht sich in erster Linie auf das Verhältnis zwischen den Vertragspartnern, und vernachlässigt damit die Tatsache, daß im Zusammenhang mit der Anwendung kartellrechtlicher Vorschriften noch ein dritter Parameter, der Schutz freien Wettbewerbs, zusätzliche Berücksichtigung finden muß.[247] Vor allem aber trifft die Ansicht, § 242 BGB stelle eine, dem übrigen Recht übergeordnete Norm dar, in dieser Allgemeinheit nicht zu. Es verhält sich vielmehr so, daß die unsere Rechtsordnung beherrschenden, grundgesetzlichen Wertentscheidungen (im vorliegenden Zusammenhang dürfte dabei insbesondere Art. 9 Abs. 1 GG zu berücksichtigen

---

245 Vgl. Möschel, Wettbewerbsbeschränkungen, Rdn. 204; ähnlich Schmidt, Kartellverbot, S. 80 ("Abwägungsproblem"); Voges, DB 1977, 2081, 2086.

246 Vgl. Immenga, in: Immenga/Mestmäcker, § 1 Rdn. 165; Steindorff, BB 1977, 569, 571; Schmidt, ZHR 149 (1985) 1, 11 f.

247 Vgl. Larenz, Schuldrecht I, § 10 II; Beuthien, ZHR 142 (1978) 259, 275 f.

sein)[248] über diese Norm in das Privatecht einfließen; der Grundsatz von Treu und Glauben ist daher seinerseits im Rahmen der Gesamtrechtsordnung zu sehen, und kann aus diesem Grunde schwerlich selber als oberstes Rechtsprinzip verstanden werden.[249]

b) Immanenztheorie

Die Immanenztheorie geht dementsprechend davon aus, daß die Lösung gerade im Verhältnis der beiden Regelungskomplexe zueinander gesucht werden muß.[250] Solche Wettbewerbsbeschränkungen, die einer (hier: gesellschaftsrechtlichen) Institution immanent sind,[251] sollen danach auch von der anderen (hier: kartellrechtlichen) Regelung respektiert werden müssen.[252] In die gleiche Richtung zielt auch die Argumentation, in derartigen Fällen müßten die widerstreitenden Interessen, die aus scheinbar miteinander unvereinbaren Wertentscheidungen des Gesetzgebers folgen, unter allgemeinen Verhältnismäßigkeitserwägungen im Sinne praktischer Konkordanz miteinander in Einklang gebracht werden, so daß beide im weitestmöglichen Umfang zur Anwendung kommen können.[253] Letztlich kann aber auch diese Begründung, so plausibel sie auf den ersten Blick auch erscheint, nicht völlig überzeugen.

aa) Das Fehlen eines tatbestandlichen Anknüpfungspunkts

Dies folgt zunächst aus dem Fehlen eines konkreten tatbestandlichen Anknüpfungspunkts. Die Immanenztheorie wird als eine "Restriktion des Tatbestandes des § 1 GWB",[254] als "ungeschriebene Schranke des Geltungsbereichs dieser Vorschrift"[255] oder auch als "eine im objektiven Recht angelegte Restriktion des Kartellverbots"[256]

---

248 Wiedemann, Gesellschaftsrecht, § 13 II 1 a.

249 Vgl. Beuthien, ZHR 142 (1978) 259, 275, der darauf hinweist, daß die Vertragspartner Treu und Glauben einander nur im Rahmen des kartellrechtlich Zulässigen schulden.

250 Vgl. Schmidt, Kartellverbot, S. 80, der von einem "Abwägungsproblem" spricht.

251 Zur Konkretisierung, wann dies der Fall sein soll, siehe sogleich unter bb).

252 Vgl. Immenga, in: Immenga/Mestmäcker, § 1 Rdnrn. 165, 351; Schmidt, Kartellverbot, S. 80; ders., ZHR 149 (1985) 1, 11; Steindorff, BB 1977, 569, 571. Für die Anwendung der Immanenztheorie auch nach der Neuregelung Emmerich, Kartellrecht, § 4, 4 b. Die Begründung wird daher nicht - wie bisweilen angenommen - in einem generellen Vorrang des Zivilrechts vor dem Kartellrecht gesehen, sondern aus dem Wesen des jeweiligen Rechtsinstituts abgeleitet, vgl. Schmidt, ZHR 149 (1985) 1, 11.

253 Vgl. Ulmer, in: Staub, § 112 Rdn. 41; Voges, DB 1977, 2081, 2086. Eine ähnliche Abwägung findet sich (allerdings für Austauschverträge) auch bei Seifert, in: Festschrift Lieberknecht, S. 583, 590 f.

254 Immenga, in: Immenga/Mestmäcker, § 1 Rdn. 164.

255 Ulmer, in: Staub, § 112 Rdn. 43.

256 Martens, in: Schlegelberger, § 112 Rdn. 31.

verstanden. Vor dem Hintergrund, daß das GWB in den §§ 2 ff. eine abschließende Regelung darüber getroffen hat, in welchen Fällen eine Durchbrechung des Verbotsprinzips erfolgen soll,[257] ist eine ungeschriebene Schranke des Kartellverbots jedoch systemwidrig.[258] Ein Ansatz, der sich stärker am Wortlaut der Vorschrift oder am Willen des Gesetzgebers orientiert, erscheint demnach eindeutig vorzugswürdig.

bb) Widerspruch der Ergebnisse zu ihrer Herleitung

Darüber hinaus spricht gegen die Immanenztheorie aber auch, daß sie zu gewissen Unstimmigkeiten im Verhältnis zwischen ihrer Herleitung und den von ihr angenommenen Ergebnissen führt. Die Immanenztheorie basiert auf dem Gedanken, daß es das vom Gesetzgeber gewollte Nebeneinander privatrechtlicher und kartellrechtlicher Institutionen bzw. Regelungen erfordere, § 1 GWB auf solche Wettbewerbsbeschränkungen nicht anzuwenden, die einem anderen, anerkannten Rechtsinstitut "immanent" sind.[259] Dem entspricht es, eine Wettbewerbsbeschränkung immer dann als "immanent" anzusehen, wenn sie sich auch ohne ausdrückliche Vereinbarung als aus § 242 BGB folgende Nebenpflicht bzw. unter dem Gesichtspunkt der gesellschaftsrechtlichen Treuepflicht aus dem Vertrag ergibt.[260]

In der praktischen Anwendung dieser Grundsätze werden dann aber auf einmal ganz andere Maßstäbe angelegt, wenn gesagt wird, daß solche Wettbewerbsbeschränkungen vom Verbot des § 1 GWB ausgenommen werden sollen, die zur Erreichung bzw. Sicherung des kartellrechtsneutralen Hauptzwecks des Vertrages erforderlich sind.[261] Hierbei handelt es sich um ein wesentlich großzügigeres

---

257 Vgl. nur Immenga, in: Immenga/Mestmäcker, § 1 Rdn. 387 f.; Bunte, in: Langen/Bunte, § 1 Rdn. 76; Loewenheim, in: Loewenheim/Belke, Vorbem. § 1 Rdn. 1; Hübner, Einschränkung, S. 61 ff.; Bunte, WuW 1997, 857, 864.

258 Erst recht gilt dies für eine Einschränkung unter dem Gesichtspunkt praktischer Konkordanz. Mit der Annahme einer ungeschriebenen Schranke ist es darüber hinaus auch nur schwer in Einklang zu bringen, daß eine Restriktion des Kartellverbots im Hinblick auf außerökonomische Rechtsgüter, und sei es auch nur im Einzelfall zum Schutz von Leben und Gesundheit, auch von den Befürwortern der Immanenztheorie als systemwidrig abgeleht wird, vgl. Immenga, in: Immenga/Mestmäcker, § 1 Rdnrn. 374, 387 ff.

259 Der Begriff "immanent" wird hier also nicht in dem, im Verfassungsrecht üblichen Sinne verwendet, wonach auch vermeintlich vorbehaltlos gewährleistete Grundrechte "immanente" Schranken in den Grundrechten anderer finden können, vgl. Hesse, Verfassungsrecht, Rdn. 310. Dort geht es nämlich um die einem Grundrecht selbst innewohnenden Schranken, während es hier um die Frage geht, welche wettbewerbsbeschränkenden Abreden einem anderen Rechtsinstitut immanent sind.

260 So z.B. Immenga, in: Immenga/Mestmäcker, § 1 Rdn. 165; Belke, ZHR 143 (1979) 74, 90.

261 Vgl. Immenga, in: Immenga/Mestmäcker, § 1 Rdn. 164; Bunte, in: Langen/ Bunte, § 1 Rdn. 50; Möschel, Wettbewerbsbeschränkungen, Rdn. 204; Belke, ZHR 143 (1979) 74, 90; Schmidt, ZHR 149 (1985) 1, 12; Steindorff, BB 1977, 569, 571.

Kriterium.[262] Sachlich können diese beiden Ansätze daher nicht gleichgesetzt werden. Ob eine ergänzende Abrede für die Durchführung eines Vertrages erforderlich ist, besagt noch nicht, daß sie sich auch ohne ausdrückliche Vereinbarung, gleichsam ohnehin aus ihm ergeben hätte, ihm also im vorbezeichneten Sinne "immanent" war. Das wird besonders deutlich, wenn man bedenkt, daß die Immanenztheorie auch auf Wettbewerbsbeschränkungen in Austauschverträgen angewendet wird:[263] Daß z.B. die Kundenschutzvereinbarung im Fall "Druckgußteile" dem Vertrag immanent war, d.h. sich aus ihm ohnehin ergeben hätte, läßt sich wohl kaum behaupten. Entweder wendet die herrschende Lehre die von ihr als solche verstandene Immanenztheorie daher falsch an, wenn sie zu Ergebnissen gelangt, die wesentlich weiter gehen, als es eigentlich der Fall sein dürfte. Oder die Immanenztheorie ist in Wahrheit gar keine Immanenztheorie, sondern nur eine als Immanenztheorie "verkleidete" Erforderlichkeitsprüfung. Dann aber setzt sich die herrschende Meinung in inneren Widerspruch zu der von ihr selbst entwickelten Herleitung der Immanenztheorie.

Es drängt sich daher der Verdacht auf, daß die Immanenztheorie nur ein "Etikett" für in Wahrheit aus anderen Gründen für richtig erachtete Ergebnisse darstellt.[264] Dem ist sich offenbar auch die herrschende Meinung selber bewußt, wenn sie sagt, daß eine dogmatische Absicherung der Immanenztheorie noch ausstehe.[265]

cc) Fazit

Die Immanenztheorie stellt als "ungeschriebene Schranke des Kartellverbots" einen Fremdkörper im System des GWB dar. Darüber hinaus setzt sie sich, was ihre Ergebnisse betrifft, in einen gewissen Widerspruch nicht nur zu ihrem Wortlaut, sondern vor allem zu ihrer Herleitung.

---

262 Augenfällig wird dies vor allem dann, wenn zwischen den beiden Formulierungen sogar eine Verbindung gezogen wird, vgl. Belke, ZHR 143 (1979) 74, 90, wo es heißt, "die Verpflichtungen obliegen ihm auch ohne ausdrückliche Vereinbarung, weil sie sachlich erforderlich sind." Ähnlich Schwintowski, WuW 1997, 769, 771: "zwingend erforderlich, ihm also immanent" (Hervorhebungen durch den Verfasser). Dieselbe Zweigleisigkeit findet sich bisweilen auch in der Rechtsprechung, vgl. BGH NJW 1994, 384 ("Ausscheidender Gesellschafter"), wo zum einen davon gesprochen wird, daß "sich ohnehin aus Treu und Glauben folgende Verpflichtungen aufgegriffen und konkretisiert" wurden (S. 384), später aber nur noch von der Erforderlichkeit der Wettbewerbsbeschränkungen gesprochen wird (S. 385).

263 Immenga, in: Immenga/Mestmäcker, § 1 Rdnrn. 164, 368; Bunte, in: Langen/ Bunte, § 1 Rdn. 50; Kretzer, Immanenztheorien, S. 110 ff.

264 In diese Richtung geht auch die Argumentation von Kretzer, Immanenztheorien, S. 11 ff., 20, 23, der der Immanenztheorie als eigenständigem Lösungsansatz deshalb ihre Existenzberechtigung abspricht, weil es sich bei ihr nur um eine Erscheinungsform der teleologischen Reduktion handele.

265 Vgl. Immenga, in: Immenga/Mestmäcker, § 1 Rdn. 165. Für ihre Aufgabe jüngst wieder Rittner, WuW 2000, 696, 705.

c) Tatbestandliche Anknüpfung

In systematischer und dogmatischer Hinsicht vorzugswürdig ist daher die Ansicht, die für eine stärker am Tatbestand des § 1 GWB orientierte Lösung des Kollisionsproblems eintritt (vgl. oben I. 3. c)). Fraglich könnte aber sein, ob der Tatbestand des § 1 GWB bzw. der dahinterstehende Wille des Gesetzgebers eine solche Lösung auch tatsächlich ermöglicht.

aa) Kein "gemeinsamer Zweck"

Zweifelhaft ist nämlich, ob sich die vor der Novellierung bisweilen vertretene Ansicht, zur Durchführung des Gesellschaftsvertrages erforderlichen Wettbewerbsverboten fehle es an einem "gemeinsamen Zweck", auch nach der Neufassung aufrechterhalten läßt. Gegen eine entsprechende Auslegung des Merkmals "zwischen miteinander im Wettbewerb stehenden Unternehmen" bestehen angesichts des nun nicht mehr wertausfüllungsbedürftigen Wortlauts Bedenken. Aber auch in sachlicher Hinsicht erweist sich dieses Merkmal, das zum einen eine Definition des Kartelltatbestands geben, zum anderen aber auch der Abgrenzung gegenüber den im 2. Abschnitt geregelten Vereinbarungen dienen soll, nicht als der richtige Ansatzpunkt für eine Behandlung dieser Fälle. Denn gesellschaftsvertragliche Wettbewerbsverbote weisen aufgrund der mit ihnen bezweckten Beschränkung eines horizontalen Wettbewerbsverhältnisses das für die in § 1 GWB genannten Vereinbarungen typische Merkmal gerade auf, während sich die Frage der Abgrenzung gegenüber vertikalen Wettbewerbsbeschränkungen in diesem Zusammenhang nicht stellt. Das neue Merkmal "zwischen miteinander im Wettbewerb stehenden Unternehmen" erweist sich für die Lösung des Kollisionsproblems daher als unergiebig.

bb) Wettbewerbsbeschränkung

Auch aus dem Merkmal der "Wettbewerbsbeschränkung" scheinen sich auf den ersten Blick keine Anhaltspunkte dafür zu ergeben, daß gesellschaftsrechtliche Wettbewerbsverbote unter bestimmten Voraussetzungen zulässig sein können, da ein Wettbewerbsverbot, wie dargelegt, unzweifelhaft zu einer Wettbewerbsbeschränkung führt. Nun ist allerdings zu berücksichtigen, daß das GWB nicht alle Wettbewerbsbeschränkungen verbieten wollte. Insbesondere bei den im 2. Abschnitt geregelten Vereinbarungen beschränkt sich das Gesetz teilweise auf eine Mißbrauchsaufsicht. Vor diesem Hintergrund könnte es sich lohnen, noch einmal einen Blick in die Gesetzesmaterialien zu werfen.

(1) Die Materialien zum GWB

In den Materialien zum GWB hat die Bundesregierung zu erkennen gegeben, daß bestimmte Wettbewerbsbeschränkungen aus dem Kreis der von § 1 GWB erfaßten Verhaltensweisen ausgenommen werden sollten. Hierzu sollten auch

> "das Konkurrenzverbot, das der Inhaber eines Unternehmens mit einem ausscheidenden Betriebsangehörigen oder das der Käufer eines Unternehmens mit dem Verkäufer vereinbart"

gehören. Begründet wurde dies damit, daß

> "in vielen Fällen [...] ein wirtschaftlich und rechtlich anzuerkennendes Bedürfnis für derartige Bindungen"

bestehe.[266] Nun beziehen sich diese Ausführungen zwar nicht auf Wettbewerbsverbote in Gesellschaftsverträgen, sondern erfolgen im Zusammenhang mit den Verträgen des 2. Abschnitts. Den zitierten Äußerungen läßt sich aber dennoch die wettbewerbspolitische Wertentscheidung entnehmen, daß Beschränkungen der wettbewerblichen Handlungsfreiheit, die in einem anderen, wettbewerblich neutralen oder gar fördernden Vertrag enthalten und für diesen wirtschaftlich und rechtlich erforderlich sind, nicht dem Verbot des § 1 GWB unterfallen sollen.

Dieser Rechtsgedanke gilt nun aber in gleicher Weise für die hier vorliegende Problematik. Wettbewerbsverbote in Gesellschaftsverträgen dienen häufig der Erreichung des kartellrechtsneutralen Hauptzwecks des Vertrages bzw. Gesellschaftsunternehmens, und sind hierfür wirtschaftlich und rechtlich erforderlich. Hätte der Gesetzgeber diese Problematik bedacht, wäre daher kein Grund ersichtlich gewesen, sie im Ergebnis anders zu behandeln.[267] Vor diesem Hintergrund erscheint es somit angezeigt, die von ihm angestellten Erwägungen auch auf die Frage der Wettbewerbsverbote in Gesellschaftverträgen zu übertragen,[268] so daß diese dann nicht nach § 1 GWB verboten sind, wenn für sie im Hinblick auf den kartellrechts-

---

266 BT-Drucksache II/1158, S. 25 f.

267 Vgl. Lieberknecht/Gnauk, BB 1963, 1067, 1070.

268 In diesem Sinne auch Schmidt, Kartellverbot, S. 80.

neutralen Hauptzweck des Vertrages ein wirtschaftlich und rechtlich anzuerkennendes Bedürfnis besteht.[269]

Da der Wortlaut des § 1 GWB ein solches Verbot aber suggeriert, erweist sich die Fassung dieser Vorschrift gegenüber dem Regelungsplan des Gesetzes als zu weit. Die Vorschrift muß also auf ein diesem Regelungsplan entsprechendes Maß zurückgeführt werden; dies wiederum geschieht durch teleologische Reduktion.[270]

(2) Keine Wettbewerbsbeschränkung i.S.d. § 1 GWB

Damit bleibt nur noch die Frage, ob hierbei am Tatbestandsmerkmal der Wettbewerbsbeschränkung angesetzt werden kann. An dieser Stelle ist zu bedenken, daß das GWB, und erst recht nicht § 1 GWB, nicht das Ziel eines lückenlosen Wettbewerbsschutzes verfolgt.[271] Bestimmte Abreden, die zwar der Sache nach, "an sich", den Wettbewerb beschränken, können unter bestimmten Voraussetzungen dennoch erlaubt sein. Verbindet man diese Erkenntnis mit dem oben herausgearbeiteten (hypothetischen) Willen des Gesetzgebers, so gelangt man zu dem Schluß, daß es sich bei Wettbewerbsverboten in Gesellschaftsverträgen, die zur Erreichung des Vertragszwecks erforderlich sind, nicht um solche Wettbewerbsbeschränkungen handelt, die § 1 GWB verbieten wollte, mithin nicht um Wettbewerbsbeschränkungen i.S.d. § 1 GWB handelt. In diesen Fällen ist das Tatbestandsmerkmal Wettbewerbsbeschränkung in § 1 GWB daher entsprechend teleologisch zu reduzieren.

4. Ergebnis

Im Hinblick auf Wettbewerbsbeschränkungen in Gesellschaftsverträgen, die zur Erreichung des Vertragszwecks erforderlich sind, ist das Tatbestandsmerkmal

---

269 Zu weit geht es aber, sämtliche Wettbewerbsverbote deswegen als Problem des § 16 GWB anzusehen, vgl. Wilhelm, ZHR 150 (1986) 434, 456; Lieberknecht/Gnauk, BB 1963, 1067, 1070 f. Denn hierdurch würde die Tatsache vernachlässigt, daß der zugrundeliegende Vertrag, dem das Wettbewerbsverbot zu dienen bestimmt ist, nicht - wie in § 16 GWB vorausgesetzt - ein Austauschvertrag, sondern ein Gesellschaftsvertrag ist.

270 Vgl. Larenz, Methodenlehre, S. 377, 391 ff.; Kretzer, Immanenztheorien, S. 15.

271 Vgl. Regierungsbegründung, BT-Drucksache II/1158, S. 30: es sollten nur solche Verträge geregelt werden, die unerwünschte Wettbewerbsbeschränkungen zur Folge haben; vgl. auch Huber/Baums, in: Frankfurter Kommentar, § 1 Rdn. 410; Knöpfle, DB 1986, Beilage 11, S. 13. Dementsprechend wurde z.B. die Verpflichtung der Verpächter einer Gaststätte gegenüber einer Brauerei, künftige Pächter zum Eintritt in den bestehenden Bierlieferungsvertrag zu verpflichten, nicht als eine Beschränkung der wettbewerblichen Handlungsfreiheit angesehen, die das GWB erfassen sollte, vgl. WuW/E BGH 712 ff. ("Bierbezug").

Wettbewerbsbeschränkung in § 1 GWB teleologisch zu reduzieren, da es sich hierbei nicht um Wettbewerbsbeschränkungen im Sinne dieser Vorschrift handelt.

B. Wettbewerbsbeschränkungen in Austauschverträgen

Zu einer gewissen Rechtsunsicherheit führt die Neufassung des § 1 GWB des weiteren, wie oben (2. Teil, C. II. 2. b) bb)) dargestellt wurde, im Hinblick auf die sogenannten Wettbewerbsbeschränkungen in Austauschverträgen.

I. Die problematischen Fälle

Vor der Untersuchung, wie diese Fälle nach der Neuregelung künftig zu behandeln sind, soll zunächst noch einmal kurz verdeutlicht werden, worin genau die Ursache für die Rechtsunsicherheit liegt, insbesondere in welchen Fällen sie zutage tritt.[272]

1. Austauschverträge zwischen Wettbewerbern

Ein Problem bei der Abgrenzung horizontaler und vertikaler Wettbewerbsbeschränkungen stellt sich dann, wenn ein Austauschvertrag i.S.d. § 16 GWB bzw. eine der dort genannten Wettbewerbsbeschränkungen zwischen aktuellen oder potentiellen Wettbewerbern vereinbart worden ist. Denn nach dem neuen Wortlaut des § 1 GWB fällt jede Vereinbarung unter Wettbewerbern, die eine Wettbewerbsbeschränkung bewirkt, unter das Kartellverbot. Auch Wettbewerbsbeschränkungen in Austauschverträgen, die nach § 16 GWB grundsätzlich als erlaubt angesehen werden, und nur beim Vorliegen bestimmter Voraussetzungen untersagt werden können, scheinen - da der Wortlaut des § 1 GWB nach dem Verzicht auf den "gemeinsamen Zweck" nunmehr (scheinbar) eindeutig ist - künftig verboten zu sein, sofern nur die Vertragsparteien potentielle Wettbewerber sind.[273] Hierbei handelt es sich auch keineswegs um ein rein theoretisches Problem; derartige Konstellationen sind in der Praxis durchaus häufig anzutreffen.

---

272 Anders als oben im 1. Teil stehen an dieser Stelle die sich gerade aus der Neuregelung des § 1 GWB ergebenden Probleme im Mittelpunkt.

273 Emmerich, Kartellrecht, § 3, 3 b; Martinek, EWiR 1997, 1141, 1142; Baums, ZIP 1998, 233, 235; Bunte, WuW 1997, 857, 863; ders., BB 1998, 1748, 1749; Bechtold, NJW 1998, 2769, 2770; Kahlenberg, BB 1998, 1593, 1594.

a) Wettbewerbsverbote in Unternehmenskaufverträgen

Wie bereits kurz angedeutet wurde, stellt sich ein solches Abgrenzungsproblem z.B. in den Fällen der Wettbewerbsverbote in Unternehmenskaufverträgen. Denn das Wettbewerbsverbot wird ja gerade vor dem Hintergrund vereinbart, daß der Veräußerer selber wieder unternehmerisch tätig werden könnte, also vor dem Hintergrund einer (potentiell) drohenden Konkurrenz, so daß § 1 GWB erfüllt zu sein scheint.[274] Entgegen einer teilweise geäußerten Ansicht sind Unternehmenskaufverträge auch als Austauschverträge i.S.d. § 16 GWB anzusehen:[275] § 16 GWB fordert allein einen Vertrag über "Waren oder gewerbliche Leistungen". Der Begriff der "Waren" i.S.d. § 16 GWB deckt sich aber mit demjenigen im (früheren) § 1 GWB.[276] Dort war es anerkannt, daß der Geschäftsbetrieb als ganzes, also das Unternehmen eine Ware im Sinne dieser Vorschrift darstellt.[277] Darüber hinaus ergibt sich auch aus den Gesetzesmaterialien, daß es sich bei einem Unternehmenskaufvertrag um einen Vertrag i.S.d. (heutigen) § 16 GWB handelt.[278]

b) Wettbewerbsverbote in Absatzmittlungsverhältnissen

Auch Wettbewerbsverbote in Absatzmittlungsverhältnissen, wie z.B. Handelsvertreter-, Vertragshändler- oder auch Franchiseverträgen können § 16 GWB unterfallen.[279] Die Gegenansicht, die teilweise schon den Grundtatbestand eines

---

274 Emmerich, Kartellrecht, § 4, 4 a.

275 Vgl. WuW/E BGH 1600, 1601 ("Frischbeton"); WuW/E BGH 1898, 1899 ("Holzpaneele"); WuW/E BGH 2085, 2086 ("Strohgäu-Wochenjournal"); Emmerich, in: Immenga/Mestmäcker, § 18 Rdn. 34; Wolter, in: Frankfurter Kommentar, § 18 Rdn. 32; Emmerich, Kartellrecht, § 3, 3 a; Oppenländer, WuW 1981, 389, 399; a.A. Helm, in: Festgabe Hefermehl, S. 299, 306 f.; Schmidt, Kartellverbot, S. 103; Dörinkel, NJW 1966, 1597.

276 Vgl. Emmerich, in: Immenga/Mestmäcker, § 18 Rdn. 44; Klosterfelde/Metzlaff, in: Langen/Bunte, § 18 Rdn. 22.

277 KG, WuW/E OLG 1377, 1380 ("Starkstromkabel") für Anteile an einem Unternehmen; explizit für das Unternehmen als solches Immenga, in: Immenga/ Mestmäcker, § 1 Rn. 317; Bunte, in: Langen/Bunte, § 1 Rdn. 79.

278 Vgl. Regierungsbegründung, BT-Drucksache II/1158, S. 25 f., wo es heißt, daß zu den Individualverträgen im Sinne des 2. Abschnitts auch "das Konkurrenzverbot, [...] das der Käufer eines Unternehmens mit dem Verkäufer vereinbart" gehört.

279 So die h.M., vgl. WuW/E BGH 3115, 3119 ("Druckgußteile"); WuW/E BGH 2668, 2670 ("Pauschalreiseveranstalter"); WuW/E BKartA 1199, 1202 ("Kraftfahrzeugpflegemittel"); Wolter, in: Frankfurter Kommentar, § 18 Rdnrn. 28, 30, 33, 50; Emmerich, in: Immenga/Mestmäcker, § 18 Rdnrn. 50 ff.; Klosterfelde/ Metzlaff, in: Langen/Bunte, § 18 Rdnrn. 207 ff. Vgl. auch die Regierungsbegründung, BT-Drucksache II/1158, S. 25 f., wo es heißt, daß z.B. die Verpflichtung eines Agenten gegenüber seinem Großhändler, bestimmte Waren nicht zu führen, eine nach den Vorschriften des 2. Abschnitts (in Betracht kommt nur der heutige § 16 Nr. 2 GWB) zu beurteilende Wettbewerbsbeschränkung darstellt.

Austauschvertrages,[280] teilweise aber jedenfalls das Vorliegen einer Wettbewerbsbeschränkung im Sinne dieser Vorschrift verneint,[281] kann nicht überzeugen. Gegen sie spricht bereits der Wortlaut des § 16 GWB: Absatzmittler sind "Unternehmen", die gewerbliche Leistungen im Sinne dieser Vorschrift erbringen.[282] Auch handelt es sich bei einem Wettbewerbsverbot z.B. in einem Handelsvertretervertrag um eine Wettbewerbsbeschränkung i.S.d. § 16 Nr. 2 GWB: Denn durch das Wettbewerbsverbot wird der Handelsvertreter daran gehindert, die entsprechenden Leistungen an Dritte zu erbringen bzw. sie von diesen zu beziehen.[283] Die tatbestandlichen Voraussetzungen für eine Anwendung des § 16 GWB liegen daher grundsätzlich vor.

Nach der Neufassung des § 1 GWB wird es bei Wettbewerbsverboten in Absatzmittlungsverhältnissen daher häufig zweifelhaft sein, ob im Ergebnis § 1 oder § 16 GWB eingreift.[284] Denn der Hersteller eines Produkts wird häufig[285] - in manchen Branchen sogar in der Regel[286] - zumindest potentieller Konkurrent seines Abnehmers auf der Vertriebsebene sein. Das zeigt sich besonders deutlich in den Fällen, in denen Unternehmen - wie häufig - eine gemischte Vertriebsstrategie[287] verfolgen, d.h. neben eigenen Vertriebsstellen auch Fremdunternehmen, z.B. als Fach- oder Vertragshändler oder auch als Franchise-Nehmer einsetzen. Denn hierbei handelt es sich nicht allein um potentielle Wettbewerber im Vertriebsbereich; der Hersteller steht seinem Vertragspartner aufgrund der Existenz eigener Vertriebsstellen darüber hinaus praktisch auch als aktueller Wettbewerber gegenüber.

---

280 Rittner, DB 1957, 1091, 1095; ders., ZHR 135 (1971) 289, 302; Rasch, WuW 1958, 208, 212; Kleemann, DB 1962, 1631, 1632. Vgl. auch die Darstellung bei Schuster, Atypische Vertriebsformen, S. 57 ff., 91 ff.

281 Rittner, Wirtschaftsrecht, § 17 Rdn. 25 (Fn. 35); Leo, WRP 1969, 85, 88 f.; Kleemann, DB 1962, 1631, 1632. Für ein Eingreifen nur in Extremfällen auch Oppenländer, WuW 1981, 389, 400.

282 Vgl. Emmerich, in: Immenga/Mestmäcker, § 18 Rdn. 50.

283 Emmerich, in: Immenga/Mestmäcker, § 18 Rdnrn. 50 f.

284 Vgl. nur jüngst die Fälle WuW/E BGH 3115 ("Druckgußteile") und WuW/E BGH 3121 ("Bedside-Testkarten").

285 Vgl. Emmerich, Kartellrecht, § 3, 3 b; Bunte, WuW 1997, 857, 861 ff.; Baums, LM Nr. 48 zu § 1 GWB (Bl. 8); Bechtold, NJW 1998, 2769, 2770. Anders wohl Wellenhofer-Klein, WuW 1999, 557, 565.

286 Baums, ZIP 1998, 233, 234 (insbesondere für den Automobilbereich); Kahlenberg, BB 1998, 1593, 1594.

287 Dreher, DB 1986, 93, 97 und Kapp, RIW 1985, 677, 680 sprechen in diesen Fällen vom "zweigleisigen Vertrieb".

c) Lieferverträge zwischen Wettbewerbern

Schließlich wird sich das Problem in vergleichbarer Weise oft auch bei normalen Lieferverträgen stellen. Denn ein Großunternehmen wird als Abnehmer häufig zumindest potentiell in der Lage sein, ein bestimmtes Vorprodukt auch selber herzustellen.[288]

d) Fazit

In all den vorgenannten Fällen scheint, sofern es sich bei den Parteien um (aktuelle oder potentielle) Wettbewerber handelt, daher neben § 16 GWB auch § 1 GWB erfüllt zu sein. Dies erscheint jedoch deswegen als zweifelhaftes Ergebnis, weil die betreffenden Unternehmen häufig ja gar nicht in ihrer Eigenschaft "als Wettbewerber" handeln, sondern auf unterschiedlichen Marktstufen tätig werden.[289] Andererseits würde der nach seinem Wortlaut eindeutig gegebene § 1 GWB, wenn man aufgrund dieser Erwägung allein § 16 GWB anwendet, schlicht "ausgeblendet", ohne daß hierfür direkt ein zwingender Grund ersichtlich wäre. Auch ist es durchaus denkbar, daß vertikale Vereinbarungen zwischen Wettbewerbern anders behandelt werden sollten als solche zwischen Nicht-Wettbewerbern, da dort - anders als hier - ein potentieller Konkurrent auf eine eigene Tätigkeit verzichtet, der betreffenden Vereinbarung mithin ein größeres wettbewerbliches Gefährdungspotential innewohnen könnte.[290] Gerade auch vor dem Hintergrund dieser letzten, wettbewerbspolitischen Überlegung zeigt sich also, daß nach der Neufassung des § 1 GWB im Hinblick auf die Frage der Behandlung von Wettbewerbsbeschränkungen in

---

288 Letzteres zeigt sich insbesondere bei den Verträgen über die Lieferung von Energie. Hier verfügen vor allem größere Gemeinden häufig auch über eigene Energieerzeugungsanlagen, so daß sie zu den "eigentlichen" Versorgungsunternehmen unmittelbar in Wettbewerb treten. Vgl. eingehend hierzu, insbesondere zum Charakter der Liefer- und Konzessionsverträge als Austauschverträge i.S.d. § 16 GWB unten 4. Teil, D. II.

289 Emmerich, Kartellrecht, § 3, 3 b will der drohenden Ausuferung des § 1 GWB über die Anwendung der Immanenztheorie hinaus noch durch eine restriktive Auslegung des Merkmals "potentieller Wettbewerb" entgegenwirken, das nur dann erfüllt sein soll, wenn die Parteien wettbewerbsbeschränkende Zwecke verfolgen. Dieser Ansatz erscheint jedoch deswegen als wenig hilfreich, weil man damit wieder auf den Stand vor der Novelle zurückkehren würde; der von den Parteien verfolgte Zweck hat sich für die Beurteilung wettbewerbsbeschränkender Vereinbarungen aber schon früher als ungeeignet erwiesen.

290 Zu denken wäre z.B. - in Anlehnung an die Fälle der Gründung eines Gemeinschaftsunternehmens (vgl. BGHZ 96, 69, 77 ("Mischwerke"); Immenga, in: Immenga/Mestmäcker, § 1 Rdnrn. 499 ff.; Emmerich, Kartellrecht, § 24, 5 e - an eine Art Doppelkontrolle nach § 16 und nach § 1 GWB; vgl. hierzu auch Schmidt, AG 1998, 551, 559, sowie die Diskussionsbeiträge von Schmidt, Bechtold und Satzky bei Lohse, AG 1998, 578, 580. Gegen eine Doppelkontrolle im Bereich der Austauschverträge aber ausdrücklich WuW/E BGH 3115, 3117 f. ("Druckgußteile").

Austauschverträgen zwischen Wettbewerbern erhebliche Abgrenzungsprobleme auftreten.[291]

2. § 1 GWB als Verbot "überschießender" Wettbewerbsbeschränkungen

Aber auch dann, wenn es sich bei den Vertragsparteien nicht um Wettbewerber handelt, kann sich ein Abgrenzungsproblem stellen. Ausgangspunkt hierfür ist die, insbesondere von der Rechtsprechung vertretene These, daß Wettbewerbsbeschränkungen nicht schon deswegen dem Anwendungsbereich des § 1 GWB entzogen sind, weil sie in einem Austauschvertrag vereinbart wurden.[292] Sofern die Wettbewerbsbeschränkung einem gemeinsamen Zweck diente, konnte sie daher gleichwohl dem Kartellverbot unterfallen. Dies hat praktisch zu einer Handhabung des § 1 GWB als "Verbot überschießender Wettbewerbsverbote"[293] geführt: Sofern die Wettbewerbsbeschränkung das nach § 16 GWB akzeptable Maß überstieg, galt sie als zu einem gemeinsamen Zweck geschlossen, mit der Folge, daß sie nicht mehr nach § 16 GWB, sondern nur noch nach § 1 GWB zu beurteilen war.[294] Die Neufassung des § 1 GWB scheint diesem Ansatz nun allerdings den Boden zu entziehen. Denn die Anwendung des § 1 GWB auf eine Vereinbarung zwischen Nicht-Wettbewerbern, die das erforderliche Maß übersteigt, würde sich in offenen Widerspruch zum neuen Wortlaut dieser Vorschrift setzen, was unter dem Gesichtspunkt des rechtsstaatlichen Bestimmtheitsgebots zumindest auf Bedenken stößt.

3. Die ratio des § 1 GWB

Aber nicht nur der Wortlaut des neuen § 1 GWB, sondern auch die ratio legis bietet auf den ersten Blick keine eindeutige Lösung des Problems. Denn wenngleich z.B. eine Ausschließlichkeitsbindung zwischen Nicht-Wettbewerbern in erster Linie eine

---

291 Hierbei ist allerdings zu bedenken, daß der Widerspruch nach dem zuletzt herrschenden Verständnis des "gemeinsamen Zwecks" auch schon vor der Novellierung vorlag, nur eben in durch den Wortlaut verdeckter Form; es ist daher zumindest ein Verdienst der Neuregelung, ihn offen aufgedeckt zu haben.

292 WuW/E BGH 1353, 1355 ("Schnittblumentransport"); WuW/E BGH 1458, 1460 ("Fertigbeton"); WuW/E BGH 1597, 1598 ("Erbauseinandersetzung"); WuW/E BGH 1898, 1899 ("Holzpaneele"); WuW/E BGH 2285, 2288 ("Spielkarten"); Michalski, BB 1991, 1875. Vgl. auch WuW/E BGH 3115, 3118 ("Druckgußteile").

293 Anschaulich Oppenländer, WuW 1981, 389, 392.

294 Vgl. WuW/E BGH 1458, 1460 ("Fertigbeton"); WuW/E BGH 1353, 1355 ("Schnittblumentransport"); WuW/E BGH 1597, 1599 ("Erbauseinandersetzung"); WuW/E BGH 1898, 1899 ("Holzpaneele"). Dieses Verständnis setzt sich offenbar auch nach der jüngsten Änderung in der Rechtsprechung fort, vgl. WuW/E BGH 3115, 3118 ("Druckgußteile"); WuW/E BGH 3121, 3125 ("Bedside-Testkarten"). Kritisch zu dieser Handhabung Oppenländer, WuW 1981, 389, 393: Es sei nicht einzusehen, warum eine u.U. nur wenig längere Bindung als unbedingt erforderlich auf einmal einem gemeinsamen Zweck dienen soll.

Beschränkung der wettbewerblichen Handlungsfreiheit im Vertikalverhältnis bewirkt, so führt sie doch (auch) zu einer horizontalen Wettbewerbsbeschränkung. Der zwischen dem, von der Bindung begünstigten Unternehmen und seinen eigenen Konkurrenten bis dahin bestehende (horizontale) Wettbewerb um das nunmehr gebundene Unternehmen wird ausgeschaltet.[295] Vom Schutzzweck her gesehen scheint daher (auch) ein Fall des § 1 GWB vorzuliegen. Auch hier stellt sich die - wettbewerbstheoretische - Frage, wie diesem Umstand bei der kartellrechtlichen Beurteilung Rechnung zu tragen ist.

II. Die bisherigen Lösungsansätze

Die aufgezeigten Probleme beruhen allerdings keineswegs allein auf der Neufassung des § 1 GWB. Vielmehr bestanden sie in der Sache, wenn auch durch den Wortlaut des alten § 1 GWB gleichsam "kaschiert", teilweise bereits vor der Neuregelung, und zwar aufgrund der zuletzt herrschenden Auslegung des "gemeinsamen Zwecks" im Sinne der Maßgeblichkeit einer horizontalen Wettbewerbsbeschränkung zwischen Wettbewerbern. Angesichts dessen hatten Rechtsprechung und Literatur unter dem alten Recht jeweils eigene Konzepte entwickelt, mit denen diesen Abgrenzungsproblemen beigekommen werden sollte.

1. Immanenztheorie

Soweit es die Problematik der Wettbewerbsbeschränkungen in Austauschverträgen zwischen Wettbewerbern angeht, versuchte die ganz überwiegende Ansicht in der Literatur, die in diesen Fällen auftretende Abgrenzungsfrage[296] durch Anwendung der Immanenztheorie zu lösen, wonach solche Wettbewerbsbeschränkungen, die zur Durchführung des kartellrechtsneutralen Austauschvertrages erforderlich sind, nicht § 1 GWB unterfallen.[297] Derselbe Gedanke wurde - in umgekehrter Richtung - aber auch für die Behandlung überschießender Wettbewerbsbeschränkungen fruchtbar gemacht.[298] Mit Hilfe der Immanenztheorie wurden also zum einen

---

295 Vgl. Huber/Baums, in: Frankfurter Kommentar, § 1 Rdn. 180.

296 Daß sich in diesen Fällen ein Abgrenzungsproblem stellte, wurde offen zugestanden, vgl. Immenga, in: Immenga/Mestmäcker, § 1 Rdn. 163; Emmerich, in: Immenga/Mestmäcker, § 18 Rdn. 34; ders., Kartellrecht, § 3, 3 a.

297 Immenga, in: Immenga/Mestmäcker, § 1 Rdn. 164; Emmerich, in: Immenga/ Mestmäcker, § 18 Rdnrn. 34, 38; Bunte, in: Langen/Bunte, § 1 Rdn. 50; Emmerich, Kartellrecht, 7. Auflage, § 5, 12 a; Schmidt, Kartellverbot, S. 80; ders., ZHR 149 (1985) 1, 10 ff.; Köhler, ZHR 148 (1984) 487, 491; Schwintowski, WuW 1997, 769, 772.

298 Vgl. z.B. Emmerich, in: Immenga/Mestmäcker, § 18 Rdnrn. 34, 38, der ausführt, daß das Kartellverbot auch auf Wettbewerbsverbote in Austauschverträgen anwendbar sein könne, sofern die Parteien einen "gemeinsamen Zweck" i.S.d. § 1 GWB verfolgen. Dies liege besonders nahe

Wettbewerbsbeschränkungen in Austauschverträgen zwischen Wettbewerbern wieder von der Anwendung des § 1 GWB ausgenommen, zum anderen aber auch solche zwischen Nicht-Wettbewerbern überhaupt erst dem Kartellverbot unterworfen.

Nach der Neufassung des § 1 GWB erscheint zumindest die zweite Funktion der Immanenztheorie als rechtsstaatlich bedenklich. Denn auch wenn eine Beschränkung in wettbewerblicher Hinsicht unverhältnismäßig ist, können die beteiligten Unternehmen - sofern sie nicht miteinander im Wettbewerb stehen - angesichts des klaren Wortlauts nicht damit rechnen, daß § 1 GWB auf sie angewendet werden wird.[299]

2. Das "anzuerkennende Interesse"

Der BGH stellte seit seiner jüngsten Rechtsprechungsänderung (vgl. oben 1. Teil, C.) bei Wettbewerbsbeschränkungen in Austauschverträgen darauf ab, ob für die Wettbewerbsbeschränkung bei wertender Betrachtungsweise ein anzuerkennendes Interesse besteht; wenn dies der Fall ist, war das Merkmal "gemeinsamer Zweck" nicht erfüllt, der Vertrag unterfiel somit nicht § 1 GWB.[300] Diese Behandlung hat der BGH - wie gezeigt (1. Teil, C. III. 2. b)) - nicht auf die eigentlichen Kollisionsfälle der Austauschverträge zwischen Wettbewerbern beschränkt; vielmehr ist diese Untersuchung entsprechend der, dem "anzuerkennenden Interesse" vom BGH beigemessenen Funktion eines Abgrenzungskriteriums auch dann vorzunehmen, wenn die Unternehmen nicht miteinander im Wettbewerb stehen. Damit konnte dieser Ansatz nicht nur für die Beurteilung von Wettbewerbsbeschränkungen in Austauschverträgen zwischen Wettbewerbern, sondern auch zur Behandlung der zweiten Fallgruppe - überschießender Wettbewerbsbeschränkungen - herangezogen werden.[301]

(sei aber m.a.W. offenbar auch dann nicht notwendigerweise der Fall), wenn es sich bei ihnen um Wettbewerber handelt. Auch Austauschverträge zwischen Nicht-Wettbewerbern sollten danach offenbar § 1 GWB unterfallen können. Hierfür kommen dann allerdings nur die Fälle überschießender Beschränkungen - die, weil eben nicht immanent, vom Kartellverbot erfaßt werden - in Betracht.

299 Für die Anwendung der Immanenztheorie auch nach der Neufassung jedoch Emmerich, Kartellrecht, § 4, 4 a. Angesichts der Tatsache, daß gegen die Immanenztheorie vorliegend dieselben Bedenken sprechen, wie sie bereits im Zusammenhang mit Wettbewerbsverboten in Gesellschaftsverträgen geltend gemacht wurden (vgl. oben A. II. 3. b)), soll den sich für sie unter der Neuregelung ergebenden Problemen hier nicht weiter nachgegangen werden.

300 WuW/E BGH 3115, 3118 ("Druckgußteile"); WuW/E BGH 3121, 3125 ("Bedside-Testkarten"); WuW/E BGH 3137, 3138 ("Solelieferung"); BGH ZIP 1998, 1159, 1161 ("Subunternehmervertrag").

301 Vgl. den Fall WuW/E BGH 3137, 3138 f. ("Solelieferung").

Was zunächst die Fälle überschießender Wettbewerbsbeschränkungen zwischen Nicht-Wettbewerbern angeht, stößt diese Rechtsprechung auf dieselben Bedenken, wie sie insoweit auch gegenüber der Immanenztheorie angedeutet wurden. Zu sagen, daß ein überschießendes Wettbewerbsverbot zwischen Nicht-Wettbewerbern mangels eines "anzuerkennenden Interesses" nach § 1 GWB verboten ist, der ja gerade auf Vereinbarungen zwischen Wettbewerbern abstellt, erscheint hier wie dort rechtsstaatlich bedenklich. Aber auch für die Abgrenzung der §§ 1, 16 GWB bei Wettbewerbsbeschränkungen in Austauschverträgen zwischen Wettbewerbern erweist sich dieser Ansatz unter der Neuregelung als problematisch. Denn während die zuletzt verwendete Formel, daß Wettbewerbsbeschränkungen in Austauschverträgen dann einem gemeinsamen Zweck dienen, wenn für sie ein anzuerkennendes Interesse nicht besteht, wenn auch alles andere als zwingend war, so war sie doch zumindest logisch nachvollziehbar. Dieser Weg dürfte unter der Neuregelung jedoch verschlossen sein. Die entsprechende Argumentation müßte unter dem neuen § 1 GWB nämlich lauten, daß z.B. eine Ausschließlichkeitsbindung dann zwischen miteinander im Wettbewerb stehenden Unternehmen abgeschlossen ist, wenn für sie ein "anzuerkennendes Interesse" nicht besteht. Letzteres hat mit ersterem aber nichts zu tun.[302] Die Neuregelung hat dem tatbestandlichen Ansatz des BGH gleichsam die normative Grundlage entzogen.

Sowohl in den Fällen von Austauschverträgen zwischen Wettbewerbern als auch in den Fällen der überschießenden Wettbewerbsverbote bestehen gegen die Anwendung der von der Rechtsprechung entwickelten Kriterien zur Abgrenzung der §§ 1, 16 GWB unter der neuen Gesetzeslage daher Bedenken.[303]

3. Fazit

Die Neuregelung des § 1 GWB wirft im Hinblick auf die Behandlung von Wettbewerbsbeschränkungen in Austauschverträgen erhebliche Probleme auf. Insbesondere im Hinblick auf Austauschverträge zwischen Wettbewerbern und die Behand-

---

302 Hierauf weist auch Bornkamm, in: Festschrift Geiß, S. 539, 555 hin.

303 Auch die Ansicht, nach der solche Wettbewerbsbeschränkungen, die sachlich und zeitlich erforderlich waren, um die Äquivalenz von Leistung und Gegenleistung aufrechtzuerhalten, nicht dem Kartellverbot unterfallen sollten (sog. "Äquivalenztheorie", vgl. Langen/Niederleithinger/ Schmidt, 5. Auflage, § 1 Rdn. 19; Klaue, WuW 1961, 323, 327 f.; Enaux, DB 1970, 1305, 1307 f.; ähnlich offenbar Michalski, BB 1991, 1875,1876), und die in der Bestimmung des (früheren) § 18 II GWB eine gewisse Stütze fand, nach der eine Bezugs-, Absatz- oder Verwendungsbindung dann unbillig und damit verbietbar war, wenn ihr keine angemessene Gegenleistung gegenüberstand (vgl. BGBl. 1957 I S. 1081, 1085), hat nach der ersatzlosen Streichung des Abs. 2 durch die 1. GWB-Novelle (BGBl. 1965 I S. 1363, 1364) ihre gesetzliche Grundlage verloren und wird daher in neuerer Zeit nicht mehr vertreten.

lung "überschießender Wettbewerbsbeschränkungen" ist es außerordentlich zweifelhaft, ob sich die in Rechtsprechung und Literatur insoweit entwickelten Grundsätze auch nach der Neuregelung aufrechterhalten lassen. Da sich sowohl dem neuen Wortlaut des § 1 GWB als auch der ratio legis keine auf den ersten Blick schlüssige Antwort entnehmen läßt, steht man dieser Fallgruppe nach der Novelle, was ihre kartellrechtliche Behandlung angeht, zunächst etwas ratlos gegenüber.

III. Wettbewerbspolitische Beurteilung

An dieser Stelle könnte es gleich in mehrfacher Hinsicht aufschlußreich sein, sich Klarheit über die wettbewerbspolitische Beurteilung von Wettbewerbsbeschränkungen in Austauschverträgen zu verschaffen. Denn zum einen ließen sich hieraus, in Verbindung mit dem Normzweck der §§ 1 bzw. 16 GWB, möglicherweise Erkenntnisse dafür gewinnen, welche Norm, § 1 GWB (mit seinem Verbot mit Erlaubnisvorbehalt) oder § 16 GWB (mit seiner Mißbrauchsaufsicht), dem wettbewerblichen Charakter von Wettbewerbsbeschränkungen in Austauschverträgen am besten gerecht wird, und inwieweit eine Differenzierung danach angebracht ist, ob die Vertragsparteien eines Austauschvertrages Wettbewerber sind oder nicht. Zum anderen könnte sich hieraus aber auch eine Antwort auf die Frage ergeben, ob es (wie von der jüngsten Rechtsprechung und auch im Schrifttum bisweilen praktiziert) sinnvoll oder sogar geboten ist, überschießende Wettbewerbsbeschränkungen dem Anwendungsbereich des § 16 GWB zu entziehen und dem Regime der §§ 1 ff. GWB zu unterstellen.

1. Die verschiedenen Grundhaltungen

a) Mißbrauchsaufsicht

Nach der in Deutschland wohl überwiegenden Ansicht sind vertikale Wettbewerbsbeschränkungen, insbesondere Ausschließlichkeitsbindungen, in wettbewerbspolitischer Hinsicht ambivalent zu beurteilen, d.h. ihnen sollen neben wettbewerbsschädlichen Effekten durchaus auch positive Wirkungen auf den Wettbewerb zukommen.[304] Dementsprechend tritt diese Ansicht auch dafür ein, daß derartige

304 Vgl. WuW/E BGH 3115, 3118 ("Druckgußteile": "Absatzmittler bewirken in der Regel eine Belebung des Wettbewerbs"); Wolter, in: Frankfurter Kommentar, § 18 Rdnrn. 13 ff.; Fikentscher/ Straub, in: Gemeinschaftskommentar, § 18 Rdn. 13; Peters, Ausschließlichkeitsbindungen, S. 57 f.; Baums, JuS 1990, 608, 610; Köhler, WRP 1996, 835, 836; Junius/König, RIW 1985, 364, 365; Wellenhofer-Klein, WuW 1999, 557, 558. Auch der Gesetzgeber ging offenbar von diesem Verständnis aus, wenn er in der Gesetzesbegründung (BT-Drucksache II/1158, S. 26,

Vereinbarungen vom Kartellrecht differenziert bzw. privilegiert behandelt werden müssen.[305] Dem hat der deutsche Gesetzgeber durch Einführung der differenzierenden Regelungen in den §§ 14 ff. GWB, insbesondere durch den lediglich eine Mißbrauchsaufsicht vorsehenden § 16 GWB Rechnung getragen.[306]

Diese Haltung gegenüber vertikalen Wettbewerbsbeschränkungen ist nun allerdings keineswegs unstreitig.[307] Vielmehr werden von einer per se-Zulässigkeit bis hin zu einer per se-Unzulässigkeit solcher Vereinbarungen praktisch alle Ansichten vertreten.[308]

b) Per se-Zulässigkeit vertikaler Wettbewerbsbeschränkungen

Das eine Extrem bildet die - hauptsächlich im amerikanischen Raum vertretene - Auffassung, nach der vertikale Wettbewerbsbeschränkungen ausschließlich positiv zu beurteilen und demnach auch kartellrechtlich per se für zulässig zu erklären sind.[309] Teilweise wird sogar eine Unterscheidung nach Beschränkungen hinsichtlich der Preisfestsetzung und sonstigen Beschränkungen abgelehnt, so daß auch Preisbindungen grundsätzlich zulässig sein sollen.[310]

Begründet wird diese Haltung vor allem damit, daß der Hersteller kein Interesse an einer Verminderung des Absatzes seiner Produkte haben könne, eine Anhebung der Preise durch Verringerung des Output daher ausgeschlossen sei. Zweck der mit z.B. einer Vertriebsbindung einhergehenden Beschränkung der Konkurrenz zwischen

---

37) ausführte, daß häufig ein wirtschaftlich anzuerkennendes Bedürfnis für derartige Bindungen, insbesondere zur Absatzförderung bestehe. Vgl. auch die Monopolkommission, Hauptgutachten XI, Tz. 938: "Das Gefährdungspotential vertikaler Wettbewerbsbeschränkungen ist deutlich geringer als das horizontaler Wettbewerbsbeschränkungen."

305 Vgl. WuW/E BGH 3115, 3118, 3119 ("Druckgußteile"); Wolter, in: Frankfurter Kommentar, § 18 Rdn. 14; Baums, JuS 1990, 608, 609; Köhler, WRP 1996, 835, 836.

306 Vgl. Regierungsbegründung, BT-Drucksache II/1158, S. 26.

307 Vgl. die Nachweise bei Emmerich, in: Immenga/Mestmäcker, § 18 Rdnr. 5 ff.; Craig/de Búrca, EC Law, S. 919 ff. Vgl. auch Dreher, DB 1986, 93 ("heftig umstritten").

308 Zu den verschiedenen Arten staatlicher Reaktion auf wettbewerbswidriges Verhalten vgl. in wettbewerbspolitischer Hinsicht auch Bejcek, Wettbewerbspolitische Theorien, S. 13 ff., der zwischen automatischen (per se rules) und bedingten (rule of reason) Verboten unterscheidet.

309 Vgl. Bork, Sup. Ct. Rev. 1977, 171, 188, 190; Posner, U. Chi. L. R. 1981, 6, 8, 25. Im Ausgangspunkt ähnlich das U.S. Department of Justice in den "Vertical Restraints Guidelines" (abgedruckt bei Hölzler/Wissel, Vertikale Verträge, S. 7 ff.), das vertikalen Wettbewerbsbeschränkungen generell wettbewerbsfördernde oder doch zumindest wettbewerbsneutrale Wirkung beimißt, ohne allerdings letztlich eine per se-Zulässigkeit zu vertreten, vgl. Dreher, DB 1986, 93, 95; Kapp, RIW 1985, 677, 679

310 Vgl. insbesondere Bork, Yale L.J. 1966, 373, 397, 473; ders., Yale L.J. 1967, 731; Posner, U. Chi. L. R. 1981, 6, 9, 25. Auch Ulmer, ZHR 130 (1968) 165 gibt zu bedenken, daß Abschlußbindungen häufig einschneidendere Wirkungen haben können als Inhaltsbindungen.

seinen Händlern sei es in der Regel allein, diesen Sicherheit für ihre Investitionen (z.B. für Werbung) oder für Beratung und Service zu bieten.[311] Aber selbst wenn eine Anhebung der Preise die Folge wäre, dann zwängen die Gesetze des Marktes den Hersteller dazu, die nachteiligen Folgen auf andere Weise - z.B. durch verbesserten Service - zugunsten der Verbraucher wieder wettzumachen.[312] Eine mit derartigen Vereinbarungen möglicherweise einhergehende Beschränkung des intra-brand-Wettbewerbes habe demgegenüber keine selbständige Bedeutung.[313]

c) Grundsätzliches Verbot mit Erlaubnisvorbehalt

Den Gegenpol zu dieser Ansicht bilden diejenigen Autoren, die für Vertriebs- und Ausschließlichkeitsbindungen ein grundsätzliches Verbot mit Erlaubnisvorbehalt fordern.[314] Kritisiert wird insbesondere, daß bei der Beurteilung derartiger Vereinbarungen fast ausschließlich auf die Interessen des Händlers bzw. die Förderung des inter-brand-Wettbewerbs abgestellt wird, die mit ihnen verbundenen Beschränkungen des intra-brand-Wettbewerbs bzw. der Interessen Dritter hingegen praktisch völlig vernachlässigt werden; inbesondere angesichts der mit Ausschließlichkeitsbindungen einhergehenden Marktschließungseffekte sei eine derart wohlwollende Beurteilung nicht zu rechtfertigen.[315]

d) Weitere Ansichten

Zwischen diesen beiden Gegenpolen werden nun noch eine Reihe weiterer Ansichten vertreten. Zunächst ist hier die bereits oben erwähnte, in § 16 GWB getroffene Wertung zu nennen, die Ausschließlichkeits- und Vertriebsbindungen ebenfalls positiv beurteilt, sie aber einer Mißbrauchsaufsicht unterwirft. Grundlage hierfür war die Einschätzung des GWB-Gesetzgebers, es bestehe, insbesondere im

---

311 Bork, Yale L.J. 1966, 373, 404 f., 475 (Fn. 207); Posner, U. Chi. L. R. 1981, 6, 11. Die Gefahr einer Preiserhöhung durch Verringerung des Output sehen hingegen Gould/Yamey, Yale L.J. 1967, 722, 723; dies., Yale L.J. 1968, 936 ff.; speziell für vertikale Rückwärts-Integration auch Riordan, Am. Ec. Rev. 1998, 1232, 1246.

312 Posner, U. Chi. L. R. 1981, 6, 21; Bork, Yale L.J. 1966, 373, 473.

313 Am deutlichsten Easterbrook, Antitrust L.J. 1984, 135, 156: "Intrabrand competition as such is worthless".

314 Emmerich, in: Immenga/Mestmäcker, § 18 Rdnrn. 5, 8 a; ders., Kartellrecht, § 15, 1; Kapp, Vertikale Vertriebsbindung, S. 153; Kirchhoff, Vertriebsverträge, S. 372; Schüller, ORDO 1968, 171, 241 f.; kritisch auch Baden, Ausschließlichkeitsbindungen, S. 2. Von einer grundsätzlichen Wettbewerbsschädlichkeit geht auch Art. 81 EGV aus, vgl. Junius/König, RIW 1985, 364, 365.

315 Emmerich, in: Immenga/Mestmäcker, § 18 Rdnrn. 5, 8; Kirchhoff, Vertriebsverträge, S. 335. Auch hier ist wieder auf das Bedenken von Immenga, ZHR 130 (1968) 165 hinzuweisen, daß Abschlußbindungen häufig nachteiligere Wirkungen haben können als Inhaltsbindungen. Für eine Gleichbehandlung vertikaler mit den für horizontale Integration entwickelten Grundsätzen Riordan, Am. Ec. Rev. 1998, 1232, 1246.

Hinblick auf die Absatzförderung, häufig ein wirtschaftlich und rechtlich anzuerkennendes Bedürfnis für diese Bindungen.[316]

Andere treffen eine grundsätzliche Entscheidung weder in der einen noch in der anderen Richtung, sondern fordern eine Abwägung sämtlicher pro- und antikompetitiver Wirkungen der betreffenden Vereinbarung (sog. "rule of reason").[317] Schließlich ist auch noch der, sowohl von Ausschließlichkeitsbindungen grundsätzlich positiv gegenüberstehenden Vertretern als auch von einigen ihrer Skeptiker vertretene Ansatz zu nennen, nach dem für bestimmte Fälle eine Art Zulässigkeitsvermutung gelten soll.[318]

2. Würdigung

Angesichts dieser, einander zum Teil diametral gegenüberstehender Positionen erscheint es für die Beantwortung der oben (III.) aufgeworfenen Fragen angebracht, näher zu untersuchen, welche von ihnen den wettbewerblichen Wirkungen vertikaler Wettbewerbsbeschränkungen am besten gerecht wird. Die Betrachtung soll dabei auf die in § 16 GWB geregelten Ausschließlichkeits- und Vertriebsbindungen beschränkt bleiben, da sich hier am häufigsten ein Abgrenzungsproblem zu § 1 GWB stellen wird.

a) Wettbewerbliche Wirkungen

Hierfür ist es zunächst erforderlich, sich die konkreten, wettbewerblichen Wirkungen von Ausschließlichkeits- und Vertriebsbindungen im Einzelnen vor Augen zu führen.

---

316 Regierungsbegründung, BT-Drucksache II/1158, S. 26, 37.

317 So insbesondere der Ansatz des U.S. Supreme Courts seit der "Sylvania"-Entscheidung für solche Vereinbarungen, die nach dem Sherman Act nicht per se unzulässig sind, vgl. 97A S.Ct. 2549, 2562 ("Continental T.V., Inc. v. GTE Sylvania, Inc."); 98 S.Ct. 1355, 1360, 1363 ff. ("National Society of Professional Engineers v. US"); Gellhorn, Antitrust Law, S. 269. Für eine Anwendung der "rule of reason" auch im europäischen Recht z.B. Venit, E.L.Rev. 1986, 213, 217 f.; 222; Forrester/Norall, C.M.L.Rev. 1984, 11, 16 f., 32 ff.

318 Vgl. aus dem Lager der ihnen positiv gegenüberstehenden Vertreter z.B. Easterbrook, Antitrust L.J. 1984, 135, 159; ebenso die Vertical Restraints Guidelines, die z.B. bei Unternehmen mit einem Marktanteil unter 10% oder bei wenig konzentrierten Märkten die Vereinbarungen ohne nähere Prüfung für zulässig halten, vgl. Junius/König, RIW 1985, 364, 366. Hierzu ist aber auch der im EG-Recht gewählte Weg eines grundsätzlichen Verbots mit einer (gesetzlichen Gruppen-) Freistellung für bestimmte Arten von Vereinbarungen zu rechnen, vgl. Huber/Baums, in: Frankfurter Kommentar, § 1 Rdn. 33.

aa) Positive Wirkungen

(1) Sicherung des Bezugs bzw. des Absatzes

Ein vorrangiges Ziel bei der Vereinbarung von Ausschließlichkeitsbindungen ist in der Regel die durch sie bewirkte Schaffung gesicherter Bezugsmöglichkeiten bzw. Absatzmärkte.[319] Hierdurch wird es Herstellern und Händlern ermöglicht, mit größerer Sicherheit, Präzision und Effizienz zu planen.[320] Die dadurch mögliche Kostenersparnis kann anschließend in Form eines niedrigeren Preises an die Verbraucher weitergegeben werden.

Dieses, in wettbewerblicher Hinsicht durchaus wünschenswerte Ziel wird allerdings nur dann auch mit einer ausreichenden Wahrscheinlichkeit erreicht werden, wenn der Wettbewerbsdruck im übrigen so groß ist, daß sich das betreffende Unternehmen auch tatsächlich zu einer Weitergabe der Effizienz- bzw. Kostenvorteile gezwungen sieht.[321] Ob das der Fall ist, hängt vor allem vom Grad des Wettbewerbs, der auf dem betreffenden Markt herrscht und von der Marktstellung der beteiligten Unternehmen ab.

(2) Anreiz für Investitionen

Weiterhin werden Ausschließlichkeitsbindungen häufig auch dafür genutzt, um für die gebundene Partei durch eine gewisse Befreiung vom Wettbewerbsdruck einen Anreiz zu schaffen, bestimmte Investitionen zu tätigen. Das kann sich vor allem dann als notwendig erweisen, wenn es sich um die Einführung eines neuen Produkts oder auch um "Newcomer" auf einem bereits existierenden Markt handelt, da dann - mitunter erhebliche - Aufwendungen für den Markteintritt und zur Markterschließung (z.B. Werbung) erforderlich sind.[322] Gerade die Einführung eines neuen Produktes am Markt liegt aber letztlich im Interesse der Verbraucher, da sich hierdurch ihre Wahlmöglichkeiten erweitern.

---

319 Sölter, Vertriebsbindungen, S. 19; Areeda/Kaplow, Antitrust Analysis, para. 449; Rittner, Ausschließlichkeitsbindungen, S. 25; Whish, Competition Law, S. 542; Gellhorn, Antitrust Law, S. 296.

320 Rittner, Ausschließlichkeitsbindungen, S. 25, 29; Sandrock, Grundbegriffe, S. 428; Rey/Caballero-Sanz, Vertical Restraints, S. 26, 30. Darüber hinaus lassen sich auf diese Weise möglicherweise "economies of scale" im Vertrieb realisieren, was sich ebenfalls kostenmindernd auswirken kann, vgl. Schmidt/ Kirschner, WuW 1985, 781, 782; Kallfass, WuW 1999, 224, 229.

321 Vgl. Rey/Caballero-Sanz, Vertical Restraints, S. 26, 30.

322 Vgl. Emmerich, in: Immenga/Mestmäcker, § 18 Rdn. 8; Sölter, Vertriebsbindungen, S. 26; Korah, Competition Law, 6.1.3; Whish, Competition Law, S. 542. Vgl. auch die Erwägungen des BGH im Fall "Bedside-Testkarten", WuW/E BGH 3121, 3125.

Eine "Kausalität" der hiermit einhergehenden Wettbewerbsbeschränkung für die wettbewerbsfördernden Effekte ist aber nur dann gegeben, wenn die Investitionen bzw. der Marktzutritt andernfalls unterblieben bzw. wirtschaftlich völlig unvernünftig gewesen wären. Die bloße Tatsache, daß die Bereitschaft, sie zu tätigen erhöht bzw. das unternehmerische Risiko dabei verringert wird, darf nicht mit der Notwendigkeit der Wettbewerbsbeschränkung für ein Handeln, das andernfalls unterblieben wäre, verwechselt werden. Ob z.B. ein Gebietsschutz anreizschaffend oder nur risikominimierend wirkt, läßt sich nur anhand des Einzelfalles beurteilen. Von Bedeutung sind in diesem Zusammenhang beispielsweise die Finanzkraft der beteiligten Unternehmen, die Ausgestaltung der Vereinbarung oder auch die Marktstruktur.

(3) Anreiz für Serviceleistungen

Durch die Vereinbarung von (häufig auch wechselseitigen) Ausschließlichkeitsbindungen (evtl. in Verbindung mit der Gewährung eines Gebietsschutzes) wird darüber hinaus nicht selten ein Anreiz für den Händler zur Erbringung gewisser Serviceleistungen gesetzt.[323] Die hiermit verbundenen Aufwendungen, wie z.B. die Schulung des Personals im Hinblick auf Beratung, die Anschaffung entsprechender Geräte für Reparaturen etc. wird der Händler nur erbringen, wenn er sicher sein kann, daß sie ihm, in Form von darauffolgenden Vertragsabschlüssen auch wieder zugute kommen. Ziel ist es sicherzustellen, daß nicht andere Händler, die die Geräte zu einem etwas niedrigeren Preis anbieten können, weil sie diese Investitionen nicht getätigt haben, von den Serviceleistungen der anderen indirekt profitieren (sog. "free-rider"-Argument).[324]

Auch hierbei ist aber wieder zu bedenken, daß diese Argumente nicht in jedem Fall gelten; ihre Tragfähigkeit hängt vielmehr zunächst in erheblichem Maße von dem in Frage stehenden Produkt ab: Nicht jedes Produkt macht es erforderlich, die Voraussetzungen für eine umfassende Beratung oder einen stark ausgeprägten Kundendienst zu schaffen.[325] Darüber hinaus ist es denkbar, daß ein Teil der

---

323 Easterbrook, Antitrust L.J. 1984, 135, 148; Posner, U. Chi. L. R. 1981, 6, 11; Areeda/Kaplow, Antitrust Analysis, para. 408; Korah, Competition Law, 6.1.3; Schmidt, Wettbewerbspolitik, 6. Kapitel, IV 2 a (4); Kirschner/Schmidt, WuW 1985, 781, 782; Kirchhoff, Vertriebsverträge, S. 114; Rey/Caballero-Sanz, Vertical Restraints, S. 30.

324 Korah, Competition Law, 6.1.3; Areeda/Kaplow, Antitrust Analysis, para. 408; Rey/Caballero-Sanz, Vertical Restraints, S. 24; van den Bergh/Camesasca, WuW 1998, 1147, 1153; Easterbrook, Antitrust L.J. 1984, 135, 148.

325 Vgl. Lehmpfuhl, Vertriebsbindungen, S. 23, 25; Schluep, Alleinvertriebsvertrag, S. 61; Korah, Competition Law, 6.1.3; Kallfass, WuW 1999, 225, 229. Danach werden den Kunden die angebotenen Serviceleistungen insbesondere bei technisch aufwendigen Produkten zugute kommen.

Kunden sich durch andere Quellen informieren möchte, während ein anderer Teil auf eine persönliche Beratung Wert legt.

(4) Absatzform als Wettbewerbsparameter

Schließlich ist auch noch zu berücksichtigen, daß die Absatzform ebenfalls ein Wettbewerbsparameter ist.[326] Die Eröffnung von Wahlmöglichkeiten hinsichtlich der konkreten Vertriebsorganisation führt auch zu einem Wettbewerb zwischen den verschiedenen Absatzformen selber. Darüber hinaus können Kostenersparnisse, die durch die Wahl der effizientesten Vertriebsform (Stichwort: Rationalisierung des Vertriebsapparates)[327] erzielt werden, zur Weitergabe eventueller Effizienzvorteile an die Verbraucher führen.

Auch hier hängt der wettbewerbsfördernde Einfluß der Entscheidung für eine bestimmte Vertriebsform jedoch von den Umständen des Einzelfalls ab, insbesondere davon, wie kompetitiv der betreffende Markt in dieser Hinsicht schon ist.

bb) Negative Wirkungen

Auf der anderen Seite sind auch mögliche negative Effekte auf den Wettbewerb zu gewärtigen.

(1) Bindung des Vertragspartners

In erster Linie sind hier die, den Ausschließlichkeitsbindungen inhärenten Folgen zu nennen: Die gebundene Partei hat nicht länger die Möglichkeit, auf eine Veränderung, z.B. ein Nachlassen in der Qualität des Angebotes bzw. der Nachfrage durch Ausweichen auf dasjenige eines Konkurrenten zu reagieren; die Selektionsfunktion des Wettbewerbs ist (in einem Teilbereich) daher ausgeschaltet.[328]

Inwieweit dies wettbewerblich bedeutsame Ausmaße annimmt, hängt aber von einer großen Bandbreite von Faktoren ab. Neben dem Ausmaß bzw. der Anzahl entspre-

---

326 Easterbrook, Antitrust L.J. 1984, 135; Lehmpfuhl, Vertriebsbindungen, S. 22 f.; ders., MA 1967, 383, 388.

327 Schmidt, Wettbewerbspolitik, 6. Kapitel, IV 2 a (4); Schmidt/Kirschner, WuW 1985, 781, 782.

328 Sandrock, Grundbegriffe, S. 417. Anschaulich Biedenkopf, Wettbewerbsbeschränkung, S. 23 f. (der Marktgegenseite komme die "Funktion eines Schiedsrichters" zu). Kritisch auch Baden, Ausschließlichkeitsbindungen, S. 2; Schluep, Alleinvertriebsvertrag, S. 50; Schüller, ORDO 1968, 171, 247; Belke, ZHR 138 (1974) 227, 249.

chender Bindungen auf dem jeweils relevanten Markt,[329] ist hierbei vor allem der sachliche, zeitliche und räumliche Umfang der betreffenden, einzelnen Ausschließlichkeitsbindung von Bedeutung.[330] Je kürzer die Laufzeit (oder auch ihr sachlicher oder räumlicher Umfang) ist, desto weniger wettbewerbsschädlich stellt sich die Beschränkung der unternehmerischen Handlungsfreiheit dar.

(2) Marktzutrittsschranken

Weiterhin können Ausschließlichkeitsbindungen dazu führen, daß potentiellen Konkurrenten der Marktzutritt erschwert bzw. unmöglich gemacht wird ("market foreclosure").[331] Das Bestehen von Ausschließlichkeitsbindungen kann daher eine Marktzutrittsschranke darstellen.

Dies ist jedoch ebenfalls nicht zwangsläufig der Fall. Vielmehr hängt die Frage, ob hierdurch ein nennenswerter Marktschließungseffekt bewirkt wird, vor allem davon ab, ob das Zusammenwirken zahlreicher Ausschließlichkeitsbindungen dazu führt, daß außenstehende Unternehmen Schwierigkeiten haben, "freie" Abnehmer bzw. Lieferanten zu finden. Neben der Zahl der gebundenen Unternehmen sind darüber hinaus aber auch die Marktmacht des bindenden Unternehmens sowie auch hier wieder die Laufzeit der betreffenden Vereinbarung für die Beurteilung von Bedeutung.[332]

---

329 Vgl. Biedenkopf, Wettbewerbsbeschränkung, S. 27; Schluep, Alleinvertriebsvertrag, S. 60. Hierauf stellt insbesondere auch § 16 GWB ab, vgl. Wolter, in: Frankfurter Kommentar, § 18 Rdnrn. 113, 131 ff.

330 Rittner, Ausschließlichkeitsbindungen, S. 18 f.; Biedenkopf, Wettbewerbsbeschränkung, S. 28; Schluep, Alleinvertriebsvertrag, S. 60 f. Auch der EuGH mißt der Laufzeit einer Vereinbarung erhebliche Bedeutung bei, vgl. EuGH, Slg. 1997, I - 935, 987 ("Delimitis"). Dementsprechend gilt die Gruppenfreistellung für Alleinbezugsvereinbarungen im EG-Recht (vgl. Art. 3 (d) VO 1984/83) nur für solche Vereinbarungen, die eine Laufzeit von nicht mehr als 5 Jahren aufweisen, vgl. Whish, Competition Law, S. 581.

331 Areeda/Kaplow, Antitrust Analysis, para. 449; Schmidt, Wettbewerbspolitik, 6. Kapitel, IV 2 a (4); Emmerich, in: Immenga/Mestmäcker, § 18 Rdnrn. 5, 7 a; Kallfass, WuW 1999, 224, 230.

332 Dementsprechend wird z.B. zu § 16 GWB die Notwendigkeit bejaht, nicht nur die einzelne Vereinbarung, sondern darüber hinaus auch die parallelen Bindungssysteme anderer Unternehmen in die Beurteilung mit einzubeziehen, vgl. WuW/E BGH 2668, 2672 ("Pauschalreiseveranstalter"); Wolter, in: Frankfurter Kommentar, § 18 Rdnrn. 102 ff.; Emmerich, in: Immenga/Mestmäcker, § 18 Rdn. 160. Dieser, sog. "Bündeltheorie" kommt, wie auch dem Marktanteil des bindenden Unternehmens auch im EG-Recht eine entscheidende Bedeutung zu, vgl. EuGH, Slg. 1991, I - 935, 984 f., 987 ("Delimitis"); Whish, Competition Law, S. 578, 607.

(3) Vertikale Integration

Darüber hinaus wird geltend gemacht, daß Ausschließlichkeitsbindungen bzw. der Aufbau eines geschlossenen Vertriebssystems letztlich eine - wenn auch schwächere - Form der vertikalen Integration darstellen.[333]

Das Gewicht der hiermit verbundenen, wettbewerbsbeschränkenden und effizienzmindernden Wirkungen[334] hängt allerdings sehr stark von den Umständen des Falles ab. Herrscht auf dem Markt z.B. ansonsten ein reger Wettbewerb, ist der konzentrationsähnliche Effekt in wettbewerbspolitischer Hinsicht weit weniger problematisch, als wenn eine der betroffenen Marktstufen bereits einen hohen Konzentrationsgrad aufweist.[335]

(4) Beschränkung des intra-brand-Wettbewerbs

Schließlich ist zu berücksichtigen, daß z.B. eine Alleinvertriebsvereinbarung neben der Förderung des inter-brand-Wettbewerbs häufig auch zu einer entsprechenden Einschränkung des intra-brand-Wettbewerbs führt, was neben einer Verringerung der Produktvielfalt und der damit verbundenen Wahlmöglichkeiten der Verbraucher auch zu Preiserhöhungen führen kann.[336]

Die wettbewerbliche Beurteilung derartiger Beschränkungen des intra-brand-Wettbewerbs und ihrer Folgen hängt aber in erheblichem Maße vom Grad des auf der vor- bzw. nachgelagerten Marktstufe herrschenden Wettbewerbs ab: So ist die wettbewerbspolitische Bedeutung der mit einer Alleinvertriebsvereinbarung verbundenen Beschränkung des intra-brand-Wettbewerbes umso geringer, je intensiver der inter-brand-Wettbewerb auf der Produktionsstufe ist.[337]

---

333 Schmidt, Wettbewerbspolitik, 6. Kapitel, IV 2 a (4); Baden, Ausschließlichkeitsbindungen, S. 1; Rittner, Ausschließlichkeitsbindungen, S. 26; Kallfass, WuW 1999, 224, 230.

334 Nach Kruse, in: Festschrift Schmidt, S. 247 werden diese bei vertikalen Integrationen gegenüber denjenigen bei horizontalen Integrationen häufig unterschätzt. Noch weitergehend spricht sich Riordan, Am. Ec. Rev. 1998, 1232 f., 1246 in wettbewerbspolitischer Hinsicht für eine Gleichbehandlung vertikaler mit horizontalen Integrationen aus.

335 Vgl. Kruse, in: Festschrift Schmidt, S. 247.

336 Vgl. Emmerich, in: Immenga/Mestmäcker, § 18 Rdn. 5; Whish, Competition Law, S. 545 f. Umgekehrt können Alleinbezugsvereinbarungen zwar den intra-brand-Wettbewerb fördern, haben häufig aber auch eine Beschränkung des inter-brand-Wettbewerbs zur Folge.

337 Die Frage, ob die durch Beschränkung des intra-brand-Wettbewerbs begründeten Nachteile durch einen gesteigerten inter-brand-Wettbewerb wieder aufgewogen werden, spielt insbesondere auch unter der "rule of reason" eine Rolle, vgl. Blechman, in: Frankfurter Kommentar, Auslandsteil USA, Rdnrn. 37, 59 ff. Umgekehrt sind die Wirkungen auf den inter-brand-Wettbewerb bei einer Alleinbezugsbindung dann als weniger schädlich anzusehen, wenn ein starker intra-brand-Wettbewerb auf der nachgelagerten Marktstufe herrscht.

Darüber hinaus spielt aber auch der tatsächliche Hintergrund der konkreten Vereinbarung eine Rolle. Je schwieriger und je wünschenswerter die Markteinführung des betreffenden Produkts ist, desto eher erscheint es - wie z.B. bei der Erschließung eines neuen Marktes - vertretbar, die Verringerung des inter-brand-Wettbewerbs - zumindest für eine begrenzte Zeit - hinzunehmen.[338]

b) Wettbewerbspolitische Folgerungen

Die vorstehende Untersuchung hat gezeigt, daß Ausschließlichkeits- und Vertriebsbindungen eine ganze Reihe positiver Auswirkungen auf den Wettbewerb haben können. Es hat sich aber auch gezeigt, daß diese positiven Auswirkungen nicht gleichsam zwangsläufig mit den Vereinbarungen einhergehen, sondern nach Art und Ausmaß maßgeblich von ihrem wirtschaftlichen und rechtlichen Kontext (mit-) bestimmt werden. Weiterhin hat sich gezeigt, daß diese Vereinbarungen zugleich auch negative Auswirkungen auf den Wettbewerb haben können, deren Auftreten und Schwere aber ebenfalls stark von den Umständen des Einzelfalles abhängig ist.[339]

Sowohl für die positiven als auch für die negativen wettbewerblichen Effekte spielen zunächst die Marktmacht der beteiligten Unternehmen[340] und die Marktstruktur eine Rolle. Daneben hängen die positiven bzw. negativen Wirkungen auf den Wettbewerb aber auch von nicht markt- bzw. marktstruktur-bezogenen Gesichtspunkten wie vor allem dem zugrundeliegenden Produkt, dem sachlichen, räumlichen und zeitlichen Rahmen der Vereinbarung oder auch einfach von der Notwendigkeit der betreffenden Vereinbarung im Hinblick auf die mit dem Vertrag verfolgten Ziele ab.

---

338 Diese Erwägung tritt insbesondere in der Entscheidung WuW/E BGH 3121, 3126 ("Bedside-Testkarten") hervor, wo der BGH die wechselseitigen Ausschließlichkeitsbindungen als notwendige Voraussetzung für eine erfolgreiche Einführung des Produktes am Markt ansah.

339 So auch die dezidierte Schlußfolgerung von Rey/Caballero-Sanz, Vertical Restraints, S. 41.

340 Im Rahmen der anstehenden Reform der EG-Gruppenfreistellungsverordnungen tritt die Kommission dafür ein, vertikale Vereinbarungen zwischen Unternehmen mit einem Marktanteil von 20 bzw. 40% (je nach Vereinbarung) grundsätzlich freizustellen, was die Bedeutung eines höheren Marktanteils indirekt unterstreicht, vgl. Kommission, Konkrete Vorschläge der Kommission im Anschluß an das Grünbuch, ABl. EG 1998 Nr. C 365, S. 3, 15; dazu Kallfass, WuW 1999, 225, 240 ff. Vgl. auch schon die verschiedenen Vorschläge im Grünbuch über vertikale Wettbewerbsbeschränkungen, KOM (96) 721 endg., insbesondere die Optionen III und IV, Tzrn. 286 ff., 293 ff.; dazu Rohardt, WuW 1997, 473. Auch die amerikanischen Vertical Restraints Guidelines sehen vor, daß das U.S. Department of Justice vertikale Vereinbarungen von Unternehmen mit einem Marktanteil unter 10% nicht mehr aufgreifen wird, vgl. Dreher, DB 1986, 93, 95; Junius/König, RIW 1985, 364, 366.

Vor dem Hintergrund dieser Erkenntnisse wird deutlich, daß sich eine Behandlung dieser Vereinbarungen anhand von per se-Lösungen verbietet, und zwar in der einen wie in der anderen Richtung. Es ist vielmehr eine umfassende Würdigung der betreffenden Vereinbarung, der beteiligten Unternehmen, des Marktes und weiterer Faktoren (wie Laufzeit, Anlaß etc.) erforderlich, um die mit der Vereinbarung einhergehenden, positiven wie negativen Auswirkungen auf den Wettbewerb angemessen beurteilen zu können.

3. Vertikale Vereinbarungen zwischen Wettbewerbern

Vor dem Hintergrund der vorangegangenen, wettbewerbspolitischen Überlegungen könnte sich des weiteren auch eine Antwort auf die Frage ergeben, ob sich der Umstand, daß eine Wettbewerbsbeschränkung, wie z.B. eine Alleinbezugs- oder Alleinvertriebsvereinbarung in einem Austauschvertrag zwischen Wettbewerbern vereinbart wurde, auf die wettbewerbspolitische Beurteilung derart auswirkt, daß es - wie es der Wortlaut des neuen § 1 GWB ja nahezulegen scheint[341] - angezeigt ist, derartige Vereinbarungen nach anderen Grundsätzen zu beurteilen, als sie für Vereinbarungen zwischen Nicht-Wettbewerbern gelten müssen.

a) Sonderbehandlung?

Ein Sonderbehandlung derartiger Vereinbarungen scheint teilweise tatsächlich praktiziert zu werden.

So werden z.B. in den "Vertical Restraints Guidelines" Vereinbarungen zwischen miteinander im inter-brand-Wettbewerb stehenden Unternehmen, durch die der Verkauf an Marktteilnehmer auf einer anderen Marktstufe untersagt wird, nicht von einer Untersuchung durch die Kartellbehörden freigestellt.[342] Auch die Rechtsprechung des EuGH scheint ein Beispiel dafür zu bieten, daß ein und dieselbe Beschränkung je nachdem, ob sie das Horizontal- oder das Vertikal-Verhältnis zwischen den Parteien betrifft, eine unterschiedliche Behandlung erfordern kann: So wurde in der Entscheidung "FEDETAB"[343] eine Vereinbarung, die das Ausmaß der

---

341 Hierauf weist Emmerich, Kartellrecht, § 3, 3 b hin.

342 Vgl. Dreher, DB 1986, 93, 97; Schmidt/Kirschner, WuW 1985, 781. Auch Posner, der ansonsten für eine per se-Zulässigkeit vertikaler Wettbewerbsbeschränkungen eintritt, nimmt Vereinbarungen zwischen einem Hersteller und seinem Händler, die den zwischen ihnen bestehenden Wettbewerb beschränken (wie z.B. Kundenkreisabgrenzungen) aus seinen Erörterungen ausdrücklich aus (vgl. U. Chi. L. R. 1981, 6, 7).

343 EuGH, Slg. 1980, 3125, 3265.

den Abnehmern zu gewährenden Handelsspannen betraf, in einem horizontalen Kontext als unzulässig erachtet, während sie in einer rein vertikalen Vereinbarung als zulässig angesehen worden war.[344] Vor allem aber spricht die Tatsache, daß die Gruppenfreistellungsverordnung 1983/83 zu Art. 81 EGV auf Alleinvertriebsvereinbarungen zwischen konkurrierenden Herstellern gem. Art. 3 lit. a), lit. b) nicht anwendbar ist,[345] dafür, daß gegen eine Übertragung der für rein vertikale Beschränkungen geltenden Grundsätze auch auf die Fälle, in denen ein Wettbewerbsverhältnis zwischen den Vertragschließenden besteht, offenbar Bedenken bestehen.

Keinen Hinweis darauf, worin diese Bedenken bestehen könnten, bietet jedoch die zitierte Entscheidung des EuGH. Sie betrifft nämlich bei genauer Betrachtung einen ganz anderen Fall als den hier in Rede stehenden. Anders als hier, und anders auch als in der genannten "Metro"-Entscheidung, wo es um Vereinbarungen im Rahmen eines selektiven Vertriebssystems ging, betraf die Entscheidung "FEDETAB" eine Abstimmung zwischen Herstellern und Importeuren über die den Händlern von ihnen einzuräumenden, finanziellen Vergünstigungen.[346] Die Vereinbarung betraf daher zwar ein Verhalten gegenüber den Händlern, d.h. im Vertikalverhältnis. Die Wettbewerbsbeschränkung erfolgte aber im Verhältnis zwischen den Herstellern bzw. Importeuren, d.h. im Horizontalverhältnis.

Dieselbe Differenzierung liegt auch der zitierten Passage der "Vertical Restraints Guidelines" zugrunde. Auch dort werden Beschränkungen des Verhaltens gegenüber Unternehmen auf einer anderen Marktstufe zwischen Wettbewerbern als horizontale Wettbewerbsbeschränkungen klassifiziert. Die vorliegend in Rede stehenden Fälle z.B. des "zweigleisigen Vertriebs" hingegen werden auch dort nicht als horizontale, sondern als vertikale, den "Vertical Restraints Guidelines" unterfallende Vereinbarungen angesehen.[347] Diese beiden Positionen betreffen also bei näherer Betrachtung einen ganz anderen als den hier zu untersuchenden Fall z.B. einer Alleinvertriebsbindung zwischen aktuellen oder potentiellen Wettbewerbern.

---

344 Vgl. EuGH, Slg. 1977, 1875, 1906 ("Metro").

345 Vgl. hierzu Veelken, in: Immenga/Mestmäcker, EG-Wettbewerbsrecht, Band I, V. B., Rdnrn. 60 ff.

346 EuGH, Slg. 1980, 3125, 3265.

347 Vgl. Dreher, DB 1986, 93, 97; Kapp, RIW 1985, 677, 680. Wenig ergiebig ist im Ergebnis auch die Haltung Posners, da er die genannten Vereinbarungen zwar aus seinen Erörterungen ausnimmt, auf der anderen Seite aber auch nicht zu erkennen gibt, wie sie seiner Ansicht nach letztlich zu behandeln sind und vor allem warum.

Das läßt sich von der genannten Bestimmung in der Gruppenfreistellungsverordnung 1983/83 indes nicht behaupten, die gerade für diesen Fall die Anwendbarkeit der Verordnung ausschließt.

b) Keine wettbewerbspolitische Differenzierung

Letztlich läßt sich allerdings auch dieser Norm kein Argument dafür entnehmen, daß für die Beurteilung vertikaler Wettbewerbsbeschränkungen zwischen Wettbewerbern andere Maßstäbe gelten müssen als für solche zwischen Nicht-Wettbewerbern. Denn auch Art. 3 lit. a), lit. b) VO 1983/83 besagen nicht, daß Alleinvertriebsvereinbarungen zwischen Wettbewerbern unzulässig bzw. nicht ebenfalls freistellungsfähig sind; sie besagen nur, daß das Verbot des Art. 81 I EGV auf diese Vereinbarungen nicht schon kraft Gesetzes unanwendbar ist.[348] Hierdurch wird im Wege einer Rückausnahme daher nur die Möglichkeit eröffnet, diese Vereinbarungen einer Kontrolle zu unterziehen.[349] Daß Alleinvertriebsvereinbarungen wegen ihrer einschränkenden Wirkung auf den freien Wettbewerb kontrollbedürftig sind, wurde aber auch für solche zwischen Nicht-Wettbewerbern bereits oben festgestellt und kommt im deutschen Recht durch § 16 GWB auch deutlich zum Ausdruck.

Aber auch, wenn man eine unterschiedliche Behandlung bereits darin sieht, daß Alleinvertriebsvereinbarungen EG-rechtlich das eine Mal freigestellt sind, das andere Mal hingegen einer Untersuchung bedürfen, dann läßt sich die Art. 3 lit. a), lit. b) VO 1983/83 zugrundeliegende, wettbewerbspolitische Wertung dennoch nicht auf das deutsche Recht übertragen. Diese Bestimmungen sollen nämlich der mit Alleinvertriebsvereinbarungen zwischen Wettbewerbern verbundenen, besonderen Gefahr einer horizontalen Marktaufteilung, insbesondere zur Abschottung nationaler Märkte, im Hinblick auf die Verwirklichung und Sicherung des Binnenmarktes entgegenwirken.[350] Hierbei handelt es sich um ein zentrales Anliegen gerade der EG-Wettbewerbspolitik; eine vergleichbare Zielsetzung liegt dem GWB hingegen nicht

---

348 Allein die Tatsache, daß eine Vereinbarung die Voraussetzungen einer Gruppenfreistellungsverordnung nicht erfüllt, läßt auch nach Ansicht des EuGH noch nicht darauf schließen, daß sie nach Art. 81 I EGV verboten ist, vgl. EuGH, Slg. 1986, 4071, 4088; Schröter, in: Groeben/Thiesing/Ehlermann, Art. 85 Rdn. 210.

349 Vgl. insbesondere den 10. Erwägungsgrund zur VO 1983/83, wo es heißt, daß sich ohne Prüfung im Einzelfall nicht feststellen läßt, ob die positiven Wettbewerbseffekte auch dann eintreten, wenn ein Wettbewerber den Alleinvertrieb seiner Waren auf einen Konkurrenten überträgt. Davon, daß dies besonders wettbewerbsschädlich sein soll, ging die Kommission also ganz offenbar auch nicht aus.

350 Vgl. Veelken, in: Immenga/Mestmäcker, EG-Wettbewerbsrecht, Band I, V. B., Rdn. 60; Mestmäcker, Wettbewerbsrecht, § 24 IV 1; Whish, Competition Law, S. 547.

zugrunde.[351] Dann kann sich aus der Tatsache, daß das EG-Recht Alleinvertriebsvereinbarungen zwischen Wettbewerbern und solche zwischen Nicht-Wettbewerbern unterschiedlich behandelt, aber kein Argument für eine entsprechende Behandlung auch im deutschen Kartellrecht ergeben.

Nun könnte man zwar ungeachtet dessen einwenden, daß in den Fällen des zweigleisigen Vertriebs - insbesondere dann, wenn die Alleinvertriebsvereinbarung ein Wettbewerbsverbot auch zu Lasten des Herstellers vorsieht - dieser ja gerade darauf verzichtet, ein horizontales Wettbewerbsverhältnis einzugehen und stattdessen lieber den Weg der vertikalen Kooperation wählt. Hierin einen Grund zu sehen, diese Fälle anders als solche zwischen Nicht-Wettbewerbern zu behandeln, würde dem Wesen dieser Vereinbarungen indes nicht gerecht. Denn abgesehen davon, daß die Verfolgung einer gemischten Vertriebsstrategie gerade ein Mittel des Wettbewerbs, und mit Blick auf spezielle Marktgegebenheiten häufig erforderlich ist, stehen sich die Parteien hierbei ja nicht "als Wettbewerber", sondern in ihrer Eigenschaft als auf unterschiedlichen Marktstufen tätige Unternehmen gegenüber. Dann ist es aber nicht gerechtfertigt, sie anders zu behandeln als eine entsprechende Vereinbarung zwischen Nicht-Wettbewerbern.[352]

Als weitere Erkenntnis ist daher festzuhalten, daß eine unterschiedliche Beurteilung von Alleinvertriebs- oder Alleinbezugsvereinbarungen je nachdem, ob sie zwischen miteinander im Wettbewerb stehenden Unternehmen abgeschlossen wurden oder nicht, in wettbewerbspolitischer Hinsicht nicht angezeigt ist.[353]

IV. Folgerungen für die kartellrechtliche Behandlung unter dem GWB

Vor dem Hintergrund der gewonnenen, wettbewerbspolitischen Erkenntnisse ist nun zu untersuchen, wie insbesondere die nach der Novellierung problematischen Fälle der Wettbewerbsbeschränkungen in Austauschverträgen zwischen Wettbewerbern (die grundsätzlich verboten zu sein scheinen) und der sog. "überschießenden Wettbewerbsbeschränkungen" zwischen Nicht-Wettbewerbern (auf die § 1 GWB nicht mehr anwendbar zu sein scheint) künftig zu behandeln sind.

---

351 Vgl. jüngst die Regierungsbegründung zur 6. GWB-Novelle, BR-Drucksache 852/97, S. 32. Am deutlichsten kommen diese unterschiedlichen Zielsetzungen im grundsätzlichen Verbot sowohl horizontaler wie auch vertikaler Wettbewerbsbeschränkungen in Art. 81 EGV zum Ausdruck.

352 Dementsprechend differenziert auch der BGH in seiner neuen Rechtsprechung nicht zwischen Austauschverträgen unter Wettbewerbern und solchen unter Nicht-Wettbewerbern, vgl. z.B. WuW/E BGH 3115 ("Druckgußteile") und schon oben 1. Teil, C. III. 2. b).

353 Zur Frage, inwieweit sich diese wettbewerbspolitische Erkenntnis mit der vom GWB-Gesetzgeber in §§ 1, 16 GWB getroffenen Regelung deckt, vgl. sogleich unter IV. 1. b) cc) (2).

1. Behandlung nach § 1 GWB

Nach ganz herrschender Meinung in Rechtsprechung und Literatur unterfallen Wettbewerbsbeschränkungen in Austauschverträgen zwischen Wettbewerbern dann nicht dem Kartellverbot, wenn sie zur Sicherung des Leistungsaustauschs erforderlich sind (so die Literatur nach der von ihr vertretenen Immanenztheorie) bzw. wenn für sie ein anzuerkennendes Interesse besteht (so die jüngste Rechtsprechung). Aber auch solche zwischen Nicht-Wettbewerbern können dann ausnahmsweise gegen § 1 GWB verstoßen, wenn sie im Hinblick auf die mit dem Vertrag verfolgten Ziele und im Hinblick auf die Freiheit des Wettbewerbs nicht erforderlich bzw. sachlich geboten sind (sog. "überschießende Wettbewerbsbeschränkungen").[354]

a) Vollständige Funktionalisierung des § 1 GWB

Eine solche Handhabung des Kartellverbots ist anscheinend auch durchaus sachgerecht. Denn in materieller Hinsicht ermöglicht es das Abstellen auf die Erforderlichkeit bzw. ein anzuerkennendes Interesse an der Wettbewerbsbeschränkung, eine umfassende Abwägung der für und gegen die betreffende Vereinbarung sprechenden Aspekte vorzunehmen. Wenn hierbei die negativen Gesichtspunkte überwiegen, ist die Vereinbarung nach § 1 GWB verboten. Damit scheint die Ansicht der herrschenden Meinung zugleich auch dem Erfordernis, § 1 GWB funktional, d.h. mit Blick auf die Wettbewerbsschädlichkeit der Vereinbarung auszulegen, gerecht zu werden:[355] Wenn z.B. eine Ausschließlichkeitsbindung über das sachlich oder zeitlich erforderliche Maß hinausgeht, sich also nicht mehr in wettbewerblich akzeptablen Grenzen hält, dann scheint es ein funktionales Verständnis des § 1 GWB zu gebieten, sie (ganz oder teilweise) für unzulässig zu halten. Dieser Ansatz bedeutet also im Ergebnis die vollständige Funktionalisierung des § 1 GWB dahingehend, daß Wettbewerbsbeschränkungen, die mit Blick auf die Freiheit des Wettbewerbs nicht mehr zu rechtfertigen sind, nach dieser Vorschrift verboten sind.

---

354 In der Sache wird also bei Wettbewerbsbeschränkungen in Austauschverträgen letztlich eine Doppelkontrolle nach § 16 GWB und nach § 1 GWB praktiziert, vgl. Schmidt, AG 1998, 551, 559.

355 Vgl. hierzu WuW/E BGH 3115, 3117, 3118 ("Druckgußteile"); Immenga, in: Immenga/Mestmäcker, § 1 Rdnrn. 150, 154, jeweils m.w.N., sowie schon oben 1. Teil, B. I. 2., 3.

b) Bedenken gegen eine vollständige Funktionalisierung

Gegen ein solches Verständnis des § 1 GWB bestehen indes erhebliche Bedenken.

aa) Der Wortlaut des § 1 GWB

Diese ergeben sich zunächst aus dem Wortlaut dieser Vorschrift. Denn eine Vereinbarung in einem Austauschvertrag zwischen Nicht-Wettbewerbern wie z.B. im Fall der "überschießenden Wettbewerbsbeschränkungen" nach § 1 GWB zu verbieten, der nach seinem Wortlaut auf Vereinbarungen zwischen Wettbewerbern abstellt, erscheint unter dem Gesichtspunkt des aus dem Rechtsstaatsprinzip folgenden Bestimmtheitsgrundsatzes bedenklich. Dieser erfordert es, daß der Norminhalt im Interesse der Rechtssicherheit klar erkennbar sein muß, wobei der Wortlaut die Grenze zulässiger Auslegung bildet.[356] Die Gefahr eines Verbots überschießender Wettbewerbsbeschränkungen zwischen Nicht-Wettbewerbern nach § 1 GWB ist für die Normadressaten nach der Neufassung aber gerade nicht mehr erkennbar; sie müssen aufgrund des eindeutigen Wortlauts vielmehr davon ausgehen, daß § 1 GWB auf sie nicht anwendbar ist, da sie keine Wettbewerber sind. Vor diesem Hintergrund erscheint es rechtsstaatlich höchst zweifelhaft, ob eine Anwendung des § 1 GWB wie bisher als Verbot überschießender Wettbewerbsbeschränkungen auch nach der Neufassung zulässig ist.[357]

bb) Gesetzessystematische Funktion

Aber auch in gesetzessystematischer Hinsicht fordert die Auffassung der herrschenden Meinung zu Kritik heraus. Zwar scheint es der oben dargestellten Einschätzung vertikaler Wettbewerbsbeschränkungen durchaus zu entsprechen, eine möglichst umfassende Würdigung der pro- und antikompetitiven Wirkungen der Vereinbarung vorzunehmen, und bei einem Überwiegen der ersteren Wettbewerbsbeschränkungen in Austauschverträgen zwischen Wettbewerbern aus dem Anwendungsbereich des Kartellverbots auszunehmen, bei einem Überwiegen der letzteren hingegen die derart "überschießende Wettbewerbeschränkung" auch zwischen Nicht-Wettbewerbern nach § 1 GWB zu verbieten.

---

356 BVerfGE 71, 108, 115; Huber/Baums, in: Frankfurter Kommentar, § 1 Rdn. 434; Wolter, in: Frankfurter Kommentar, § 18 Rdn. 25; Larenz, Methodenlehre, S. 322; Maasch, ZHR 150 (1986) 354, 361; Sontag, WRP 1970, 229, 234.

357 Letztlich braucht diese Frage an dieser Stelle aber - wie sogleich zu zeigen sein wird - (noch) nicht entschieden zu werden. Auf sie wird später, im Zusammenhang mit Beschränkungen von Drittwettbewerb aber noch näher einzugehen sein.

Dieses - bei nüchterner Betrachtung von der herrschenden Meinung in der Sache längst praktizierte (vgl. oben 1. Teil, C. I. 2. b), c); 3. Teil, B. II.) - Verständnis des § 1 GWB läuft im Ergebnis jedoch auf die Implementierung einer "rule of reason" im Kartellverbot hinaus.[358] Damit würde § 1 GWB jedoch in praxi zu einer wettbewerbsrechtlichen Generalklausel bzw. einem generellen Auffangtatbestand für wettbewerbspolitisch nicht mehr hinnehmbare Beschränkungen, eine Funktion, die ihm nach seiner ursprünglichen Konzeption gerade nicht zukommen sollte.[359] Wie sich aus der Systematik der §§ 1 ff., 14 ff. GWB ergibt, soll § 1 GWB nur bestimmte, tatbestandlich näher umschriebene Vereinbarungen erfassen, die wiederum grundsätzlich nur unter den bestimmten, engen Voraussetzungen der §§ 2 ff. GWB von diesem Verbot ausgenommen werden können;[360] eine durch eine Art "rule of reason" ergänzte Anwendung des Kartellverbots läßt sich in systematischer Hinsicht mit dieser Konzeption nicht vereinbaren.[361]

cc) Der Normzweck des § 1 GWB

Vor allem aber spricht der Normzweck des § 1 GWB gegen eine ergänzende bzw. gegen eine Übermaß-Kontrolle von Wettbewerbsbeschränkungen in Austauschverträgen (zwischen Wettbewerbern und Nicht-Wettbewerbern) anhand dieser Vorschrift. Denn wie oben (2. Teil, B. II. 3. c)) festgestellt wurde, ist es das Ziel dieser Vorschrift, solche Wettbewerbsbeschränkungen, die aufgrund ihres Wesens generell, d.h. ohne Rücksicht auf den Einzelfall wettbewerbsschädlich sind, zu verbieten.

(1) Keine typische Wettbewerbsschädlichkeit

Die wettbewerblichen Wirkungen von Wettbewerbsbeschränkungen in Austauschverträgen hängen nun aber - wie gezeigt - unter anderem von der Marktstruktur, dem

---

358 Zur weiten Formulierung der "rule of reason" vgl. Blechman, in: Frankfurter Kommentar, Auslandsteil USA, Rdnrn. 59 f.; Emmerich, Kartellrecht, 7. Auflage, § 2, 1 b.

359 Bunte, in: Langen/Bunte, § 1 Rdn. 2; Immenga, in: Immenga/Mestmäcker, § 1 Rdnrn. 7 f.; Huber/Baums, in: Frankfurter Kommentar, § 1 Rn. 410; vgl. auch Loewenheim, in: Loewenheim/Belke, Vorbem. § 1 Rdn. 1; Müller-Henneberg, in: Gemeinschaftskommentar, Vorb. § 1 Rdn. 2; v. Gamm, Kartellgesetz, § 1 Rdn. 17.

360 Vgl. nur KG, WuW/E OLG 3737, 3746 ("Selex-Tania"); Immenga, in: Immenga/ Mestmäcker, § 1 Rdn. 227.

361 So auch die ganz h.M., vgl. KG, WuW/E OLG 3737, 3746 ("Selex-Tania"); Huber/Baums, in: Frankfurter Kommentar, § 1 Rdn. 32; Müller-Henneberg, in: Gemeinschaftskommentar, § 1 Rdn. 110; Immenga, in: Immenga/Mestmäcker, § 1 Rdn. 226; Emmerich, Kartellrecht, § 4, 3. Der von der gesetzlichen Systematik losgelöste Ansatz war auch schon ein Hauptgrund gegen die Anwendung der Immanenztheorie, vgl. oben, A. II. 3. b). Gassner, Grundzüge, § 10 II sieht Immanenztheorie und "rule of reason" denn auch lediglich als verschiedene Etiketten für eine in der Sache ähnliche Zulassung ungeschriebener Ausnahmen vom Kartellverbot an.

konkreten Inhalt der Vereinbarung oder auch vom zugrundeliegenden Produkt ab. Ihre Wettbewerbsschädlichkeit läßt sich daher nicht generalisierend, sondern nur im Einzelfall beurteilen. Auch wenn eine Vereinbarung danach nicht mehr hinnehmbar erscheint, dann beruht dies eben nicht auf der ihr typischerweise eigenen Wettbewerbsschädlichkeit, sondern auf den konkreten Umständen des Einzelfalls. Demgegenüber sieht § 1 GWB im Hinblick auf die zu vermutende, generelle Wettbewerbsschädlichkeit der von ihm erfaßten Verhaltensweisen ein grundsätzliches Verbot mit einem engen Erlaubnisvorbehalt vor. Ein solches Verbot ist aber nur dann verhältnismäßig, wenn die von ihm erfaßten Vereinbarungen typischerweise derart schädliche Effekte mit sich bringen.[362] Im Einzelfall nicht mehr erforderliche Vereinbarungen sind aber nicht generell, sondern eben nur im Einzelfall wettbewerbsschädlich. Der Normzweck des § 1 GWB sowie das ihm zugrundeliegende Verbotsprinzip werden dem wettbewerblichen Charakter von Wettbewerbsbeschränkungen in Austauschverträgen daher nicht gerecht.[363]

(2) Wettbewerbsverbote in Unternehmenskaufverträgen

Etwas anderes könnte jedoch für solche Wettbewerbsbeschränkungen in Austauschverträgen gelten, die - wie vor allem Wettbewerbsverbote in Unternehmenskaufverträgen - eindeutig horizontalen Charakter haben. Es erscheint auf den ersten Blick nicht sinnvoll, diese und Wettbewerbsverbote in Gesellschaftsverträgen (die nach § 1 GWB zu beurteilen sind, vgl. oben A. II. 3. c)) nach verschiedenen Vorschriften zu behandeln.

Es ist allerdings zu bedenken, daß der rechtliche und wirtschaftliche Kontext, dem für die Beurteilung wettbewerbsbeschränkender Vereinbarungen eine erhebliche Bedeutung zukommt (III. 2. b)), in diesen beiden Fällen ein durchaus unterschiedlicher ist. Während Wettbewerbsverbote in Gesellschaftsverträgen der Absicherung eines Gesellschaftsverhältnisses dienen, haben Wettbewerbsverbote in Unternehmenskaufverträgen die Sicherung eines Leistungsaustauschs zum Ziel. Wettbewerbsbeschränkende Absprachen sind jedoch dann, wenn sie der Sicherung des Austauschs von Waren oder gewerblichen Leistungen zu dienen bestimmt sind, anders zu

---

362 Vgl. den US Supreme Court in der "Sylvania"-Entscheidung: "Per se rules of illegality are appropriate only when they relate to conduct that is manifestly anticompetitive", 97A S.Ct. (1977) 2549 ("Continental T.V., Inc. v. GTE Sylvania, Inc.").

363 Dementsprechend ist auch die jüngst aufgeworfene Frage, ob die Lösung des Abgrenzungsproblems nicht im neuen Freistellungstatbestand des § 7 I GWB gesehen werden könne (vgl. Köhler, Wettbewerbsbeschränkungen beim Energievertrieb, noch nicht veröffentlicht), zu verneinen. Denn § 7 I GWB setzt voraus, daß die Vereinbarung grundsätzlich § 1 GWB unterfällt, was bei Wettbewerbsbeschränkungen in Austauschverträgen, wie gezeigt, nicht der Fall ist.

bewerten, als wenn dies nicht der Fall ist:[364] Mit dem Leistungsaustausch gehen zwangsläufig positive Wirkungen auf den Wirtschaftskreislauf und damit auf "den Markt" einher, was bei einer Gesellschaftsgründung, wenn auch häufig, so eben doch nicht notwendigerweise der Fall ist. § 1 GWB ist auf die Berücksichtigung der Tatsache, daß eine Wettbewerbsbeschränkung Teil eines Leistungsaustauschverhältnisses ist, ersichtlich nicht angelegt. Dementsprechend ging auch der GWB-Gesetzgeber davon aus, daß Wettbewerbsverbote zu Lasten des Veräußerers eines Unternehmens nach den Vorschriften des 2. Abschnitts zu beurteilen sind.[365]

Auch für (horizontale) Wettbewerbsverbote ist § 1 GWB daher, sofern sie in einem Austauschvertrag, wie z.B. einem Unternehmenskaufvertrag vereinbart wurden, nicht der "richtige", vom Gesetzgeber gewollte, normative Ansatz.[366] Das Abgrenzungskriterium der "horizontalen Wettbewerbsbeschränkung" wird, soweit es die Abgrenzung der §§ 1, 16 GWB angeht, daher durch das Merkmal "Vorliegen eines Austauschvertrages" ergänzt.

c) Zwischenergebnis

Die von der herrschenden Meinung geübte Praxis einer ergänzenden bzw. einer Übermaß-Kontrolle von Wettbewerbsbeschränkungen in Austauschverträgen nach § 1 GWB steht nicht nur im Widerspruch zur Systematik der §§ 1 ff., 14 ff. GWB, sondern wird darüber hinaus vor allem dem Normzweck des § 1 GWB nicht gerecht. Soweit es die Fälle der Austauschverträge zwischen Nicht-Wettbewerbern angeht, dürfte ihr des weiteren schon der Wortlaut des neuen § 1 GWB entgegenstehen. Nur insoweit ergeben sich die Bedenken jedoch aus der Neufassung des Kartellverbots durch die 6. GWB-Novelle. Im übrigen bestanden sie bei genauem Zusehen auch schon vorher; es ist allerdings ein "Verdienst" der Neuregelung, sie deutlicher zutage zu bringen als die alte Fassung dies tat.

---

364 In diesem Sinne jüngst OLG Düsseldorf, NJWE - Wettbewerbsrecht 1999, 41, 42, wo der Ausschluß der Kündigungsmöglichkeit in einem Sozietätsvertrag, was für sich genommen durchaus eine Beschränkung i.S.d. (alten) § 18 I Nr. 2 GWB darstellte, mangels Vorliegen eines Austauschverhältnisses nach § 1 GWB beurteilt wurde.

365 Vgl. BT-Drucksache II/1158, S. 25 f.

366 Vgl. BGH BB 1968, 60, 61 ("SHELL-Tankstelle"). Ob diese Differenzierung letztlich zur Anwendung auch materiell unterschiedlicher Kriterien führt, ist damit allerdings noch nicht gesagt, vgl. hierzu unten 2. d) aa).

2. Behandlung nach § 16 GWB

Damit stellt sich jedoch die Frage, wie den geäußerten Bedenken bei der Behandlung von Wettbewerbsbeschränkungen in Austauschverträgen Rechnung getragen werden kann. In erster Linie ließe sich daran denken, sie, anstatt wie die herrschende Meinung teilweise bzw. ergänzend nach § 1 GWB, generell nach § 16 GWB zu beurteilen. Daß § 16 GWB grundsätzlich diejenige Vorschrift im GWB ist, anhand derer Wettbewerbsbeschränkungen in Austauschverträgen beurteilt werden sollen, folgt unzweifelhaft bereits aus seinem Wortlaut.[367] Auch in systematischer Hinsicht sowie im Hinblick auf die angeordnete Rechtsfolge (grundsätzliche Erlaubnis, aber Untersagungsmöglichkeit im Einzelfall) erweist sich § 16 GWB im Hinblick auf die wettbewerblichen Wirkungen dieser Vereinbarungen als sachgerecht.

Fraglich könnte allerdings sein, ob auch die, in wettbewerbspolitischer Hinsicht wünschenswerte (vgl. oben III. 2. b)), umfassende Untersuchung der Vereinbarung anhand von § 16 erfolgen kann.

a) Der Wortlaut des neuen § 16 GWB

Denn nach der Neufassung durch die 6. GWB-Novelle stellt der Wortlaut des § 16 GWB im Hinblick auf die dort genannten Wettbewerbsbeschränkungen nur noch darauf ab, ob

> "durch das Ausmaß derartiger Beschränkungen der Wettbewerb auf dem Markt für diese oder andere Waren oder gewerbliche Leistungen wesentlich beeinträchtigt wird."[368]

Anders als z.B. § 30 c des Österreichischen Kartellgesetzes, der in Abs. 2 ganz allgemein auf die volkswirtschaftliche Rechtfertigung einer vertikalen Vertriebsbindung abstellt und damit eine Würdigung sämtlicher Umstände des Einzelfalls erfordert,[369] scheint § 16 GWB mehr den betreffenden Markt als Ganzes und weniger die konkrete Vereinbarung als solche im Blick zu haben. Dementsprechend wird es auch

---

367 Dies betont - ebenfalls in Abgrenzung speziell zu § 1 GWB - für Bezugsbindungen der einzelnen Unternehmen gegenüber ihren Genossenschaften auch Steindorff, BB 1979, Beilage 3, S. 4.

368 Der (alte) § 18 GWB enthielt noch drei verschiedene Eingriffsvoraussetzungen: lit. a) stellte auf die gleichartige Bindung und unbillige Einschränkung der Wettbewerbsfreiheit einer erheblichen Zahl von Unternehmen ab, lit. b) erfaßte unbillige Beschränkungen des Marktzutritts und lit. c) stellte auf die wesentliche Beeinträchtigung des Wettbewerbs auf dem betreffenden Markt ab. Eine sachliche Änderung soll die Neufassung nach dem Willen des Gesetzgebers jedoch auch hier nicht mit sich bringen; vielmehr deckte sich der Anwendungsbereich der vormals drei Eingriffstatbestände im wesentlichen, so daß der praktisch einzig relevante - eben der des lit. c) - als einziger beibehalten werden sollte, vgl. BR-Drucksache 852/97, S. 51.

369 Vgl. Gugerbauer, Kartellgesetz, § 30 c Rdnrn. 7, 9.

ganz überwiegend als "Normzweck" des § 16 GWB angesehen, den Wettbewerb "als Institution" zu sichern; sein Ziel sei es, künstliche Marktzutrittsschranken zum Zwecke der Öffnung der Märkte zu beseitigen.[370] Bei einem solchen, "institutionellen" bzw. "strukturellen" Verständnis dieser Vorschrift,[371] scheinen Gesichtspunkte, die sich nicht auf den Markt als Ganzes auswirken, wie z.B. das sachliche, räumliche oder zeitliche Ausmaß der Vereinbarung oder ihr Bezug zum zugrundeliegenden Produkt, obwohl sie - wie oben (III. 2. a), b)) gezeigt - für die wettbewerbliche Beurteilung von erheblicher Bedeutung sein können, von § 16 GWB nicht erfaßt zu werden.

b) Anwendung in der Praxis

Soweit es die Anwendung des § 16 GWB in der Praxis angeht, ist allerdings zu bedenken, daß der BGH im Fall "Pauschalreiseveranstalter" entschieden hat, daß Wettbewerbsverbote in Handelsvertreterverträgen (also Wettbewerbsbeschränkungen in Austauschverträgen) dann eine mißbräuchliche Wettbewerbsbeschränkung im Sinne des § 16 GWB darstellen können, wenn sie über die dem Handelsvertretervertrag wesenseigene und zur sachgerechten Interessenwahrnehmung notwendige Bindung hinausgehen.[372] Damit wird also, praktisch entgegengesetzt zur Handhabung durch die herrschende Meinung, die § 1 GWB in diesem Sinne teleologisch reduziert, § 16 GWB um die der Sache nach gleiche Überlegung "erweitert".[373] Zwar diente sie dem BGH zunächst einmal nur für die Feststellung, daß überhaupt eine Wettbewerbsbeschränkung i.S.d. (alten) § 18 I Nr. 2 GWB vorlag, während die Frage nach dem Vorliegen der Eingriffsvoraussetzungen (§ 18 I lit. c) GWB) damit noch nicht beantwortet war. Festzuhalten ist aber, daß die oben genannten Kriterien, wie z.B. der sachliche oder zeitliche Rahmen der Vereinbarung, ohne daß der Wortlaut der Vorschrift selber dies zu erkennen gibt, offenbar auch bei der Anwendung des § 16 GWB eine gewisse Rolle spielen.

---

370 Vgl. BR-Drucksache 852/97, S. 51; Emmerich, in: Immenga/Mestmäcker, § 18 Rdn. 216 a; Klosterfelde/Metzlaff, in: Langen/Bunte, § 18 Rdn. 179; Oppenländer, WuW 1981, 389, 397 (§ 16 GWB sei keine Ermächtigungsnorm für eine Totalkontrolle); Rittner, DB 1957, 1118, 1121. Vgl. auch Fuchs, Kartellvertrag, S. 8.

371 Vgl. Emmerich, in: Immenga/Mestmäcker, § 18 Rdnrn. 224 ff.; Benisch, WRP 1970, 369, 370.

372 Vgl. WuW/E BGH 2668 ("Pauschalreiseveranstalter"). Offengelassen noch in BGH BB 1968, 60, 61 ("SHELL-Tankstelle").

373 Ebenso Biedenkopf, Wettbewerbsbeschränkungen, S. 233; Löwisch, Produzentenhändler, S. 123; Gassner, Grundzüge, § 12 III 2 b; Schwintowski, WuW 1997, 769, 774, der (zustimmend) von einer "Immanenztheorie zur Tatbestandserweiterung" spricht. Im Ergebnis ebenso KG, WuW/E OLG 1961, 1963 ("Flug-Union"); OLG Frankfurt, BB 1986, 554; v. Gamm, Kartellrecht, § 18 Rdn. 8. Wohl auch Riesenkampff, BB 1968, 732, 733; Leo, WRP 1969, 85, 91; Paul, NJW 1966, 8, 14.

Dies scheint mit Blick auf die, bereits mehrfach zitierte Äußerung in den Gesetzesmaterialien, wo es heißt, daß in vielen Fällen ein wirtschaftlich und rechtlich anzuerkennendes Bedürfnis für die dort geregelten Bindungen besteht,[374] auch sachgerecht zu sein. Denn an einem wirtschaftlich oder rechtlich anzuerkennenden Bedürfnis kann es ja nicht nur dann fehlen, wenn die Marktstruktur als Ganzes gestört ist, sondern z.B. auch dann, wenn die Wettbewerbsbeschränkung den Vertragspartner in zeitlicher oder räumlicher Hinsicht unverhältnismäßig einschränkt.

c) Beschränkung der Eingriffsvoraussetzungen des § 16 GWB auf strukturelle Aspekte?

Angesichts dessen stellt sich nun allerdings in der Tat die Frage, ob eine Wettbewerbsbeschränkung in einem Austauschvertrag nicht auch dann gegen § 16 GWB verstoßen kann, wenn sie, wie es die herrschende Meinung für § 1 GWB annimmt, im Hinblick auf die mit dem Vertrag verfolgten Ziele und die Freiheit des Wettbewerbs nicht erforderlich ist.

Dies wäre jedoch sicherlich dann nicht der Fall, wenn die Auslegung des § 16 GWB in historischer, systematischer und teleologischer Hinsicht ergibt, daß eine Eingriffsbefugnis ausschließlich bei einer Beeinträchtigung des Marktes als Ganzem bestehen sollte.

aa) Historische Auslegung

(1) Die Entstehungsgeschichte des § 16 GWB

Für eine solche Beschränkung der Eingriffsvoraussetzungen scheint - neben dem Wortlaut, der sich im Verlauf dieser Arbeit allerdings schon einmal als wenig verläßliches Indiz erwiesen hat - vor allem die Entstehungsgeschichte des § 16 GWB zu sprechen.

(a) Die Urfassung

Die Entwurfsfassung des heutigen § 16 GWB gewährte der Kartellbehörde bereits dann das Recht, die betreffende Vereinbarung für unwirksam zu erklären, wenn durch sie die wirtschaftliche Bewegungsfreiheit des gebundenen Vertragsbeteiligten

---

374 Begründung zum Regierungsentwurf, BT-Drucksache II/1158, S. 26.

oder anderer Unternehmen unbillig eingeschränkt wurde.[375] Wäre diese Fassung beibehalten worden, bestünden wohl keinerlei Bedenken, eine umfassende Würdigung der betreffenden Vereinbarung auf ihre rechtliche und wirtschaftliche Angemessenheit hin anhand von § 16 GWB vorzunehmen.

Im Laufe des Gesetzgebungsverfahrens wurde diese, ursprünglich alternative Eingriffsvoraussetzung dann aber daran gekoppelt, daß durch das Ausmaß solcher Beschränkungen der Wettbewerb auf dem betreffenden Markt wesentlich beeinträchtigt wird.[376] Zwar wurde kurz vor der Verabschiedung der endgültigen Fassung noch einmal ein Änderungsantrag dahingehend gestellt, auf die Kumulation der Eingriffsvoraussetzungen zu verzichten und beide Fälle als alternative Eingriffstatbestände zu fassen.[377] Dieser Vorschlag wurde aber abgelehnt. Als Begründung für das Festhalten an der Kumulation der beiden Voraussetzungen wurde geltend gemacht, die Sicherung der individuellen wirtschaftlichen Bewegungsfreiheit sei Aufgabe der ordentlichen Gerichte, die sich hierbei an den Grundsätzen des Bürgerlichen Rechts, insbesondere an § 138 BGB zu orientieren hätten.[378] Insbesondere der Abgeordnete *Höcherl* (CDU/CSU) gab zu bedenken, daß es der Systematik des GWB widersprechen würde, der Kartellbehörde die Billigkeitskontrolle nach § 138 BGB zu übertragen, die der originären Zuständigkeit der Zivilgerichte zuzuordnen sei.[379]

Die ursprüngliche Fassung des GWB erlaubte es den Kartellbehörden daher zwar zu untersuchen, ob die Vereinbarung im Hinblick auf die wirtschaftliche Bewegungsfreiheit des gebundenen Vertragspartners unbillig war; eine Eingriffsbefugnis erwuchs ihr hieraus aber nur, wenn dies zugleich zu einer wesentlichen Beeinträchtigung des Wettbewerbs auf dem betreffenden Markt führte.[380]

---

375 Vgl. § 13 des Regierungsentwurfs, BT-Drucksache II/1158, S. 8.

376 Vgl. BGBl. 1957 I S. 1081, 1085, auf den Änderungsvorschlag des Ausschusses für Wirtschaftspolitik, BT-Drucksache II/3644, S. 15 hin. Vgl. auch schon die Stellungnahme des Bundesrats zum Regierungsentwurf, BT-Drucksache II/1158, Anlage 2, S. 65.

377 Vgl. Sitzungsberichte der 2. Wahlperiode, 222. Sitzung, S. 13148.

378 Schriftlicher Bericht des Ausschusses für Wirtschaftspolitik, BT-Drucksache II/3644, S. 23.

379 Vgl. Sitzungsberichte der 2. Wahlperiode, 222. Sitzung, S. 13150.

380 Auch zwei weitere Versuche der SPD-Fraktion in den Jahren 1960 (vgl. BT-Drucksache III/2293) und 1964 (BT-Drucksache IV/2337, S. 3), die unbillige Einschränkung der wirtschaftlichen Bewegungsfreiheit als Eingriffstatbestand von der wesentlichen Wettbewerbsbeeinträchtigung zu lösen, fanden keine Mehrheit; kritisch auch Leo, WRP 1961, 325, 328 ff.; ders., WRP 1964, 327, 333.

(b) Die Änderungen

Im Rahmen der 1. GWB-Novelle wurde die Kumulation der Eingriffsvoraussetzungen dann aufgehoben. Grund hierfür war die Erkenntnis, daß eine solche Häufung die effektive Kontrolle von Ausschließlichkeitsbindungen durch die Kartellbehörden praktisch unmöglich mache.[381] Die Eingriffsvoraussetzung der unbilligen Einschränkung der wirtschaftlichen Bewegungsfreiheit des gebundenen oder anderer Unternehmen wurde jedoch ebenfalls gestrichen, und durch den, nunmehr allerdings alternativen, Eingriffstatbestand einer unbilligen Beschränkung des Marktzutritts für andere Unternehmen ersetzt.[382]

Durch die 2. GWB-Novelle wurde die Mißbrauchsaufsicht über Ausschließlichkeitsbindungen dann weiter verschärft. Zwar konnte sich der im Referentenwurf enthaltene Vorschlag, die unbillige Einschränkung der wirtschaftlichen Bewegungsfreiheit des gebundenen Vertragspartners als alternative Eingriffsvoraussetzung einzuführen,[383] auch diesmal nicht durchsetzen.[384] Dafür wurden die Eingriffsvoraussetzungen durch Einfügung eines neuen, dritten Tatbestands (gleichartige Bindung und unbillige Einschränkung einer erheblichen Zahl von Unternehmen) erneut erweitert.[385]

Durch die 6. GWB-Novelle wurden dann die Eingriffstatbestände der gleichartigen Bindung und erheblichen Einschränkung einer erheblichen Zahl von Unternehmen und derjenige der unbilligen Beschränkung des Marktzutritts für andere Unternehmen gestrichen und lediglich die wesentliche Beeinträchtigung des Wettbewerbs auf dem betreffenden Markt durch das Ausmaß solcher Beschränkungen als Eingriffsvoraussetzung beibehalten. Zur Begründung führte die Bundesregierung aus, der Anwendungsbereich der drei Eingriffstatbestände decke sich im wesentlichen; darüber hinaus hätten die Kartellbehörden in den bisherigen Fällen einer Unwirksamerklärung nach § 18 GWB (alt) ihre Entscheidung immer zugleich auf alle drei Tatbestände gestützt, so daß der frühere lit. c), der dasselbe Ziel verfolge wie lit. a)

---

381 Vgl. den Regierungsentwurf, BT-Drucksache IV/2564, S. 14.

382 Vgl. BGBl. 1965 I S. 1363, 1364, sowie den Regierungsentwurf und die Begründung, BT-Drucksache IV/2564, S. 3, 7, 9, 14.

383 Vgl. BMWi I B 5 - 22 13 53, zitiert nach Sontag, WRP 1970, 229.

384 Zur Begründung wurde auch hier wieder darauf hingewiesen, daß der Individualschutz der gebundenen Vertragsbeteiligten dem bürgerlichen Recht vorbehalten bleiben solle, vgl. Regierungsbegründung, BT-Drucksache VI/2520, S. 21.

385 Vgl. Regierungsentwurf, BT-Drucksache VI/2520, S. 2; BGBl. 1973 I S. 917, 918.

und b), nämlich die Offenhaltung der Märkte durch Beseitigung künstlicher Marktzutrittsschranken, als eine Art "Grundtatbestand" ausreichend sei.[386]

(c) Fazit

Bei der Betrachtung der Entstehungsgeschichte des § 16 GWB fällt zunächst auf, daß diese Vorschrift bis zur 6. GWB-Novelle eine stetige Ausweitung erfahren hat. Nicht nur wurde die Kumulation der Eingriffstatbestände aufgegeben und durch eine alternative Aufzählung ersetzt; darüber hinaus wurden neue Eingriffsvoraussetzungen geschaffen, die, wie z.B. der Tatbestand der unbilligen Beschränkung des Marktzutritts für andere Unternehmen, auch die Berücksichtigung der Auswirkungen der Vereinbarung auf das Wettbewerbsverhalten anderer Unternehmen ermöglichten.

Andererseits wurde die Zahl der Eingriffstatbestände durch die 6. GWB-Novelle wieder auf einen reduziert. Wie sich aus der erwähnten Begründung im Regierungsentwurf ergibt, sollte der sachliche Anwendungsbereich des § 16 GWB hierdurch jedoch, anders als durch die 1. und 2. GWB-Novelle, die ausdrücklich das Ziel verfolgten, die Mißbrauchsaufsicht zu verschärfen, nicht beeinflußt werden. Vielmehr ging der Gesetzgeber erkennbar davon aus, daß der Anwendungsbereich des § 16 GWB auch durch die nunmehr einzige Eingriffsvoraussetzung ausreichend deutlich zum Ausdruck kommt.[387]

Festzuhalten ist daher, daß der materielle Anwendungsbereich des § 16 GWB im Interesse einer Effektivierung der Mißbrauchsaufsicht im Laufe der Zeit stetig erweitert wurde. Andererseits ist aber auch nicht zu verkennen, daß der Anwendungsbereich des § 16 GWB trotz dieser Erweiterungen letztlich auf Beeinträchtigungen der Marktstruktur begrenzt blieb.

(2) Vorläufige Würdigung

Die Entstehungsgeschichte des § 16 GWB scheint ungeachtet der Ausweitung des Anwendungsbereichs dieser Vorschrift daher in der Tat dafür zu sprechen, daß ein Verbot von Wettbewerbsbeschränkungen in Austauschverträgen nur dann möglich

---

386 Vgl. BR-Drucksache 852/97, S. 51.

387 Insoweit drängt sich eine Parallele zu der mit der Neufassung des § 1 GWB verfolgten Zielsetzung auf, durch die der sachliche Gehalt des Kartellverbots ja ebenfalls nicht verändert, sondern lediglich treffender zum Ausdruck gebracht werden sollte, vgl. die Regierungsbegründung, BR-Drucksache 852/97, S. 32.

ist, wenn sie zu einer Beeinträchtigung der Marktstruktur insgesamt führen; "nicht-strukturelle" Gesichtspunkte, wie z.B. die Laufzeit oder der räumliche Umfang einer Vereinbarung scheinen demgegenüber als Elemente des Individualschutzes insoweit keine selbständige Bedeutung zu haben.

Sollte dies tatsächlich das endgültige Ergebnis sein, dann würde die wettbewerbspolitisch wünschenswerte und in der Sache praktisch allgemein anerkannte Notwendigkeit, Wettbewerbsbeschränkungen in Austauschverträgen einer Erforderlichkeitsprüfung zu unterziehen, der Vergangenheit angehören. Nachdem sich gezeigt hat, daß § 1 GWB insoweit jedenfalls aus systematischen und teleologischen Gründen, in bestimmten Fällen darüber hinaus aber möglicherweise schon aufgrund seines neuen Wortlauts nicht geeignet ist, würden in diesem Fall wesentliche Gesichtspunkte bei der wettbewerblichen Würdigung von Wettbewerbsbeschränkungen in Austauschverträgen künftig unberücksichtigt bleiben - ein praktisch ausgesprochen zweifelhaftes Ergebnis. Da § 1 GWB für eine derartige Untersuchung aber nun einmal, wie gezeigt, gleich aus mehreren Gründen nicht in Betracht kommt, stellt sich die Frage, ob § 16 GWB, bei dem es sich um diejenige Vorschrift im GWB handelt, nach der Wettbewerbsbeschränkungen in Austauschverträgen grundsätzlich zu beurteilen sind, eine Würdigung auch ihrer nicht-strukturellen Auswirkungen nach dem, dem GWB zugrundeliegenden Regelungsplan nicht doch ermöglichen sollte.

(3) Berechtigung der Bedenken des historischen Gesetzgebers?

Ein erstes Indiz könnte im Zusammenhang mit der dargestellten Entstehungsgeschichte insoweit der Antwort auf die Frage zukommen, ob die Motive, die den historischen Gesetzgeber seinerzeit zu der engen Fassung des heutigen § 16 GWB bewogen haben, tatsächlich berechtigt waren. Wie sich aus den Materialien des GWB und seiner Novellen ergibt, war Anlaß für den Gesetzgeber, die Kontrolle durch die Kartellbehörden auf Beeinträchtigungen der Marktstruktur zu begrenzen die Überzeugung, daß der Individualschutz der Vertragsbeteiligten dem bürgerlichen Recht vorbehalten bleiben müsse. Würde § 16 GWB eine alternative Eingriffsmöglichkeit für den Fall der unbilligen Beschränkung der wirtschaftlichen Bewegungsfreiheit des gebundenen Vertragsteils bieten, dann fände - so die Bedenken - unter dem Deckmantel des Kartellrechts eine Billigkeitsprüfung statt, die sachlich in den Bereich des Zivilrechts gehöre.

(a) Die Trennung von Individual- und Wettbewerbsschutz

Hätte der Gesetzgeber - wie in der ersten Fassung des GWB beabsichtigt - allgemein auf die wirtschaftliche Bewegungsfreiheit des Gebundenen abgestellt, wäre ein solches Einfallstor möglicherweise in der Tat eröffnet worden. Fraglich ist aber, ob eine Würdigung auch "nicht-struktureller" Aspekte der betreffenden Vereinbarung tatsächlich allein dem Individualschutz dienen würde; denn wie sich bei der wettbewerbspolitischen Untersuchung gezeigt hat, können die wettbewerblichen Auswirkungen einer Vereinbarung durch marktstrukturelle Gegebenheiten ebenso wie durch die Spezifika der Vereinbarung selber bestimmt werden. So ist etwa ein Vertrag mit unangemessen langer Laufzeit - abgesehen von seiner möglichen Unwirksamkeit nach § 138 BGB - durchaus auch von wettbewerblicher Relevanz, da das betreffende Unternehmen länger als nötig an der freien Wahl seiner Vertragspartner gehindert wird. Oder es ist denkbar, daß eine Ausschließlichkeitsbindung unter dem Deckmantel vermeintlicher Investitionsförderung und Ausschaltung von free-ridern, die gar nicht angezeigt ist (etwa weil das Vertragsprodukt z.B. kein "high-tech"-Produkt ist, d.h. gar keine Beratung oder Investitionen erfordert), lediglich dazu dienen soll, daß die beiden Vertragspartner sich unter Ausschaltung des Wettbewerbsdrucks ein gutes Auskommen sichern wollen. Derartige Beispiele ließen sich noch weitere anführen. Ihnen allen ist gemeinsam, daß neben die unter Umständen unbillige Beschränkung der individuellen wirtschaftlichen Bewegungsfreiheit möglicherweise auch noch eine unbillige Beschränkung der wettbewerblichen Handlungsfreiheit und damit der Freiheit des Wettbewerbs tritt.

Sofern die Eingriffsbefugnis der Kartellbehörden auf diese Fälle begrenzt ist, wird das Kartellrecht daher keineswegs für eine, eigentlich dem bürgerlichen Recht zugewiesene, Billigkeitskontrolle der Verträge im Sinne eines Individualschutzes mißbraucht.

(b) Die Materialien

Diese Erkenntnis spiegelt sich bei näherem Hinsehen auch in der Begründung des Entwurfs der 2. GWB-Novelle wieder. Dort heißt es, daß es geboten ist, "die gebundenen Vertragsbeteiligten im Rahmen des § 18 [des heutigen § 16] insoweit zu schützen, als es um ihre wirtschaftlichen Betätigungsmöglichkeiten im Wettbewerb geht und überdies Einschränkungen der Wettbewerbsfreiheit geltend gemacht werden, die zugleich eine Vielzahl gleichartig gebundener Unternehmen treffen. In solchen Fällen geht es nicht nur um den Individualschutz desjenigen Unternehmens, das sich an die Kartellbehörde wendet, sondern um den Schutz des Wettbewerbs auf dem Markt."[388]

Der Gesetzgeber hatte also erkannt, daß Beschränkungen der individuellen wirtschaftlichen Freiheit durchaus auch Auswirkungen auf den Wettbewerb selber haben können.

(c) Rechtsstaatliche Gründe für eine Trennung?

Dementsprechend greifen auch die unter dem Gesichtspunkt des Gewaltenteilungsprinzips bisweilen geltend gemachten, verfassungsrechtlichen Bedenken gegen eine Erweiterung der Eingriffsmöglichkeiten der Kartellbehörden unter § 16 GWB letztlich nicht durch.[389] Zwar ist es richtig, daß die Verwaltung grundsätzlich öffentliche Belange zu verwirklichen hat. Genau darum geht es hier aber gerade: Die in Rede stehenden Beschränkungen haben neben bzw. zusätzlich zu ihrer individualrechtlichen auch noch eine wettbewerbliche Seite.

(d) Fazit

Es hat sich gezeigt, daß die Bedenken, die den Gesetzgeber dazu bewogen haben, die Eingriffsvoraussetzungen des § 16 GWB auf marktstrukturelle Aspekte zu begrenzen, nämlich daß andernfalls ein Übergreifen des Kartellrechts und der Kartellbehörden in den Kernbereich des bürgerlichen Rechts drohe, jedenfalls in dieser Allgemeinheit unberechtigt waren. Im Gegenteil wird hierdurch sogar die Tatsache, daß eine Vereinbarung sowohl individualrechtliche als auch wettbewerbliche Auswirkungen hat, und damit letztlich der Wettbewerbsschutz, vernachlässigt.

Damit dürfte sich aus diesen Bedenken allein kein überzeugendes Argument gegen eine Kontrolle von Wettbewerbsbeschränkungen in Austauschverträgen auch im Hinblick auf ihre "nicht-strukturellen" Gesichtspunkte ergeben; auf der anderen Seite ist mit dieser Erkenntnis aber auch noch keine Antwort auf die Frage gefunden, ob § 16 GWB nach dem ihm zugrundeliegenden Regelungsplan eine solche,

---

388 Vgl. Regierungsbegründung, BT-Drucksache VI/2520, S. 21.

389 Vgl. Sontag, WRP 1970, 229, 232.

weitergehende Kontrolle auch tatsächlich erfordert. Hierzu bedarf es noch einer weiteren Auslegung dieser Norm.

bb) Systematische Auslegung

Soweit es zunächst die Systematik des GWB angeht, wurde bereits mehrfach dargelegt, daß § 16 GWB grundsätzlich diejenige Vorschrift im GWB ist, anhand derer Wettbewerbsbeschränkungen in Austauschverträgen zu beurteilen sind. Wenn diese Vereinbarungen einer, wettbewerbspolitisch wünschenswerten und auch von der nahezu einhelligen Ansicht praktizierten, ergänzenden Kontrolle zu unterziehen sind, dann kommt in systematischer Hinsicht hierfür nur § 16 GWB in Frage. Auch damit ist jedoch im Ergebnis noch nicht gesagt, ob § 16 GWB diese Untersuchung erfordert.

cc) Teleologische Untersuchung

Entscheidende Bedeutung muß daher letztlich auch hier der Frage zukommen, ob nach der, § 16 GWB zugrundeliegenden Teleologie eine Kontrolle von Wettbewerbsbeschränkungen in Austauschverträgen auch auf ihre "nicht-strukturellen" Aspekte hin anhand dieser Vorschrift erfolgen sollte.

Hierfür könnte zunächst das vom GWB verfolgte Ziel einer Verwirklichung des Leistungswettbewerbs sprechen: Der einzelne Unternehmer soll sich bei seinem Bestreben, seine Mitbewerber zu übertreffen nur solcher Mittel bedienen dürfen, die sich, wie z.B. eine höhere Qualität, eine sachkundigere Beratung oder ein günstigerer Preis als Mittel des Leistungswettbewerbs darstellen.[390] Zugleich soll damit sichergestellt werden, daß der Marktgegenseite Alternativen zur Verfügung stehen und sie ihr eigenes Verhalten, wie z.B. eine Kaufentscheidung, in möglichst freier Weise an der für sie besten Leistung orientieren kann.[391]

Angesichts dieser Zielsetzung scheint es in der Tat angezeigt zu sein, Wettbewerbsbeschränkungen in Austauschverträgen auch auf ihre nicht-strukturbezogenen

---

390 Vgl. Regierungsbegründung, BT-Drucksache II/1158, S. 31; KG, WuW/E OLG 2403, 2407 ("Fertigfutter"); Baumbach/Hefermehl, Wettbewerbsrecht, Allgemeine Grundlagen, Rdn. 25; Biedenkopf, Grundsatzfragen, S. 13; Freitag, Leistungswettbewerb, S. 22; Wrage, UWG-Sanktionen, S. 20; Hamm, WuW 1975, 115, 133.

391 Vgl. Baumbach/Hefermehl, Allgemeine Grundlagen, Rdn. 25; Huber/Baums, in: Frankfurter Kommentar, § 1 Rdn. 20; Möschel, Wettbewerbsbeschränkungen, Rdn. 108; Belke, ZHR 138 (1974) 227, 233. Vgl. auch die Regierungsbegründung, BT-Drucksache II/1158, S. 31.

Auswirkungen hin zu untersuchen. Denn auch diese können - wie oben (III. 2. a), b)) gezeigt - zu einer Beschränkung des Leistungswettbewerbs führen und die Freiheit des wettbewerblichen Verhaltens der Marktgegenseite beeinträchtigen. So wird z.B. durch eine unnötig lange Ausschließlichkeitsbindung die Wahlmöglichkeit der Lieferanten oder Abnehmer unverhältnismäßig lang eingeschränkt. Zugleich wird durch eine hiermit häufig verbundene Gebietsschutzabrede dem begünstigten Unternehmen ein Absatzmarkt gesichert, den es sich in diesem Fall nicht durch Leistung, sondern durch die wettbewerbsbeschränkende Vereinbarung geschaffen hat. Ebenso verhindern z.B. zeitlich oder sachlich unangemessene Wettbewerbsverbote in Unternehmenskaufverträgen unnötig lang oder in einem unnötig großen Gebiet das Entstehen neuer Konkurrenz. Bereits diese wenigen Beispiele zeigen, daß der Leistungswettbewerb und die Freiheit der Marktgegenseite durch übermäßige Wettbewerbsbeschränkungen in Austauschverträgen auch ohne das Vorliegen marktstruktureller Störungen - wenn auch gewissermaßen "in kleinerem Rahmen" - beeinträchtigt werden.

Es ist allerdings zu bedenken, daß das GWB nicht alle Wettbewerbsbeschränkungen erfassen wollte, sondern nur solche, die vom Gesetzgeber für schädlich erachtet wurden.[392] Dementsprechend ließe sich einwenden, daß § 16 GWB die wettbewerbsschützende Funktion des GWB nur insoweit umsetzen soll, wie es der Gesetzgeber in dieser Vorschrift zum Ausdruck gebracht hat, nämlich eben nur im Hinblick auf hierdurch bewirkte Beeinträchtigungen der Marktstruktur. Angesichts der Tatsache, daß die Bedenken, die den Gesetzgeber zu dieser Beschränkung der Eingriffsbefugnisse in § 16 GWB bewogen haben, bei genauer Betrachtung ungerechtfertigt waren, erweist sich dieser Einwand jedoch als wenig überzeugend.

Vor allem aber ergibt sich gerade aus den Materialien zum GWB, daß eine solch weitgehende Beschränkung des Anwendungsbereichs des § 16 GWB dem mit den Vorschriften des 2. Abschnitts verfolgten Zweck zuwiderläuft. Denn wenn es in den Materialien heißt, daß für die dort geregelten Vereinbarungen in vielen Fällen, wie insbesondere für die Bindungen des § 16 GWB, ein wirtschaftlich und rechtlich anzuerkennendes Bedürfnis besteht,[393] dann wird deutlich, daß das Bestehen eines solchen, wirtschaftlich und rechtlich anzuerkennenden Bedürfnisses gleichsam die Voraussetzung für die rechtlich wohlwollendere, nämlich auf eine Mißbrauchsauf-

---

392 Vgl. Regierungsbegründung, BT-Drucksache II/1158, S. 30 (re. Sp., erster Absatz a.E.); Huber/Baums, in: Frankfurter Kommentar, § 1 Rdn. 410; Niederleithinger, in: Festschrift Benisch, S. 277, 289.

393 Vgl. BT-Drucksache II/1158, S. 26, 37.

sicht beschränkte Behandlung dieser Vereinbarungen sein sollte. Es entspricht also dem Willen des Gesetzgebers, eine kartellrechtliche Unbedenklichkeit der in § 16 GWB genannten Wettbewerbsbeschränkungen nur dann und nur insoweit anzunehmen, wie für sie ein wirtschaftlich und rechtlich anzuerkennendes Bedürfnis besteht. An einem wirtschaftlich und rechtlich anzuerkennenden Bedürfnis für eine solche Wettbewerbsbeschränkung kann es aber auch dann fehlen, wenn z.B. eine Gebietsschutzabrede im Rahmen einer Alleinvertriebsvereinbarung im Hinblick auf die zur Markteinführung des Produktes erforderlichen Investitionen oder etwa ein Wettbewerbsverbot in einem Unternehmenskaufvertrag nicht erforderlich ist.[394]

§ 16 GWB erfordert also bei genauer Betrachtung zwei Prüfungen: Zum einen ist, wie aus dem Wortlaut des § 16 GWB ersichtlich, zu untersuchen, ob durch bestimmte Wettbewerbsbeschränkungen in Austauschverträgen die Marktstruktur in der dort genannten Weise beeinträchtigt wird. Zum anderen ist nach der dieser Vorschrift zugrundeliegenden Teleologie, wie aus den Materialien ersichtlich, zu prüfen, ob für die betreffende wettbewerbsbeschränkende Vereinbarung ein wirtschaftlich und rechtlich anzuerkennendes Bedürfnis besteht, wobei dann auch und vor allem ihre nicht-strukturellen Auswirkungen zu berücksichtigen sind.[395]

dd) Zwischenergebnis

Die § 16 GWB zugrundeliegende Regelungsabsicht des Gesetzgebers zeigt, daß bei der Beurteilung von Wettbewerbsbeschränkungen in Austauschverträgen über die in der Vorschrift ausdrücklich genannten Kriterien hinaus auch die nicht-strukturellen Gesichtspunkte der betreffenden Vereinbarung, wie z.B. ihre Laufzeit oder ihr sachlicher oder räumlicher Geltungsbereich zu berücksichtigen sind. Die Bedenken,

---

394 Dies entspricht auch den im EG-Recht anzulegenden Maßstäben, wo vertikale Wettbewerbsbeschränkungen einer ebenfalls nicht auf Störungen der Marktstruktur beschränkten Prüfung zu unterziehen sind, vgl. z.B. EuGH, Slg. 1966, 281, 304 ("La Technique Minière"). Vgl. auch die Darstellung der Praxis bei Emmerich, in: Immenga/Mestmäcker, EG-Wettbewerbsrecht, Band I, V. A., Rdnrn. 193 ff., 257 ff. Angesichts der Tatsache, daß langfristig die Geltung unterschiedlicher, wettbewerblicher Maßstäbe auf europäischer und nationaler Ebene beseitigt werden sollte (ebenso Bunte, in: Festschrift Helmrich, S. 315, 327), erscheint dieses Verständnis des § 16 GWB auch vor dem Hintergrund einer Angleichung des nationalen Rechts an das EG-Recht sinnvoll.

395 Nun ließe sich zwar argumentieren, daß dann, wenn kein wirtschaftlich und rechtlich anzuerkennendes Bedürfnis (mehr) für die betreffende Vereinbarung besteht, kein Grund mehr gegeben ist, sie aus dem Anwendungsbereich der strengen Vorschrift des § 1 GWB auszunehmen. Gegen diese Schlußfolgerung spricht jedoch die ratio des § 1 GWB, der nur generell wettbewerbsschädliche Vereinbarungen erfassen soll. Auch eine überschießende Wettbewerbsbeschränkung in einem Austauschvertrag ist aber nur im Einzelfall nicht mehr hinnehmbar, weshalb sie folglich auch nicht dem Anwendungsbereich des § 16 GWB entzogen werden kann.

die den historischen Gesetzgeber dazu bewogen haben, den Wortlaut des § 16 GWB auf marktstrukturelle Tatbestände zu begrenzen, haben sich als unbegründet erwiesen und wurden der Sache nach auch in der Praxis nicht als Hindernis verstanden, wettbewerblich unbillige Beschränkungen in Austauschverträgen, wenn auch fälschlicherweise nach § 1 GWB, für unzulässig zu halten. Da die 6. GWB-Novelle deutlicher als die bisherige Gesetzesfassung zum Ausdruck bringt, daß § 1 GWB hierfür nicht der richtige Ansatzpunkt ist, bietet sie Anlaß und Gelegenheit, die umfassende Kontrolle von wettbewerbsbeschränkenden Abreden in Austauschverträgen künftig an ihrer systematisch und teleologisch korrekten Stelle im GWB anzusiedeln, nämlich bei § 16 GWB. Dadurch wird § 1 GWB von nicht dorthin gehörenden Erwägungen "bereinigt" und die Vorschrift des § 16 GWB gegenüber dem insoweit überfrachteten Kartellverbot[396] im Sinne einer auch systematisch ausgewogenen Gewichtung aufgewertet.[397]

d) Das maßgebende Kriterium

Einer kurzen Beleuchtung bedarf damit nur noch der Inhalt des Kriteriums, anhand dessen die ergänzende Beurteilung von Wettbewerbsbeschränkungen in Austauschverträgen zu erfolgen hat, insbesondere sein Verhältnis zu den insoweit bislang angelegten Maßstäben,[398] sowie seine dogmatische Begründung.

aa) Verhältnis zur Rechtsprechung

Nach der jüngsten Rechtsprechung des BGH sind Wettbewerbsbeschränkungen in Austauschverträgen dann unzulässig, wenn bei wertender Betrachtungsweise mit Blick auf die Freiheit des Wettbewerbs ein anzuerkennendes Interesse für die Wettbewerbsbeschränkung nicht besteht.[399] Nach der hier vertretenen Ansicht ist zu prüfen, ob für die betreffende Vereinbarung ein wirtschaftlich und rechtlich anzuerkennendes Bedürfnis besteht. Diese beiden Ansätze entsprechen einander in geradezu auffälliger Weise, die verwendete Terminologie ("anzuerkennendes Be-

---

396 So insbesondere Möschel, Wettbewerbsbeschränkungen, Rdnrn. 170 ff., 204; ähnlich Huber/ Baums, in: Frankfurter Kommentar, § 1 Rdn. 36.

397 Damit ist zugleich auch die umstrittene Frage nach dem Verhältnis dieser beiden Vorschriftengruppen im Sinne der von der h.M. befürworteten Exklusivität beantwortet. Vgl. hierzu jüngst die Kontroverse zwischen Schmidt (Festschrift Sandrock, S. 833 und WuW 2000, 1199) und Rittner (WuW 2000, 696 und WuW 2000, 1204).

398 Dabei soll hier nur noch auf die Rechtsprechung eingegangen werden, da die hauptsächlich von der Literatur vertretene Immanenztheorie, wie dargelegt, abzulehnen ist.

399 Vgl. WuW/E BGH 3115, 3118 ("Druckgußteile"); WuW/E BGH 3121, 3125 ("Bedside-Testkarten"). Die negative Formulierung in diesen Entscheidungen ("soweit ein anzuerkennendes Interesse [...] nicht besteht") dürfte allein aus Gründen der Beweislast gewählt worden sein.

dürfnis" bzw. "anzuerkennendes Interesse") ist praktisch identisch. Zwar wird in den Gesetzesmaterialien allgemein auf ein wirtschaftlich und rechtlich anzuerkennendes Bedürfnis abgestellt, während nach der Rechtsprechung die Vereinbarung gerade mit Blick auf die Freiheit des Wettbewerbs zu beurteilen ist. Sachlich führt dies jedoch zu keinem anderen Maßstab. Denn bei der kartellrechtlichen Beurteilung ist stets zu bedenken, daß das GWB lediglich die Freiheit des Wettbewerbs sichern will - hierin liegt der wahre Kern der oben genannten Bedenken des Gesetzgebers, nach denen der Schutz der individuellen wirtschaftlichen Bewegungsfreiheit Sache des allgemeinen Zivilrechts sei. Angesichts dieses Schutzzwecks kann sich die Frauge nach einem anzuerkennenden Bedürfnis daher nur insoweit stellen, als es darum geht, ob ein solches Bedürfnis gerade mit Blick auf den Schutz der Freiheit des Wettbewerbs anzunehmen ist.

Dementsprechend ist davon auszugehen, daß sich die von der jüngsten Rechtsprechung angelegten Maßstäbe bei der Prüfung von Wettbewerbsbeschränkungen in Austauschverträgen von dem in den Gesetzesmaterialien genannten und auch in dieser Arbeit vertretenen Ansatz im Ergebnis nicht unterscheiden. Die hier vertretene Auffassung trägt daher nicht nur dem Bedürfnis nach Rechtssicherheit Rechnung, sondern berücksichtigt zugleich den Willen des Reformgesetzgebers, der mit der Neufassung bekanntlich keine sachliche Änderung herbeiführen wollte. Angesichts der Tatsache, daß es sich bei der verwendeten Terminologie ("wirtschaftlich und rechtlich anzuerkennendes Bedürfnis") um die Worte des Gesetzgebers handelt, sollte diese der von der Rechtsprechung verwendeten Begrifflichkeit vorgezogen werden.

bb) Systematische Einordnung: Abgrenzungs- oder Zulässigkeitskriterium

In systematischer Hinsicht kann der Rechtsprechung hingegen nicht gefolgt werden. Diese verstand das von ihr eingeführte Kriterium des "anzuerkennenden Interesses" als Abgrenzungskriterium zwischen den §§ 1 ff., 14 ff. GWB.[400] Die vorangegangenen Untersuchungen haben jedoch gezeigt, daß dies nicht der Fall sein kann: Bei der Frage nach einem anzuerkennenden Bedürfnis geht es nämlich nur darum, ob sich eine vertikale Wettbewerbsbeschränkung noch in den von § 16 GWB gebilligten Grenzen hält. Auch wenn dies nicht der Fall ist, überschreitet die betreffende Vereinbarung, was ihre Wettbewerbsschädlichkeit angeht, gleichwohl nicht die Grenze zu den, vom Verbot des § 1 GWB aufgrund ihrer generellen Wettbewerbs-

400 Vgl. WuW/E BGH 3115, 3117 f. ("Druckgußteile"); WuW/E BGH 3121, 3124 f. ("Bedside-Testkarten").

schädlichkeit erfaßten, horizontalen Wettbewerbsbeschränkungen. Vielmehr beruht die kartellrechtliche Mißbilligung auch in diesem Fall lediglich darauf, daß die Wettbewerbsbeschränkung nur im konkreten Einzelfall nicht mehr hinnehmbar ist. Das anzuerkennende Bedürfnis betrifft daher nicht die Abgrenzung, sondern die Zulässigkeit der Vereinbarung, es ist als ein, § 16 GWB ergänzendes, Zulässigkeitskriterium zu verstehen und nicht als ein Abgrenzungskriterium anzusehen.

cc) Dogmatische Begründung

Damit stellt sich nur noch die Frage nach der dogmatischen Begründung für diese ergänzende Zulässigkeitsprüfung. Nachdem die Immanenztheorie oben abgelehnt wurde, wäre es widersprüchlich, nach ihrem Vorbild, nur eben in umgekehrter Richtung, eine ungeschriebene Erweiterung des Gesamttatbestands des § 16 GWB vorzunehmen.[401] Dies ist indes auch gar nicht erforderlich. Denn wie sich bereits oben gezeigt hat, stellt die Immanenztheorie, abgesehen von den gegen sie in systematischer Hinsicht bestehenden Bedenken, letztlich nur ein "Etikett" für eine anerkannte Form der Rechtsfortbildung bzw. teleologisch begründeter Gesetzeskorrektur dar.[402] Eine solche läßt sich aber auch hier vornehmen. Denn wie sich ebenfalls gezeigt hat, ist der Wortlaut des § 16 GWB vom historischen Gesetzgeber im Vergleich zu dem, dieser Vorschrift zugrundeliegenden Regelungsplan aufgrund letztlich ungerechtfertigter Bedenken zu eng gefaßt worden. Anders als z.B. in den Fällen der Wettbewerbsverbote in Gesellschaftsverträgen, wo der Wortlaut des § 1 GWB über die Teleologie des Gesetzes hinausgeht, scheinen hier Sachverhalte, die vom Gesetz eigentlich geregelt werden sollten, nicht erfaßt zu werden. Es liegt daher eine verdeckte Normlücke vor,[403] die im Wege einer "telelogischen Extension" zu schließen ist.[404]

---

401 Vgl. insoweit Schwintowski, WuW 1997, 769, 774, der mit Blick auf die Entscheidung WuW/E BGH 2668 ("Pauschalreiseveranstalter") von einer "Immanenztheorie zur Tatbestandserweiterung" spricht.

402 Vgl. Kretzer, Immanenztheorien, S. 11 ff., 20, 23 und schon oben A. II. 3. b) bb).

403 Eine sog. "verdeckte" Lücke liegt nach h.M. vor, wenn eine Norm eine Regelung trifft, die sich aber, gemessen an der Teleologie des Gesetzes, als nicht sachgerecht erweist, vgl. Larenz, Methodenlehre, S. 381 ff., 391 ff.; Fikentscher, Methoden des Rechts III, S. 722 ff. Eine "Normlücke" im Gegensatz zu einer "Regelungslücke" liegt vor, wenn nicht eine Regelung im Ganzen, sondern nur ein einzelner Rechtssatz (hier also § 16 GWB) unvollständig ist, vgl. Larenz, Methodenlehre, S. 372; Canaris, Lücken im Gesetz, S. 60, 137; Fikentscher, Methoden des Rechts III, S. 719.

404 Vgl. hierzu Canaris, Lücken im Gesetz, S. 89 f.; ihm folgend Larenz, Methodenlehre, S. 397 ff. Aus der Praxis vgl. BGHZ 32, 246, 248 f. für den Fall der Anwendung des § 844 Abs. 2 BGB auf entgangene Rentenansprüche als Folgeschaden unterbliebener Unterhaltsleistungen. Anders wohl Fikentscher, Methoden des Rechts III, S. 728, der dies - obwohl er die Ergebnisse letztlich billigt - als eine Rechtsfortbildung extra legem ansähe. Dem kann - jedenfalls für den hier vorliegenden Fall - nicht gefolgt werden: wie geprüft wurde, läßt der Normzweck des § 16 GWB

In tatbestandlicher Hinsicht ist hierbei beim Merkmal der "wesentlichen Wettbewerbsbeeinträchtigung" in § 16 GWB anzusetzen. Denn wie sich aus der oben genannten Stelle in den Gesetzesmaterialien ergibt, ging des Gesetzgeber davon aus, daß nur solche Wettbewerbsbeschränkungen unbeachtlich, mithin eben keine "wesentlichen Wettbewerbsbeeinträchtigungen" i.S.d. (heutigen) § 16 GWB darstellen sollten, für die ein in wirtschaftlicher und rechtlicher Hinsicht anzuerkennendes Bedürfnis besteht. Wenn es aber an einem solchen Bedürfnis fehlt, handelt es sich um eine auch von § 16 GWB mißbilligte, mithin um eine Wettbewerbsbeschränkung im Sinne dieser Vorschrift. Die Teleologie des Gesetzes erfordert es daher, die Mißbilligung des § 16 GWB über seinen zu engen Wortlaut hinaus auch auf derartige Wettbewerbsbeschränkungen zu erstrecken.

e) Zwischenergebnis

Wettbewerbsbeschränkungen in Austauschverträgen sind im Rahmen des § 16 GWB ergänzend darauf hin zu untersuchen, ob für sie mit Blick auf den Schutz der Freiheit des Wettbewerbs ein anzuerkennendes Bedürfnis besteht. Hierbei kann auf die von der Rechtsprechung entwickelten Kriterien zurückgegriffen werden, die diesem Maßstab in angemessener Weise Rechnung tragen. Das anzuerkennende Bedürfnis ist dabei als Zulässigkeitskriterium zu begreifen und insoweit ergänzend zum Abgrenzungskriterium der Vereinbarung zwischen Wettbewerbern bzw. der horizontalen Wettbewerbsbeschränkung heranzuziehen. Damit wird letztlich nur das Verständnis auch offen ausgesprochen, welches in der Sache bereits seit langem praktiziert wurde, nämlich die Existenz eines ergänzenden (Zulässigkeits-) Kriteriums bei der Beurteilung von Wettbewerbsbeschränkungen in Austauschverträgen. Allerdings erfolgt es auf diese Weise an seiner systematisch und teleologisch "richtigen" Stelle im GWB.

---

durchaus erkennen, daß eine solche, nicht auf "marktstrukturelle" Auswirkungen begrenzte Prüfung gewollt war.

3. Die verfahrensrechtliche Problematik

Hierbei ergibt sich jedoch eine verfahrensrechtliche Problematik.

a) Die Zuständigkeit der Kartellbehörde

Anders als § 1 GWB, der die dort geregelten Vereinbarungen ausdrücklich verbietet, und über § 134 BGB somit ohne weiteres zu ihrer Unwirksamkeit führt,[405] enthält § 16 GWB lediglich eine Ermächtigung an die Kartellbehörde (der darüber hinaus ein, wenn auch möglicherweise reduziertes,[406] Ermessen zusteht),[407] die Vereinbarungen bei Vorliegen der Eingriffsvoraussetzungen für unwirksam zu erklären. Die gebundene Vertragspartei oder auch Dritte können sich daher nicht ohne weiteres auf die Unzulässigkeit der Vereinbarung berufen; bis zur Entscheidung der Kartellbehörde ist die betreffende Vereinbarung vielmehr wirksam.[408] Gegenüber der bisherigen Behandlung nach § 1 GWB würde dies, was die Effektivität des Rechtsschutzes angeht, eine erhebliche Verschlechterung darstellen. Zwar erfolgt die Kontrolle materiell letztlich anhand derselben Kriterien; eine unmittelbare Berufung auf die Unwirksamkeit der Vereinbarung ist hingegen nicht mehr möglich.

b) Einführung des Verbotsprinzips?

Diese Schwierigkeiten, die die Effektivität der Kontrolle wettbewerbsbeschränkender Vereinbarungen erheblich einschränken würden, ließen sich - de lege ferenda - dadurch ausräumen, daß auch für die vertikalen Wettbewerbsbeschränkungen ein grundsätzliches Verbot mit Freistellungsmöglichkeit eingeführt würde.[409] Dies

---

405 Vgl. Regierungsbegründung, BR-Drucksache 852/97, S. 47; Emmerich, Kartellrecht, § 3, 2, § 4, 6 a; Bechtold, NJW 1998, 2769, 2770; Bunte, DB 1998, 1748, 1749; Kahlenberg, BB 1998, 1593, 1594.

406 Nach Liebs, Vertriebsverträge, S. 42 f., soll durch das Wort "kann" nicht ein Ermessen der Kartellbehörde begründet werden; da der Tatbestand des § 16 ("wesentliche Beeinträchtigung des Wettbewerbs") bereits alle relevanten Gesichtspunkte enthalte, verdeutliche es lediglich, daß die Kartellbehörde zur Auslegung der unbestimmten Rechtsbegriffe berufen sei; gegen das Bestehen eines Ermessens auch Emmerich, in: Immenga/Mestmäcker, § 18 Rdn. 248.

407 So die h.M., vgl. WuW/E BGH 1515 ("Rhenania Pilsener"); KG, WuW/E OLG 4341; Wolter, in: Frankfurter Kommentar, § 18 Rdn. 180 f.; Fikentscher/Straub, in: Gemeinschaftskommentar, § 18 Rdn. 338; v. Gamm, Kartellrecht, § 18 Rdn. 25; Möschel, Wettbewerbsbeschränkungen, Rdn. 435; Lutz, BB 1965, 1336, 1339, die sich auch auf § 71 V 1 GWB stützen kann, der eine Kontrolle der Ermessenserwägungen durch die Gerichte vorsieht.

408 WuW/E BGH 602, 603 ("Schiffspumpen"); Wolter, in: Frankfurter Kommentar, § 18 Rdn. 167; Fikentscher/Straub, in: Gemeinschaftskommentar, § 18 Rdnrn. 328 f.

409 So insbesondere Emmerich, in: Immenga/Mestmäcker, § 18 Rdnrn. 5, 8 a; ders., Kartellrecht, § 15, 1; Kirchhoff, Vertikale Vertriebsverträge, S. 372; Kapp, Vertikale Vertriebsbindung, S. 153; Schüller, ORDO 1968, 171, 241 f. Dagegen ausdrücklich van den Bergh/Camesasca, WuW 1998, 1147, 1153; Eisenkopf, Wirtschaftsdienst 1998, 626, 628.

entspräche auch den derzeitigen Entwicklungstendenzen im GWB: So wurde in der 6. GWB-Novelle sowohl bei § 1 GWB als auch bei § 19 GWB (Mißbrauch einer marktbeherrschenden Stellung) ein ausdrückliches Verbot statuiert.[410] Das GWB bewegt sich folglich eindeutig in Richtung einer Ausweitung des Verbotsprinzips. Die Einführung des Verbotsprinzips auch bei vertikalen Wettbewerbsbeschränkungen stünde darüber hinaus auch im Einklang mit einem der Hauptziele der jüngsten Reform - der Stärkung des Wettbewerbsprinzips:[411] Wie bei §§ 1, 19 GWB[412] ließe sich hierdurch auch im Bereich der vertikalen Wettbewerbsbeschränkungen eine bessere Vorfeldwirkung gegenüber unbilligen Beschränkungen der Wettbewerbsfreiheit erreichen als durch eine bloße Einschreitensermächtigung.[413]

Letztlich ist allerdings zu bezweifeln, ob dies der richtige Weg wäre. Denn ein grundsätzliches Verbot dient, wie auch bei der jüngsten Novellierung wieder hervorgehoben wurde, auch und vor allem dazu, das Unwerturteil gegenüber der betreffenden Art von Wettbewerbsbeschränkung deutlich zum Ausdruck zu bringen.[414] Ein solches Unwerturteil läßt sich gegenüber vertikalen Wettbewerbsbeschränkungen angesichts ihrer wettbewerblich ambivalenten Wirkung (vgl. oben III. 2. a), b)) aber nicht allgemein fällen. Die Einführung des Verbotsprinzips würde dem wettbewerblichen Charakter vertikaler Wettbewerbsbeschränkungen daher nicht gerecht.

c) Lösungsmöglichkeiten de lege lata

Entscheidendes Gewicht muß aber ohnehin der Frage zukommen, wie den aufgezeigten verfahrensrechtlichen Problemen de lege lata abgeholfen werden kann.

---

410 Während dies bei § 1 GWB im Vergleich zur früheren Rechtslage jedoch keine besonderen Auswirkungen hat (auch bislang war das Sich-Hinwegsetzen über die Unwirksamkeit bußgeldbewehrt, vgl. oben 1. Teil, A.), bringt es bei § 19 GWB eine echte Neuerung. Denn - und insoweit war die Rechtslage der vorliegenden vergleichbar - auch der (frühere) § 22 GWB sah Sanktionen erst vor, wenn sich das betreffende Unternehmen über eine behördliche Mißbrauchsverfügung hinwegsetzte. Demgegenüber enthält der nunmehr Art. 82 EGV angepaßte § 19 GWB eine unmittelbar wirkende Verbotsnorm.

411 Vgl. BR-Drucksache 852/97, S. 31.

412 Vgl. insoweit BR-Drucksache 852/97, S. 32, 36.

413 Vgl. Fuchs, Kartellvertrag, S. 7. Mit der Angleichung an das europäische Recht ließe sich ein grundsätzliches Verbot auch vertikaler Wettbewerbsbeschränkungen hingegen wohl nicht rechtfertigen. Das Verbot derartiger Beschränkungen dient im EG-Recht der Verwirklichung des Binnenmarktes durch Schutz gegen eine Abschottung der nationalen Märkte (vgl. Regierungsbegründung, BR-Drucksache 852/97, S. 32), eine Zielsetzung, die dem GWB so nicht zugrundeliegt.

414 Vgl. BR-Drucksache 852/97, S. 32 (zum neuen § 1 GWB).

aa) § 16 GWB als Verbotsgesetz

Sofern es sich bei § 16 GWB um ein Verbotsgesetz handelt, würde ein Verstoß gegen diese Vorschrift über § 134 BGB letztlich doch, wie bei § 1 GWB, zur Unwirksamkeit der erfaßten Vereinbarungen führen. Für die Einordnung des § 16 GWB als Verbotsgesetz läßt sich anführen, daß durch die Statuierung einer Eingriffsermächtigung durchaus die Mißbilligung bestimmter wettbewerbsbeschränkender Abreden in Austauschverträgen zum Ausdruck kommt,[415] was vor dem Hintergrund der Tendenz im GWB zur Stärkung des Verbotsprinzips eine Interpretation auch des § 16 GWB als Verbotstatbestand rechtfertigen könnte. Angesichts des eindeutigen Wortlauts des § 16 GWB und dem dahinterstehenden Willen des Gesetzgebers, lediglich eine Mißbrauchsaufsicht einzuführen, dürfte ein solches Verständnis aber de lege lata ausgeschlossen sein.[416]

bb) § 16 GWB als Schutzgesetz i.S.d. § 33 GWB

Näherer Prüfung bedarf indes die Frage, ob § 16 GWB nicht zumindest als Schutzgesetz i.S.d. § 33 GWB (der dem alten § 35 GWB entspricht) anzusehen ist, mit der Folge, daß auch schon vor dem Eingreifen der Kartellbehörde ein Unterlassungs- bzw. Schadensersatzanspruch vor den ordentlichen Gerichten geltend gemacht werden kann.[417]

(1) Der Meinungsstand

Nach wohl überwiegender Ansicht kommt § 16 GWB jedoch keine Schutzgesetzeigenschaft i.S.d. § 33 GWB zu.[418] Demgegenüber steht ein beachtliche Gegen-

---

415 Vgl. OLG Frankfurt, WuW/E OLG 1589, 1592 ("Eintrittsgelder"), allerdings in Zusammenhang mit § 138 BGB.

416 Nahezu einhellige Meinung, vgl. Emmerich, in: Immenga/Mestmäcker, § 18 Rdn. 264; Wolter, in: Frankfurter Kommentar, § 18 Rdn. 195; Fikentscher/ Straub, in: Gemeinschaftskommentar, § 18 Rdn. 383; Biedenkopf, Wettbewerbsbeschränkung, S. 210; Schmidt, Kartellverfahrensrecht, S. 274.

417 Einen Unterlassungsanspruch als Rechtsfolge sah der alte § 35 GWB - anders als nunmehr § 33 GWB - zwar nicht ausdrücklich vor; nach ganz h.M. gewährte er aber wie alle deliktsrechtlichen Tatbestände einen Unterlassungsanspruch, vgl. Emmerich, in: Immenga/Mestmäcker, § 35 Rdnrn. 100 ff.; Biedenkopf, Wettbewerbsbeschränkung, S. 216 f. Diese Ansicht konnte sich vor allem auf den Wortlaut des alten § 35 III GWB stützen, der das Bestehen eines Unterlassungsanspruchs erkennbar voraussetzte, wenn es dort hieß, daß "ein Anspruch auf Unterlassung auch von Verbänden zur Förderung gewerblicher Interessen geltend gemacht werden" konnte.

418 OLG Düsseldorf, WuW/E OLG 1801, 1803 ("Rhenania Pilsener"); Wolter, in: Frankfurter Kommentar, § 18 Rdn. 196; Fikentscher/Straub, in: Gemeinschaftskommentar, § 18 Rdn. 384;

ansicht auf dem Standpunkt, § 16 GWB sei als Schutzgesetz anzusehen.[419] Von beiden Ansichten werden nun eine ganze Reihe von Argumenten zur Begründung ihrer jeweiligen Standpunkte ins Feld geführt. Diesen soll daher kurz nachgegangen werden.

(2) Die Argumente

Ausgangspunkt der Vertreter, die eine Schutzgesetz-Eigenschaft des § 16 GWB bejahen ist die Überlegung, daß - wie gerade aus § 33 GWB ersichtlich werde - das Recht gegen Wettbewerbsbeschränkungen eine erhebliche privatrechtliche Relevanz habe; dieser Bedeutung entsprechend dürften die Gerichte nicht daran gehindert werden, die dort getroffenen Wertentscheidungen jedenfalls im Außenverhältnis gegenüber Wettbewerbern zu berücksichtigen, auch wenn sich die Vorschrift ausdrücklich nur an die Exekutive wendet.[420] Mit dieser Überlegung werden jedoch zwei ganz unterschiedliche Gesichtspunkte angesprochen, nämlich zum einen die Frage des öffentlichrechtlichen oder privatrechtlichen Charakters einer Norm, zum anderen die Frage, wem die Anwendung des § 16 GWB obliegt. Auf sie soll daher auch getrennt eingegangen werden.

Soweit es die erste Frage angeht, ist von der herrschenden Meinung zu Recht eingewandt worden, daß die Einordnung einer Norm als öffentlichrechtlich oder privatrechtlich noch keine Aussage darüber enthält, ob dieser Norm auch Schutzcharakter gegenüber dem Einzelnen zukommt.[421] Vielmehr können sowohl privatrechtliche wie auch öffentlichrechtliche Normen Schutzgesetze sein. Die erste Überlegung ist für die Beantwortung der Frage nach dem Schutzgesetzcharakter des § 16 GWB daher unergiebig.

Hinsichtlich der zweiten Überlegung, die Gerichte müßten zur Berücksichtigung der in § 16 GWB getroffenen Wertentscheidungen befugt sein, wird dem von der überwiegenden Ansicht entgegengehalten, die bei § 16 GWB gewählte Technik zeige,

---

v. Gamm, Kartellrecht, § 18 Rdn. 2; Leo, WuW 1959, 485, 488; Gleiss/Kracht, NJW 1959, 971, 972.

419 Emmerich, in: Immenga/Mestmäcker, § 35 Rdn. 46; Schmidt, Kartellverfahrensrecht, S. 377, 381; Jansen, Kopplungsverträge, S. 123 f.; Koch, Schadenersatz, S. 67; Kretzer, Immanenztheorien, S. 180; Mestmäcker, DB 1968, 787, 789. Diese berufen sich dabei überwiegend auf die Vorarbeiten von Biedenkopf, Wettbewerbsbeschränkung, S. 218 f., der sich bereits kurz nach Inkrafttreten des GWB mit dieser Frage beschäftigte.

420 Emmerich, in: Immenga/Mestmäcker, § 35 Rdn. 45; Jansen, Kopplungsverträge, S. 128; Koch, Schadenersatz, S. 67; Mestmäcker, DB 1968, 787, 789.

421 Liebs, Vertriebsverträge, S. 34 ff.

daß der Gesetzgeber den von dieser Vorschrift bezweckten Schutz in die Hände der Kartellbehörden und nicht der Gerichte gelegt habe.[422] Zwar ist in diesem Zusammenhang zu berücksichtigen, daß der BGH, wenn auch nicht für § 16 GWB, sondern für den (damaligen) § 27 GWB (betreffend die Aufnahme in einen Wirtschaftsverband), der allerdings dieselbe Struktur aufwies wie § 16 GWB, d.h. ebenfalls zunächst eine Einschaltung der Kartellbehörde vorsah, entschieden hat, daß diese Vorschrift zumindest auch dem Schutz des einzelnen Unternehmens zu dienen bestimmt sei, und die fehlende vorherige Anrufung der Kartellbehörde einer gerichtlichen Entscheidung nicht entgegenstehe.[423] Zur Begründung dieser Ansicht, die der ganz herrschenden Meinung zu § 27 GWB entspricht,[424] berief sich der BGH auf das alliierte Dekartellierungsrecht, das ein dem § 27 GWB entsprechendes Schutzgesetz enthielt, das durch den Erlaß des GWB keine sachliche Änderung erfahren sollte.

Bereits diese Begründung macht aber deutlich, daß sie für die Frage der Schutzgesetz-Eigenschaft von § 16 GWB ebenfalls nichts herzugeben vermag. Was damit allein gesagt sein könnte, ist, daß die Inanspruchnahme der Gerichte nicht von einer vorherigen Einschaltung der Kartellbehörden abhängt, wenn es sich bei der fraglichen Bestimmung um ein Schutzgesetz handelt. Ob dies der Fall ist, ist damit für § 16 GWB nicht gesagt, sondern nur für § 27 GWB.

Zur Begründung der Schutzgesetz-Eigenschaft des § 16 GWB wird des weiteren angeführt, es entspreche dem ausdrücklichen Willen des GWB-Gesetzgebers, den Schutz des Einzelnen durch die ordentlichen Gerichte zu gewährleisten.[425] Diese Sicht beruht indes auf einer Fehlinterpretation der oben zitierten Passage aus den Gesetzesmaterialien, wonach die Kontrolle der unbilligen Einschränkung der individuellen, wirtschaftlichen Bewegungsfreiheit Sache der ordentlichen Gerichte sei.[426] Wie sich aus dem Kontext der genannten Passagen ergibt, war hiermit nämlich ein Schutz anhand der Vorschriften außerhalb des GWB gemeint. Über den

---

422 Liebs, Vertriebsverträge, S. 37.

423 WuW/E BGH 288, 290 f. ("Großhändlerverband II"); bestätigt von WuW/E BGH 407, 409 ("Molkereigenossenschaft"); zustimmend OLG Düsseldorf, WuW/E OLG 685 ("Funktaxibesitzerverein").

424 Vgl. WuW/E BGH 288, 290 f. ("Großhändlerverband II"); OLG Düsseldorf, WuW/E OLG 685 ("Funktaxibesitzerverein"); Markert, in: Immenga/Mestmäcker, § 27 Rdn. 47; Carlhoff, in: Frankfurter Kommentar, § 27 Rdnrn. 82 ff.; Gießler, in: Müller/Gießler/Scholz, § 27 Rdn. 2; v. Gamm, Kartellrecht, § 27 Rdn. 16; Möschel, Wettbewerbsbeschränkungen, Rdn. 696; Steinbeck, WuW 1996, 91, 95.

425 Biedenkopf, Wettbewerbsbeschränkung, S. 219.

426 Vgl. Bericht des Ausschusses für Wirtschaftspolitik, zu BT-Drucksache II/3644, S. 23; Regierungsbegründung, BT-Drucksache VI/2520, S. 21.

Schutzgesetzcharakter des § 16 GWB läßt sich der Äußerung folglich keine Aussage entnehmen.[427]

Weiterhin soll für eine Schutzgesetz-Eigenschaft des § 16 GWB sprechen, daß dritte Wettbewerber keinen Anspruch auf ein Tätigwerden der Kartellbehörde haben; hieraus folge, daß der Schutz durch die ordentlichen Gerichte sichergestellt werden müsse.[428] Auch diese Erwägung kann jedoch die Schutzgesetz-Eigenschaft des § 16 GWB nicht belegen. Denn die Streichung des (ursprünglich vorgesehenen) Antragsrechts durch den wirtschaftspolitischen Ausschuß und die damit verbundene Schwächung des Rechtsschutzes wurden bewußt in Kauf genommen.[429] Dieser Stellungnahme hätte es nicht bedurft, wäre der Gesetzgeber davon ausgegangen, daß den Betroffenen mit § 16 GWB ohnehin ein effektiver Rechtsbehelf zur Verfügung stünde, mit dem alle Fälle des § 16 GWB vor den ordentlichen Gerichten verfolgt werden könnten.[430]

Aber auch die scheinbar für die herrschende Meinung sprechende Überlegung, bei § 16 GWB könne es sich schon deshalb nicht um ein Schutzgesetz i.S.d. § 33 GWB handeln, weil die Vorschrift kein bestimmtes Ge- oder Verbot enthält, was jedoch Voraussetzung für die Schutzgesetz-Eigenschaft einer Norm sei,[431] trifft nicht zu. Denn hierauf kommt es bei der Einordnung einer Norm als Schutzgesetz nicht an. Entscheidend ist allein, ob die Norm ihrem Zweck und Inhalt nach einen Individualschutz gewähren möchte; dies kann nicht von formalen Elementen, wie z.B. der Formulierung abhängen.[432]

Letztlich bleiben daher die Vertreter beider Ansichten den konkreten und schlüssigen Nachweis schuldig, ob und warum es sich bei § 16 GWB um ein Schutzgesetz i.S.d. § 33 GWB handeln soll oder nicht.

---

427 Ebenso Liebs, Vertriebsverträge, S. 40.

428 Biedenkopf, Wettbewerbsbeschränkung, S. 218.

429 Vgl. zu BT-Drucksache II/3644, S. 23 ("Die Tatsache, daß die Kartellbehörde infolge der Streichung des Antragsrechts [...] nicht in gleichem Maße zu handeln verpflichtet ist wie im Falle der Wahrnehmung eines gesetzlich gesicherten Antragsrechts wird in Kauf genommen").

430 Auch die Ansicht von Mestmäcker (DB 1968, 787, 790), entscheidendes Gewicht bei der Prüfung der Schutzgesetz-Eigenschaft komme der Justiziabilität der betreffenden Vorschrift zu, erweist sich als wenig hilfreich: Denn dies kann allenfalls eine notwendige, keinesfalls aber eine hinreichende Bedingung eines Schutzgesetzes sein.

431 Vgl. WuW/E BGH 1361, 1364 ("Krankenhauszusatzversicherung"); Benisch, in: Gemeinschaftskommentar, § 35 Rdn. 4; Mailänder, Privatrechtliche Folgen, S. 163; Leo, WuW 1959, 485, 488.

432 Mertens, in: Münchener Kommentar BGB, § 823 Rdn. 162; Larenz/Canaris, Band II/2, § 77 II 2 a; Jansen, Kopplungsverträge, S. 124 f.

(3) Die Voraussetzungen eines Schutzgesetzes i.S.d. § 33 GWB

Richtigerweise muß die Untersuchung, ob es sich bei § 16 GWB um ein Schutzgesetz handelt, bei den Merkmalen eines Schutzgesetzes ansetzen. Angesichts der Tatsache, daß der Gesetzgeber § 33 GWB der Vorschrift des § 823 II BGB bewußt nachgebildet hat,[433] ist davon auszugehen, daß es bei § 33 GWB auf dieselben Kriterien ankommt, wie sie für § 823 II BGB gelten.[434] Um ein Schutzgesetz i.S.d. 823 II BGB handelt es sich, wenn die Norm nach ihrem Zweck und Inhalt - und sei es auch nur neben dem Schutz der Allgemeinheit - zumindest auch auf den Schutz von Individualinteressen ausgerichtet ist, so daß der Betroffene diesen Schutz auch selbst verwirklichen können soll.[435] Die Grenze verläuft dabei dort, wo es sich bei dem Individualschutz lediglich um den Reflex des Normzwecks handelt; auf der anderen Seite reicht es aber aus, wenn es sich bei dem Individualschutz um eines von mehreren gesetzgeberischen Zielen handelt, selbst wenn der Schutz der Allgemeinheit ganz im Vordergrund steht.[436]

(a) Der Wortlaut des § 16 GWB

Aus dem Wortlaut des § 16 GWB selbst ergeben sich keine direkten Anhaltspunkte dafür, daß § 16 GWB (auch) dem Schutz von Individualinteressen dienen soll. Denn nach seiner Neufassung durch die 6. GWB-Novelle enthält § 16 GWB als einzigen Eingriffstatbestand nur noch die durch das Ausmaß der dort genannten Beschränkungen bewirkte, wesentliche Beeinträchtigung des Wettbewerbs auf dem betreffenden Markt. Enthielt der (frühere) § 18 GWB mit den Eingriffstatbeständen der unbilligen Beeinträchtigung des Marktzutritts für andere Unternehmen oder der gleichartigen Bindung einer erheblichen Zahl von Unternehmen[437] noch Merkmale, die den Schluß zuließen, der Gesetzgeber habe zumindest auch den Schutz der gebundenen oder am Marktzutritt gehinderten Unternehmen bezweckt,[438] stellt der

433 Vgl. Regierungsentwurf, BT-Drucksache II/1158, S. 44.

434 Ganz h.M., vgl. WuW/E BGH 1299, 1300 ("Strombezugspreis"); Benisch, in: Gemeinschaftskommentar, § 35 Rdn. 1; Liebs, Vertriebsverträge, S. 18 ff., 22; Koch, Schadenersatz, S. 13; anders wohl nur Leo, WuW 1959, 485, 486.

435 Vgl. Palandt-Thomas, § 823 Rdn. 141; Mertens, in: Münchener Kommentar BGB, § 823 Rdn. 162 f.; Larenz/Canaris, Band II/2, § 77 II 2 a; Kötz, Deliktsrecht, Rdn. 170; Schmidt, Kartellverfahrensrecht, S. 357. Für § 33 GWB vgl. z.B. Benisch, in: Gemeinschaftskommentar, § 35 Rdn. 2.

436 Vgl. WuW/E BGH 1299, 1300 ("Strombezugspreis"); Benisch, in: Gemeinschaftskommentar, § 35 Rdn. 2; Mertens, in: Münchener Kommentar BGB, § 823 Rdn. 163.

437 § 18 I lit. b), a) GWB, vgl. erstmals in BGBl. 1973 I S. 917, 918.

438 Jansen, Kopplungsverträge, S. 123; Koenigs, in: Wettbewerb als Aufgabe, S. 301, 303 ff.; Eisenkopf, Wirtschaftsdienst 1998, 626, 629.

neue § 16 GWB nur noch auf die Beeinträchtigung des Wettbewerbs als solchem ab. Zwar sollte mit der Neufassung, wie dargelegt, keine sachliche Änderung bewirkt werden;[439] angesichts der Tatsache, daß mit dieser Änderung auch der letzte tatbestandliche Anknüpfungspunkt für einen Individualschutz entfallen ist, spricht der Wortlaut des § 16 GWB gegen die Schutzgesetz-Eigenschaft dieser Norm.

(b) Der Normzweck des § 16 GWB

Dies scheint auch dem herrschenden Verständnis des Normzwecks des § 16 GWB zu entsprechen. Dieser besteht nach ganz überwiegender Meinung im Schutz des Wettbewerbs als Institution; die Märkte sollen durch Beseitigung künstlicher Marktzutrittsschranken offengehalten werden.[440] Zwar hat sich oben gezeigt, daß § 16 GWB von der herrschenden Meinung insoweit etwas zu eng interpretiert wird, als richtigerweise nicht nur marktstrukturelle Störungen, sondern auch Auswirkungen unterhalb dieser Schwelle zu berücksichtigen sind. Aber auch diese ergänzende Beurteilung erfolgt, wie oben dargelegt wurde, im Hinblick auf die Freiheit "des Wettbewerbs". Danach scheint § 16 GWB in der Tat keine individualschützende Funktion zuzukommen.

Ganz unzweifelhaft ist dies aber gleichwohl nicht: Denn wenn es heißt, § 16 GWB diene der Offenhaltung der Märkte, dann kann dahinter nur das Bestreben stehen, dritten Unternehmen hierdurch den Zutritt zu eben diesen Märkten zu ermöglichen, ein Ziel, das auch im früheren § 18 GWB zum Ausdruck kam. Darüber hinaus heißt es in der Regierungsbegründung, Zweck sei es "in erster Linie", die Märkte offenzuhalten;[441] dies läßt jedoch sehr wohl noch Raum für andere Zwecke.

Wenngleich der Schutz "des Wettbewerbs" danach bei § 16 GWB im Vordergrund steht, läßt sich nach den bisherigen Untersuchungen gleichwohl nicht sagen, daß § 16 GWB nicht auch eine begrenzte, individualschützende Funktion zukommen könnte.

---

439 Regierungsentwurf, BR-Drucksache 852/97, S. 51.

440 Vgl. BR-Drucksache 852/97, S. 51; Emmerich, in: Immenga/Mestmäcker, § 18 Rdn. 216 a; Klosterfelde/Metzlaff, in: Langen/Bunte, § 18 Rdn. 179; Rittner, DB 1957, 1118, 1121.

441 BR-Drucksache 852/97, S. 51.

(c) Besonderheit im Falle eines Wettbewerbsschutzes

Aber selbst wenn man einmal unterstellen würde, daß § 16 GWB nur den Schutz des Wettbewerbs als solchem bezweckt, stellt sich die Frage, ob sich der Schutz "des Wettbewerbs" vom Schutz der individuellen Wettbewerber ohne weiteres trennen läßt.

Eine Vorstellung vom Wettbewerb als Schutzobjekt, das "als solches" zu schützen sei, und von dessen Schutz nur ein bloßer Schutzreflex auf die Wettbewerber abfalle, wird der Natur des Wettbewerbs nämlich nicht gerecht. Denn eine Aussage über "den" Wettbewerb bedingt notwendigerweise eine Aussage über das Verhalten, das der einzelne Wettbewerber in diesem Prozeß zeigen kann oder will.[442] Ohne die Wechselwirkung der wettbewerblichen Beziehungen der Wettbewerber untereinander mit der Institution "Wettbewerb" ist der Schutz des Wettbewerbs und damit der Zweck des GWB nicht erklärlich.[443] Die Wettbewerber bzw. ihr Verhalten "sind" gleichsam der Wettbewerb, so wie sich der Wettbewerb letztlich als die Voraussetzungen und die Konsequenzen ihres Verhaltens darstellt. Der Schutz des Einzelnen und der Schutz der Institution Wettbewerb stehen sich daher nicht gegensätzlich gegenüber; sie bilden vielmehr zwei, miteinander zwangsläufig verbundene Aspekte desselben Problems.[444] Vor diesem Hintergrund fällt der Schutz des Wettbewerbs, hier also der Offenhaltung der Märkte, nicht lediglich als Reflex auf das Verhalten der einzelnen Wettbewerber zurück,[445] sondern dient notwendigerweise und unmittelbar - auch - dem Schutz ihres Verhaltens im Wettbewerb, ohne das eben dieser nicht geschützt werden könnte. Folglich bezweckt § 16 GWB - zumindest auch - den Schutz des einzelnen Wettbewerbers gegen wettbewerbswidrige Beschränkung seiner Handlungsfreiheit; § 16 GWB ist daher ein Schutzgesetz i.S.d. § 33 GWB.

---

442 Koch, Schadenersatz, S. 15; Böhm, Monopolkampf, S. 19.

443 Vgl. Fikentscher, BB 1956, 793; Kretzer, Immanenztheorien, S. 180; vgl. auch Flume, WuW 1956, 457, 462; Müller, JZ 1954, 720, 725.

444 Vgl. Immenga, in: Immenga/Mestmäcker, § 1 Rdn. 11; Kretzer, Immanenztheorien, S. 180; Hoppmann, in: Wettbewerb als Aufgabe, S. 61, 103. Vgl. auch Schmidt, Kartellverfahrensrecht, S. 50.

445 So ausdrücklich Hoppmann, in: Wettbewerb als Aufgabe, S. 61, 103.

(d) Der persönliche Schutzbereich

Damit ist zugleich die Frage nach dem persönlichen Schutzbereich des § 16 GWB aufgeworfen. Auf der Basis der vorangegangenen Überlegungen läßt sich aber auch diese Frage beantworten.

Da - wie gezeigt - eine unmittelbare Wechselwirkung zwischen "dem" Wettbewerb und den Wettbewerbern besteht, dient § 16 GWB jedenfalls dem Schutz dritter, von der Ausschließlichkeitsbindung oder dem Wettbewerbsverbot ausgeschlossener Wettbewerber.[446] Fraglich ist jedoch, ob der persönliche Schutzbereich darüber hinaus reicht. So könnten z.B. Verbraucher argumentieren, daß durch die unverhältnismäßige Ausschließlichkeitsbindung höhere Preise entstehen, als sie ohne sie existieren würden. Für eine Einbeziehung spricht, daß die Nachfrageseite letztlich ebenfalls ein Wettbewerbsteilnehmer ist. Abgesehen davon, daß bei einer solchen Argumentationsweise der Schutzbereich des § 16 GWB auszuufern droht, spricht hiergegen aber vor allem, daß der Wettbewerbsimpuls, der von der Beschränkung verhindert wird und den § 16 GWB schützen will (Offenhaltung der Märkte), von marktzutrittswilligen Wettbewerbern ausgeht. Dementsprechend stellte § 16 GWB bis vor kurzem unter anderem auf das Bestehen von Marktzutrittsschranken oder eine unbillige Behinderung von Wettbewerbern ab. Im Hinblick auf Verbraucher, die von einem funktionierenden Wettbewerb profitieren, erweist sich der von § 16 GWB bezweckte Schutz daher in der Tat lediglich als Schutzreflex.

Gleiches gilt auch für den gebundenen Vertragsteil selber. Hierfür spricht bereits die Entwicklung des § 16 GWB, der sich von einem Schutz des gebundenen Vertragsteils[447] hin zu einem Wettbewerbs- und Wettbewerberschutz entwickelt hat. Darüber hinaus ist aber vor allem zu bedenken, daß von der Abschottung eines Marktes aufgrund künstlicher Marktzutrittsschranken in erster Linie zutrittswillige, potentielle Wettbewerber betroffen sind. Der gebundene Vertragsteil hingegen befindet sich bereits auf dem betreffenden Markt. Unter den Befürwortern der Schutzgesetzeigenschaft des § 16 GWB geht der überwiegende Teil daher zu Recht davon aus, daß § 16 GWB Schutzgesetz nur zugunsten dritter, ausgeschlossener Wettbewerber ist

---

446 Emmerich, in: Immenga/Mestmäcker, § 35 Rdn. 46; Biedenkopf, Wettbewerbsbeschränkung, S. 218 f.; Jansen, Kopplungsverträge, S. 122 f., 129. Das ergibt sich insbesondere aus der erwähnten Zielsetzung des § 16 GWB, die Märkte für den Zutritt neuer Wettbewerber offenzuhalten.

447 Vgl. den früheren Eingriffstatbestand einer unbilligen Einschränkung der wirtschaftlichen Bewegungsfreiheit des gebundenen Vertragsteils im ersten GWB, BGBl. 1957 I S. 1081, 1085.

und der gebundene Vertragsteil außerhalb des persönlichen Schutzbereichs steht.[448]

(4) Ergebnis

§ 16 GWB stellt ein Schutzgesetz zugunsten dritter, außerhalb der Vereinbarung stehender Wettbewerber dar; der gebundene Vertragsteil sowie die übrigen Marktteilnehmer werden von seinem persönlichen Schutzbereich hingegen nicht erfaßt.

cc) Anwendung des § 138 BGB

Die in § 16 GWB getroffenen Wertentscheidungen könnten des weiteren bei der Auslegung und Anwendung anderer Normen zu berücksichtigen sein, so daß § 16 GWB über diese Normen bestimmte Rechtsfolgen erzeugt, auf die sich dann auch der gebundene Vertragsteil oder - bei Vorliegen eines Rechtsschutzinteresses - auch Dritte berufen können. In erster Linie kommt insoweit § 138 BGB in Betracht.[449]

(1) Der Meinungsstand

Nach einer von Teilen der Rechtsprechung und Literatur vertretenen Ansicht müssen die Wertungen des § 16 GWB in der Tat bei der Auslegung und Anwendung des § 138 BGB Berücksichtigung finden.[450] Den kartellrechtlichen Wertungen wird dabei zum Teil eine Art Leitbildfunktion oder Indizwirkung für die Sittenwidrigkeit i.S.d. § 138 BGB beigemessen,[451] überwiegend wird jedoch lediglich gefordert, diese bei der Anwendung des § 138 BGB mit zu berücksichtigen.[452]

---

448 Jansen, Kopplungsverträge, S. 129 f.; Biedenkopf, Wettbewerbsbeschränkung, S. 209, 218 f., der zwischen Innenverhältnis ("Sachverhalt im engeren Sinne", S. 202) und Außenverhältnis ("Sachverhalt im weiteren Sinne", S. 215) unterscheidet; Emmerich, in: Immenga/Mestmäcker, § 18 Rdnrn. 45 f.

449 Darüber hinaus ließe sich auch an eine Anwendung des § 1 UWG denken, vgl. Emmerich, in: Immenga/Mestmäcker, § 18 Rdnrn. 267, 277. Dieser Frage kann hier aber nicht weiter nachgegangen werden; vgl. insoweit Wrage, UWG-Sanktionen, S. 62, die eine Anwendung des § 1 UWG allenfalls in den durch § 33 GWB gezogenen Grenzen zulassen will.

450 OLG Frankfurt, WuW/E OLG 1589, 1592 ("Eintrittsgelder"); OLG Stuttgart, WuW/E OLG 4298, 4299 ("Café Lusch", für diejenigen der EG-Gruppenfreistellungsverordnung 1984/83 betreffend Alleinbezugsvereinbarungen); Emmerich, in: Immenga/Mestmäcker, § 18 Rnrn. 265 f., 277; Biedenkopf, Wettbewerbsbeschränkung, S. 208 f.; Mestmäcker, DB 1968, 835, 837; Schmidt, Kartellverfahrensrecht, S. 276 ff.; für § 9 AGBG ebenso Palandt-Heinrichs, § 9 AGBG Rdn. 70, Stichwort "Bierlieferungsverträge". Wohl auch Fikentscher, Wettbewerb und gewerblicher Rechtsschutz, S. 293 f.

451 OLG Stuttgart, WuW/E OLG 4298, 4299 ("Café Lusch"); Emmerich, in: Immenga/Mestmäcker, § 18 Rdn. 271.

452 Biedenkopf, Wettbewerbsbeschränkung, S. 208 f.; Mestmäcker, DB 1968, 835, 837; Schmidt, Kartellverfahrensrecht, S. 276 ff. Soweit Emmerich, in: Immenga/Mestmäcker, § 18 Rdn. 266

Die Gegenansicht steht demgegenüber auf dem Standpunkt, daß die zivilrechtlichen und kartellrechtlichen Vorschriften jeweils eigenständig auszulegen seien; zur Begründung verweist sie auf die unterschiedlichen Zielsetzungen der beiden Normenkomplexe: Da es bei § 138 BGB um den Individualschutz im Innenverhältnis gehe, während das GWB die Freiheit des Wettbewerbs gewährleisten wolle, verbiete es sich, bei der Anwendung der einen die Wertentscheidungen der anderen Regelung zu berücksichtigen.[453] Angesichts der unterschiedlichen Schutzzwecke dürfte dem sicherlich insoweit zuzustimmen sein, als sich eine unbesehene Totalrezeption der Wertungen des § 16 GWB bei der Auslegung der Sittenwidrigkeit i.S.d. § 138 BGB verbietet.[454] Daß eine nach § 16 GWB nicht mehr hinnehmbare Beeinträchtigung der Marktverhältnisse in bestimmten Fällen nicht auch eine Verletzung des von § 138 BGB geschützten Freiheitsbereichs bedeuten kann, läßt sich auf diese Weise aber nicht begründen.

Auf der anderen Seite vermag die von den Befürwortern gebrachte Begründung, die Offenheit des Tatbestandes des § 138 BGB verlange es geradezu, die kartellrechtlichen Wertungen mit zu berücksichtigen,[455] ebenfalls nicht zu überzeugen; denn allein die Tatsache, daß es sich bei § 138 BGB um eine Generalklausel handelt, entbindet noch nicht von der Notwendigkeit, ihre offenen Tatbestandsmerkmale, wie das der "Sittenwidrigkeit", dem Sinn und Zweck der Vorschrift entsprechend auszulegen. Ebenso vernachlässigt die Erwägung, der Schutz des Wettbewerbs könne nicht allein den Kartellbehörden überlassen werden, vielmehr verlange er es, auch die Regeln des Zivilrechts heranzuziehen (hier also § 138 BGB),[456] die Tatsache, daß dies jeweils eine eingehende Prüfung erfordert, ob und inwieweit die zivilrechtlichen Vorschriften ihrem Sinn und Zweck nach hierfür geeignet sind. Auch die Ansicht, in der Eröffnung einer Möglichkeit zum Einschreiten für die Kartellbehörde liege bereits eine Mißbilligung durch den Gesetzgeber, was es rechtfertige, den betreffenden Zustand bzw. das Verhalten nach § 138 BGB zu sanktionieren,[457] geht in dieser Allgemeinheit zu weit. Denn auch wenn man der These folgt, daß es sich bei den (alten) §§ 1, 15, 35, 38 GWB lediglich um die, das im früheren § 25 GWB

---

die Anwendung des § 138 BGB auf schwerwiegende Fälle eines Kartellverstoßes begrenzen will, setzt er sich allerdings in Widerspruch zu seiner Rdn. 271 geäußerten Zustimmung zur Ansicht des OLG Stuttgart. Wie er auch Heinze, NJW 1973, 492.

453 Vgl. Wolter, in: Frankfurter Kommentar, § 18 Rdnrn. 151, 195; Zipfel, BB 1958, 1004, 1006 ff.

454 So i.E. auch Schmidt, Kartellverfahrensrecht, S. 276 ff.

455 Emmerich, in: Immenga/Mestmäcker, § 18 Rdn. 265.

456 Emmerich, in: Immenga/Mestmäcker, § 18 Rdn. 276 ff.

457 Vgl. OLG Frankfurt, WuW/E OLG 1589, 1592 ("Eintrittsgelder").

niedergelegte Kartellverbot betreffenden Verbotssanktionen handelt,[458] und diesen Gedanken auf § 16 GWB überträgt, dann setzt sich diese Ansicht doch über die Tatsache hinweg, daß die vom Gesetzgeber in § 16 GWB vorgesehene Verbotssanktion die Eingriffsermächtigung an die Kartellbehörde und - anders als bei § 1 GWB - eben nicht die Nichtigkeit der Vereinbarung ist.

Die von den Befürwortern einer Anwendbarkeit des § 138 BGB gegebenen Begründungen erweisen sich daher als wenig überzeugend.

(2) Die entscheidende Fragestellung

Die für die Lösung des Problems entscheidende Fragestellung muß vielmehr lauten, ob das Vorliegen der Voraussetzungen des § 16 GWB nach dem § 138 BGB zugrundeliegenden Normzweck zugleich eine Sittenwidrigkeit im Sinne dieser Vorschrift begründen kann.

(a) § 138 BGB als rein individualschützende Norm?

Eine Anwendung des § 138 BGB würde danach ausscheiden, wenn es sich hierbei, wie von der herrschenden Meinung behauptet, um eine rein individualschützende Norm handeln würde, die kartellrechtliche Wertungen nicht berücksichtigen will. In der Tat wird § 138 BGB als eine Schranke der Privatautonomie zum Schutz der Freiheit des Vertragspartners verstanden.[459] Zugleich wird aber auch darauf hingewiesen, daß sich die Sittenwidrigkeit auch aus einem Verhalten gegenüber der Allgemeinheit oder gegenüber Dritten ergeben kann.[460] Durch die Einbeziehung der Allgemeinheit in den Schutzbereich kommt nun aber recht deutlich zum Ausdruck, daß § 138 BGB nicht streng auf den Schutz des einzelnen Vertragspartners beschränkt ist. Dies läßt es zumindest denkbar erscheinen, daß zwischen ihr und den kartellrechtlichen Wertungen eine gewisse Wechselwirkung dahingehend besteht, daß diese die Anwendung jener beeinflussen.

---

458 Vgl. Schmidt, Kartellverfahrensrecht, S. 8 ff., 34. Im neuen GWB ist das Verbot abgestimmten Verhaltens nunmehr in das Kartellverbot integriert worden.

459 Vgl. BGH NJW 1981, 1206 f.; Palandt-Heinrichs, § 138 Rdnrn. 1, 24; Hefermehl, in: Soergel, § 138 Rdn. 1; Larenz/Wolf, AT, § 41 Rdn. 6; Heinze, NJW 1973, 492.

460 BGHZ 30, 149, 152 f.; BGH NJW 1985, 2405, 2406; BGH NJW 1990, 567, 568; Hefermehl, in: Soergel, § 138 Rdnrn. 194 ff.; Palandt-Heinrichs, § 138 Rdnrn. 40 ff.; Larenz/Wolf, AT, § 41 Rdn. 6; Flume, Bürgerliches Recht, Band 2, § 18, 1. In diesem Zusammenhang ist auch die österreichische Judikatur zu beachten, die Wettbewerbsverbote in Unternehmenskaufverträgen in erster Linie nach § 879 ABGB auf ihre Sittenwidrigkeit hin untersucht, vgl. Koppensteiner, Wettbewerbsrecht, 1. Auflage, S. 118 f.

(b) Die Rechtsprechung

Ein solches Verständnis scheint auf den ersten Blick auch der Anwendung des § 138 BGB durch die Rechtsprechung auf Bierlieferungsverträge zugrundezuliegen. So hat der BGH mehrfach Verträge nach § 138 BGB für unwirksam gehalten, weil sie die persönliche und wirtschaftliche Bewegungsfreiheit des Gebundenen übermäßig beschränkten.[461] Diese Begründung entspricht im wesentlichen der bis 1965 in § 16 GWB enthaltenen Formulierung,[462] was darauf hindeutet, daß diese, ursprünglich kartellrechtlichen Wertungen in § 138 BGB Eingang gefunden haben.

Weiterhin hat der BGH entschieden, daß bereits die Überschreitung dessen, was zur sachgerechten Interessenwahrnehmung erforderlich ist, zur Unwirksamkeit der Vereinbarung nach § 138 BGB führen kann.[463] Diese Haltung entspricht ziemlich genau der, aus den Materialien hervorgehenden und in dieser Arbeit vertretenen Auffassung, daß bei der - kartellrechtlichen - Beurteilung ein anzuerkennendes Bedürfnis für die betreffenden Bindungen bestehen muß. Dementsprechend wird diese Rechtsprechung auch dahingehend verstanden, daß der bei § 16 GWB fehlende Individualschutz zunehmend durch die Anwendung zivilrechtlicher Vorschriften, insbesondere durch §§ 138, 242 BGB, 9 AGBG gewährleistet wird.[464] Auch der BGH scheint daher davon auszugehen, daß die kartellrechtlichen Wertungen des § 16 GWB die Anwendung und Auslegung des § 138 BGB, d.h. das Merkmal der "Sittenwidrigkeit" beeinflussen können.

Bei genauem Hinsehen erweisen sich diese Entscheidungen aber, so aufschlußreich sie für die Anwendung und Auslegung des § 138 BGB auch sind, als unergiebig. Denn sie liefern eine Antwort nur auf die Frage, inwieweit er eine Vereinbarung mit Blick auf die Freiheitsbeschränkung des gebundenen Vertragsteils verbietet, nicht aber auf die hier gestellte, entscheidende Frage, ob und wann eine Bindung des Vertragspartners, die nach § 16 GWB wettbewerblich nicht mehr hinnehmbar ist, gerade deswegen zugleich gegen § 138 BGB verstößt.

---

461 Vgl. WuW/E BGH 1041, 1042; BGH WM 1970, 99, 101; BGH NJW 1972, 1459; Schwartz, GRUR Int. 1973, 497, 500.

462 Vgl. BGBl. 1957 I S. 1081, 1085.

463 Vgl. BGH WM 1970, 99, 101; Hiddemann, WM 1975, 942, 944.

464 Vgl. Fikentscher/Straub, in: Gemeinschaftskommentar, § 18 Rdn. 383; Schwartz, GRUR Int. 1973, 497, 500.

(c) Sittenwidrigkeit wegen eines Verstoßes gegen § 16 GWB?

Sollte es sich aber herausstellen, daß eine Sittenwidrigkeit i.S.d. § 138 BGB auch dann und gerade deshalb vorliegen kann, weil eine Vereinbarung wegen ihrer wettbewerblich nicht mehr hinnehmbaren Wirkungen gegen § 16 GWB verstößt, dann bestünde in teleologischer Hinsicht eine "partielle Kongruenz" zwischen dieser und der Vorschrift des § 16 GWB, die eine Berücksichtigung wettbewerblicher Wertungen bei § 138 BGB nicht nur zuläßt, sondern geradezu erfordert.

(aa) Doppelte Schutzrichtung des § 138 BGB

§ 138 BGB setzt der Gestaltungsfreiheit des Einzelnen eine Schranke, um eine mißbräuchliche Ausnutzung der Privatautonomie zu verhindern.[465] Als Grenze für die Gestaltungsfreiheit wurde dabei der außerrechtliche Maßstab der guten Sitten gewählt. Dem liegt nun, wie oben angedeutet, eine doppelte Schutzrichtung zugrunde: Ein diesen Maßstäben Rechnung tragendes Verhalten hat sich nicht nur an den Bedürfnissen einzelner anderer zu orientieren, sondern muß auch gegenüber der Allgemeinheit den guten Sitten entsprechen; durch die "guten Sitten" sollen dabei auch anerkannte Rechts- und Grundwerte des Gemeinschaftslebens geschützt werden.[466]

(bb) Keine allgemeine wirtschaftspolitische Ausrichtung

Teilweise ist nun versucht worden, unter diesem Stichwort auch bestimmte Grundprinzipien der Wirtschaftsordnung, insbesondere des Wettbewerbs, zur Auslegung des Sittenbegriffs heranzuziehen.[467] Dies erscheint jedoch bedenklich. Abgesehen von der Tatsache, daß es hierfür einer Auseinandersetzung mit der Frage bedürfte, inwieweit eine funktionale Auslegung von Generalklauseln überhaupt zulässig ist,[468] birgt dies die Gefahr, daß bestimmte, wirtschaftspolitische Vorstellungen dadurch versteckt Eingang in die Privatrechtsordnung finden.[469] Dies ist vor dem Hintergrund,

---

465 BGHZ 80, 153, 158; Hefermehl, in: Soergel, § 138 Rdn. 1; Palandt-Heinrichs, § 138 Rdn. 1.

466 BVerfGE 7, 198, 205 f.; BGHZ 80, 153, 158; Mayer-Maly, in: Münchener Kommentar BGB, § 138 Rdn. 26; Sack, in: Staudinger, § 138 Rdn. 40; Hefermehl, in: Soergel, § 138 Rdn. 7.

467 Vgl. insbesondere Rebe, Wirtschaftsordnung, S. 162, 181; tendenziell auch Mestmäcker, DB 1968, 835, 837.

468 Vgl. Hönn, in: Festschrift Mühl, S. 309, 316 ff., der von einer "geringen Rechtsbindung funktional ausgerichteter Konkretisierungen" spricht.

469 Vgl. Hönn, in: Soergel, 11. Auflage, § 826 Rdn. 18.

daß das Grundgesetz selber, dessen Wertungen über die Generalklauseln in das Privatrecht einfließen,[470] wirtschaftspolitisch neutral ist,[471] umso bedenklicher.

Ist demnach davon auszugehen, daß zu den anerkannten Rechts- und Grundwerten des Gemeinschaftslebens nicht jede beliebige ordnungspolitische Vorstellung zählen kann, und folglich auch eine generelle Berufung auf das Prinzip "Wettbewerb" bei der Auslegung des § 138 BGB unzulässig ist, so ist dennoch zu fragen, ob nicht bestimmte, in einzelnen Normen getroffene Wertungen für die Konkretisierung des Begriffs der guten Sitten etwas zu leisten vermögen.[472]

(cc) Die Vorstellungen des Gesetzgebers

Eine Antwort hierauf könnte sich in erster Linie aus den Vorstellungen des Gesetzgebers zur Auslegung der guten Sitten bei § 138 BGB ergeben.

Allein die Tatsache, daß ein bestimmtes Verhalten einen Normverstoß bewirkt, kann danach jedoch noch keine Sittenwidrigkeit i.S.d. § 138 BGB begründen. Dies ergibt sich daraus, daß der Antrag im Gesetzgebungsverfahren zum GWB, den heutigen § 138 BGB dahingehend zu ergänzen, daß auch der Verstoß gegen die öffentliche Ordnung zur Nichtigkeit des Rechtsgeschäfts führen sollte, mit der Begründung abgelehnt wurde, dies könne zu dem Verständnis verleiten, daß praktisch jeder Rechtsverstoß auch zur Unwirksamkeit des Rechtsgeschäfts führen müsse.[473]

Einen Verstoß gegen § 16 GWB als Verstoß gegen § 138 BGB zu bewerten, ist daher nur dann möglich, wenn das betreffende Verhalten nach den Vorstellungen des Gesetzgebers zugleich als Verstoß gegen die guten Sitten zu bewerten wäre. Hierzu findet sich in den Materialien zum BGB die Erläuterung, daß

> "Beschränkungen der Gewerbefreiheit, sofern sie das durch wirtschaftliches Interesse berechtigte Maß überschreiten, [...] als den guten Sitten widerstreitend zu verwerfen [seien]. Wo aber ein solcher Widerstreit gegen die guten Sitten nicht vorliege, da müsse der Vertrag auch gültig sein, wie z.B., wenn ein Hotelwirt ein an sein Hotel angrenzendes Grundstück verkaufe und sich dabei ausbedinge, daß der Käufer darauf kein Hotel errichten oder betreiben dürfe. Auch die [...] Konkurrenzklausel sei, wo sie das berechtigte, wirtschaftliche Interesse überschreite, nicht mit

---

470 Speziell für § 138 BGB vgl. BGHZ 70, 313, 324; Hefermehl, in: Soergel, § 138 Rdn. 10; Flume, Bürgerliches Recht, Band 2, § 18, 1.

471 Vgl. BVerfGE 4, 7, 17 f.; BVerfGE 50, 290, 336 ff.; Klein/Schmidt-Bleibtreu, in: Schmidt-Bleibtreu/Klein, Grundgesetz, Einleitung Rdn. 61; Baumbach/Hefermehl, Wettbewerbsrecht, Allgemeine Grundlagen, Rdn. 42.

472 Vgl. Hönn, in: Festschrift Mühl, S. 309, 311.

473 Vgl. Mugdan, Band I, S. 969. Ablehnend gegenüber einem "Sittenverstoß durch Rechtsbruch" (für § 1 UWG) auch Wrage, UWG-Sanktionen, S. 42 ff., 81.

den guten Sitten im Einklange, wo sie sich aber in den angemessenen Schranken halte, könne sie keineswegs [...] allgemein als verwerflich bezeichnet werden."[474]

Aus dieser Stellungnahme geht eindeutig hervor, daß nach den Vorstellungen des BGB-Gesetzgebers eine unakzeptable Einschränkung der Wettbewerbsfreiheit zugleich, und zwar gerade wegen dieses wettbewerbsrechtlichen Bezuges,[475] einen Verstoß gegen die guten Sitten i.S.d. § 138 BGB darstellt. Damit ist nicht nur die Behauptung widerlegt, § 16 GWB und § 138 BGB könnten sich nicht gegenseitig beeinflussen. Vielmehr ist damit nachgewiesen, daß nach den Vorstellungen des BGB-Gesetzgebers die kartellrechtlichen Wertungen des heutigen § 16 GWB gerade wegen ihrer kartellrechtlichen Relevanz bei dem Verständnis der guten Sitten in § 138 BGB zu berücksichtigen sind.

(3) Zwischenergebnis

Inwieweit sich aus der zitierten Stellungnahme des Gesetzgebers Folgerungen für die Anwendung des § 138 BGB im Hinblick auf Verstöße gegen andere Normen des GWB ergeben, kann und soll hier nicht untersucht werden, da es für die vorliegende Fragestellung nur auf § 16 GWB ankommt.[476]

Soweit es die in § 16 GWB getroffenen, kartellrechtlichen Wertungen betrifft, ist angesichts der klaren Stellungnahme des Gesetzgebers aber davon auszugehen, daß sie bei der Auslegung der guten Sitten und damit bei der Anwendung des § 138 BGB zu berücksichtigen sind. Damit besteht für ausgeschlossene Wettbewerber oder den gebundenen Vertragsteil auch nach der hier vorgeschlagenen Beurteilung von Wettbewerbsbeschränkungen in Austauschverträgen allein anhand von § 16 GWB die Möglichkeit, die aus § 16 GWB i.V.m. § 138 BGB folgende Unzulässigkeit der betreffenden Vereinbarung gerichtlich geltend zu machen.

---

474 Vgl. Mugdan, Band I, S. 969.

475 Vgl. die zitierte Passage "Beschränkungen der Gewerbefreiheit". Bereits § 106 des ersten Entwurfs des BGB, der allerdings neben den guten Sitten auch noch auf die öffentliche Ordnung abstellte, sollte sich nach dem Willen der Verfasser auf die in Widerspruch zum Prinzip der Gewerbefreiheit stehenden Verträge beziehen, vgl. Großfeld, ZHR 141 (1977) 442, 443.

476 Angesichts der Tatsache, daß die hier vertretene Interpretation des § 138 BGB unmittelbar auf dem Willen des Gesetzgebers beruht, kann insoweit auch nicht von einer beliebigen "Ausweitung" der Generalklausel gesprochen werden.

Hierdurch wird zugleich die bisweilen gerügte, fehlende Effektivität der Vorschrift des § 16 GWB,[477] die sich in der Praxis nur deshalb nicht nachteilig ausgewirkt hat, weil die entsprechende Kontrolle stattdessen nach § 1 GWB erfolgt ist, beseitigt.

4. Ergebnis

Wettbewerbsbeschränkungen in Austauschverträgen können auf ihre, über rein strukturelle Gesichtspunkte hinausgehenden Wirkungen auf den Wettbewerb bereits de lege lata gerichtlich überprüft werden. Zugunsten von ausgeschlossenen Wettbewerbern ist hierfür § 16 GWB i.V.m. § 33 GWB heranzuziehen. Diese, wie auch der gebundene Vertragsteil selber, können die mögliche Unwirksamkeit der Vereinbarungen darüber hinaus nach § 16 GWB i.V.m. § 138 BGB geltend machen.

C. Die Beschränkung von Drittwettbewerb

Als unklar hat sich die Neufassung schließlich auch im Hinblick auf die Behandlung gezielter Beschränkungen von Drittwettbewerb erwiesen. Denn nach seinem Wortlaut greift der neue § 1 GWB nur ein, wenn die an der Vereinbarung Beteiligten Wettbewerber sind. Danach scheint die Ausschaltung von Drittwettbewerb - im Gegensatz zur bisherigen Praxis, die § 1 GWB auch in diesen Fällen für anwendbar hielt[478] - von § 1 GWB dann nicht erfaßt zu werden, wenn es sich bei den Vertragsschließenden selber nicht um Wettbewerber handelt.

I. Lücke im Wettbewerbsschutz?

Vor diesem Hintergrund ist die Ansicht vertreten worden, die Neuregelung reiße hinsichtlich der Beschränkung von Drittwettbewerb eine Lücke in den Wettbewerbsschutz.[479] Dieser Vorwurf ist nun jedoch noch nicht allein deswegen berechtigt, weil § 1 GWB bislang in der Praxis auch auf derartige Fälle angewendet worden ist (und die Neufassung dem für die Zukunft entgegenzustehen scheint). Ob eine Regelung lückenhaft ist, d.h. eine planwidrige Unvollständigkeit aufweist,[480] bemißt sich nämlich nicht danach, ob sie faktisch auf bestimmte Fälle angewendet worden ist,

---

477 Vgl. Emmerich, in: Immenga/Mestmäcker, § 18 Rdn. 158 a.

478 Vgl. WuW/E BGH 1332, 1335 ("Bahnen aus Kunststoff"); WuW/E BGH 1361, 1364 ("Krankenhauszusatzversicherung"); WuW/E BGH 2088, 2090 ("Korkschrot"); OLG Düsseldorf, WuW/E OLG 4056, 4060 ("Schlachthof-Benutzung"); Bunte, in: Langen/Bunte, § 1 Rdnrn. 53 f.; Wellenhofer-Klein, WuW 1999, 557, 562.

479 Baums, ZIP 1998, 233, 235; ähnlich Bunte, WuW 1997, 857, 864; ders., DB 1998, 1748, 1749 f.

480 So die h.M. zum Begriff der "Gesetzeslücke", vgl. Larenz, Methodenlehre, S. 373; Canaris, Lücken im Gesetz, S. 16; Fikentscher, Methoden des Rechts III, S. 719.

sondern danach, ob die Regelung, hier also § 1 GWB, die betreffenden Sachverhalte nach dem vom Gesetzgeber verfolgten Regelungsplan erfassen sollte.[481]

1. § 1 GWB und Drittwettbewerb

Es ist daher zunächst die Frage zu beantworten, ob § 1 GWB nach der ihm zugrundeliegenden Regelungsabsicht des Gesetzgebers auch die hier in Rede stehenden Fälle der Beschränkung von Drittwettbewerb erfassen sollte, was wiederum anhand der allgemeinen Auslegungskriterien zu beurteilen ist.[482]

a) Der Wortlaut des § 1 GWB

Was zunächst den Wortlaut des § 1 GWB anbelangt, ist zwischen dem alten und dem neuen Wortlaut der Vorschrift zu differenzieren.

aa) Die "Offenheit" des alten Wortlauts

Der alte Wortlaut des § 1 GWB sprach weder ausdrücklich für noch gegen die Erfassung einer Beschränkung von Drittwettbewerb.[483] Aufgrund des Merkmals "zu einem gemeinsamen Zweck" war er für eine Anwendung auch auf diese Fälle aber zumindest offen. Dementsprechend wurde er von der zuletzt herrschenden Meinung - obwohl diese grundsätzlich darauf abstellte, ob die Vertragsparteien aktuelle oder potentielle Wettbewerber sind und den Wettbewerb untereinander (horizontal) beschränken - auch auf den Drittwettbewerb beschränkende Vereinbarungen angewendet.[484] Begründet wurde dies damit, daß die genannte Auslegung des "gemeinsamen Zwecks" keine abschließende Definition dieses Merkmals und damit des Anwendungsbereichs des § 1 GWB darstelle.[485]

---

481 Zu diesem Erfordernis, Canaris, Lücken im Gesetz, S. 32 f.; Larenz, Methodenlehre, S. 372 f.

482 Vgl. Larenz, Methodenlehre, S. 372 f.

483 Vgl. Immenga, ZHR 148 (1984) 268.

484 Vgl. WuW/E BGH 1332, 1335 ("Bahnen aus Kunststoff"); WuW/E BGH 2088, 2090 ("Korkschrot"); WuW/E BGH 2247, 2249 ("Wegenutzungsrecht"); Immenga, in: Immenga/Mestmäcker, § 1 Rdn. 233; Bunte, in: Langen/Bunte, § 1 Rdn. 53; Emmerich, Kartellrecht, 7. Auflage, § 5, 5 c; Köhler, ZHR 148 (1984) 487, 489; Steindorff, BB 1981, 377, 380.

485 Vgl. Emmerich, Kartellrecht, 7. Auflage, § 5, 5 c; Köhler, ZHR 148 (1984) 487, 489. Auf den traditionell offenen Charakter der jeweiligen Auslegung des "gemeinsamen Zwecks" wurde bereits oben (2. Teil, C. II. 2. b) aa)) hingewiesen.

bb) Sperrwirkung des neuen Wortlauts?

Insoweit könnte nun allerdings der Neufassung des § 1 GWB eine erhebliche Relevanz zukommen. Denn diese scheint eine eindeutige - allerdings negative - Aussage dahingehend zu treffen, daß drittwettbewerbsbeschränkende Vereinbarungen zwischen Nicht-Wettbewerbern eben nicht von § 1 GWB erfaßt werden sollen. Insbesondere die mit einem Verstoß gegen das Kartellverbot verbundenen Möglichkeiten zur Verhängung von Bußgeldern lassen es rechtsstaatlich bedenklich erscheinen, § 1 GWB auf Vereinbarungen zwischen Unternehmen anzuwenden, bei denen es sich nicht um Wettbewerber handelt, die aber dennoch Drittwettbewerb beschränken. Denn diese können nach dem neuen Wortlaut des § 1 GWB nicht davon ausgehen, daß das Kartellverbot auch auf sie angewendet werden kann.

Letztlich kommt es hierauf an dieser Stelle aber (noch) nicht an. Denn dieser Gesichtspunkt wird erst bei der Frage relevant, ob der Wortlaut der Neufassung im Hinblick auf drittwettbewerbsbeschränkende Vereinbarungen zwischen Nicht-Wettbewerbern einer teleologisch begründeten Gesetzeskorrektur eben dieses Wortlauts entgegenstünde. Dafür bedarf es aber zunächst der Feststellung, daß § 1 GWB auch tatsächlich auf diese Sachverhalte angewendet werden sollte.

b) Systematik des § 1 GWB

Insoweit könnte nun eine systematische Erwägung aufschlußreich sein. Unter der alten Fassung war nämlich ein wesentliches Argument derjenigen Autoren, die sich gegen eine Erfassung der Beschränkung von Drittwettbewerb durch § 1 GWB aussprachen, daß das Merkmal der "Eignung zur Beeinflussung der Marktverhältnisse" sedes materiae sei, um Beschränkungen der Handlungsfreiheit Dritter zu erfassen.[486] Nach der Streichung dieses Merkmals durch die 6. GWB-Novelle könnte danach auch der tatbestandliche Anknüpfungspunkt für die Erfassung von Beschränkungen des Drittwettbewerbs weggefallen sein. Letztlich erweist sich aber auch diese Erwägung als unergiebig. Denn zum einen lag es auch bei dieser Änderung nicht in der Absicht des Novellen-Gesetzgebers, sachliche Änderungen herbeizuführen.[487] Zum anderen geht die Überlegung, ob die Streichung dieses Merkmals Auswirkungen auf die Erfassung von Beschränkungen des Drittwettbe-

---

486 Vgl. Müller-Henneberg, in: Gemeinschaftskommentar, § 1 Rdn. 59; Belke, ZHR 143 (1979) 74, 85 (Fn. 35); Meyer-Cording, WuW 1962, 461, 470 f.

487 Vgl. die Regierungsbegründung, BR-Drucksache 852/97, S. 32.

werbs hat, ja gerade von der Prämisse aus, daß § 1 GWB diese Fälle ursprünglich erfassen wollte. Genau dies konnte hier bislang aber noch nicht festgestellt werden.

c) Teleologische Untersuchung

Entscheidende Bedeutung kommt daher der Frage zu, ob § 1 GWB nach seiner immanenten Teleologie auch die Beschränkung von Drittwettbewerb erfassen soll.

aa) Horizontale Wettbewerbsbeschränkung

Diese Frage ist man auf den ersten Blick ohne weiteres geneigt zu bejahen. Denn nach der oben (2. Teil, B. II. 3.) herausgearbeiteten Teleologie des § 1 GWB sollen von dieser Vorschrift die typischerweise besonders schädlichen, horizontalen Wettbewerbsbeschränkungen erfaßt werden. Eine solche scheint auch dann vorzuliegen, wenn die Vertragsparteien - unabhängig davon, ob es sich bei ihnen um Wettbewerber handelt oder nicht - den einer von ihnen drohenden, horizontalen Wettbewerb von seiten Dritter beschränken.[488]

Andererseits weist eine solche Konstellation bei näherem Hinsehen erhebliche Ähnlichkeit zu den in § 16 GWB geregelten Vereinbarungen auf; letztlich hat jede Ausschließlichkeitsbindung eine solche Beschränkung von Drittwettbewerb zur Folge und gerade (auch) zum Ziel.[489] Aus diesem Grund stellt sich die Frage, ob nicht vielleicht § 16 GWB - und nicht § 1 GWB - die richtige Vorschrift ist, anhand derer diese Vereinbarungen zu messen sind.

bb) Die typischen Sachverhalte

Hierfür bedarf es eines näheren Blicks auf die den bislang entschiedenen Fällen zugrundeliegenden Sachverhalte. Der Entscheidung "Bahnen aus Kunststoff"[490] lag eine Know-how- und Lizenzvereinbarung zugrunde, in deren Rahmen sich der Lizenzgeber verpflichtet hatte, eine entsprechende Lizenz keiner anderen deutschen Firma zu erteilen. Die Entscheidung "Korkschrot"[491] betraf wechselseitige Aus-

488 Diese Erwägung tritt insbesondere in der Begründung zur Entscheidung "Solelieferung" hervor, vgl. WuW/E BGH 3137, 3139.

489 Vgl. Huber/Baums, in: Frankfurter Kommentar, § 1 Rdn. 180; Schmidt, AG 1998, 551, 560; Köhler, DB 1984, 2022, 2024 f. Vgl. auch die Entscheidungen WuW/E BGH 3137, 3139 ("Solelieferung") und OLG Düsseldorf, WuW/E OLG 4056, 4060 ("Schlachthof-Benutzung"), wo geltend gemacht wurde, die Vereinbarungen unterfielen in Wahrheit § 16 GWB und nicht § 1 GWB.

490 WuW/E BGH 1332.

491 WuW/E BGH 2088.

schließlichkeitsbindungen in einem langfristigen Liefervertrag, die dazu dienen sollten, potentiellen Wettbewerbern den Marktzutritt zu erschweren. Im Fall "Solelieferung"[492] hatte sich die Gemeinde im zugrundeliegenden Tauschvertrag verpflichtet, keine Sole an Konkurrenzunternehmen des Erwerbers zu liefern. In einem Urteil des OLG Düsseldorf schließlich[493] ging es um die in einem Vertrag über die Benutzung eines Schlachthofs enthaltenen Verpflichtung der Betreiberin, während der Laufzeit des Vertrages keine anderen Schlachtbetriebe zuzulassen.

cc) Keine typische Wettbewerbsschädlichkeit

In all diesen Fällen waren es daher Austauschverträge, in denen sich die zu beurteilenden Wettbewerbsbeschränkungen fanden.[494] Da es sich bei den Wettbewerbsbeschränkungen zudem der Sache nach immer um Verpflichtungen handelte, die betreffenden Waren oder gewerblichen Leistungen nicht an Wettbewerber des Vertragspartners abzugeben, mithin im praktischen Ergebnis um Ausschließlichkeitsbindungen,[495] stellen sich die als "Beschränkung von Drittwettbewerb" erfaßten Fälle letztlich als Wettbewerbsbeschränkungen in Austauschverträgen, d.h. als grundsätzlich in § 16 GWB anzusiedelnde Sachverhalte dar, so daß dies die "richtige" Vorschrift für ihre Beurteilung zu sein scheint.

Dagegen könnte allerdings sprechen, daß die zu beurteilenden Sachverhalte offenbar dazu Anlaß gaben, einen "gemeinsamen Zweck" anzunehmen. Bei einem am Normzweck des § 1 GWB orientierten Verständnis des "gemeinsamen Zwecks" war dies aber gerade nicht der Fall. Denn obgleich die betreffenden Abreden (auch) eine horizontale Wettbewerbsbeschränkung zur Folge hatten, waren sie aufgrund der Tatsache, daß sie im Rahmen eines Austauschvertrages vereinbart worden waren, eben nicht als typischerweise wettbewerbsschädlich anzusehen.

Dies ergibt sich bei genauem Hinsehen auch aus den jeweiligen Entscheidungsgründen. Im Fall "Bahnen aus Kunststoff" begründete der BGH die Anwendung des § 1

---

492 WuW/E BGH 3137.

493 WuW/E OLG 4056 ("Schlachthof-Benutzung").

494 Auch die in diesem Zusammenhang häufig zitierte Entscheidung WuW/E BGH 2247 ("Wegenutzungsrecht") betrifft, wie unten (4. Teil, D. II.) dargelegt werden wird, einen Austauschvertrag. Da die Einordnung von Konzessionsverträgen jedoch streitig ist, wurde sie hier nicht als Argumentationsgrundlage verwendet.

495 Der Unterschied in der Formulierung ("nicht an Wettbewerber des Erwerbers" in den genannten Fällen gegenüber "nicht an andere Unternehmen" in § 16 GWB) sollte dabei nicht ausschlaggebend sein, da die Wendung, "nicht an andere Unternehmen" ja auch und vor allem Wettbewerber des Vertragspartners umfaßt.

GWB damit, daß es sich bei der Vereinbarung, eine technische Erfindung dazu zu verwenden, die Benutzung eines ungeschützten Verfahrens zu behindern, um eine unzulässige Kartellabsprache handele. Darüber hinaus sei die vereinbarte Ausschließlichkeitsbindung Teil der Leistung für die Zahlung der Lizenzgebühren gewesen.[496] Diese Vereinbarungen sind jedoch nicht typischerweise wettbewerbsschädlich. Die "Unbilligkeit" ergibt sich vielmehr erst aus der konkreten Art und Weise ihres Einsatzes im Zusammenhang mit dem Austauschvertrag. Darüber hinaus ist es wettbewerblich auch nicht bedenklich, sich die Ausschließlichkeit der Lizensierung entsprechend abgelten zu lassen.

Auch im Fall "Korkschrot" hing die Wirksamkeit der Vereinbarung letztlich davon ab, inwieweit alternative Bezugsmöglichkeiten für potentielle Konkurrenten bestanden.[497] Dieser, auf der konkreten Marktsituation beruhende Umstand stellt nach der hier vertretenen Ansicht einen bei Wettbewerbsbeschränkungen in Austauschverträgen im Rahmen des "anzuerkennenden Bedürfnisses" zu berücksichtigenden Aspekt dar, und ist folglich ebenfalls nicht geeignet, die typische Wettbewerbsschädlichkeit der Vereinbarung zu begründen.

Besonders deutlich wird die fehlende generelle Wettbewerbsschädlichkeit der Vereinbarungen schließlich in den Entscheidungen "Solelieferung" und "Schlachthof-Benutzung". In beiden Fällen wurde ein Eingreifen des § 1 GWB mit der Begründung für möglich gehalten bzw. bejaht, daß ein "anzuerkennendes Interesse" an der betreffenden Ausschließlichkeitsbindung zweifelhaft bzw. sie zur Erreichung des mit dem Austauschvertrag verfolgten Zwecks sachlich nicht erforderlich sei.[498] Sie waren also nicht typischerweise, sondern nur im konkreten Einzelfall nicht mehr akzeptabel.[499]

In den zur Beschränkung von Drittwettbewerb entschiedenen Fällen waren die betreffenden Wettbewerbsbeschränkungen also nicht typischerweise wettbewerbsschädlich. Nach dem Normzweck des § 1 GWB bestand also, obgleich - wie bei allen Ausschließlichkeitsbindungen - eine horizontale Wettbewerbsbeschränkung zu

---

496 WuW/E BGH 1332, 1335.

497 WuW/E BGH 2088, 2089 f.

498 Vgl. WuW/E BGH 3137, 3138 f. ("Solelieferung") bzw. OLG Düsseldorf, WuW/E OLG 4056, 4060 ("Schlachthof-Benutzung").

499 Zumindest nicht zwingend ist auch die Argumentation des OLG Düsseldorf, die Wettbewerbsbeschränkung sei nicht Teil des Leistungsaustauschs, weil sie sachlich nicht erforderlich war (WuW/E OLG 4056, 4060). Warum eine nur wenig längere bzw. umfangreichere Bindung nicht mehr als Teil des Leistungsaustauschs anzusehen sein soll, eine nur etwas kürzere oder weniger weitgehende Bindung hingegen schon, leuchtet nur schwer ein.

verzeichnen war, kein Grund, einen "gemeinsamen Zweck" i.S.d. § 1 GWB und damit die Anwendbarkeit dieser Vorschrift zu bejahen.

d) Zwischenergebnis

Eine Untersuchung der Sachverhalte, die den als "Beschränkung von Drittwettbewerb" bezeichneten Fällen zugrundelagen, hat gezeigt, daß § 1 GWB nach der ihm immanenten Teleologie diese Fälle nicht erfassen will. Damit steht zugleich fest, daß die Neufassung des § 1 GWB trotz ihres Wortlauts insoweit nicht zu einer Lücke im von dieser Vorschrift zu gewährleistenden Wettbewerbsschutz führt.

2. § 16 GWB und Drittwettbewerb

Das bedeutet aber nicht, daß derartige Wettbewerbsbeschränkungen vom GWB generell nicht erfaßt werden sollen. Da sie praktisch aber offenbar fast immer im Zusammenhang mit Austauschverträgen vorzukommen scheinen, ist die für ihre Beurteilung entscheidende Frage, ob für sie im Hinblick auf die Freiheit des Wettbewerbs ein "anzuerkennendes Bedürfnis" besteht (vgl. oben B. IV. 2. c) cc), d)). Dies entspricht in der Sache auch genau der Behandlung, die diese Fälle schon bisher in der Praxis erfahren haben. Vor diesem Hintergrund sollten sie daher nicht nach § 1 GWB, sondern nach den zu § 16 GWB entwickelten Grundsätzen beurteilt werden. Darauf, ob es sich bei den Vertragsschließenden selber um Wettbewerber handelt, kommt es, wie bei allen Vereinbarungen des § 16 GWB (vgl. oben B. III. 3., IV. 1. b) cc) (2)), nicht an.

a) Die Problematik beim Fehlen eines Austauschvertrages

Fraglich ist allerdings, wie diese Fälle zu behandeln sind, wenn es einmal - was allerdings nur selten vorkommen dürfte[500] - am Vorliegen eines Austauschvertrages fehlen sollte. Denn dann wäre eine Anwendung des § 16 GWB nach dessen eindeutigem Wortlaut ausgeschlossen. Um einen solchen Fall scheint es in der Entscheidung "Krankenhauszusatzversicherung"[501] gegangen zu sein. Dort hatten 2 Ersatzkassen mit 4 privaten Krankenkassen eine "Kooperationsvereinbarung" geschlossen, nach der die Ersatzkassen ihren Versicherten den Abschluß privater Zusatzver-

500 Bereits die bislang entschiedenen Fälle, in denen ein Austauschverhältnis ja vorlag, sind in der Literatur als atypische Fälle bezeichnet worden, vgl. Emmerich, Kartellrecht, 7. Auflage, § 5, 5 c. Die Fälle, in denen eine solche fehlt, sind daher ganz offenbar noch ungewöhnlicher.

501 WuW/E BGH 1361.

sicherungen nur bei den betreffenden privaten Krankenkassen empfehlen sollten. Ob es sich bei der Kooperationsvereinbarung tatsächlich nicht um einen Austauschvertrag handelte, oder ob dahinter doch ein Vermittlungs- und damit ein Vertrag über gewerbliche Leistungen stand, läßt sich der Entscheidung nicht mit Gewißheit entnehmen. Für die Zwecke dieser Untersuchung soll aber einmal unterstellt werden, es habe kein Austauschvertrag vorgelegen. § 16 GWB wäre dann nicht anwendbar.[502]

b) Anwendbarkeit von § 1 GWB?

Unter diesen Umständen könnte man daran denken, sofern seine übrigen Voraussetzungen gegeben sind, doch wieder auf § 1 GWB zurückzugreifen. Denn wenn eine horizontale Wettbewerbsbeschränkung isoliert, d.h. nicht im Zusammenhang mit einem vom GWB für schützenswert erachteten Leistungsaustauschverhältnis vereinbart worden ist, kommt ihr die typische Wettbewerbsschädlichkeit zu, die den Verbotsgrund des § 1 GWB bildet (vgl. oben 2. Teil, B. II. 3. c)).

aa) Die Problematik bei Vereinbarungen zwischen Nicht-Wettbewerbern

Gerade im Fall "Krankenhauszusatzversicherung" handelte es sich jedoch zugleich um eine Vereinbarung, bei der die beteiligten Unternehmen auch nicht untereinander im Wettbewerb standen.[503] Damit wird hier die - oben (1. a) bb)) bereits angedeutete - Frage relevant, ob § 1 GWB über seinen Wortlaut hinaus auch auf diese Fälle, d.h. auf den Drittwettbewerb beschränkende Vereinbarungen zwischen Nicht-Wettbewerbern angewendet werden kann. Die Teleologie des § 1 GWB spricht, wie dargelegt, für eine solche Anwendung. Da der Wortlaut des § 1 GWB diese Fälle aber nicht ausdrücklich erfaßt, liegt auch hier (vgl. schon oben B. IV. 2. d) cc)) eine verdeckte Normlücke vor, die im Wege teleologischer Extension zu schließen sein könnte.

---

502 Diese Fallkonstellation übersieht anscheinend Wellenhofer-Klein, WuW 1999, 557, 566.

503 Dies beruhte darauf, daß den Ersatzkassen das Anbieten von Mehrleistungen gegen Zusatzbeiträge verboten war, vgl. den Tatbestand in WuW/E BGH 1361 ("Krankenhauszusatzversicherung"). Verträge, die außerhalb von Absatzbeziehungen, *und* ohne daß es sich bei den Parteien um Wettbewerber handelt, deren Marktverhalten regeln sollen, werden im Schrifttum allerdings als "extrem selten" bezeichnet, vgl. Niederleithinger, in: Festschrift Benisch, S. 277, 290.

bb) Rechtsstaatliche Bedenken

Dagegen sprechen jedoch erhebliche rechtsstaatliche Bedenken. Denn nach dem Wortlaut des neuen § 1 GWB können die an einer solchen Vereinbarung beteiligten Unternehmen nicht damit rechnen, daß diese Vorschrift auf sie angewendet werden wird.

Zwar ist der Gesetzgeber grundsätzlich nicht gehindert, unbestimmte, wertausfüllungsbedürftige Rechtsbegriffe, oder auch Generalklauseln zu verwenden.[504] Auch ist bei den an die Bestimmtheit einer Vorschrift zu stellenden Anforderungen darauf Rücksicht zu nehmen, wie präzise der betreffende Lebenssachverhalt mit Rücksicht auf den Normzweck überhaupt geregelt werden kann.[505] Danach ist hier zu bedenken, daß die Formulierung des § 1 GWB einen möglichst sicheren Schutz vor einer Vielzahl verschiedener, besonders schädlicher Beschränkungen des Wettbewerbs gewährleisten soll. Vor diesem Hintergrund erscheint es verfassungsrechtlich nicht geboten, besonders strenge Anforderungen an die Bestimmtheit zu stellen. Auch ein derart unbestimmter Rechtsbegriff wie der "gemeinsame Zweck" war insoweit nicht bedenklich.

Andererseits ist aber zu bedenken, daß ein Verstoß gegen § 1 GWB nicht nur verwaltungs- und zivilrechtliche Sanktionen wie z.B. die Nichtigkeit der Vereinbarung nach sich zieht,[506] sondern darüber hinaus eine Ordnungswidrigkeit mit einem Bußgeldrahmen von bis zu DM 1 Mio. darstellt.[507] Im Bereich des Strafrechts, zu dem auch das Ordnungswidrigkeitenrecht gehört,[508] sind im Hinblick auf die Bestimmtheit der Gesetze allerdings wieder strengere Maßstäbe anzulegen.[509] Der Betroffene muß erkennen können, ob ein bestimmtes Verhalten mit Strafe bedroht ist, damit er sein Verhalten dementsprechend ausrichten kann.[510]

---

504 BVerfGE 26, 186, 204; BVerfGE 92, 1, 12; Brockmeyer, in: Schmidt-Bleibtreu/ Klein, Art. 20 Rdn. 34; Jarass/Pieroth, Art. 20 Rdn. 39, Art. 103 Rdn. 48.

505 BVerfGE 49, 168, 181; BVerfGE 56, 1, 13; BVerfGE 87, 234, 263.

506 Die Nichtigkeit ergibt sich nicht mehr unmittelbar aus § 1 GWB selber, sondern aus § 1 GWB i.V.m. § 134 BGB, vgl. Emmerich, Kartellrecht, § 3, 2, § 4, 6 a; Kahlenberg, BB 1998, 1593, 1594; Bunte, DB 1998, 1748, 1749.

507 Vgl. die neuen §§ 81 ff. GWB. Dieser Betrag kann sogar bis zur dreifachen Summe des durch die Zuwiderhandlung erlangten Mehrerlöses erweitert werden.

508 Vgl. BVerfGE 81, 132, 135; BVerfGE 87, 399, 411; Schmidt-Bleibtreu, in: Schmidt-Bleibtreu/ Klein, Art. 103 Rdn. 10; Jarass/Pieroth, Art. 103 Rdn. 41.

509 Vgl. BVerfGE 49, 168, 181; BVerfGE 92, 1, 12; Schmidt-Aßmann, in: Maunz/ Dürig, Art. 103 Rdn. 186; Jarass/Pieroth, Art. 103 Rdn. 48. Dies kommt insbesondere in der Sondervorschrift des Art. 103 II GG zum Ausdruck, vgl. Jarass/ Pieroth, Art. 20 Rdn. 38.

510 BVerfGE 26, 41, 42; BVerfGE 92, 1, 12; Schmidt-Bleibtreu, in: Schmidt-Bleibtreu/Klein, Art. 103 Rdn. 3.

Danach ist vorliegend zu berücksichtigen, daß der Wortlaut des § 1 GWB den hier in Rede stehenden Fall nicht nur nicht ausdrücklich erfaßt; aufgrund seiner abschließenden Formulierung wird für die Normadressaten nicht einmal das Risiko erkennbar, daß diese Vorschrift auch auf derartige Vereinbarungen angewendet werden könnte.[511] § 1 GWB scheint derartige Vereinbarungen vielmehr eindeutig nicht zu erfassen. Angesichts der Tatsache, daß der Gesetzgeber, dem die Komplexität des zu regelnden Lebenssachverhaltes ja bekannt war, freiwillig und letztlich ohne große Not von der offenen, erkennbar flexiblen Formulierung "zu einem gemeinsamen Zweck" zu der grundsätzlich zwar treffenderen, dafür aber auch abschließenden Formulierung "zwischen miteinander im Wettbewerb stehenden Unternehmen" übergegangen ist, spricht vor diesem Hintergrund daher mehr dafür, daß der neue § 1 GWB aus rechtsstaatlichen Erwägungen (Art. 20 III, 103 II GG) auf Vereinbarungen zwischen nicht miteinander im Wettbewerb stehenden Unternehmen nicht (mehr) angewendet werden kann.[512]

cc) Fazit

§ 1 GWB kann nicht über seinen neuen Wortlaut hinaus auch auf Drittwettbewerb beschränkende Vereinbarungen zwischen Nicht-Wettbewerbern angewendet werden. In diesen Fällen führt die Neufassung daher in der Tat zu einer Lücke im Wettbewerbsschutz. Die Tatsache, daß der Gesetzgeber keine sachlichen Änderungen vornehmen wollte, kann die rechtsstaatlichen Bedenken gegen eine Anwendung des § 1 GWB, die auf dem Schutz der Normadressaten beruhen, nicht entkräften. Um diese, allerdings wohl nicht gravierende Lücke zu schließen, böte es sich an, § 1 GWB bei der nächsten Novelle wie folgt zu fassen:

§ 1
Kartellverbot

Vereinbarungen zwischen Unternehmen, Beschlüsse von Unternehmensvereinigungen und aufeinander abgestimmte Verhaltensweisen, die eine Verhinderung, Einschränkung oder Verfälschung eines horizontalen Wettbewerbsverhältnisses bezwecken oder bewirken, sind verboten.[513]

---

511 In Grenzfällen reicht dies für die Bestimmtheit einer Vorschrift aus, vgl. BVerfGE 92, 1, 12 (zur Auslegung des Gewaltbegriffs in § 240 StGB durch die Rechtsprechung). Vgl. auch BVerfGE 26, 41, 42 zum Begriff des "groben Unfugs" im Straftatbestand des (alten) § 360 I Nr. 11 StGB.

512 Skeptisch auch Bornkamm, in: Festschrift Geiß, S. 539, 556 f.; Wellenhofer-Klein, WuW 1999, 559, 566.

513 Damit würde sich dann nur noch das Problem der Abgrenzung von Drittwettbewerb beschränkenden Vereinbarungen, die nach § 1 GWB und solchen, die nach § 16 GWB zu behandeln sind, stellen. Dies dürfte anhand des Merkmals "Vorliegen eines Austauschvertrages" indes ohne weiteres möglich sein, und könnte beispielsweise durch den Zusatz "Die Vorschriften des 2. Abschnitts bleiben unberührt" klargestellt werden. Das entsprechende Bedenken von

II. Ergebnis

Die Neufassung des § 1 GWB wirft hinsichtlich der Behandlung von Beschränkungen von Drittwettbewerb im Regelfall keine Lücke im Wettbewerbsschutz auf. Die betreffenden Vereinbarungen werden grundsätzlich vielmehr von § 16 GWB erfaßt werden. Allenfalls in Ausnahmefällen, in denen kein Austauschverhältnis vorliegt, und es sich bei den Parteien auch nicht um Wettbewerber handelt, kann die Neufassung zu Schutzlücken führen. Diese lassen sich bei einer Neufassung des § 1 GWB jedoch ohne weiteres schließen.

Schmidt, AG 1998, 551, 560 erweist sich bei der hier vertretenen Konzeption daher letztlich als unbegründet.

4. Teil: GWB-Novelle und Energiewirtschaftsrecht

Die Abgrenzung "horizontaler" und "vertikaler" Wettbewerbsbeschränkungen anhand des durch die 6. GWB-Novelle eingeführten Kriteriums "zwischen miteinander im Wettbewerb stehenden Unternehmen" und die Beurteilung der Zulässigkeit von Wettbewerbsbeschränkungen in Austauschverträgen anhand des Merkmals des "anzuerkennenden Bedürfnisses" wirkt sich möglicherweise noch in einem anderen, hier bislang nicht näher erörterten Bereich aus, im Energiewirtschaftsrecht. Dieses wurde in engem zeitlichen Zusammenhang mit der 6. GWB-Novelle durch das "Gesetz zur Neuregelung des Energiewirtschaftsrechts" novelliert, welches am 29.04.1998 in Kraft getreten ist.[514] Bundesregierung und Bundesrat waren sich darin einig, daß es erforderlich sei, die beiden Novellen systematisch und materiell-rechtlich im Hinblick auf wettbewerbswidriges Verhalten aufeinander abzustimmen.[515] Es erscheint daher angezeigt, näher zu untersuchen, ob ein solcher Abstimmungsbedarf auch im Zusammenhang mit dem hier vorliegenden Untersuchungsthema bestand und - wenn ja - ob diesem hinreichend Rechnung getragen worden ist.[516]

A. Problemstellung

Durch Art. 2 der Energierechtsnovelle[517] wurde ein neuer § 103 b in das GWB eingefügt, der bestimmt, daß die (früheren) §§ 103, 103 a GWB auf die Versorgung mit Elektrizität und Gas nicht mehr anzuwenden sind. Diese sahen vor, daß die (früheren) §§ 1, 15, 18 GWB auf bestimmte, wettbewerbsbeschränkende Vereinbarungen wie z.B. Gebietsschutz- oder Ausschließlichkeitsabreden, sofern sie in Verträgen über die Versorgung mit Elektrizität und Gas enthalten sind, keine Anwendung finden. Nach dem Wegfall dieser Freistellung unterliegen die genannten Vereinbarun-

---

514 BGBl. 1998 I S. 730; im folgenden kurz: Energierechtsnovelle. Vgl. hierzu den Gesetzentwurf der Bundesregierung, BT-Drucksache 13/7274, den Bericht des Wirtschaftsausschusses, BT-Drucksache 13/9211 und den Gesetzesbeschluß des Bundestages, BR-Drucksache 941/97.

515 Vgl. die Stellungnahme des Bundesrats zum Gesetzentwurf der Bundesregierung einer 6. GWB-Novelle, BR-Drucksache 852/97 (Beschluß), Ziffer 16 und die Gegenäußerung der Bundesregierung, BT-Drucksache 13/9720, Anlage 3, Ziffer 16. Auch Büdenbender, JZ 1999, 62, 70 weist auf die Konkurrenz zwischen Kartellrecht und Energiewirtschaftsrecht hin.

516 Die Bundesregierung meint, dem Anpassungsbedarf dadurch Rechnung getragen zu haben, daß sowohl in § 97 III GWB als auch in § 6 I 4 EnWG klargestellt wurde, daß die Vorschriften über die Verhaltenskontrolle im GWB durch das novellierte Energiewirtschaftsgesetz (EnWG) nicht berührt werden (vgl. BT-Drucksache 13/9720, Anlage 3, Ziffer 16). Allerdings beziehen sich §§ 97 III GWB, 6 I 4 EnWG nur auf die Kontrolle marktbeherrschender Energieversorgungsunternehmen; ein Abstimmungsbedarf hinsichtlich der übrigen Formen wettbewerbswidrigen Verhaltens bestand nach Ansicht der Bundesregierung also offenbar nicht. Ob dies zutrifft, werden die folgenden Untersuchungen zeigen.

517 Art. 1 betrifft die Änderung des EnWG, Art. 3 die Änderung sonstiger Gesetze, Art. 4 und 5 enthalten Übergangs- und Schlußvorschriften.

gen daher unmittelbar dem Kartellrecht. Wie sich aus den Gesetzesmaterialien ergibt, ging der Gesetzgeber bei Erlaß der Energierechtsnovelle davon aus, daß die genannten Gebietsschutz- und Ausschließlichkeitsvereinbarungen infolgedessen unzulässig werden.[518] Wie die bisherige Untersuchung gezeigt hat, läßt § 16 GWB Vereinbarungen, die wie Marktaufteilungen, Kundenschutzzusagen oder langfristige Bezugsbindungen[519] den begünstigten Unternehmen einen gewissen Gebietsschutz gewähren, aber in bestimmtem Umfang zu. Es fragt sich daher, ob dies auch im Hinblick auf die früher freigestellten Vereinbarungen gilt, oder ob ein solches Ergebnis dem Willen des Gesetzgebers zuwiderliefe, so daß für den Bereich der Energieversorgung insoweit eine abweichende Auslegung und Anwendung der §§ 1, 14, 16 GWB erforderlich ist.

B. Der rechtstatsächliche Hintergrund

Hierfür sollte man sich kurz den rechtstatsächlichen Hintergrund vergegenwärtigen, vor dem diese Frage zu behandeln ist.[520]

I. Die Erzeugungs- und Verteilungsstruktur

Elektrizität wird in Deutschland über ein mehrstufiges Erzeugungs- und Verteilungssystem an die Endabnehmer (Tarif- oder Sonderabnehmer) gebracht.[521] Hierbei

---

518 Vgl. Regierungsbegründung, BT-Drucksache 13/7274, S. 24.

519 Anders als in anderen Wirtschaftsbereichen begründen Alleinbezugsvereinbarungen im Energiesektor aufgrund der Leitungsgebundenheit der Energieversorgung de facto ebenfalls einen Gebietsschutz zugunsten des bindenden Unternehmens.

520 Die nachfolgende Darstellung und Untersuchung soll auf den Bereich der Versorgung mit Elektrizität beschränkt bleiben. Dies zum einen deshalb, weil der Markt für die Versorgung mit Gas aufgrund der in Europa regional beschränkten Erdgasvorkommen und des infolgedessen bestehenden Anbieteroligopols eine andere Struktur aufweist als der Elektrizitätsmarkt (vgl. DB-Research, Energiewirtschaft im Umbruch, S. 14; Kühne/Scholtka, NJW 1998, 1902, Fn. 11). Zum anderen sieht die am 22.06.1998 verabschiedete und noch nicht in deutsches Recht umgesetzte EG-Richtlinie für den Erdgasbinnenmarkt (ABl. EG 1998 Nr. L 204, S. 1) z.T. ein anderes rechtliches Instrumentarium als die durch die Energierechtsnovelle bereits umgesetzte Stromrichtlinie vor (u.a. keine Möglichkeit der Einführung eines Alleinabnehmersystems, andere Schwellenwerte für die Marktöffnung, vgl. Kühne/Scholtka, NJW 1998, 1902 (Fn. 11), 1905 (Fn. 37), Lukes, BB 1998, 1217 (Fn. 6)). Auch die rechtlichen Rahmenbedingungen unterscheiden sich daher von denen des Elektrizitätsmarktes.

521 Soweit im Hinblick auf diesen Verteilungsvorgang nachfolgend die Begriffe "Lieferung" o.ä. verwendet werden, ist jedoch zu beachten, daß es sich hierbei um eine sprachliche Vereinfachung handelt, die den eigentlichen technischen Vorgang nicht zutreffend umschreibt. Da der in einem Netz befindliche Strom nach dem physikalischen Gesetz des geringsten Widerstandes immer dorthin fließt, wo gerade Strom entnommen wird, handelt es sich bei "dem" eingespeisten und "dem" entnommenen Strom nicht um "denselben" Strom. Es ist daher genau besehen unmöglich, den von einem bestimmten Kunden entnommenen Strom einem bestimmten Generator zuzuordnen, so daß das Bild vom bürgerlich-rechtlichen Liefervertrag eigentlich nicht paßt (vgl. Hensing/ Pfaffenberger/Ströbele, Energiewirtschaft, S. 111).

kann man zwischen den Ebenen der Verbundunternehmen, der regionalen sowie der lokalen Versorgungs- bzw. Verteilerunternehmen unterscheiden.[522] Die Verbundunternehmen leiten die von ihnen gewonnene Energie[523] über ihre Netze an die ihnen jeweils nachgeordneten Versorgungs- bzw. Verteilerunternehmen weiter, wobei teilweise die regionalen, teilweise die lokalen Versorger, manchmal aber auch bestimmte Endabnehmer direkt beliefert werden.[524] Auch die nachgeordneten, regionalen oder kommunalen Versorgungsunternehmen erzeugen teilweise eigene Energie, die sie, wie die z.B. von den Verbundunternehmen bezogene Energie, über ihre eigenen Netze dann an die ihnen nachgeordneten Versorgungsunternehmen bzw. Endabnehmer liefern.[525]

II. Die vertraglichen Regelungen

In rechtlicher Hinsicht liegt dieser Marktstruktur ein komplexes Geflecht zahlreicher Vereinbarungen zwischen den an der Elektrizitätsversorgung Beteiligten zugrunde.[526]

1. Die Lieferverträge

Hierbei sind in erster Linie die Verträge zwischen den Verbundunternehmen, regionalen und kommunalen Versorgungsunternehmen und ihren jeweiligen Abnehmern (Weiterverteilungsunternehmen) über die Lieferung elektrischer Energie zu nennen, durch die der Abnehmer, der selber über keine (ausreichenden) Kapazitäten verfügt, in die Lage versetzt wird, seine eigenen Abnehmer zu versorgen.[527]

---

522 Vgl. Schiffer, Energiemarkt, S. 148 f.; Möschel, Wettbewerbsbeschränkungen, Rdnrn. 1017 f.; Ebel, Energielieferungsverträge, S. 7; Monopolkommission, Hauptgutachten I, Tz. 703. Daneben stehen noch die sog. industriellen Eigenerzeuger, vgl. Möschel, Wettbewerbsbeschränkungen, Rdn. 1017.

523 Annähernd 80% des in Deutschland gewonnenen Stroms werden von den Verbundunternehmen erzeugt, vgl. DB-Research, Energiewirtschaft im Umbruch, S. 4; Schiffer, Energiemarkt, S. 148.

524 Vgl. Schiffer, Energiemarkt, S. 148 f.; Möschel, Wettbewerbsbeschränkungen, Rdnrn. 1017 f.; Monopolkommission, Hauptgutachten I, Tz. 703; Ebel, Energielieferungsverträge, S. 7 f.

525 Möschel, Wettbewerbsbeschränkungen, Rdn. 1017; Schiffer, Energiemarkt, S. 148 f. Die Stromabgabe an die Kunden verteilt sich dabei insgesamt zu jeweils ungefähr einem Drittel auf Unternehmen auf der Verbundstufe, regionale und kommunale Unternehmen, vgl. DB-Research, Energiewirtschaft im Umbruch, S. 4; Schiffer, Energiemarkt, S. 148.

526 Die beschriebene Marktstruktur ist allerdings weniger die Ursache als vielmehr die Folge dieser Vereinbarungen, durch die der deutsche Strommarkt in entsprechender Weise "geordnet" wurde, vgl. Möschel, Wettbewerbsbeschränkungen, Rdn. 1019.

527 Vgl. statt aller Ebel, Energielieferungsverträge, S. 6 ff.

2. Die Konzessionsverträge

Da der Transport von Strom leitungsgebunden ist,[528] d.h. das Vorhandensein eines Leitungsnetzes voraussetzt, die hierfür benötigten Grundstücke aber in aller Regel im Eigentum von Gebietskörperschaften stehen, müssen die Energieversorgungsunternehmen mit den Gebietskörperschaften sogenannte "Konzessionsverträge"[529] abschließen, durch die den Energieversorgungsunternehmen das Recht eingeräumt wird, die Leitungen auf dem Gebiet der Körperschaft zu verlegen und die dort ansässigen Kunden mit elektrischer Energie zu versorgen.[530]

3. Die Verbundverträge

Schließlich spielen auch noch die sog. Verbundverträge eine - wenn auch zahlenmäßig geringe - Rolle.[531] Durch diese Vereinbarungen, die z.B. die Schaffung gemeinsamer Kraftwerke zum Zwecke der Vorhaltung von Energiereserven insbesondere für Spitzenzeiten zum Gegenstand haben können,[532] wird es den hieran beteiligten Verbundunternehmen ermöglicht, die finanziellen Belastungen für jedes einzelne von ihnen zu verringern.

C. Die Freistellung durch § 103 GWB

Diese, kartellrechtlich überwiegend unbedenklichen Verträge[533] wurden in der Praxis durch eine Reihe wettbewerbsbeschränkender Vereinbarungen ergänzt.[534] Da der Gesetzgeber aber davon ausging, daß einige dieser Wettbewerbsbeschränkungen

---

528 Vgl. nur Büdenbender, Energierecht, Rdn. 19; Hensing/Pfaffenberger/ Ströbele, Energiewirtschaft, S. 112.

529 Der Begriff "Konzessionsvertrag" geht - soweit ersichtlich - zurück auf Crome, AcP 115 (1917) 1, 9 ff. Kritisch gegenüber dieser, seiner Ansicht nach verwirrenden Terminologie Stern, AöR 84 (1959) 137, 146 ff.

530 Baur, Gebietsschutzverträge, S. 10 f.; Huber, Wirtschaftsverwaltungsrecht, S. 574; Stern, AöR 85 (1959) 137, 144; Kühne, BB 1997, Beilage 19, S. 3. Darüber hinaus finden sich in den Konzessionsverträgen weitere Regelungen, wie z.B. eine allgemeine Anschluß- und Versorgungspflicht des Energieversorgungsunternehmens, und natürlich Regelungen über die an die Gebietskörperschaft zu zahlenden Konzessionsabgaben (Baur, Gebietsschutzverträge, S. 11; Niederleithinger, Versorgungswirtschaft, S. 56 f.). Vgl. auch das Beispiel eines Konzessionsvertrages bei Stern, AöR 84 (1959) 273, 326 ff.

531 Vgl. den Bericht der Bundesregierung über die Ausnahmebereiche des Gesetzes gegen Wettbewerbsbeschränkungen, nach dem von den bis Ende 1973 erfolgten, gut 40.000 Anmeldungen versorgungswirtschaftlicher Verträge lediglich 80 Verbundverträge betrafen, BT-Drucksache 7/3206, Tz. 116.

532 Jestaedt, in: Langen/Bunte, § 103 Rdn. 18; Baur, Gebietsschutzverträge, S. 17.

533 Sieht man einmal von den Verbundverträgen ab, ist der Inhalt der beschriebenen Verträge kartellrechtlich neutral.

534 Vgl. hierzu zunächst nur Baur, Gebietsschutzverträge, S. 10 ff.

erforderlich seien, um eine sichere und preisgünstige Versorgung zu gewährleisten,[535] hatte er bestimmte - nicht alle[536] - Klauseln, die den §§ 1, 14, 16 GWB unterfallen konnten[537] durch § 103 GWB von deren Anwendung freigestellt.

I. Demarkationsvereinbarungen

Hierzu zählten zunächst die von § 103 I Nr. 1 GWB erfaßten, sogenannten Demarkationsvereinbarungen zwischen einem Versorgungsunternehmen und anderen Versorgungsunternehmen oder Gebietskörperschaften, in denen sich eine Vertragspartei verpflichtete, in einem bestimmten Gebiet keine öffentliche Versorgung zu betreiben. Insbesondere die oben genannten Lieferverträge enthielten praktisch immer eine Verpflichtung des Lieferanten, selber keine Energie in das Versorgungsgebiet seines Abnehmers zu liefern.[538] Neben diesen sogenannten unselbständigen oder vertikalen, weil in einem Liefervertrag enthaltenen Demarkationen,[539] wurden aber auch die sogenannten selbständigen oder horizontalen, d.h. außerhalb einer Lieferbeziehung vereinbarten Gebietsaufteilungen von § 103 I Nr. 1 GWB freigestellt.[540]

Hierbei war es grundsätzlich unerheblich, ob sich die Beschränkung des Lieferanten auf die unmittelbare Versorgung der Abnehmer durch ihn selbst bezog (sogenannte "unmittelbare Demarkation"), oder ob sie die Lieferung an weiterverteilende Versorgungsunternehmen betraf (sogenannte "mittelbare Demarkation"),[541] sofern sie nur auf ein bestimmtes Gebiet bezogen war.[542] Auch machte es für die Anwendbarkeit des § 103 I Nr. 1 GWB keinen Unterschied, ob es sich um einseitige oder um gegenseitige Demarkationen handelte,[543] d.h. ob zugleich eine Verpflichtung des Abneh-

---

535 Vgl. insoweit an dieser Stelle nur den Wortlaut des (früheren) § 103 V 1 GWB; eingehend zum Schutzzweck der Freistellung und ihrer Berechtigung unten D. III. 3. a), b) aa) (1).

536 Freigestellt werden nur die in § 103 GWB ausdrücklich aufgezählten Wettbewerbsbeschränkungen, vgl. WuW/E BGH 1405, 1407 ("Grenzmengenabkommen"); Feuerborn, in: Obernolte/ Danner, II 3 c); Malzer, WuW 1959, 780, 781.

537 Die Freistellung erfolgte gewissermaßen "vorsorglich", vgl. WuW/E BGH 401, 402; Ludwig/ Odenthal, § 103 GWB Rdn. 7; Niederleithinger, Versorgungswirtschaft, S. 214 (Fn. 27).

538 Monopolkommission, Hauptgutachten I, Tz. 743; Baur, Gebietsschutzverträge, S. 14; ders., RdE 1997, 41; Schwintowski, WuW 1997, 769, 774; Kühne, BB 1997, Beilage 19, S. 4.

539 Zur Terminologie vgl. Monopolkommission, Hauptgutachten I, Tz. 743; Möschel, Wettbewerbsbeschränkungen, Rdn. 1019; Emmerich, Kartellrecht, § 32, 3 a; Schwintowski, WuW 1997, 769, 775 f.

540 Klaue, in: Immenga/Mestmäcker, § 103 Rdnrn. 12; Feuerborn, in: Obernolte/ Danner, II 3 c) aa); Ludwig/Odenthal, § 103 GWB Rdnrn. 20, 28; Baur, Gebietsschutzverträge, S. 31 ff.

541 Vgl. Klaue, in: Immenga/Mestmäcker, § 103 Rdn. 15; Kühne, BB 1997, Beilage 19, S. 4.

542 Klaue, in: Immenga/Mestmäcker, § 103 Rdnrn. 12, 15; Jestaedt, in: Langen/ Bunte, § 103 Rdn. 9; Büdenbender, in: Tegethoff/Büdenbender/Klinger, § 103 GWB Rdn. 128; Feuerborn, in: Obernolte/Danner, II 3 c) bb) (2).

543 In beiden Fällen waren sie nach § 103 I Nr. 1 GWB freigestellt, vgl. Klaue, in: Immenga/Mestmäcker, § 103 Rdnrn. 13 f.; Feuerborn, in: Obernolte/Danner, II 3 c) aa). Allerdings war streitig,

mers bestand, die gelieferte Energie nicht an Kunden außerhalb des eigenen Gebietes, insbesondere im Gebiet des Lieferanten weiterzuverteilen.[544]

Auch die sogenannten Grenzmengenabkommen, durch die sich der Lieferant das Recht vorbehielt, einzelne, häufig nach Abnahmemenge bestimmte Großabnehmer selber zu beliefern,[545] konnten nach herrschender Meinung unter § 103 I Nr. 1 GWB fallen.[546]

II. Ausschließlichkeits- und Verzichtsvereinbarungen in Konzessionsverträgen

Angesichts der mit dem Aufbau und der Unterhaltung eines Leitungsnetzes für die Energieversorgung verbundenen, erheblichen Aufwendungen wurde in den Konzessionsverträgen regelmäßig vereinbart, daß die betreffende Gebietskörperschaft die entsprechenden Rechte ausschließlich einem Versorgungsunternehmen übertrug, wobei häufig zugleich vereinbart wurde, daß die Gebietskörperschaft keine eigene öffentliche Energieversorgung durchführen würde.[547] Derartige Ausschließlichkeitsvereinbarungen wurden durch § 103 I Nr. 2 GWB,[548] die Verzichtsklauseln durch § 103 I Nr. 1 GWB[549] von den §§ 1, 16 GWB freigestellt.[550]

---

ob bei einseitigen Demarkationen § 1 oder § 16 GWB erfüllt war, vgl. Feuerborn, in: Obernolte/ Danner, II 3 c) aa). Ausführlich dazu unten D. I. 1.

544 Zu dieser Terminologie vgl. Baur, Gebietsschutzverträge, S. 14; Kühne, BB 1997, Beilage 19, S. 4; Kunth/Slabschi, RdE 1997, 174.

545 Vgl. Baur, Gebietsschutzverträge, S. 14; Kühne, BB 1997, Beilage 19, S. 4.

546 Vgl. WuW/E BGH 1405, 1406 ff. ("Grenzmengenabkommen"); Klaue, in: Immenga/Mestmäcker, § 103 Rdn. 18; Ludwig/Odenthal, § 103 GWB Rdn. 35; Büdenbender, in: Tegethoff/Büdenbender/Klinger, § 103 GWB Rdn. 158; a.A. Immenga, Wettbewerbsbeschränkungen, S. 261; Feuerborn, in: Obernolte/ Danner, II 3 c) bb) (3).

547 Niederleithinger, Versorgungswirtschaft, S. 57; Huber, Wirtschaftverwaltungsrecht, S. 574; Baur, Gebietsschutzverträge, S. 11 f.; Stern, AöR 84 (1959) 137, 144.

548 Vgl. Ludwig/Odenthal, § 103 GWB Rdn. 54; Büdenbender, in: Tegethoff/ Büdenbender/Klinger, § 103 GWB Rdnrn. 174 ff.; Feuerborn, in: Obernolte/ Danner, II 3 c) cc) (2); Emmerich, in: Immenga/Mestmäcker, § 18 Rdn. 41; Jestaedt, in: Langen/Bunte, § 103 Rdn. 13; Niederleithinger, Versorgungswirtschaft, S. 186. Streitig war allerdings, ob die Vereinbarung § 1 GWB oder § 16 GWB erfüllte, vgl. dazu unten D. I. 2.

549 Klaue, in: Immenga/Mestmäcker, § 103 Rdn. 27; Niederleithinger, Versorgungswirtschaft, S. 187. A.A. (für § 103 I Nr. 2 GWB) Büdenbender, in: Tegethoff/Büdenbender/Klinger, § 103 GWB Rdn. 168.

550 Allerdings bezog sich die Freistellung nur auf die Versorgung von Letztverbrauchern und nicht auf die (mittelbare) Versorgung von weiterverteilenden Unternehmen, vgl. Büdenbender, in: Tegethoff/Büdenbender/Klinger, § 103 GWB Rdn. 171.

III. Verbundverträge

Schließlich wurden auch die oben dargestellten Verbundverträge und die sie ergänzenden Verpflichtungen, wie z.B. die des anderen Versorgungsunternehmens bzw. der gemeinsamen Einrichtung, die Energie nur an den bzw. die jeweiligen Vertragspartner zu liefern und deren Versorgungsgebiete zu respektieren, durch § 103 I Nr. 4 GWB freigestellt, sofern die Vereinbarungen einem gemeinsamen Zweck dienten.[551]

D. Die Behandlung der Vereinbarungen nach dem Wegfall der Freistellung

Es stellt sich die Frage, wie die dargestellten Vereinbarungen, soweit sie früher durch § 103 GWB freigestellt waren, nach dem Wegfall der Freistellung kartellrechtlich zu behandeln sind. Das hängt in erster Linie davon ab, ob sie die Voraussetzungen des § 1 GWB oder die des § 16 GWB erfüllen, da sie im ersten Fall ohne weiteres unwirksam sind, während sie im zweiten Fall grundsätzlich wirksam sind.

Es würde den Rahmen dieser Untersuchung allerdings überschreiten, sämtliche Abreden auf ihre Vereinbarkeit mit den §§ 1, 16 GWB hin zu untersuchen. Das ist indes auch sachlich gar nicht geboten. So haben z.B. die selbständigen Demarkationen zwischen nicht miteinander im Lieferverhältnis stehenden Versorgungsunternehmen oder die Verbundverträge nicht nur was ihre Häufigkeit in der Praxis betrifft eine nur untergeordnete Rolle gespielt;[552] beide Fallgruppen dürften sich vielmehr auch was ihre Zuordnung zu den §§ 1, 16 GWB angeht, als weitgehend unproblematisch erweisen, und damit für das vorliegende Untersuchungsthema wenig relevant sein. Selbständige Demarkationen zwischen miteinander im Wettbewerb stehenden Versorgungsunternehmen außerhalb einer Lieferbeziehung unterfallen unproblematisch auch dem neugefaßten § 1 GWB.[553] Gleiches dürfte für die Verbundverträge gelten; soweit dabei die Gründung einer gemeinschaftlichen Einrichtung, d.h. eines Gemein-

---

551 Baur, Gebietsschutzverträge, S. 18; Jestaedt, in: Langen/Bunte, § 103 Rdn. 18.

552 Von den bis zum 31.12.1973 bei den Kartellbehörden erfolgten Anmeldungen betrafen lediglich 1 - 2% horizontale Demarkationen und sogar weniger als 0,2% Verbundverträge, vgl. den Bericht der Bundesregierung über die Ausnahmebereiche im Gesetz gegen Wettbewerbsbeschränkungen, BT-Drucksache 7/3206, Tz. 116.

553 Dies war auch unter der alten Regelung einhellige Meinung, vgl. Klaue, in: Immenga/Mestmäcker, § 103 Rdn. 13; Ludwig/Odenthal, § 103 GWB Rdn. 26; Büdenbender, in: Tegethoff/Büdenbender/Klinger, § 103 GWB Rdn. 116; Feuerborn, in: Obernolte/Danner, II 3 c) aa); Immenga, Wettbewerbsbeschränkungen, S. 259; Niederleithinger, Versorgungswirtschaft, S. 212 (Fn. 27); Baur, Gebietsschutzverträge, S. 30 f.; Recknagel/Pardemann, in: Energierechtsnovelle und Stromlieferungsverträge, S. 101, 104; Büdenbender, JZ 1999, 62, 65. Allenfalls bei Gründung einer Gesellschaft zwischen den Versorgern könnte die Abrede als Wettbewerbsverbot unter den hierfür geltenden Voraussetzungen zulässig sein (vgl. oben 3. Teil, A.).

schaftsunternehmens vereinbart wird, finden die hierfür entwickelten Grundsätze Anwendung.[554]

Demgegenüber werfen die Behandlung der, auch praktisch bedeutsameren,[555] Demarkationen in Lieferverträgen zwischen Versorgungsunternehmen und anderen Versorgungsunternehmen oder Gebietskörperschaften, oder die der Ausschließlichkeitsabreden in Konzessionsverträgen zwischen Versorgungsunternehmen und Gebietskörperschaften möglicherweise Probleme auf. Denn hier liegt gerade der Abgrenzungsfall vor, der sich häufig als problematisch erwiesen hat, nämlich eine horizontale Wettbewerbsbeschränkung in einer ansonsten vertikalen Beziehung. Da der mit diesen Wettbewerbsbeschränkungen bezweckte Gebietsschutz zudem genau das oben dargelegte Spannungsfeld betrifft, das zwischen der Ansicht des Gesetzgebers, derzufolge diese Gebietsschutzabreden mit Wegfall der Freistellung unwirksam werden, und der denkbaren Möglichkeit ihrer Zulässigkeit nach § 16 GWB besteht, soll die nachfolgende Untersuchung daher auf diese Vereinbarungen konzentriert werden.[556]

I. Die bisherige Einordnung der Vereinbarungen

Die Zuordnung dieser Vereinbarungen zu den §§ 1, 16 GWB hat nicht erst mit dem Wegfall der Freistellung Bedeutung erlangt; auch vorher war sie, wenngleich von geringerem, so doch nicht lediglich von theoretischem Interesse, da dann, wenn die Freistellungsvoraussetzungen der §§ 103, 103 a GWB nicht erfüllt waren (insbesondere wegen der Befristung der Freistellung durch § 103 a I 1 GWB auf 20 Jahre),

---

554 Vgl. BGHZ 96, 69, 77 ff. ("Mischwerke"); Immenga, in: Immenga/Mestmäcker, § 1 Rdnrn. 499 ff.; Emmerich, Kartellrecht, § 24, 5.

555 Annähernd 80% der bis Ende 1973 bei den Kartellbehörden angemeldeten Vereinbarungen betrafen Konzessionsverträge mit Ausschließlichkeitsbindungen i.S.d. § 103 I Nr. 2 GWB; auch bei der ganz überwiegenden Zahl von Demarkationen handelte es sich um sog. unselbständige Demarkationen, vgl. den Bericht der Bundesregierung über die Ausnahmebereiche im Gesetz gegen Wettbewerbsbeschränkungen, BT-Drucksache 7/3206, Tz. 116.

556 Der gegenwärtig ebenfalls diskutierten Frage der Zulässigkeit langfristiger Bezugsbindungen soll hier demgegenüber nicht gesondert nachgegangen werden. Denn zum einen führen diese aufgrund der Leitungsgebundenheit der Energieversorgung praktisch zum gleichen Ergebnis wie die Vereinbarung eines Gebietsschutzes, so daß sich aus den zu Gebietsschutzabreden gewonnenen Erkenntnissen auch Rückschlüsse auf die Behandlung von Bezugsbindungen ziehen lassen. Zum anderen erweist sich gerade die Untersuchung von Gebietsschutzabreden angesichts der möglichen Diskrepanz zwischen den Erwartungen des Gesetzgebers und den allgemeinen kartellrechtlichen Grundsätzen als besonders interessant. Zur künftigen Behandlung langfristiger Bezugsbindungen vgl. Köhler, Wettbewerbsbeschränkungen beim Energievertrieb, S. 51, 64 ff.; Scholz, RdE 1998, 209; Ritter, in: Festschrift Lieberknecht, S. 495, 505 f., 510 ff.; Würzberg/Bartsch, in: Energierechtsnovelle und Stromlieferungsverträge, S. 9, 11 f.; Schäfer, in: Energierechtsnovelle und Stromlieferungsverträge, S. 27, 42 ff.; Metzenthin, in: Energierechtsnovelle und Stromlieferungsverträge, S. 57; Markert, EuZW 2000, 427.

wieder die allgemeinen Vorschriften Anwendung fanden.[557] Es ist daher zunächst ein kurzer Blick auf die bislang hierzu vertretenen Ansichten zu werfen.

1. Demarkationen in Lieferverträgen

Bei Gebietsschutzabreden in Energielieferverträgen wurde jedenfalls dann ein "gemeinsamer Zweck" und damit die Anwendung des § 1 GWB bejaht, wenn sie gegenseitig vereinbart worden waren.[558] Zur Begründung wurde zum Teil darauf abgestellt, daß es sich in diesen Fällen in der Regel um Wettbewerber handele[559] (was auf einer Interpretation des "gemeinsamen Zwecks" im Sinne der horizontalen Wettbewerbsbeschränkung beruht), teilweise aber auch die mit der damit einhergehenden Marktaufteilung bezweckte Sicherung der Marktstellung beider Vertragsparteien in den Vordergrund gestellt[560] (was der Argumentation auf der Basis der Verfolgung gleichgerichteter Interessen entspricht).

Bei nur einseitigen Demarkationen hingegen wurde das Vorliegen eines gemeinsamen Zwecks überwiegend verneint; in diesen Fällen sei aber § 16 GWB erfüllt, denn die Wettbewerbsbeschränkung stelle hier nur einen unselbständigen Bestandteil des Liefervertrages dar und diene keinem darüber hinausgehenden gemeinsamen Zweck.[561]

In den Fällen, in denen es sich um mehrstufige Unternehmen handelte, d.h. in denen z.B. der Lieferant auch selber, wie sein Abnehmer, eine unmittelbare

---

557 Vgl. Klaue, in: Immenga/Mestmäcker, § 103 Rdn. 41; Ludwig/Odenthal, § 103 GWB Rdnrn. 25, 54; unzutreffend daher Feuerborn, in: Obernolte/ Danner, II 3 c) cc) (2).

558 Vgl. Klaue, in: Immenga/Mestmäcker, § 103 Rdn. 13; Ludwig/Odenthal, § 103 GWB Rdn. 26; Büdenbender, in: Tegethoff/Büdenbender/Klinger, § 103 GWB Rdn. 122; Feuerborn, in: Obernolte/Danner, II 3 c) aa); Baur, Gebietsschutzverträge, S. 31 f.

559 So Klaue, in: Immenga/Mestmäcker, § 103 Rdn. 13; Ludwig/Odenthal, § 103 GWB Rdn. 26.

560 So Büdenbender, in: Tegethoff/Büdenbender/Klinger, § 103 GWB Rdn. 122; Baur, Gebietsschutzverträge, S. 31 f. Beide Begründungen klingen an bei Feuerborn, in: Obernolte/Danner, II 3 c) aa).

561 Klaue, in: Immenga/Mestmäcker, § 103 Rdn. 14 (allerdings unter dem Vorbehalt, daß es sich bei den Vertragsparteien nicht um potentielle Wettbewerber handelt); Ludwig/Odenthal, § 103 GWB Rdn. 28; Büdenbender, in: Tegethoff/ Büdenbender/Klinger, § 103 GWB Rdn. 119; sympathisierend auch Recknagel/Pardemann, in: Energierechtsnovelle und Stromlieferungsverträge, S. 101, 103. A.A. aber Feuerborn, in: Obernolte/Danner, II 3 c) aa) und auch Baur, Gebietsschutzverträge, S. 33, allerdings noch unter dem Einfluß des Partizipationsgedankens. Die Differenzierung nach gegenseitigen und einseitigen Bindungen wurde dabei sowohl für die unmittelbare Versorgung von Letztverbrauchern als auch für die mittelbare Versorgung über Weiterverteiler vertreten (vgl. Klaue, in: Immenga/Mestmäcker, § 103 Rdn. 15; Büdenbender, in: Tegethoff/Büdenbender/Klinger, § 103 GWB Rdn. 120).

Versorgung von Endverbrauchern betrieb, wurde eine Anwendung des § 1 GWB befürwortet, da in diesen Fällen eine Marktaufteilung erfolge.[562]

2. Konzessionsverträge

Deutlich umstrittener war die Einordnung von Ausschließlichkeitsklauseln in Konzessionsverträgen. Die wohl überwiegende Ansicht ging davon aus, daß es sich hierbei um Vereinbarungen zu einem gemeinsamen Zweck handele, die folglich § 1 GWB unterfielen.[563] Die Begründungen hierfür variierten - der jeweils vorherrschenden Interpretation des "gemeinsamen Zwecks" entsprechend - jedoch stark:[564] Während die Vereinbarung zwischen Versorgungsunternehmen und Gebietskörperschaft vereinzelt als ein gesellschaftsähnliches Verhältnis angesehen wurde,[565] begründete die überwiegende Zahl der Stellungnahmen das Eingreifen des § 1 GWB damit, daß die Monopolstellung, die durch den Ausschluß Dritter von der Versorgung begründet wurde, eine gesicherte und preisgünstige Versorgung des Stadtgebietes gewährleiste, woran sowohl die Gebietskörperschaft (aufgrund ihrer Verpflichtung zur Daseinsfürsorge) als auch das Unternehmen (aufgrund seines wirtschaftlichen Interesses) ein gemeinsames, mithin gleichgerichtetes Interesse hätten.[566]

Eine beachtliche Gegenansicht hingegen verneinte das Vorliegen eines gemeinsamen Zwecks und sah Konzessionsverträge stattdessen grundsätzlich als Austauschverträge i.S.d. § 16 GWB an.[567] Hierbei wurde überwiegend angeführt, der Konzes-

---

562 Büdenbender, in: Tegethoff/Büdenbender/Klinger, § 103 GWB Rdn. 123; ihm folgend Ludwig/Odenthal, § 103 GWB Rdn. 28.

563 WuW/E BGH 1313, 1314 f. ("Stromversorgungsgenossenschaft"); WuW/E BGH 2247, 2249 f. ("Wegenutzungsrecht"); WuW/E BGH 2777, 2779 ("Freistellungsende bei Wegenutzungsrecht"); OLG Frankfurt, WuW/E OLG 3427, 3428 f. (Vorinstanz zu WuW/E BGH 2247 ("Wegenutzungsrecht")); OLG München, WuW/E OLG 3437, 3439 ff. ("Eintrittsklausel"); Ludwig/Odenthal, § 103 GWB Rdn. 57; Feuerborn, in: Obernolte/Danner, II 3 c) cc) (2); Evers, Energieversorgung, S. 200; Stern, AöR 84 (1959) 273, 300; v. Gamm, WRP 1987, 2 f.; Klaue, WuW 1983, 460, 465; Riechmann, WuW 1985, 945, 951; Malzer, WuW 1962, 252, 254 f.; ders., WuW 1974, 816, 818; Haase, BB 1980, 1833, 1834.

564 Ohne nähere Begründung allerdings Malzer, WuW 1962, 252, 254; ders., WuW 1974, 816, 818; Haase, BB 1980, 1833, 1834.

565 Klaue, in: Immenga/Mestmäcker, 1. Auflage, § 103 Rdn. 25; Ballerstedt, BB 1958, 125, 127; ähnlich Stern, AöR 84 (1959) 273, 305; wohl auch noch OLG München, WuW/E OLG 3437, 3439 ("Eintrittsklausel").

566 Vgl. WuW/E BGH 2247, 2249 (Wegenutzungsrecht"); OLG Frankfurt, WuW/E OLG 3427, 3428 f. (Vorinstanz zu WuW/E BGH 2247 ("Wegenutzungsrecht")); Riechmann, WuW 1985, 945, 947; v. Gamm, WRP 1987, 1, 2 f.; der Rechtsprechung zustimmend Ludwig/Odenthal, § 103 GWB Rdnrn. 55, 57 und Feuerborn, in: Obernolte/Danner, II 3 c) cc) (2); das gleichgerichtete Interesse klingt auch an bei OLG München, WuW/E OLG 3437, 3439 ("Eintrittsklausel"); Ballerstedt, BB 1958, 125, 127; Stern, AöR 84 (1959), 273, 305.

567 Büdenbender, in: Tegethoff/Büdenbender/Klinger, § 103 GWB Rdn. 179; Jestaedt, in: Langen/Bunte, § 103 Rdn. 13; Bechtold, § 103 Rdn. 3; ders., Kartellrecht, S. 372 f.; Pfeiffer, Konzessionsverträge, S. 55, 58; Niederleithinger, Versorgungswirtschaft, S. 213 f. (Fn. 27); Immenga,

sionsvertrag stelle einen typischen Fall des Ausgleichs sich synallagmatisch gegenüberstehender Interessen, mithin einen Austauschvertrag i.S.d. § 16 GWB dar.[568] Hingewiesen wurde insbesondere auf die Parallelität zu der Gewährung ausschließlicher Lizenzen oder ausschließlicher Nutzungsrechte im Rahmen einer Gaststättenverpachtung.[569]

In jüngerer Zeit gewann dann eine differenzierende Ansicht zunehmend Anhänger, die danach fragte, ob zwischen dem Versorgungsunternehmen und der Gebietskörperschaft ein - zumindest potentielles - Wettbewerbsverhältnis bestand,[570] wobei zum Teil wiederum die Ansicht vertreten wurde, dies sei in der Regel der Fall.[571]

II. Die künftige Behandlung der Vereinbarungen

Nach dem Wegfall der Freistellung stellt sich die, wie soeben gezeigt, schon bislang umstrittene Frage, ob die genannten Demarkations- und Konzessionsvereinbarungen nach § 1 oder § 16 GWB zu beurteilen sind, mit besonderer Dringlichkeit. Es ist daher zu untersuchen, wie diese Vereinbarungen nach der Neufassung des GWB bzw. nach den für die Abgrenzung der §§ 1, 16 GWB entwickelten Grundsätzen einzuordnen sind. Danach kommt es für die Anwendung des § 1 GWB entscheidend darauf an, ob die Parteien Wettbewerber sind bzw. - präziser - ob zwischen ihnen ein horizontales Wettbewerbsverhältnis beschränkt wird. Sofern die Wettbewerbsbeschränkung jedoch in einem zwischen den Parteien geschlossenen Austauschvertrag i.S.d. § 16 GWB vereinbart wurde, führt das bestehende, horizontale Wett-

---

WuW 1985, 453, 458; einschränkend allerdings ders., Wettbewerbsbeschränkungen, S. 259 (nur sofern die Gebietskörperschaft die Vereinbarung im Hinblick auf die Konzessionsabgaben eingegangen ist, d.h. das austauschvertragliche Element im Vordergrund steht); Büdenbender, ZfE 1983, 60, 61.

568 OLG Frankfurt, RdE 1982, 227, 229; Büdenbender, in: Tegethoff/Büdenbender/Klinger, § 103 GWB Rdnrn. 178 f.; Pfeiffer, Konzessionsverträge, S. 55; Niederleithinger, Versorgungswirtschaft, S. 213 (Fn. 27).

569 Vgl. Immenga, WuW 1985, 453, 457 f.; Jestaedt, in: Langen/Bunte, § 103 Rdn. 13. Niederleithinger, Versorgungswirtschaft, S. 214 (Fn. 27) wies darüber hinaus auf das Beispiel der Eigenhändlerverträge hin, das zeige, daß die enge Interessenverknüpfung der Beteiligten noch nicht die Anwendung des Kartellverbotes bedinge, daß vielmehr auch in solchen Fällen ein reiner Austauschvertrag gegeben sein könne.

570 Vgl. WuW/E BGH 2777, 2779 ("Freistellungsende bei Wegenutzungsrecht"); WuW/E BGH 2914, 2916 ("Nachvertragliche Konzessionsabgabe"); Emmerich, in: Immenga/Mestmäcker, § 18 Rdn. 41; Möschel, Wettbewerbsbeschränkungen, Rdn. 1033; Baur, Gebietsschutzverträge, S. 36 f. (der dies in erster Linie bei leistungsfähigen Gemeinden mit hohem Steueraufkommen bejaht); Fischer, WuW 1987, 197, 199. Die Maßgeblichkeit eines potentiellen Wettbewerbsverhältnisses klingt auch an bei WuW/E BGH 2247, 2249 ("Wegenutzungsrecht"); Ludwig/Odenthal, § 103 GWB Rdn. 57; Feuerborn, in: Obernolte/Danner, II 3 c) cc) (2).

571 Emmerich, in: Immenga/Mestmäcker, § 18 Rdn. 41; vgl. auch WuW/E BGH 2247 ("Wegenutzungsrecht"), der im ersten Leitsatz davon spricht, daß Ausschließlichkeitsklauseln in Konzessionsverträgen im allgemeinen den Tatbestand des § 1 GWB erfüllen.

bewerbsverhältnis entgegen dem Wortlaut des § 1 GWB nicht zur Anwendung des Kartellverbots. Vielmehr ist die Vereinbarung auch in einem solchen Fall nach § 16 GWB zu beurteilen; dort ist dann allerdings zu fragen, ob für die Wettbewerbsbeschränkung ein "anzuerkennendes Bedürfnis" besteht. Wenn dies nicht der Fall ist, ist die Vereinbarung (nach der hier vertretenen Auffassung nach § 16 GWB, nach bislang herrschender Meinung nach § 1 GWB) unzulässig.

1. Demarkationen in Lieferverträgen

Bei Anwendung dieser Grundsätze unterfallen unselbständige Demarkationen aufgrund der Tatsache, daß es sich bei dem zugrundeliegenden Energieliefervertrag um einen Vertrag über gewerbliche Leistungen,[572] mithin um einen Austauschvertrag handelt, allein § 16 GWB. Das gilt zunächst dann, wenn es sich bei den Vertragsparteien nicht um Wettbewerber handelt, insbesondere also in den Fällen der Lieferverträge zwischen energieerzeugenden Versorgungsunternehmen mit Gebietskörperschaften, die selber keine Energie erzeugen können. Aber auch dann, wenn zwischen den Beteiligten ein Wettbewerbsverhältnis besteht, insbesondere also bei Beteiligung eines mehrstufigen Unternehmens oder bei Lieferverträgen zwischen Versorgungsunternehmen mit Gemeinden, die selber ebenfalls Energie erzeugen, findet ausschließlich § 16 GWB Anwendung. Zwar scheint hier § 1 GWB erfüllt zu sein. Wie sich oben (3. Teil, B. III. 3., IV. 1. b) cc) (2)) gezeigt hat, ist aber auch in diesen Fällen der Verbotsgrund des § 1 GWB, die generelle Wettbewerbsschädlichkeit der Vereinbarung, nicht gegeben. Vielmehr sind die Auswirkungen auf den Wettbewerb in solchen Fällen von den jeweiligen Umständen des Einzelfalls abhängig. Dies bedingt eine Einzelfalluntersuchung, die im Rahmen von § 16 GWB zu erfolgen hat, und bei der zu fragen ist, ob für die Wettbewerbsbeschränkung im Hinblick auf die Freiheit des Wettbewerbs ein anzuerkennendes Bedürfnis besteht.

Dies gilt - entgegen der zum alten Recht überwiegenden Ansicht - auch für wechselseitige Demarkationen. Auch die Wettbewerbsschädlichkeit dieser Vereinbarungen läßt sich angesichts der Tatsache, daß sie Bestandteil eines Austauschvertrages sind, nur im Einzelfall und damit nur nach § 16 GWB beurteilen.[573] Nach den in dieser Arbeit für die Abgrenzung der §§ 1, 16 GWB entwickelten Grundsätzen sind unselbständige Demarkationen daher an § 16 GWB zu messen.

---

572 Zur Einordnung der Versorgung mit elektrischer Energie als Ware oder gewerbliche Leistung vgl. Büdenbender, in: Tegethoff/Büdenbender/Klinger, § 103 GWB Rdn. 103.

573 Vgl. z.B. die Entscheidung WuW/E BGH 3121, 3126 ("Bedside-Testkarten"), wo wechselseitige Ausschließlichkeitsbindungen und die damit verbundene Marktaufteilung als durch ein anzuerkennendes Interesse gerechtfertigt angesehen wurden.

2. Konzessionsverträge

Soweit es die Einordnung von Ausschließlichkeits- und Verzichtsklauseln in Konzessionsverträgen betrifft, ist jedenfalls dann, wenn die Gebietskörperschaft zu einer eigenen Versorgung gar nicht in der Lage ist, kein Raum für die Anwendung des § 1 GWB, der die Beschränkung eines horizontalen Wettbewerbsverhältnisses voraussetzt. Aber auch dann, wenn eine Gemeinde als potentielle Wettbewerberin des Versorgungsunternehmens anzusehen ist, sind diese Vereinbarungen allein nach § 16 GWB zu beurteilen, da es sich bei der Gewährung des alleinigen Leitungsverlegungsrechts und bei dem Verzicht auf eine eigene Versorgungstätigkeit lediglich um Wettbewerbsbeschränkungen im Rahmen eines Austauschvertrages handelt.

Denn wenn die Gemeinde - und insofern ist eine Parallele zu den Patentlizenzen in der Tat aufschlußreich - als alleinige Inhaberin der Wegerechte das Nutzungsrecht hieran gegen Zahlung einer Konzessionsabgabe an ein Versorgungsunternehmen überträgt, dann stehen sich diese gewerbliche Leistung[574] und die Konzessionsabgabe[575] wie eben in einem Austauschvertrag als Leistung und Gegenleistung gegenüber.[576] Die Verpflichtung der Gemeinde, das Nutzungsrecht ausschließlich einem Versorgungsunternehmen zu übertragen bzw. die Versorgung ausschließlich einem Versorgungsunternehmen zu gestatten, stellt somit eine Wettbewerbsbeschränkung i.S.d. § 16 Nr. 2 GWB dar.

Auch die hiermit häufig verbundene Verpflichtung der Gemeinde, auf eine eigene Versorgungstätigkeit zu verzichten, kann normalerweise nicht als eine marktaufteilende Absprache im Sinne eines Gebietskartelles angesehen werden.[577] Vielmehr dürfte es sich hierbei in der Regel um ein normales Wettbewerbsverbot in einem

---

574 Büdenbender, in: Tegethoff/Büdenbender/Klinger, § 103 GWB Rdn. 105; Emmerich, in: Immenga/Mestmäcker, § 18 Rdn. 45; Niederleithinger, Versorgungswirtschaft, S. 149; Immenga, WuW 1985, 453, 458.

575 Insbesondere angesichts ihres Volumens (zuletzt betrugen sie ca. 6 Mrd. DM, vgl. DB-Research, Energiewirtschaft im Umbruch, S. 22) ist davon auszugehen, daß den Konzessionsabgaben eine echte Entgelt- und damit Gegenleistungsfunktion zukommt. Vgl. auch Monopolkommission, Hauptgutachten I, Tz. 739; Evers, Energieversorgung, S. 177; Ebel, Energielieferungsverträge, S. 45; ebenso Emmerich, Ausnahmebereich, S. 64, 96, der zugleich auf ihre Bedeutung für die kommunalen Haushalte hinweist.

576 Das gleiche Ergebnis ergibt sich auch dann, wenn man nicht das Wegenutzungsrecht, sondern, wie teilweise angenommen, das Recht zur - letztlich gemeinsam angestrebten - Durchführung der Versorgungstätigkeit im Gemeindegebiet als die eigentliche Vertragsleistung ansieht, vgl. z.B. WuW/E BGH 2247, 2249 (Wegenutzungsrecht"); Riechmann, WuW 1985, 945, 947; Ludwig/Odenthal, § 103 GWB Rdnrn. 55, 57. Denn auch in diesem Fall würde dieses Recht die Leistung für die Gegenleistung der Konzessionsabgabe darstellen.

577 Vgl. Emmerich, in: Immenga/Mestmäcker, § 18 Rdn. 41. Für eine Anwendung des § 16 GWB auch Würzberg/Bartsch, in: Energierechtsnovelle und Stromlieferungsverträge, S. 9, 13.

Austauschvertrag handeln, das entsprechend den hierfür geltenden Grundsätzen dann zulässig ist, wenn insoweit ein "anzuerkennendes Bedürfnis" besteht.[578]

Auch wenn diese Vereinbarungen zwischen Wettbewerbern abgeschlossen werden, kommt ihnen aufgrund der zugrundeliegenden Austauschbeziehung dennoch keine generelle Wettbewerbsschädlichkeit zu. Vielmehr muß im Einzelfall untersucht werden, ob die mit ihnen einhergehenden Beeinträchtigungen des Wettbewerbs nicht mehr hinnehmbar sind. Auch die in Konzessionsverträgen vereinbarten Ausschließlichkeits- und Verzichtsklauseln stellen sich nach alledem lediglich als Wettbewerbsbeschränkungen in Austauschverträgen dar und sind folglich, auch wenn sie zwischen Wettbewerbern vereinbart wurden, nicht nach § 1 GWB, sondern allein nach den zu § 16 GWB entwickelten Grundsätzen zu beurteilen.

3. Zwischenergebnis

Bei unselbständigen Demarkationsvereinbarungen und Ausschließlichkeits- und Verzichtsklauseln in Konzessionsverträgen handelt es sich in aller Regel um Wettbewerbsbeschränkungen in Austauschverträgen, die nach den zu § 16 GWB entwickelten Grundsätzen zu beurteilen sind.

III. Wirksamkeit von Gebietsschutzabreden

Damit stellt sich die entscheidende Frage, ob für diese Vereinbarungen auch nach dem Wegfall der Freistellung durch § 103 GWB ein "anzuerkennendes Bedürfnis" bestehen kann.[579]

1. Die bislang herrschende Meinung

Die überwiegende Meinung geht davon aus, daß die genannten Vereinbarungen nach dem Wegfall der Freistellung unwirksam werden. Obwohl schon länger anerkannt war, daß Wettbewerbsbeschränkungen in Austauschverträgen auch zwischen Wettbewerbern unter den Bedingungen der Immanenztheorie bzw. der Erforder-

---

578 Genau wie dort stellt sich auch hier die Interessenlage so dar, daß der eine Vertragspartner eine Leistung erbringt, die der andere (hier das Versorgungsunternehmen) nur anzunehmen bereit ist, wenn er sicher sein kann, daß sich die von ihm zu erbringende Gegenleistung nicht aufgrund einer unmittelbar einsetzenden Konkurrenztätigkeit des anderen Teils als verlorene Investition erweist.

579 Die jüngere Rechtsprechung stellt - wenn auch im Rahmen des § 1 GWB - in vergleichbarer Weise darauf ab, ob für die Wettbewerbsbeschränkung im Hinblick auf die Freiheit des Wettbewerbs ein anzuerkennendes Interesse besteht, vgl. oben 1. Teil, C. III.

lichkeit zulässig sein können,[580] wird ganz überwiegend die Auffassung vertreten, daß Demarkationen in Lieferverträgen und Ausschließlichkeitsklauseln in Konzessionsverträgen künftig dem Verdikt der Unwirksamkeit unterfallen.[581]

2. Die Gegenansicht

Gegenüber dieser Ansicht werden jedoch von einigen Autoren Bedenken geäußert, die erwägen, ob nicht für bestimmte Vereinbarungen ein "anzuerkennendes Interesse" bestehen könne, so daß sie folglich nicht dem Kartellverbot unterfielen.[582]

In der, soweit ersichtlich, ersten Entscheidung zum neuen Recht hat sich das Landgericht Mannheim ebenfalls nicht per se für die Unwirksamkeit von Gebiets- und Kundenschutzklauseln in Energielieferverträgen ausgesprochen, wenngleich es die betreffenden Klauseln im konkreten Fall für unwirksam erachtete.[583] Auch der BGH scheint Demarkationsabreden nicht in jedem Fall für unzulässig zu halten.[584]

3. Wirksamer Gebietsschutz wegen eines "anzuerkennenden Bedürfnisses"?

Wie oben herausgearbeitet wurde, sind Wettbewerbsbeschränkungen in Austauschverträgen nach dem Willen des Gesetzgebers dann zulässig, wenn für sie ein wirtschaftlich und rechtlich anzuerkennendes Bedürfnis besteht. Die Prüfung, ob Gebietsschutzabreden in Energielieferverträgen und Ausschließlichkeits- bzw. Verzichtsklauseln in Konzessionsverträgen nach Wegfall der Freistellung zulässig sind, zerfällt also gedanklich in zwei Teile: Auf der einen Seite ist das wirtschaftliche Interesse des oder der beteiligten Unternehmen zu berücksichtigen (dazu unter a)). Sofern ein solches Interesse bejaht werden kann, muß es darüber hinaus aber auch in

---

580 Vgl. WuW/E BGH 1458, 1460 ("Fertigbeton"); Immenga, in: Immenga/Mestmäcker, § 1 Rdn. 149; Schmidt, ZHR 149 (1985) 1, 10 ff. Auf diesem Weg hätte auch die h.M., die die Vereinbarungen nach § 1 GWB beurteilt, im Ergebnis zu ihrer Wirksamkeit kommen können.

581 Baur, RdE 1997, 41, 42; Becker, ZNER 1997, 12; Britz, EuZW 1997, 334, 335; Ebel, WuW 1998, 448, 449, 455 f.; Lukes, RdE 1998, 49, 51; ders., BB 1998, 1217, 1219, 1221; Markert, AG 1998, 576, 577; Schwintowski, WuW 1997, 769, 775, 777 (letzterer allerdings nur für horizontale Demarkationen und Ausschließlichkeitsvereinbarungen in Konzessionsverträgen). Ebenso die ersten Stellungnahmen nach Inkrafttreten der 6. GWB-Novelle, vgl. Emmerich, Kartellrecht, § 32, 3 a; Piltz, RdE 1999, 60, 61 f.

582 Kunth/Slabschi, RdE 1997, 174; Kühne, BB 1997, Beilage 19, S. 1, 7 (jedenfalls auf einseitige unselbständige Demarkationsabreden finde § 1 GWB keine Anwendung); Schwintowski, WuW 1997, 769, 776, 777 (für vertikale Demarkationen und Ausschließlichkeitsbindungen in Lieferverträgen).

583 LG Mannheim, WuW/E DE-R 298, 300 f. ("Stromversorgung").

584 Vgl. BGH NJW-RR 2000, 256, 258. Die dort erfolgte Zurückverweisung zur weiteren Sachaufklärung impliziert, daß Demarkationen unter bestimmten Voraussetzungen auch künftig noch zulässig sein können.

rechtlicher Hinsicht, insbesondere also im Hinblick auf den Schutz des Wettbewerbs, anerkennenswert sein (dazu unter b)).

a) Wirtschaftlich anzuerkennendes Bedürfnis

Zunächst ist daher der Frage nachzugehen, ob für die genannten Vereinbarungen ein wirtschaftlich anzuerkennendes Bedürfnis besteht.

Diese Frage kann man nicht beantworten, ohne sich die Besonderheiten der Energieversorgungswirtschaft vor Augen zu führen. Diese zeichnet sich durch das gebündelte Auftreten mehrerer, technisch-ökonomischer Besonderheiten aus - die Leitungsgebundenheit des Stromtransports, die hohe Kapitalintensität und die lange Ausreifungszeit der Investitionen sowie die praktisch fehlende Speicherbarkeit des Produktes "Energie".[585] Hinzu kommt die - gesetzlich vorgeschriebene - allgemeine Anschluß- und Versorgungspflicht (vgl. § 10 EnWG).

Vor diesem Hintergrund scheint für Gebietsschutzabreden in Energieliefer- und Konzessionsverträgen nach den oben herausgearbeiteten Grundsätzen in der Tat ein "anzuerkennendes Bedürfnis" zu bestehen: Das Versorgungsunternehmen muß zur Erschließung des Marktes erhebliche finanzielle Aufwendungen tätigen und kann infolgedessen ein wirtschaftliches Interesse daran haben, daß ihm ein gewisser Schutz vor Konkurrenz in "seinem" Liefergebiet eingeräumt wird, der ihm einmal von seiten anderer Versorgungsunternehmen, zum anderen aber auch von seiten des Weiterverteilers, d.h. der Gebietskörperschaft drohen kann.

Von denjenigen, die einer Zulässigkeit abgegrenzter Versorgungsgebiete auch nach der Energierechtsreform skeptisch bzw. ablehnend gegenüberstehen, wird demgegenüber geltend gemacht, daß mit den Gebietsschutzabreden in Energielieferverträgen - anders als in den Sachverhalten, die der jüngsten BGH-Rechtsprechung zu Wettbewerbsbeschränkungen in Austauschverträgen zugrundelagen - keine Belebung des Wettbewerbs im Sinne einer Erweiterung des Angebotes einhergehe. Vielmehr seien die abgegrenzten Versorgungsgebiete aufgrund ihrer marktabschlie-

585 Vgl. Regierungsbegründung, BT-Drucksache II/1158, S. 57 und BT-Drucksache 7/3206, S. 30; Monopolkommission, Hauptgutachten I, Tz. 702; Möschel, Wettbewerbsbeschränkungen, Rdn. 1016; Büdenbender, in: Tegethoff/Büdenbender/Klinger, § 103 GWB Rdnrn. 26 ff.; Scheuten, EW 1970, 288. Kuhnt, ET 1978, 657 und Büdenbender, ET 1978, 735 f., 738 heben dabei gerade das kumulative Auftreten dieser Faktoren hervor.

ßenden Wirkung heute eher als wettbewerbshemmend anzusehen.[586] Weiter, so wird argumentiert, bestehe bei der Energielieferung keine Konkurrenzsituation wie zwischen verschiedenen Markenprodukten, es handele sich vielmehr um ein homogenes Massenprodukt, weshalb ein der Markenpflege dienender Gebietsschutz hier, anders als bei anderen Produkten nicht erforderlich sei.[587] Vor allem aber sei es nicht erforderlich, den Versorgungsunternehmen einen durch territorialen Schutz abgesicherten Anreiz für Investitionen zu gewähren, die der Markterschließung dienen, da der Markt für die Energieversorgung in Deutschland praktisch vollständig erschlossen sei.[588] Diesen Argumenten gilt es nun im einzelnen nachzugehen.

aa) Fehlende Wettbewerbsbelebung

Was zunächst das Argument der fehlenden Wettbewerbsbelebung betrifft, tragen die abgeschlossenen Versorgungsgebiete in der Tat nicht dazu bei, daß eine vergleichbare Förderung des inter-brand-Wettbewerbs wie in anderen Wirtschaftsbereichen stattfindet. Denn während der Marktzugang dort für andere Anbieter durch eine Gebietsschutzabrede in der Regel nicht behindert wird, sofern nur "freie" Abnehmer vorhanden sind, ist dies bei der Energieversorgung nicht der Fall: Da es in dem betreffenden Gebiet in aller Regel nur eine Versorgungsleitung gibt, wird der einzige "Vertriebskanal" durch die Gebietsschutzabrede vollständig blockiert.

Geht man aber davon aus, daß durch die Energierechtsreform die bislang geschlossenen Versorgungsgebiete zumindest aufgelockert werden,[589] dann wirken sich Gebietsschutzabreden in gewisser Weise doch wettbewerbsbelebend aus. Denn der Versuch, einem etablierten Versorgungsunternehmen in seinem früheren Gebiet Konkurrenz zu machen, wird es häufig erfordern, Investitionen wie einen Ausbau der eigenen Kapazitäten oder den Bau von Stichleitungen vorzunehmen. Die Aussicht, diese Investitionen durch einen gewissen Gebietsschutz in der Folgezeit wieder erwirtschaften zu können, dürfte auch im Energiewirtschaftrecht den

---

586 Ebel, WuW 1998, 448, 452 f., unter Hinweis auf die Ausführungen in den Entscheidungen "Solelieferung" (WuW/E BGH 3117) und "Druckgußteile" (WuW/E BGH 3115, 3118). Ebenso LG Mannheim, WuW/E DE-R 298, 301 ("Stromversorgung") und schon früher Emmerich, Ausnahmebereich, S. 45 ff; Immenga, Wettbewerbsbeschränkungen, S. 277; Monopolkommision, Hauptgutachten I, Tzrn. 734 ff., 743.

587 Ebel, WuW 1998, 448, 454, unter Bezugnahme auf WuW/E BGH 3121, 3125 ("Bedside-Testkarten"); Piltz, RdE 1999, 60, 61 f.; Köhler, Wettbewerbsbeschränkungen beim Energievertrieb, S. 51, 52. Ebenso LG Mannheim, WuW/E DE-R 298, 301 ("Stromversorgung").

588 Ebel, WuW 1998, 448, 452 f.

589 Einem unveränderten Fortbestand des derzeitigen Zustand steht entgegen, daß § 16 GWB unabhängig vom Vorliegen eines "anzuerkennenden Bedürfnisses" spätestens dann eingreift, wenn der Wettbewerb auf dem Energiemarkt, wie z.B. infolge eines flächendeckenden Netzes von Gebietsschutzabreden, wesentlich beeinträchtigt wird.

Anreiz erhöhen, den andernfalls häufig unrealistischen[590] Marktzutritt zumindest einmal zu versuchen. Von Gebietsschutzabreden kann daher unter Umständen doch eine gewisse wettbewerbliche Stimulanz ausgehen.

bb) Fehlende Markenpflege

Weiterhin wird geltend gemacht, daß aufgrund des homogenen Massenprodukts "Strom" nennenswerte Aufwendungen zur Markenpflege nicht erforderlich seien, und folglich auch kein Interesse der Erzeuger bzw. Weiterverteiler bestehen könne, diese durch einen Gebietsschutz "abzusichern". Daran ist sicherlich richtig, daß es im Energiebereich keine, den meisten anderen Produkten vergleichbaren Qualitätsunterschiede im engeren Sinne gibt. Andererseits kann aber schon heute nicht mehr behauptet werden, daß es sich bei Strom um ein homogenes Produkt handelt. Vielmehr sind bereits zum gegenwärtigen Zeitpunkt Tendenzen erkennbar, daß die Art des Primärenergieträgers die Auswahlentscheidung der Abnehmer beeinflussen kann.[591] Darüber hinaus ist zu erwarten, daß die Art der Energiequelle mit einem weiter steigenden ökologischen Bewußtsein und mit der fortschreitenden Liberalisierung des Energiemarktes weiter an Bedeutung gewinnen wird.[592] Dementsprechend ist davon auszugehen, daß in der Zukunft erhebliche Umschichtungen der Struktur der Primärenergieträger hin zu umweltfreundlichen (Erdgas) und zu regenerativen Energien (Wind, Wasser, Sonne) erfolgen werden.[593] Da Strom aus umweltfreundlichen Energiequellen aber häufig teurer ist als der konventionell erzeugte Strom,[594] ist es durchaus vorstellbar, daß ein Erzeuger oder Weiterverteiler neue Investitionen oder Maßnahmen zur Verkaufsförderung bzw. Kundengewinnung treffen muß, zu denen er nur dann bereit sein wird, wenn er sich der so gewonnenen Kunden aufgrund einer Gebietsschutzabrede auch für eine bestimmte Zeit sicher sein kann.

---

590 Hensing/Pfaffenberger/Ströbele, Energiewirtschaft, S. 113 weisen darauf hin, daß es gerade die hohen Anfangsinvestitionen sind, die einen Marktzutritt häufig unrealistisch erscheinen lassen.

591 Vgl. z.B. die Entscheidung der Bundestagsabgeordneten Michaele Hustedt, ihren Strom nicht mehr von den Stadtwerken Bonn, sondern von der Bürgerinitiative Windenergie Nordeifel zu beziehen (F.A.Z. v. 11.03.1999, S. 20). Illustrativ ist auch der Fall der Elektrizitätswerke Schönau (EWS): Nachdem diese ihren bis dahin bestehenden Stromlieferungsvertrag mit den Kraftübertragungswerken Rheinfelden am 31.08.1998 gekündigt hatten, fiel die Wahl u.a. deswegen auf die Vasa Energy, weil diese versprach, 100% atomfreien Strom zu liefern (vgl. die Pressemitteilung der EWS v. 06.11.1998). Auch die großen Versorger haben mittlerweile häufig einen besonderen Tarif für "grünen Strom" in ihrem Angebot (vgl. F.A.Z. v. 11.03.1999, S. 20).

592 Vgl. Köhler, Wettbewerbsbeschränkungen beim Energievertrieb, S. 51, 52.

593 Vgl. die Prognosen von DB-Research, Energiewirtschaft im Wandel, S. 9 und von PROGNOS bei Schiffer, Energiemarkt, S. 273.

594 So verlangen z.B. die HEW für aus regenerativen Energiequellen gewonnenen Strom 9,2 Pf/kWh, die Natur Energie AG für mit Wasserkraft oder Solarenergie erzeugten Strom 8 Pf/kWh mehr als für konventionell erzeugten Strom; auch der von den großen Versorgern angebotene, "grüne" Strom wird von ihnen selber mit 50% bezuschusst (vgl. F.A.Z. v. 11.03.1999, S. 20).

Es sind daher auch im Bereich der Energieversorgung Fälle vorstellbar, in denen ein, anderen Produkten vergleichbares, wirtschaftliches Interesse an einem Gebietsschutz bestehen kann.

cc) Keine Aufwendungen zur Markterschließung

Darüber hinaus wird geltend gemacht, der Markt für die Elektrizitätsversorgung sei praktisch bereits vollständig erschlossen, so daß weitere Investitionen insoweit nicht erforderlich seien, und infolgedessen auch kein berechtigtes Interesse an einem Gebietsschutz bestehen könne. Dem ist insoweit zuzustimmen, als das Netz für die Elektrizitätsversorgung das Gebiet der Bundesrepublik Deutschland im wesentlichen abdeckt.

(1) Neue Investitionen

Daraus folgt allerdings nicht, daß der Investitionsprozeß abgeschlossen ist. Vielmehr sind auch in dem flächenmäßig weitgehend erschlossenen Markt noch erhebliche Investitionen erforderlich. So wurden z.B. im Jahre 1995 zum Zwecke der Elektrizitätsversorgung von den betreffenden Unternehmen annähernd 20 Milliarden DM investiert.[595] Diese Investitionen waren dabei zum Teil für den Neubau von Anlagen bestimmt; zum Teil dienten sie aber auch der Instandhaltung bzw. der Modernisierung bereits bestehender Anlagen, insbesondere solcher für die Fortleitung und Verteilung der Energie.[596] Auch in Zukunft werden der Ersatz und die Modernisierung bestehender Anlagen erhebliche Investitionen erfordern;[597] in diesem Zusammenhang sind inbesondere zunehmende Umweltschutzauflagen und die bereits oben angedeutete, ökologisch bedingte Umschichtung der Energieträgerstruktur zu berücksichtigen. Darüber hinaus ist zu bedenken, daß es sich insbesondere bei den Erhaltungsinvestitionen nicht um freie unternehmerische Entscheidungen handelt; vielmehr besteht insoweit häufig eine faktische Investitionspflicht.[598]

---

595 Vgl. Schiffer, Energiemarkt, S. 27; Statistisches Jahrbuch 1997, S. 227 (Tabelle 9.19).

596 Vgl. Müller, Elektrizitätswirtschaft, S. 174. Baur weist in: Geschlossene Versorgungsgebiete, S. 11 darauf hin, daß jeweils etwa 50% des Kapitalaufwandes auf den Anlagenbau bzw. den Auf- und Ausbau der Leitungen entfallen; nach Meysenburg, Jahrbuch für Bergbau, Energie, Mineralöl und Chemie 1970, S. 20 beträgt das Verhältnis sogar 1/3 zu 2/3; ähnlich (59% zu 41% (1977)) Börner, RdE 1979, 50, 53.

597 DB-Research, Energiewirtschaft im Umbruch, S. 38. Das DIW, Wochenberichte 1998, S. 733 geht davon aus, daß die Altersstruktur insbesondere der (west-) deutschen Kraftwerke ab etwa dem Jahr 2005 erhebliche Erneuerungsaufwendungen erfordern wird. Vgl. auch Müller, Elektrizitätswirtschaft, S. 173, 328, der darauf hinweist, daß von 1983 bis 1989 allein für die Rauchgasreinigung 24 Milliarden DM aufgewendet wurden.

598 Büdenbender, ET 1978, 735, 738; Scholz, RdE 1998, 209, 213.

Aber auch der Neubau von Leitungen nimmt immer noch einen erheblichen Teil der Investitionen für sich in Anspruch. Zwar nimmt die Länge der Hochspannungsleitungen schon seit etwa Mitte der achtziger Jahre praktisch nicht mehr zu. Im Niederspannungsbereich ist insoweit jedoch nach wie vor eine erhebliche Zunahme zu verzeichnen: So stieg die Länge der Kabelleitungen allein in den alten Bundesländern seit Mitte der achtziger Jahre von unter 500.000 km auf deutlich über 600.000 km im Jahr 1995, in Gesamtdeutschland sogar auf deutlich über 700.000 km.[599] Es finden daher auch in dem bereits erschlossenen Markt immer noch jährliche Investitionen in zweistelliger Milliardenhöhe statt. Die Investitionsquote, d.h. das Verhältnis der Investitionen zum Umsatz, liegt dabei in der Elektrizitätswirtschaft um ein Mehrfaches höher als im übrigen produzierenden Gewerbe.[600]

Sowohl für Ausbau und Erhaltung des gegenwärtigen Versorgungsnetzes als auch unter dem Gesichtspunkt der Erschließung neuer Energiemärkte sind daher trotz des hohen Erschließungsgrades gegenwärtig und künftig erhebliche Investitionen erforderlich. Dementsprechend kann in wirtschaftlicher Hinsicht sowohl für die etablierten als auch und vor allem für marktzutrittswillige Versorgungsunternehmen ein Interesse an einer Gebietsschutzvereinbarung zur Absicherung ihrer Investitionen bestehen.

(2) Amortisation der Aufwendungen

Weiterhin kann auch nicht angenommen werden, daß sich diese Aufwendungen, soweit sie in der Vergangenheit getätigt wurden, bereits vollständig amortisiert haben. Insbesondere im Hinblick auf die Anlagen für die Erzeugung und Verteilung der Energie, d.h. die Kraftwerke und das Leitungsnetz wird nämlich in der Regel von einem Abschreibungszeitraum von 20 - 25 Jahren auszugehen sein.[601] Davon, daß auch die Investitionen z.B. aus dem Zeitraum seit der Wiedervereinigung bereits abgeschrieben sind, ist danach nicht auszugehen.

---

599 Drasdo, Konzentration und Wettbewerb, S. 267.

600 Vgl. Monopolkommission, Hauptgutachten I, Tz. 702 und dort Fn. 100; Müller, Elektrizitätswirtschaft, S. 173.

601 Vgl. Börner, RdE 1979, 50, 54; Scholz, RdE 1998, 209, 211; DB-Research, Atomausstieg, S. 3. Auf die nur langfristige Amortisation der Investitionen weist auch Büdenbender, in: Tegethoff/ Büdenbender/Klinger, § 103 GWB Rdn. 27 hin. In der langen Abschreibungsdauer liegt auch der Grund für die Befürchtung, daß infolge der Liberalisierung auf die Energiewirtschaft "stranded costs", d.h. Kosten, die voraussichtlich nicht mehr vollständig im Preis weitergegeben werden können, in Höhe von bis zu 30 Milliarden DM zukommen können, vgl. die Darstellung bei Schmitt, RdE 1998, 143. Auch wird davon ausgegangen, daß sich der beabsichtigte Atomausstieg nur dann, wenn er über einen Zeitraum von etwa 20 Jahren erfolgt, in wirtschaftlich vertretbarem Rahmen hält, vgl. DB-Research, Atomausstieg, S. 10 f.

dd) Das "free-rider"-Problem

Bei der Beurteilung der Frage, ob im Einzelfall ein wirtschaftlich berechtigtes Interesse an Gebietsschutzvereinbarungen bestehen kann, ist außer den bislang genannten Gesichtspunkten noch ein weiterer Aspekt zu berücksichtigen. So wird unter dem Stichwort der "free-rider"-Problematik ein berechtigtes Interesse an einem Gebietsschutz häufig dann bejaht, wenn dieser erforderlich ist, um zu verhindern, daß Wettbewerber sich die Investitionen ihrer Konkurrenten zunutze machen und auf diese Weise einen Kosten- und damit Wettbewerbsvorteil erlangen.[602]

Diese Erwägung trifft auch und gerade auf den hier zu untersuchenden Bereich der Energiewirtschaft zu. Die "free-rider"-Problematik stellt sich dabei vor allem im Zusammenhang mit der fehlenden Speicherbarkeit der Energie. Da die Nachfrage nach Energie sowohl im Tages- als auch im Jahresverlauf erheblich schwankt,[603] müssen für die Nachfragespitzen entsprechende Kapazitätsvorbehalte zuzüglich einer Sicherheitsreserve für den Störungsfall einkalkuliert und die Anlagen auf diesen Höchstbedarf hin ausgerichtet werden.[604] Hierzu besteht im Bereich der Elektrizitätsversorgung - anders als in anderen Wirtschaftsbereichen - eine größere Notwendigkeit, da eine Überlastung des Netzes nicht nur dazu führt, daß einige Kunden unversorgt bleiben, sondern einen Zusammenbruch des ganzen Netzes nach sich ziehen kann.[605] Die Schaffung entsprechender Reserven führt dazu, daß im zeitlichen Mittel lediglich eine Auslastung von 50 - 55% der Gesamtkapazität erreicht wird.[606] Unter betriebswirtschaftlichen Gesichtspunkten werden die Anlagen also höchst unwirtschaftlich betrieben, wozu die etablierten Versorgungsunternehmen aber gesetzlich und faktisch gezwungen waren bzw. sind.

---

602 Vgl. Huber/Baums, in: Frankfurter Kommentar, § 1 Rdn. 493; dezidiert auch van den Bergh/ Camesasca, WuW 1998, 1147, 1153 f. Auch in der jüngsten Rechtsprechung des BGH tritt diese Erwägung bei der Rechtfertigung eines Gebietsschutzes deutlich hervor, vgl. WuW/E BGH 3121, 3126 ("Bedside-Testkarten"); BGH ZIP 1998, 1159, 1161 ("Subunternehmervertrag").

603 Vgl. die Darstellungen bei Hensing/Pfaffenberger/Ströbele, Energiewirtschaft, S. 114 f.; Büdenbender, Energierecht, S. 10; Meysenburg, Jahrbuch für Bergbau, Energie, Mineralöl und Chemie 1970, S. 16 f.

604 Büdenbender, Energierecht, S. 9; ders., ET 1978, 735, 737 f.; Baur, in: Geschlossene Versorgungsgebiete, S. 10; Lukes, in: Geschlossene Versorgungsgebiete, S. 77; Kuhnt, ET 1978, 657 f.

605 Möschel, Wettbewerbsbeschränkungen, Rdn. 1016; Hensing/Pfaffenberger/ Ströbele, Energiewirtschaft, S. 113; Baur, in: Geschlossene Versorgungsgebiete, S. 11; Büdenbender, ET 1978, 735, 738.

606 Vgl. Monopolkommission, Hauptgutachten I, Tz. 702; Büdenbender, Energierecht, S. 9.

Neue Wettbewerber, die nach der Liberalisierung auf den Markt drängen, sind, anders als die ehemaligen Monopolisten, hierzu jedoch nicht gezwungen, finden sie in Form der bereits bestehenden Einrichtungen doch ausreichende Reservekapazitäten, insbesondere für Störungsfälle vor. Da die neuen Wettbewerber ihre eigenen Anlagen unter Verzicht auf solche (unrentablen) Vorhaltekapazitäten auf eine weitergehende Auslastung hin planen können, liegt es auf der Hand, daß sie in der Lage sein werden, ihre Energie letztlich kostengünstiger zu produzieren. Sie profitieren also von den (unrentablen) Investitionen der etablierten Versorgungsunternehmen. Es liegt daher genau der Fall vor, in dem in anderen Bereichen zur Verhinderung des "free-riding" ein berechtigtes Interesse an einem Gebietsschutz akzeptiert werden kann.

Ein anschauliches Beispiel hierfür liefert der Fall der Freiburger Elektrizitätswerke (FEW).[607] Die FEW hatten mit der EnBW einen langfristigen Energieliefervertrag abgeschlossen. Nach dem Inkrafttreten der Energierechtsnovelle wollte die FEW jedoch stattdessen von der schweizerischen Watt AG beliefert werden, die ihnen günstigere Konditionen anbot. Zur Vermeidung einer langwierigen gerichtlichen Auseinandersetzung einigte man sich schließlich darauf, daß die FEW ihren Grundlastbedarf von der Watt AG, die darüber hinausgehenden Spitzen hingegen von der EnBW bezieht.[608] Vor dem Hintergrund der soeben dargelegten energiewirtschaftlichen Tatsachen wird deutlich, daß dies einen klassischen "free-rider"-Fall darstellt: Die Watt AG braucht für die Erfüllung des Vertrages keine, nur zu Spitzenzeiten benötigten Vorhaltekapazitäten zu schaffen, da dieser Bereich von der EnBW abgedeckt wird. Damit ist es der Watt AG möglich, einen wesentlich höheren Auslastungsgrad ihrer Anlagen zu erreichen, so daß sie ihren Strom billiger produzieren und ihn folglich auch zu günstigeren Preisen als z.B. die EnBW anbieten kann. Die Watt AG profitiert also von den Investitionen der EnBW. Gegen einen solchen Fall wird sich - aus der Sicht der EnBW - jeder wirtschaftlich vernünftig denkende Unternehmer durch eine Gebietsschutzabrede abzusichern versuchen.

In die gleiche Richtung geht auch der "Fall Lüdenscheid":[609] Dort hatte sich das amerikanische Versorgungsunternehmen Enron den Stadtwerken Lüdenscheid gegenüber verpflichtet, 20% des Bedarfs zu günstigeren Bedingungen als der bisherige Versorger Elektromark zu liefern. Nur um eine weitergehende Verschlech-

---

607 Vgl. die gemeinsame Pressemitteilung von FEW, EnBW und Watt AG vom 04.12.1998.

608 Eine vergleichbare Regelung wurde für eine Übergangszeit auch im bereits erwähnten Fall der Elektrizitätswerke Schönau (EWS) zwischen diesen und der Vasa Energy bzw. den Kraftübertragungswerken Rheinfelden getroffen, vgl. die Pressemitteilung der EWS v. 06.11.1998.

609 Vgl. den Bericht in der F.A.Z. v. 17.11.1998.

terung der Auslastung und damit eine negative Verschiebung des Investitions-Ertrags-Verhältnisses zu verhindern, hat sich Elektromark daher bereit erklärt, ebenfalls zu den von Enron gebotenen Bedingungen zu liefern.

Das "free-rider"-Problem stellt sich darüber hinaus auch im Zusammenhang mit der allgemeinen Anschluß- und Versorgungspflicht. Da die allgemeine Versorgung derzeit von den etablierten Versorgungsunternehmen gewährleistet wird, besteht für neue Wettbewerber die Möglichkeit, sich bei ihren Angeboten auf einzelne, besonders lukrative Abnehmer wie z.B. industrielle Großabnehmer mit einer gleichmäßigeren Abnahme über den Tag bzw. das Jahr oder auf die Versorgung von Gemeinden mit sehr vielen, räumlich eng zusammenliegenden Kunden zu konzentrieren.[610] Da damit eine gleichmäßigere Auslastung der Produktions- und Verteilungsanlagen und damit letztlich eine kostengünstigere Produktion erreicht werden kann, profitieren diese Anbieter von der allgemeinen Versorgungstätigkeit der etablierten Versorger. Auch dies kann aus Sicht der Gebietsversorger ein wirtschaftlich anzuerkennendes Bedürfnis an einem Schutz vor derartigem "free-riding" begründen.

ee) Zwischenergebnis

Es darf nicht verkannt werden, daß zahlreiche der hier angeführten Besonderheiten auch in anderen Wirtschaftsbereichen vorkommen.[611] So ist die Leitungsgebundenheit der Versorgung auf praktisch allen Verkehrsmärkten anzutreffen, besteht die Notwendigkeit zur Vorhaltung ausreichender Reserven für Spitzenzeiten auch im Dienstleistungsgewerbe und sind z.B. auch die chemische oder Automobilindustrie sehr kapitalintensiv.[612] Die Besonderheit der Energiewirtschaft liegt aber nun in der Kumulation und Wechselwirkung dieser Faktoren.[613] So kann - was häufig als Beispiel angeführt wird - die Deutsche Bahn AG unrentable Strecken stillegen, was den Energieversorgungsunternehmen wegen § 10 EnWG grundsätzlich versagt ist.[614] Wenn in anderen Wirtschaftsbereichen keine ausreichenden Kapazitäten vorhanden sind oder das bestehende Netzwerk überlastet ist, erschöpfen sich die Wirkungen in

610 Börner, RdE 1979, 50, 53; Büdenbender, ET 1978, 735, 738; Kuhnt, ET 1978, 657, 658.

611 Möschel, Wettbewerbsbeschränkungen, Rdn. 1016; Baur, in: Geschlossene Versorgungsgebiete, S. 9 ff.

612 Möschel, Wettbewerbsbeschränkungen, Rdn. 1016; Baur, in: Geschlossene Versorgungsgebiete, S. 9 ff.

613 Möschel, Wettbewerbsbeschränkungen, Rdn. 1016; Baur, in: Geschlossene Versorgungsgebiete, S. 12; Büdenbender, ET 1978, 735, 738; Kuhnt, ET 1978, 657. A.A., allerdings wenig überzeugend, Gröner, ZfE 1979, 112, 116.

614 Baur, in: Geschlossene Versorgungsgebiete, S. 10; Büdenbender, ET 1978, 735, 738; Kuhnt, ET 1978, 657. Die Grenze bildet dort erst die wirtschaftliche Unzumutbarkeit.

der Regel darin, daß diese Kunden nicht mehr versorgt werden können, während hier ein Ausfall des gesamten Netzes droht.[615] Die in anderen, ebenfalls kapitalintensiven Branchen mögliche, kurzfristige Anpassung der Kosten an Absatzrückgänge ist in der Energiewirtschaft aufgrund der mit der Leitungsgebundenheit einhergehenden hohen Festkosten nur sehr beschränkt möglich.[616] Die Kumulation dieser Faktoren führt dazu, daß die wettbewerbliche Handlungsfreiheit der Versorgungsunternehmen stärker als die derjenigen in anderen Wirtschaftsbereichen beschränkt ist. Sie können auf wettbewerbsbedingte Veränderungen nicht so schnell und flexibel reagieren, wie das in anderen Branchen der Fall ist. Von daher besteht - in wirtschaftlicher Hinsicht - ein gesteigertes Interesse an Maßnahmen, die, wie z.B. Gebietsschutzabreden, dieses Defizit in der Handlungsfreiheit zumindest teilweise wieder ausgleichen können.

Auf der Basis der vorangegangenen Untersuchungen kann als Zwischenergebnis festgehalten werden, daß - je nach den Umständen des konkreten Einzelfalles - auch bei Energieliefer- und Konzessionsverträgen ein wirtschaftlich anzuerkennendes Bedürfnis für Gebietsschutzabreden bestehen kann.

b) Rechtlich anzuerkennendes Bedürfnis

Angesichts der auf nationaler und europäischer Ebene beabsichtigten Liberalisierung des Energiemarktes stellt sich allerdings die Frage, ob ein solches, wirtschaftlich anzuerkennendes Bedürfnis nach dem Willen des nationalen und europäischen Gesetzgebers auch in rechtlicher Hinsicht noch schutzwürdig ist.[617]

aa) Der Wille des nationalen Gesetzgebers

Soweit es den Willen des nationalen Gesetzgebers betrifft, gewinnt man bei einem Blick in die Materialien zur Energierechtsnovelle den Eindruck, daß ein rechtlich anzuerkennendes Bedürfnis für Gebietsschutzabreden im Energiebereich künftig nicht mehr angenommen werden kann. So heißt es in der Begründung zum Regierungsentwurf, mit dem Wegfall der Freistellung werde der Schutz der geschlossenen

---

615 Baur, in: Geschlossene Versorgungsgebiete, S. 10; Büdenbender, ET 1978, 735, 738.

616 Der Anteil der - verbrauchsunabhängig anfallenden - Festkosten beträgt ca. 70% der gesamten Kosten der Stromversorgung. Vgl. hierzu und zu den Auswirkungen auf die Handlungsfreiheit der Unternehmen Büdenbender, Energierecht, S. 7 f.; ders., ET 1978, 735, 737; Börner, RdE 1979, 50, 53; Schmitt, ET 1998, 143. Dementsprechend wird auch davon ausgegangen, daß ein kurzfristiger Atomausstieg in 5 Jahren zu volkswirtschaftlichen Mehrkosten von DM 1,2 Milliarden/Jahr führen könnte, vgl. DB-Research, Atomausstieg, S. 8.

617 Verneinend ausdrücklich Ebel, WuW 1998, 448, 449 ff., 455.

Versorgungsgebiete beseitigt, da Demarkations- und Konzessionsverträge dadurch unzulässig würden.[618] Auf der anderen Seite findet sich dort, zum Teil sogar im selben Atemzug mit den vorgenannten Stellungnahmen die Aussage, daß die leitungsgebundene Energieversorgung den anderen Wirtschaftsbereichen gleichgestellt und wie diese den allgemein geltenden, kartellrechtlichen Bedingungen unterstellt werden sollte.[619]

Allein aus diesen allgemeinen Stellungnahmen läßt sich die Frage nach einem rechtlich anzuerkennenden Bedürfnis daher nicht beantworten. Denn wenn auch aus ihr die Erwartung hervortritt, Demarkations- und Konzessionsverträge würden unzulässig, so soll dies doch erkennbar nur auf einer Anwendung der allgemeinen kartellrechtlichen Regeln beruhen.[620] Auch dem Gesetzgeber muß aber bekannt gewesen sein, daß wettbewerbsbeschränkende Absprachen, insbesondere in Austauschverträgen, unter bestimmten Voraussetzungen zulässig sein können. Die Absicht, der Energiewirtschaft über die Streichung der Freistellung hinaus auch die Gestaltungsspielräume zu versagen, die Unternehmen in anderen Wirtschaftsbereichen zustehen, lassen die Äußerungen des Gesetzgebers hingegen nicht erkennen. Die Untersuchung muß daher von einem anderen Ansatzpunkt ausgehen.

(1) Die allgemeine Zielsetzung des EnWG

Als wenig aufschlußreich erweist sich insoweit jedoch ein Blick auf die allgemeine Zielsetzung des EnWG. Zwar wurde vor dem Wegfall der Freistellung häufig die Ansicht vertreten, ohne geschlossene Versorgungsgebiete sei die Gewährleistung einer sicheren, preisgünstigen und umweltverträglichen Energieversorgung, mithin die Erreichung der Ziele des EnWG (vgl. § 1 EnWG) gefährdet.[621] Träfe diese Ansicht zu, dann ergäbe sich aus ihr in der Tat ein gewichtiges Argument für die Zulässigkeit eines Gebietsschutzes.

Es ist jedoch äußerst zweifelhaft, ob der genannten Auffassung in dieser Allgemeinheit und unter den derzeitigen rechtlichen Rahmenbedingungen zu folgen ist. Allerdings dürfte ihr insoweit zuzustimmen sein, als ein gänzlich unregulierter Wettbe-

---

618 BT-Drucksache 13/7274, S. 9, 10, 24.

619 BT-Drucksache 13/7274, S. 10, 11, 24, 25.

620 Büdenbender, JZ 1999, 62, 65 hebt zutreffend hervor, daß die betreffenden Vereinbarungen unwirksam werden, soweit sie unter das Kartellverbot fallen.

621 Vgl. nur Büdenbender, in: Tegethoff/Büdenbender/Klinger, § 103 GWB Rdnrn. 12 ff.; ders., Energierecht, S. 7 ff.; Baur, in: Geschlossene Versorgungsgebiete, S. 30, 51; Börner, RdE 1979, 50, 56, 58; Büdenbender, ET 1978, 735, 741; Kuhnt, ET 1978, 657 ff.; Scheuten, EW 1978, 288 f.

werb im Energiebereich mit erheblichen Risiken belastet wäre. So ist es durchaus denkbar, daß es z.B. dann, wenn gebietsfremde Versorgungsunternehmen ihre Angebote ausschließlich auf lohnende Großabnehmer beschränken,[622] bei den weniger attraktiven Tarifabnehmern zu massiven Preiserhöhungen kommt.[623] Denn das zur allgemeinen Versorgung in dem betreffenden Gebiet verpflichtete Unternehmen müßte seine (gleichbleibenden) Fixkosten dann auf die verbleibenden Tarifabnehmer neu verteilen. Auch ist es fraglich, ob es ohne die Möglichkeit, sich durch Gebietsschutzvereinbarungen vor "free-ridern" zu schützen, zur Erschließung auch abgelegener Gebiete kommen würde.[624] Schließlich könnte ein gänzlich unregulierter Wettbewerb auch dazu führen, daß kostenintensive Investitionen z.B. in die Sicherheit der Versorgung, die Einrichtung von Vorhaltekapazitäten für Störungsfälle[625] oder auch die Erforschung neuer, umweltfreundlicherer Technologien unterbleiben. Die Preisgünstigkeit, Sicherheit und Umweltverträglichkeit der Energieversorgung wäre in einem solchen Fall möglicherweise nicht sichergestellt.

Insoweit hat der Gesetzgeber nun jedoch gerade im EnWG umfangreiche Vorkehrungen getroffen.[626] Was zunächst die Preisgünstigkeit der Versorgung betrifft, sind unterschiedliche Allgemeine Tarife für verschiedene Gemeindegebiete nach § 10 I 3 EnWG z.B. nur zulässig, wenn die Preisunterschiede für alle Kunden zumutbar sind. Nach § 11 I 1 EnWG kann die Gestaltung der Allgemeinen Tarife darüber hinaus von einer Genehmigung abhängig gemacht werden. Der Sicherstellung einer flächendeckenden Versorgung auch entlegener Gebiete dient der allgemeine Anschluß- und Versorgungszwang des § 10 EnWG. Im Hinblick auf die Sicherheit der Versorgung ermöglicht § 3 EnWG in Gestalt der Genehmigungspflicht für die Betriebsaufnahme eine präventive Kontrolle der Versorgungsunternehmen, die sich (§ 3 II Nr.1 EnWG) insbesondere auf die technische und wirtschaftliche Leistungsfähigkeit erstreckt. Weiterhin sind in § 16 EnWG die Anforderungen an die technische Sicherheit der Anlagen näher präzisiert worden. Darüber hinaus ist in § 4 EnWG ganz allgemein bestimmt, daß die Versorgungsunternehmen zu einem

---

622 Neben den bereits oben erwähnten, positiven Auswirkungen im Hinblick auf die Auslastung der eigenen Anlagen hat dies den Vorteil, gar nicht erst in die Gefahr zu geraten, der allgemeinen Anschluß- und Versorgungspflicht des § 10 EnWG zu unterfallen, vgl. Börner, RdE 1979, 50, 53 f.

623 Vgl. hierzu Börner, RdE 1979, 50, 53 f.; Büdenbender, ET 1978, 735, 739; Baur, in: Geschlossene Versorgungsgebiete, S. 36; Schmitz, RdE 1991, 142, 148.

624 Daß auch strukturell benachteiligte Gebiete, wie Emmerich, Ausnahmebereich, S. 88, 119 meint, "begehrt" sind, ist angesichts der erheblichen Aufwendungen eher zweifelhaft.

625 Vgl. hierzu Baur, in: Aktuelle Probleme, S. 92; Schmitz, RdE 1991, 142, 148.

626 Durch die Novelle sollte (u.a.) auch der Rechtsrahmen geschaffen werden, der zur Erreichung der Ziele des Gesetzes im öffentlichen Interesse und zum Schutz der Verbraucher unerläßlich ist, vgl. Regierungsbegründung, BT-Drucksache 13/7274, S. 14.

Betrieb des Netzes entsprechend den Zielen des Gesetzes, und somit unter anderem einer sicheren Energieversorgung, verpflichtet sind. Soweit es die Umweltverträglichkeit der Energieversorgung betrifft, wurde das Stromeinspeisungsgesetz durch Art. 3 der Energierechtsnovelle dahingehend geändert (§ 4 a), daß die Bundesregierung darauf hinwirkt, daß die Elektrizitätsversorgungsunternehmen den Anteil der Erzeugung aus regenerativen Energien und aus Kraft-Wärme-Kopplung erhöhen. Daneben schafft auch § 3 I 2 Nr. 2 EnWG einen Anreiz für Versorgungsunternehmen zur Verwendung regenerativer Energien oder Kraft-Wärme-Kopplungsanlagen.

Angesichts dieser Maßnahmen erscheint es daher äußerst unwahrscheinlich, daß die Gewährleistung einer sicheren, preisgünstigen und umweltverträglichen Energieversorgung ohne Gebietsschutzabreden gefährdet ist.[627] Aus der allgemeinen Zielsetzung des EnWG ergibt sich daher kein Anhaltspunkt dafür, daß für Gebietsschutzabreden in Energieliefer- und Konzessionsverträgen auch nach dem Wegfall der Freistellung noch ein rechtlich anzuerkennendes Bedürfnis bestehen kann.

(2) Die wettbewerblichen Instrumente

Damit ist jedoch zunächst einmal nur festgestellt, daß diese Vereinbarungen im Hinblick auf die Erreichung der Ziele des EnWG nicht unbedingt erforderlich sind. Daß sie mit dem Wegfall der Freistellung generell unzulässig werden, ist damit noch nicht gesagt. Ein rechtlich anzuerkennendes Bedürfnis für die genannten Gebietsschutzabreden könnte aber wohl dann nicht mehr angenommen werden, wenn dies

---

627 Eine andere, allerdings deutlich schwerer zu prognostizierende Frage ist es, inwieweit die Aufhebung der Freistellung, z.B. unter dem Gesichtspunkt der Preisgünstigkeit der Versorgung sogar zur Förderung dieser Ziele beiträgt (angesichts der oligopolistischen Struktur des Energiemarktes verneinend z.B. Brachmann, ET 1981, 19, 20, 21). Zwar ist es richtig, daß die Haushalts- (Deutschland: 31,30 Pf/kWh; Großbritannien: 27,13 Pf/kWh; Dänemark: 27,14 Pf/kWh; Frankreich: 29,57 Pf/kWh) und Industriestrompreise (Deutschland: 13,15 Pf/kWh; Dänemark: 9,60 Pf/kWh; Frankreich: 9,29 Pf/kWh) im europäischen Vergleich relativ hoch sind (vgl. DB-Research, Energiewirtschaft im Umbruch, S. 30). Daß hierfür allein das jeweils geltende Wettbewerbssystem ausschlaggebend sein soll, ist aber zweifelhaft (vgl. Kuhnt, RdE 1994, 41, 42). Daß die Preise in Großbritannien, wo eine relativ weitgehende Liberalisierung des Energiemarktes bereits erfolgt ist, niedriger liegen als in Deutschland, mag noch zur Stützung dieser These beitragen. Nicht zu erklären vermag sie hingegen, warum die Strompreise in Frankreich und Dänemark, wo praktisch kein Wettbewerb im Energiesektor herrscht, derart niedrig liegen. Dies legt den Schluß nahe, daß zu den hohen Strompreisen in Deutschland auch andere Ursachen, wie z.B. die lange Dauer der Genehmigungsverfahren, die hohen Umweltstandards oder auch die Höhe der Lohnkosten beitragen. Allein die politisch bedingten Mehrbelastungen, wie z.B. Sicherheits- und Umweltschutzauflagen führen dazu, daß die Strompreise in Deutschland gegenüber Frankreich um etwa 2,4 Pf/kWh höher liegen (DB-Research, Energiewirtschaft im Umbruch, S. 31).

im Widerspruch zu den konkreten Instrumenten stünde, deren sich das novellierte EnWG zur Einführung des Wettbewerbs bedient.

(a) Durchleitung als zentrales Wettbewerbselement

Die Neuregelung des Energiewirtschaftsrechts diente unter anderem dazu, die sogenannte Stromrichtlinie[628] in das deutsche Recht umzusetzen.[629] Diese stellte den Mitgliedsstaaten hinsichtlich der Organisation des Netzzugangs drei[630] verschiedene Wettbewerbselemente zur Wahl: Den Netzzugang auf Vertragsbasis (Art. 17 I - III), bei dem die Versorgungsunternehmen mit den Kunden den Netzzugang aushandeln können, das System des geregelten Netzzugangs (Art. 17 IV), durch das den Kunden auf der Basis veröffentlichter Tarife ein Netzzugangsrecht gewährt wird, und schließlich das Alleinabnehmersystem (Art. 18), bei dem eine juristische Person benannt wird, die grundsätzlich alleine für die Versorgung in einem bestimmten Gebiet zuständig ist.[631] Der deutsche Gesetzgeber hat sich in §§ 5, 6 I 1 EnWG für das System des verhandelten Netzzugangs zum Zwecke der Durchleitung als zentrales Wettbewerbselement entschieden.[632]

(b) Zulässigkeit einer Durchleitungsverweigerung?

Es stellt sich daher die Frage, ob ein Anspruch auf Netzzugang zum Zwecke der Durchleitung uneingeschränkt besteht, oder ob es dem Netzinhaber in bestimmten Fällen möglich ist, den Netzzugang zu verweigern. Denn dann stünde fest, daß auch nach Wegfall der Freistellung ein rechtlich anzuerkennendes Bedürfnis für Vereinbarungen bestehen kann, die den Netzzugang - und damit den Wettbewerb - beschränken.

---

628 Richtlinie 96/92/EG des europäischen Parlaments und des Rates vom 19.12.1996 betreffend gemeinsame Vorschriften für den Elektrizitätsbinnenmarkt, ABl. EG Nr. L 27, S. 20.

629 Regierungsbegründung, BT-Drucksache 13/7274, S. 9; BGBl. 1998 I S. 730; Cronenberg, RdE 1998, 85, 86.

630 Unterscheidet man im Alleinabnehmersystem noch die verschiedenen Möglichkeiten der Ausgestaltung, kommt man sogar auf 5 Alternativen, vgl. Kühne/ Scholtka, NJW 1998, 1902, 1903.

631 Vgl. Lukes, BB 1998, 1217, 1219; Kühne/Scholtka, NJW 1998, 1902, 1903.

632 Vgl. den Regierungsentwurf, BT-Drucksache 13/7274, S. 36 sowie den Bericht des Abgeordneten Uldall im Ausschuß für Wirtschaft, BT-Drucksache 13/9211, S. 24. Vgl. auch Cronenberg, RdE 1998, 85, 86; Kühne/Scholtka, NJW 1998, 1902, 1905; Scholz, RdE 1998, 209, 216; Lukes, BB 1998, 1217, 1219. Die Einführung der alternativen Möglichkeit des Alleinabnehmersystems (§ 7 EnWG) stellt einen politischen Kompromiß dar, der auf der Befürchtung der Kommunen beruht, dem Wettbewerb andernfalls schutzlos ausgeliefert zu sein, vgl. Cronenberg, RdE 1998, 85, 87; Kühne/Scholtka, NJW 1998, 1902, 1906.

§ 6 I 2 EnWG sieht vor, daß der Netzbetreiber die Durchleitung verweigern kann, wenn sie ihm "aus betriebsbedingten oder sonstigen Gründen unter Berücksichtigung der Ziele des § 1 nicht möglich oder nicht zumutbar ist." Damit steht fest, daß die Durchleitung in bestimmen Fällen verweigert werden kann. Fraglich ist nur, um welche Fälle es sich hierbei genau handelt, insbesondere ob eine Verweigerung der Durchleitung auch mit den oben herausgearbeiteten, wirtschaftlichen Interessen begründet werden kann.[633] Im sogenannten "Uldall-Bericht"[634] ist ausgeführt, daß die betriebsbedingten Gründe die Netzkapazität und die technischen Voraussetzungen für einen störungsfreien Betrieb betreffen; sonstige Gründe können sich aus § 6 III EnWG (Verwendung umweltfreundlicher Energien), aus Art. 4 § 2 Energierechtsnovelle (Schutzklausel für Elektrizität aus dem Ausland) und aus Art. 4 § 3 Energierechtsnovelle (Verstromung von Braunkohle aus den neuen Ländern) ergeben.[635]

Im Zusammenhang mit dem zuletzt genannten Grund findet sich zu dem Regierungsentwurf die Aussage, daß es angesichts der sehr hohen Investitionen, die von den Versorgungsunternehmen nach der Wiedervereinigung in den neuen Ländern getätigt worden sind, erforderlich sei, die Braunkohleverstromung in den neuen Ländern vor einem Verdrängungswettbewerb zu schützen.[636] Sollte diese Aussage als eine gesetzgeberische Anerkennung des Interesses an Maßnahmen zu verstehen sein, die, wie Gebietsschutzabreden, die Amortisation getätigter Investitionen absichern sollen, dann spräche in der Tat einiges dafür, daß der Gesetzgeber die oben herausgearbeiteten Kriterien, die ein wirtschaftlich anzuerkennendes Bedürfnis für wettbewerbsbeschränkende Vereinbarungen begründen können, auch in rechtlicher Hinsicht anerkennen wollte. Allein aus den Stellungnahmen zu Art. 4 § 3 Energierechtsnovelle läßt sich dieses Ergebnis aber nicht herleiten: Denn bei der privilegierten Behandlung der Energieversorgung in den neuen Ländern spielen neben den (betriebs-) wirtschaftlichen auch und vor allem regional- und strukturpolitische Erwägungen eine Rolle.

633 Vgl. Büdenbender, RdE 1999, 1, 2 ff., der zwischen absoluten und relativen Verweigerungsgründen differenziert. Auf die Frage, inwieweit bei der Beurteilung der Zumutbarkeit spezifisch grundrechtliche Wertungen (in Betracht kommen vor allem Art. 12, 14 GG) zu berücksichtigen sind, kann im Rahmen dieser Arbeit nicht näher eingegangen werden. Vgl. dazu BGH, RdE 1995, 123 ("VNG"); Schmidt-Preuß, RdE 1996, 1; Schütte, ET 1992, 258.

634 Bericht des Ausschusses für Wirtschaft, BT-Drucksache 13/9211, S. 22 ff. Diesem kommt eine für das Verständnis und die Auslegung der Neuregelung erhebliche Bedeutung zu, da die §§ 5 - 7 EnWG erst im Laufe des Gesetzgebungsverfahrens Eingang in den Gesetzentwurf fanden. Infolgedessen fehlt eine diese Vorschriften betreffende Begründung wie z.B. im Regierungsentwurf, vgl. Kühne/Scholtka, NJW 1998, 1902 (Fn. 10).

635 BT-Drucksache 13/9211, S. 24.

636 Stellungnahme des Bundesrates, BT-Drucksache 13/7274, S. 28 und Gegenäußerung der Bundesregierung, BT-Drucksache 13/7274, S. 35; auf die hohen Investitionen der ostdeutschen Stromunternehmen weist auch das DIW, Wochenberichte 1998, S. 725 hin.

Die Berücksichtigung wirtschaftlicher Interessen durch den Gesetzgeber ist aber nicht auf diesen Sonderfall beschränkt. Eine ähnliche Erwägung findet sich in der Regierungsbegründung noch an einer anderen Stelle, und zwar im Zusammenhang mit der Frage, wann die Verweigerung der Durchleitung den Mißbrauch einer marktbeherrschenden Stellung oder eine unbillige Behinderung darstellt. Im Rahmen der dabei vorzunehmenden Abwägung ist unter anderem zu berücksichtigen,

> "ob Investitionen des Netzinhabers, die unter dem bisher geltenden Recht einer versorgungswirtschaftlich rationellen Betriebsführung entsprachen, so gravierend und unvermeidbar entwertet werden, daß eine Durchleitung trotz des an sich gewollten Wettbewerbs unzumutbar ist."[637]

Damit hat der Gesetzgeber zwar deutlich gemacht, daß das allgemeine Interesse an der Amortisation getätigter Investitionen Durchleitungsverweigerungen nicht generell rechtfertigen kann;[638] aus der zitierten Passage geht aber auch hervor, daß in Ausnahmefällen auch wirtschaftliche Erwägungen Durchleitungsverweigerungen rechtfertigen können.[639]

Dieselben Maßstäbe müssen aber auch bei der Frage nach der Zulässigkeit einer Durchleitungsverweigerung nach § 6 I 2 EnWG gelten.[640] Denn durch die Verweigerung der Durchleitung wird ein Monopol des betreffenden Unternehmens im Hinblick auf den jeweiligen Markt(teil) begründet, so daß die für den Mißbrauch der marktberrschenden Stellung maßgeblichen Grundsätze auch bei § 6 I 2 EnWG Anwendung finden.

Es kann daher festgehalten werden, daß ein wirtschaftliches Interesse des Netzbetreibers an der Verweigerung der Durchleitung auch in rechtlicher Hinsicht, wenn auch nur unter engen Voraussetzungen, gem. § 6 I 2 EnWG schutzwürdig sein kann.

---

637 BT-Drucksache 13/7274, S. 25.

638 BT-Drucksache 13/7274, S. 25. Die Durchleitungsverweigerung muß nach der gesetzlichen Konzeption die Ausnahme bleiben, vgl. Büdenbender, RdE 1999, 1, 6.

639 Vgl. auch insoweit BT-Drucksache 13/7274, S. 24. Ebenso Scholz, RdE 1998, 209, 217. Als Beispiel wird in der Regierungsbegründung der Fall angeführt, daß es dem Leitungsinhaber andernfalls nicht möglich ist, die Versorgung entsprechend den Zielen des EnWG sicherzustellen (vgl. BT-Drucksache 13/7274, S. 25). Wie sich aus der nur beispielhaften Aufzählung ergibt, sind die Ausnahmen aber nicht auf diesen Fall beschränkt. Die Rechtfertigung einer Durchleitungsverweigerung könnte daher z.B. auch nach einer aufwendigen Sanierung des Leitungsnetzes in Betracht kommen.

640 Vgl. Büdenbender, RdE 1999, 1, 5, der die Ähnlichkeit der Abwägungsvorgänge bei § 6 I 2 EnWG einerseits und § 26 II GWB (alt) andererseits hervorhebt. Für eine Anwendung der gleichen Maßstäbe bei der Interessenabwägung im Rahmen der §§ 22, 26 GWB (alt) und § 103 V 2 Nr. 4 GWB (alt) auch Schmidt-Preuß, RdE 1996, 1. Dementsprechend hat auch das LG Berlin entschieden, daß in Extremfällen wirtschaftliche Gründe eine Netzzugangsverweigerung rechtfertigen können, vgl. NJWE-WettbR 2000, 270, 275 f.

(c) Folgerungen für die Zulässigkeit von Gebietsschutzabreden in Demarkations- und Konzessionsverträgen

Offen ist allerdings noch, welche Folgerungen sich aus dieser Erkenntnis für die Beurteilung von Gebietsschutzabreden in Demarkations- und Konzessionsverträgen ergeben.

Sieht man in der rechtlichen Anerkennung eines wirtschaftlichen Bedürfnisses zur Verweigerung des Netzzugangs letztlich nur eine Ausprägung allgemeiner kartellrechtlicher Grundsätze, die auch bei der Beurteilung der Zulässigkeit von Vereinbarungen herangezogen werden können, die - wie Gebietsschutzabreden - den Wettbewerb beschränken,[641] dann könnte unter den oben genannten Voraussetzungen auch für die durch Demarkations- und Konzessionsverträge begründeten Absatz- und Vertriebsmonopole ein rechtlich anzuerkennendes Bedürfnis bestehen.[642]

Gegen ein solches Verständnis des § 6 I 2 EnWG scheint zwar zu sprechen, daß der Gesetzgeber davon ausging, diese Vereinbarungen würden mit dem Wegfall der Freistellung unwirksam. Gleichwohl ist davon auszugehen, daß sich die für eine Verweigerung der Durchleitung geltenden Grundsätze auch für die Beurteilung der Zulässigkeit von Gebietsschutzabreden in Energieliefer- und Konzessionsverträgen heranziehen lassen. Das ergibt sich aus folgender Erwägung:

Der Gesetzgeber hat als zentrales Wettbewerbselement den Netzzugang gewählt, d.h. die Durchbrechung der eigentums- oder vertragsrechtlich begründeten Alleinstellung hinsichtlich bestimmter Netze bzw. Gebiete. Wenn nun dieses entscheidende Instrument, d.h. die Durchbrechung der monopolartigen Stellung des alleinberechtigten Netzbetreibers bzw. Versorgungsunternehmens unter bestimmten Voraussetzungen nicht eingreifen soll, dann ist nicht ersichtlich, warum für Demarkations- oder Konzessionsverträge unter denselben Bedingungen nicht ebenso wie für die Verweigerung des Netzzugangs ein rechtlich anzuerkennendes Bedürfnis bestehen kann. Der Anspruch auf Netzzugang ist ja gerade das rechtliche Mittel, mit dem das durch die Demarkations- oder Konzessionsvereinbarungen begründete rechtliche Hindernis beseitigt werden soll. Unter denselben Voraussetzungen, unter

641 So für Bezugsbindungen Scholz, RdE 1998, 209, 215 ff., 217.

642 So Lukes, BB 1998, 1217, 1221. Die von ihm vertretene Ansicht, § 6 I 1 EnWG gewähre keinen Anspruch gegen den Netzbetreiber auf Durchleitung, steht allerdings wohl in Widerspruch zum erklärten Willen des Gesetzgebers, vgl. BT-Drucksache 13/9211, S. 24: "§ 3c Abs. 1 Satz 1 [der spätere § 6 Abs. 1 Satz 1] begründet einen Rechtsanspruch auf Zugang zu den Stromnetzen."

denen ein Netzzugang verweigert werden kann, muß dann aber auch ein rechtlich anzuerkennendes Bedürfnis für die (eigentums- oder vertragsrechtliche) Grundlage bestehen, auf deren Basis diese Verweigerung beruht. Denn es ist kein Grund ersichtlich, warum der Gesetzgeber Demarkations- und Konzessionsverträge in einem weitergehenden Umfang für unzulässig erklären sollte, als er den Energiemarkt mit dem Mittel des Netzzugangs öffnen wollte.

Soweit es die Ausschließlichkeitsklauseln in Konzessionsverträgen betrifft, kann ein solcher Grund auch nicht in der Vorschrift des § 13 I 1 EnWG gesehen werden, der bestimmt, daß die Gemeinden den Versorgungsunternehmen ihre öffentlichen Verkehrswege für die Versorgung von Letztverbrauchern diskriminierungsfrei zur Verfügung stellen müssen. Denn auch diese Verpflichtung besteht nicht uneingeschränkt. Vielmehr kann die Einräumung eines Wegerechts aus sachlich gerechtfertigten Gründen verweigert werden.[643] Bei der Frage, wann ein sachlich gerechtfertigter Grund in diesem Sinne anzunehmen ist, finden sich in den Gesetzesmaterialien jedoch ganz ähnliche Erwägungen wie sie für die Rechtfertigung einer Durchleitungsverweigerung angestellt wurden. So könne ein sachlich gerechtfertigter Grund z.B. dann (aber eben nicht nur dann) vorliegen, wenn der Straßenkörper keine weiteren Leitungen aufnehmen kann (was den Kapazitätsgrenzen des § 6 I 2 EnWG entspricht), während das bloße Gewinninteresse der bislang etablierten Versorger hierfür nicht ausreicht (was wiederum der Äußerung entspricht, daß das bloße Interesse an der Amortisation getätigter Investitionen für die Rechtfertigung einer Durchleitungsverweigerung nicht ausreicht).[644] Angesichts der Ähnlichkeit der vom Gesetzgeber zu § 6 I 2 und § 13 I 1 EnWG angeführten Begründungen kann davon ausgegangen werden, daß dann, wenn Gründe vorliegen, die Durchleitungsverweigerungen rechtfertigen können (wie z.B. eine schwerwiegende Entwertung von Investitionen oder eine Gefährdung der Versorgung entsprechend den Zielen des EnWG), auch die Einräumung eines Wegerechts aus sachlich gerechtfertigten Gründen abgelehnt werden kann.

Die für die Verweigerung des Netzzugangs entwickelten Grundsätze lassen sich daher auf die Beurteilung der Zulässigkeit von Gebietsschutzabreden in Energieliefer- und Konzessionsverträgen übertragen.

---

643 Vgl. Regierungsbegründung, BT-Drucksache 13/7274, S. 21.

644 Vgl. Regierungsbegründung, BT-Drucksache 13/7274, S. 21.

(d) Bündeltheorie

Dabei steht einer möglichen Zulässigkeit dieser Vereinbarungen auch nicht die sog. Bündeltheorie entgegen,[645] nach der bei der Beurteilung der Zulässigkeit im Rahmen des § 16 GWB auch die parallelen Bindungssysteme anderer Unternehmen auf dem jeweils relevanten Markt zu berücksichtigen sind.[646] Denn für Durchleitungsverweigerungen, und dementsprechend auch für Gebietsschutzabreden kann künftig, wie oben dargelegt wurde, nur noch in Ausnahmefällen ein rechtlich anzuerkennendes Bedürfnis angenommen werden; vielmehr werden sie mit dem Wegfall der Freistellung grundsätzlich unwirksam. Damit fehlt es aber an einem (rechtswirksamen) Netz gleichartiger Bindungen, das eine Anwendung des § 16 GWB zum Zwecke der Öffnung des betreffenden Marktes erfordern würde.

Aber auch die Tatsache, daß auf dem Energiemarkt als Folge der bisherigen Freistellung derzeit (noch) kein lebhafter Wettbewerb wie auf anderen Märkten herrscht, kann nicht dazu führen, daß eine Gebietsschutzabrede zugunsten eines Unternehmens, bei dem die Voraussetzungen eines anzuerkennenden Bedürfnisses "an sich" vorliegen, aus diesem Grund für unzulässig gehalten wird.[647] Denn abgesehen davon, daß das betreffende Unternehmen damit für eine Störung der Marktstruktur verantwortlich gemacht würde, die nicht auf seiner bzw. vergleichbaren Vereinbarungen anderer Unternehmen beruht, sondern darauf, daß der Gesetzgeber bislang ein anderes wettbewerbs- und energiepolitisches Konzept verfolgt hat, würde dies den Umstand vernachlässigen, daß es nur noch eine Frage der Zeit ist, bis auch auf dem Energiemarkt ein anderen Märkten vergleichbarer Wettbewerb herrscht und die Marktstruktur sich normalisiert hat. Dieser Umstand muß aber auch bei der kartellrechtlichen Beurteilung wettbewerbsbeschränkender Vereinbarungen Berücksichtigung finden.[648]

---

645 Zur Anwendung dieser, in erster Linie aus dem EG-Kartellrecht bekannten Rechtsfigur im Rahmen des § 16 GWB vgl. Wolter, in: Frankfurter Kommentar, § 18 Rdnrn. 102 f.

646 Vgl. nur WuW/E BGH 2668, 2672 ("Pauschalreiseveranstalter"); Wolter, in: Frankfurter Kommentar, § 18 Rdn. 103.

647 So wohl zumindest für eine Übergangszeit Köhler, Wettbewerbsbeschränkungen beim Energievertrieb, S. 51, 54, 58.

648 Dementsprechend ist es anerkannt, daß etwaige Verfügungen der Kartellbehörden, wie etwa bei der Einführung eines neuen Produkts, wo es sich ja auch nicht um einen "echten", sondern nur um einen "prozessualen" Monopolisten handelt, der Dynamik des Marktgeschehens Rechnung zu tragen haben, vgl. Paschke/Kersten, in: Frankfurter Kommentar, § 22 Rdn. 82. Zur zeitlichen Marktabgrenzung bei vorstoßendem Wettbewerb vgl. Hoppmann, Relevanter Markt, S. 33 f.

(3) Zwischenergebnis

Mit der Einführung eines grundsätzlichen Anspruchs auf Netzzugang kann auch für Demarkations- und Konzessionsverträge ein rechtlich anzuerkennendes Bedürfnis grundsätzlich nicht mehr angenommen werden.[649] Das Merkmal "anzuerkennendes Bedürfnis" ist daher im Lichte der von der Energierechtsnovelle beabsichtigten Liberalisierung des Energiemarktes auszulegen.[650] Unter engen Voraussetzungen kann aber, und zwar auch aus wirtschaftlichen Gründen, ebenso wie für eine Verweigerung des Netzzugangs auch für Gebietsschutzabreden in Energieliefer- und Konzessionsverträgen trotz Wegfalls der kartellrechtlichen Freistellung noch ein rechtlich anzuerkennendes Bedürfnis bestehen.[651]

bb) Vereinbarkeit mit dem europäischen Recht

Angesichts der Tatsache, daß Gebietsschutzabreden den Wettbewerb bei der Energieversorgung nicht nur auf nationaler Ebene, sondern darüber hinaus auch auf europäischer Ebene beeinträchtigen können, stellt sich allerdings die Frage, ob die dargestellte, auf § 6 I 2 EnWG gestützte Auslegung und Anwendung des "anzuerkennenden Bedürfnisses" im Einklang mit den insoweit relevanten Vorschriften des europäischen Rechts steht.

(1) Vereinbarkeit mit der Stromrichtlinie

Diese Frage stellt sich in erster Linie im Hinblick auf die Vorgaben der Stromrichtlinie, die durch die Energierechtsnovelle in deutsches Recht umgesetzt werden sollte.[652]

---

649 Zur Frage, wie sich die Unwirksamkeit der Gebietsschutzabreden auf die zugrundeliegenden Lieferverträge auswirkt, vgl. Baur, RdE 1997, 41, 43 ff.; Kunth/Slabschi, RdE 1997, 174, 175 ff.; Schwintowski, WuW 1997, 769, 777 ff.; Kühne, BB 1997, Beilage 19, S. 7 ff.; Becker, ZNER 1997, 12 ff.; Recknagel/Pardemann, in: Energierechtsnovelle und Stromlieferungsverträge, S. 101, 105 ff.

650 Vgl. auch Würzberg/Bartsch, in: Energierechtsnovelle und Stromlieferungsverträge, S. 9, 22.

651 So offenbar auch LG Mannheim, WuW/E DE-R 298, 300 f. ("Stromversorgung"); Büdenbender, EWiR 1999, 609, 610.

652 Richtlinie 96/92/EG des Europäischen Parlaments und des Rates vom 19.12.1996 betreffend gemeinsame Vorschriften für den Elektrizitätsbinnenmarkt, ABl. EG 1997 Nr. L 27, S. 20. Der erste Entwurf dieser Richtlinie stammte aus dem Jahre 1992 (ABl. EG 1992 Nr. C 65, S. 4, vgl. BR-Drucksache 160/92). Nach mehreren Änderungsvorschlägen, u.a. des Parlaments (vgl. ABl. EG 1993 Nr. C 329, S. 150) hatte sich der Rat Mitte 1996 auf einen gemeinsamen Standpunkt geeinigt (ABl. EG 1996 Nr. C 315, S. 18), ehe dann am 11.12.1996 und 19.12.1996 Parlament und Rat die Richtlinie beschlossen.

(a) Die Vorgaben der Stromrichtlinie

Ausgangspunkt dafür, daß - soweit es das deutsche Recht angeht - auch nach dem Wegfall der Freistellung in bestimmten Fällen noch ein anzuerkennendes Bedürfnis für Gebietsschutzabreden in Energieliefer- und Konzessionsverträgen angenommen werden kann ist, wie soeben dargestellt wurde, die in § 6 I 2 EnWG vorgesehene Einschränkung des Netzzugangssystems.

(aa) Die Verweigerung des Netzzugangs

§ 6 EnWG ist Teil der Normen, durch die die Netzzugangsregelungen der Stromrichtlinie in das deutsche Recht umgesetzt werden sollten.[653] In der entsprechenden Vorschrift der Richtlinie (Art. 17 V 1) findet sich allerdings lediglich die Aussage, daß der Netzbetreiber den Zugang verweigern kann, wenn er nicht über die nötige Kapazität verfügt. Ein Recht zur Netzzugangsverweigerung auch aus "sonstigen Gründen" sieht Art. 17 der Richtlinie nicht vor. Soweit nach § 6 I 2 EnWG auch andere Gründe als die Netzkapazität, wie z.B. die Frage, ob andernfalls die Erreichung der Ziele des § 1 EnWG gefährdet wäre, oder ob eine unzumutbare Entwertung von Investitionen die Folge wäre, zu berücksichtigen sind, könnte die Anerkennung eines Rechts zur Verweigerung der Durchleitung daher im Widerspruch zu den Vorgaben der Stromrichtlinie stehen.[654]

Es ist allerdings zu berücksichtigen, daß Art. 3 III der Richtlinie den Mitgliedsstaaten die Möglichkeit eröffnet hat, die Vorschrift des Art. 17 der Richtlinie insoweit nicht anzuwenden, als dies die Versorgungsunternehmen an der Erfüllung der ihnen auferlegten gemeinwirtschaftlichen Verpflichtungen hindern würde. Zu den gemeinwirtschaftlichen Verpflichtungen in diesem Sinne können gemäß Art. 3 II der Richtlinie z.B. solche Verpflichtungen gehören, die sich auf die Versorgungssicherheit, den Preis der Lieferungen oder auch den Umweltschutz beziehen.

Derartige Verpflichtungen sind den Versorgungsunternehmen vom deutschen Gesetzgeber auferlegt worden. Das vom EnWG verfolgte Ziel einer sicheren, preisgünstigen und umweltverträglichen Energieversorgung (vgl. § 1 EnWG) und die zu seiner Sicherung in das EnWG aufgenommenen, oben dargestellten Regelungen sollen nach dem Willen des deutschen Gesetzgebers der Umsetzung gerade dieser

---

653 Vgl. Bericht des Ausschusses für Wirtschaft, BT-Drucksache 13/9211, S. 24.

654 Vgl Britz, EuZW 1997, 334, 335, Lukes, BB 1998, 1217, 1220; Stewing, EWS 1997, 83, 84 f.; i.E. wohl auch Rapp-Jung, RdE 1997, 133, 135.

sogenannten "service public"-Bestimmungen der Richtlinie dienen.[655] Unter diesen Umständen steht eine Verweigerung der Durchleitung, die unter Berufung auf eines der Ziele des EnWG erfolgt, nicht im Widerspruch zu dem von Art. 17 der Richtlinie gewährten Anspruch auf Netzzugang. Soweit § 6 I 2 EnWG Durchleitungsverweigerungen über die Kapazitätsgrenzen hinaus auch mit Blick auf die Erreichung eines der Ziele des EnWG gestattet, steht er folglich nicht im Widerspruch zu den Vorgaben der Stromrichtlinie.

Soweit es § 6 I 2 EnWG hingegen in Ausnahmefällen zuläßt, die Durchleitung auch aus wirtschaftlichen Gründen zu verweigern, ist dies jedoch fraglich. Denn diesbezüglich läßt sich den Vorgaben der Stromrichtlinie keine vergleichbare Erwägung entnehmen. Die Richtlinie wollte Durchleitungsverweigerungen aus wirtschaftlichen Gründen also - anders als das deutsche Recht - offenbar nicht zulassen.

(bb) Folgerungen für die Zulässigkeit von Gebietsschutzabreden in Energieliefer- und Konzessionsverträgen

Wie oben herausgearbeitet wurde, kann aber auch für Gebietsschutzabreden in Energieliefer- und Konzessionsverträgen ein rechtlich anzuerkennendes Bedürfnis nur noch in dem Umfang bestehen, in dem auch der Netzzugang zum Zwecke der Durchleitung zulässigerweise verhindert werden kann. Dementsprechend ist davon auszugehen,[656] daß nach dem Willen des Richtliniengebers Gebietsschutzabreden in weiterem Umfang unzulässig sein sollten, als es nach dem deutschen Recht der Fall ist.[657]

Diese These wird insbesondere dadurch gestützt, daß sich auch bei der Frage, unter welchen Voraussetzungen eine Genehmigung zum Leitungsbau verweigert werden kann, eine vergleichbare Diskrepanz zwischen den Vorgaben der Richtlinie und dem deutschen Recht wie die soeben aufgezeigte im Bereich der Netzzugangsverwei-

---

655 Vgl. die Regierungsbegründung, BT-Drucksache 13/7274, S. 37.

656 Im Hinblick auf Demarkations- und Konzessionsverträge trifft die Richtlinie selber keine unmittelbare Aussage, vgl. Britz, EuZW 1997, 334, 335.

657 Soweit es Gebietsschutzabreden in Energielieferverträgen angeht, steht dem auch nicht der Wortlaut des Art. 17 der Richtlinie entgegen, in dem es u.a. heißt, daß die Voraussetzungen dafür geschaffen werden sollen, daß die Erzeuger und die Kunden untereinander Lieferverträge auf der Grundlage freiwilliger kommerzieller Vereinbarungen schließen können. Denn hieraus zu folgern, daß der Richtliniengeber auf die inhaltliche Ausgestaltung der im Rahmen des verhandelten Netzzugangs geschlossenen Lieferverträge auch dann keinen Einfluß nehmen wollte, wenn dort Wettbewerbsbeschränkungen vereinbart wurden (so für Bezugsbindungen Scholz, RdE 1998, 209, 216), ließe die von der Richtlinie beabsichtigte Liberalisierung des Energiemarktes weitgehend leerlaufen.

gerung findet. Nach Art. 21 V 1 der Richtlinie, der durch § 13 I 1 EnWG in das deutsche Recht umgesetzt werden sollte, kann eine Genehmigung zum Leitungsbau nur dann verweigert werden, wenn die Erteilung den Bestimmungen des Art. 3, d.h. also insbesondere den "service public"-Bestimmungen der Richtlinie zuwiderliefe. § 13 I 1 EnWG hingegen läßt eine solche Verweigerung ganz allgemein aus "sachlich gerechtfertigten Gründen" zu.[658] Damit bietet § 13 I 1 EnWG entgegen der Vorgabe in Art. 21 V 1 der Richtlinie Raum, die Verweigerung einer Genehmigung zum Leitungsbau außer mit der Gewährleistung einer sicheren, preisgünstigen und umweltverträglichen Energieversorgung, d.h. mit den Zielen des EnWG auch mit wirtschaftlichen Erwägungen, wie z.B. einer anderenfalls drohenden, unzumutbaren Entwertung von Investitionen zu begründen.

Ausschließlichkeitsbindungen in Energieliefer- und Konzessionsverträgen sollten nach dem Willen des Richtliniengebers daher nur unter engeren Voraussetzungen als vom deutschen Recht vorgesehen zulässig sein.

(b) Bewertung

Soweit Gebietsschutzabreden in Energieliefer- und Konzessionsverträgen nach deutschem Recht auch mit wirtschaftlichen Erwägungen begründet werden können, scheint das deutsche Recht daher gegen die Vorschriften der Stromrichtlinie zu verstoßen.[659]

Gegen eine solche Bewertung scheint aber folgende Überlegung zu sprechen: Die Stromrichtlinie stellte den Mitgliedsstaaten verschiedene Gestaltungsmöglichkeiten zur Wahl. Neben den bereits angesprochenen Wahlmöglichkeiten hinsichtlich der Ausgestaltung des Netzzugangs (vgl. Art. 17, 18 der Richtlinie) sind hier vor allem die durch Art. 19 eröffnete Möglichkeit einer lediglich quoten- bzw. periodenweisen Marktöffnung zu nennen, sowie die Befugnis, zunächst nur Großabnehmern das Recht einzuräumen, ihren Anbieter frei zu wählen.[660] Die Energierechtsnovelle geht über die Mindestvorgaben der Richtlinie hingegen zum Teil deutlich hinaus:[661] Nicht

---

658 Vgl. die Regierungsbegründung, BT-Drucksache 13/7274, S. 21.

659 Zur Vermeidung eines Verfahrens nach Art. 169, 170 EGV ließe sich daran denken, die Begriffe "aus sonstigen Gründen" (§ 6 I 2 EnWG), "aus sachlich gerechtfertigten Gründen" (§ 13 I 1 EnWG) und "anzuerkennendes Bedürfnis" (im Rahmen des § 16 GWB) im vorbezeichneten Sinne richtlinienkonform auszulegen.

660 Vgl. Art. 19 III, IV sowie Art. 17 und 21; vgl. auch Eickhoff/Kreikenbaum, WuW 1998, 666, 667; Rapp-Jung, RdE 1997, 133, 134.

661 Lukes, BB 1998, 1217, 1219, 1221; Eickhoff/Kreikenbaum, WuW 1998, 666, 667; Kühne/Scholtka, NJW 1998, 1902, 1908.

nur ist mit dem System des verhandelten Netzzugangs das "marktwirtschaftlichste" der in den Art. 17, 18 vorgeschlagenen Systeme gewählt worden. Der deutsche Gesetzgeber hat vor allem von der ihm offenstehenden Quotierungsoption keinen Gebrauch gemacht und die zugelassenen Kunden nicht lediglich auf wenige Großabnehmer begrenzt. Es ist also festzustellen, daß durch die Energierechtsnovelle wesentlich mehr Wettbewerb eingeführt wird, als es nach den Mindestvorgaben der Stromrichtlinie erforderlich gewesen wäre. Daraus folgt zugleich, daß es erst recht nicht das Ziel der Richtlinie war, eine umfassende Marktöffnung im Elektrizitätsbereich herbeizuführen.[662]

Vor diesem Hintergrund könnte man nun argumentieren, daß ein Mitgliedsstaat, der sich von mehreren, von einer Richtlinie vorgeschlagenen Modellen für die jeweils wettbewerbsfreundlichste Variante entscheidet, dann, wenn er in Einzelfällen von den Vorgaben dieses Modells zu Lasten des Wettbewerbs abweicht, im Ergebnis immer noch weiter geht als von der Richtlinie (mindestens) gefordert, so daß die vereinzelten Abweichungen nicht als "Verstoß" gegen die Vorgaben der Richtlinie zu bewerten seien. Letztlich dürfte dieser Argumentation aber nicht zu folgen sein. In grundsätzlicher Hinsicht spricht gegen sie, daß die konkrete Ausformung des jeweils gewählten Modells dadurch weitgehend in das Belieben der Mitgliedsstaaten gestellt würde und die von einer Richtlinie beabsichtigte Rechtsvereinheitlichung und auch die Rechtssicherheit weiter als von der Richtlinie zugelassen beeinträchtigt würde. Darüber hinaus spricht gegen sie aber auch, daß die von der Richtlinie eröffneten Nichtanwendungsoptionen in Art. 3 II, III der Richtlinie abschließend aufgezählt sind und darüber hinaus für alle Netzzugangsmodelle gelten.[663] Angesichts dessen liefe es dem Ziel der Richtlinie zuwider, die Einführung einer in der Richtlinie nicht vorgesehenen, neuen Nichtanwendungsoption der "sonstigen" bzw. "wirtschaftlichen Gründe" nur deswegen nicht als Verstoß gegen die Richtlinie zu bewerten, weil im übrigen das wettbewerbsfreundlichste der angebotenen Modelle gewählt wurde.

Soweit das deutsche Recht eine über die Vorgaben der Stromrichtlinie hinausgehende Einschränkung des Netzzugangs auch aus sonstigen, wie z.B. wirtschaftlichen Gründen zuläßt, liegt daher ein Verstoß gegen die Stromrichtlinie vor.

---

662 Dies ergibt sich auch aus Erwägungsgrund 39 der Richtlinie, wo es heißt, daß auch nach Umsetzung und Durchführung der Richtlinie noch Hemmnisse für den Elektrizitätshandel zwischen den Mitgliedsstaaten bestehen werden; ebenso Britz, EuZW 1997, 334, 337; Rapp-Jung, RdE 1997, 133, 134, 136 f.

663 Vgl. zu ersterem den Wortlaut des Art. 3 II, III der Richtlinie, zu letzterem seine systematische Stellung in Kapitel II, das allgemeine Vorschriften für die Organisation des Sektors enthält.

(2) Vereinbarkeit mit Art. 81, 82 EGV[664]

Aufgrund einer Besonderheit der Stromrichtlinie ist mit dieser Feststellung allerdings noch nicht abschließend entschieden, ob das deutsche Recht dort, wo es über die Vorgaben der Richtlinie hinausgeht, auch im Ergebnis im Widerspruch zum höherrangigen, europäischen Recht steht. Insoweit ist nämlich der 3. Erwägungsgrund zur Stromrichtlinie zu beachten. Dieser bestimmt:

> "Die uneingeschränkte Anwendung dieses Vertrages, insbesondere der Bestimmungen über den Binnenmarkt und den Wettbewerb, wird durch diese Richtlinie nicht berührt."

Die gegenüber der Stromrichtlinie ihrerseits höherrangigen primärrechtlichen Vorschriften des EG-Vertrages wie insbesondere die Art. 81, 82 EGV werden durch die Stromrichtlinie also nicht etwa abschließend ausgeformt,[665] sondern bleiben in vollem Umfang anwendbar.

Dies kann sich nun in zweierlei Hinsicht auf die Beurteilung von Gebietsschutzabreden auswirken: Einerseits können Wettbewerbsbeschränkungen, die nach der Richtlinie als zulässig anzusehen sind, nichtsdestotrotz wegen eines Verstoßes gegen Art. 81, 82 EGV unwirksam sein. Andererseits kann dann, wenn eine Wettbewerbsbeschränkung, die zwar mit den Vorschriften der Richtlinie unvereinbar ist, nach den Vorschriften des EG-Vertrages hingegen als zulässig angesehen werden muß, nicht von einem Verstoß gegen das EG-Recht gesprochen werden; andernfalls würde sich die Richtlinie entgegen dem erklärten Willen des Richtliniengebers[666] in Widerspruch zu den höherrangigen Vorschriften des EG-Vertrages setzen.[667]

Im vorliegenden Zusammenhang ist insbesondere der letztgenannte Gesichtspunkt interessant. Denn wenn Gebietsschutzabreden in Energieliefer- und Konzessions-

---

664 Art. 85, 86 EGV a.F. Nachfolgend werden alle Vorschriften des EG-Vertrages in ihrer Fassung nach Inkrafttreten des Amsterdamer Vertrages zitiert. Ausgenommen hiervon sind Fundstellennachweise aus der Zeit vor der Novellierung.

665 Anders verhält es sich beispielsweise bei der Fusionskontrollverordnung (Verordnung (EWG) Nr. 4064/89 über die Kontrolle von Unternehmenszusammenschlüssen, ABl. EG 1989 Nr. L 395, S. 1, berichtigte Bekanntmachung in ABl. EG 1990 Nr. L 257, S. 13), durch die der Rat die Vorschriften der Art. 81, 82 EGV im Hinblick auf Unternehmenszusammenschlüsse abschließend ausgeformt hat, vgl. Art. 22 I Fusionskontrollverordnung.

666 Der Wortlaut des 3. Erwägungsgrundes der Stromrichtlinie ("Die *uneingeschränkte* Anwendung dieses Vertrages ...", Hervorhebung vom Verfasser) dürfte dahingehend zu verstehen sein, daß sich das Primärrecht in beiden Richtungen - einschränkend und erweiternd - auf die Vorschriften der Stromrichtlinie auswirken kann.

667 Angesichts der Äußerung im 3. Erwägungsgrund ist auch fraglich, ob die Richtlinie im Falle einer Kollision mit den Vorschriften des EG-Vertrages ihrerseits vertragswidrig wäre; so aber wohl Britz, EuZW 1997, 334, 335; Rapp-Jung, RdE 1997, 133, 134.

verträgen, soweit sie nach deutschem Recht über die Vorgaben der Stromrichtlinie hinaus zulässig sind, von den Vorschriften der Art. 81, 82 EGV ebenfalls hingenommen werden, dann stünde fest, daß für derartige Wettbewerbsbeschränkungen auch EG-rechtlich ein anzuerkennendes Bedürfnis bestehen kann.

(a) Art. 86 II 1 EGV

Der EuGH hat zur Frage der Vereinbarkeit von Demarkations- und Konzessionsverträgen mit den Vorschriften des EG-Vertrages bislang noch nicht Stellung bezogen.[668] Sie wäre aber jedenfalls dann zu bejahen, wenn die Art. 81, 82 EGV wegen Art. 86 II 1 EGV bereits gar nicht anwendbar wären.[669]

Nach Art. 86 II 1 EGV finden die Vorschriften des EG-Vertrages[670] auf solche Unternehmen keine Anwendung, die mit Dienstleistungen von allgemeinem wirtschaftlichen Interesse betraut sind, wenn dies die Erfüllung der ihnen übertragenen Aufgabe rechtlich oder tatsächlich verhindern würde.[671]

(aa) Einfluß der Stromrichtlinie auf Art. 86 II 1 EGV

Fraglich könnte aber sein, ob Art. 86 II 1 EGV vorliegend überhaupt uneingeschränkt anwendbar ist. So wird, angestoßen insbesondere durch die grenzüberschreitende

---

668 Ihm liegen jedoch insgesamt drei Vorlagebeschlüsse des BGH und des KG zur Vorabentscheidung vor: BGH, Beschluß v. 11.03.1997 - KZR 2/96, RdE 1997, 197 ("Wingas") betreffend Demarkations- und Konzessionsverträge; KG, Beschluß v. 30.10.1996 - Kart 21/95, EuZW 1996, 765 ("Ruhrgas/Thyssengas") betreffend Demarkationsverträge sowie KG, Beschluß v. 23.12.1996 - Kart 7/96, WuW/E OLG 5795 ("Stadt Nordhorn") betreffend Konzessionsverträge.

669 Dies müßte dann auch die oben dargestellten Auswirkungen auf die Vereinbarkeit des nationalen Rechts mit den Vorgaben der Stromrichtlinie haben; denn wenn sich ein Unternehmen gegenüber einer Anwendung z.B. der Art. 81, 82 EGV auf Art. 86 II 1 EGV berufen kann, dann muß dies erst recht gegenüber den nachrangigen Vorschriften des Sekundärrechts gelten.

670 Die Freistellung des Art. 86 II 1 EGV erstreckt sich neben den ausdrücklich erwähnten Wettbewerbsregeln auch auf die Anwendung der sog. Grundfreiheiten, vgl. (für Art. 37 EGV) EuGH, Urt. v. 23.10.1997, Slg. 1997, I - 5815 (unter Tz. 49) (Kommission/Frankreich); Litpher, RdE 1998, 72, 73; Lecheler/ Gundel, RdE 1998, 92; vorher schon Baur, in: Aktuelle Probleme, S. 77, 81.

671 Die Prüfung, ob die Voraussetzungen des Art. 86 II 1 EGV vorliegen, kann dabei vor und unabhängig von der Prüfung erfolgen, ob die betreffenden Vereinbarungen u.U. nach Art. 81 III EGV freistellungsfähig wären. Zwar wurde teilweise die Auffassung vertreten, Art. 86 II EGV könne erst dann eingreifen, wenn zuvor alle Möglichkeiten einer Freistellung ausgeschöpft wurden, vgl. Pernice, in: Grabitz/Hilf, Art. 90 Rdn. 53; Ehricke, EuZW 1993, 211, 214; wohl auch Hochbaum, in: Groeben/Thiesing/Ehlermann, Art. 90 Rdn. 58. Diese Ansicht dürfte nach der "Almelo"-Entscheidung (EuGH, EuZW 1994, 408), in der der EuGH (unter Tz. 50) ausführt, es sei Sache der nationalen Gerichte zu prüfen, ob die Voraussetzungen des Art. 86 II 1 EGV vorliegen, indes nur noch schwer zu halten sein; denn eine Freistellung z.B. nach Art. 81 III EGV können die nationalen Gerichte gar nicht gewähren. Wie hier Rapp-Jung, RdE 1994, 165, 168.

Liberalisierung des Energiemarktes, die das Ineinandergreifen des europäischen Primär- und Sekundärrechts deutlich zutage treten läßt, unter dem Stichwort "Einfluß des Sekundärrechts auf das Primärrecht" diskutiert, ob und inwieweit vorhandenes Sekundärrecht (hier also insbesondere die Stromrichtlinie) die Auslegung und Anwendung der primärrechtlichen Vorschriften des EG-Vertrages beeinflussen kann.[672]

Zwar hat der EuGH erst jüngst wieder deutlich gemacht, daß Art. 86 II 1 EGV auch Wettbewerbsbeschränkungen im Energiesektor rechtfertigen kann,[673] und den Anwendungsbereich dieser Vorschrift dabei sogar ausgesprochen großzügig gehandhabt.[674] Die diesen Entscheidungen zugrundeliegenden Sachverhalte waren jedoch unter anderem dadurch gekennzeichnet, daß es dort (noch) keine sekundärrechtlichen Vorschriften gab.[675] Damit erweist sich diese Rechtsprechung im Hinblick auf die eingangs gestellte Frage als unergiebig. Blickt man hingegen auf die Rechtsprechung in solchen Bereichen, in denen sekundärrechtliche Vorschriften zu der Zeit bereits existierten,[676] dann wird deutlich, daß die europäischen Gerichte diesen in der Tat eine nicht unerhebliche Bedeutung bei der Anwendung des Primärrechts, insbesondere des Art. 86 EGV beimessen.[677]

---

672 Vgl. aus der noch jungen Diskussion Lecheler/Gundel, RdE 1998, 92, 96 ff.; Schaub/Dohms, AG 1998, 566, 574; Thiessen, EWS 1998, 10, 18.

673 Entscheidungen vom 23.10.1997, C - 157/97 (Kommission/Niederlande), Slg. 1997, I - 5699, C - 158/97 (Kommission/Italien), Slg. 1997, I - 5789 und C - 159/94 (Kommission/Frankreich), Slg. 1997, I - 5815.

674 Der EuGH hat zunächst einmal klargestellt, daß Art. 86 II EGV auch Maßnahmen, die den sog. Grundfreiheiten zuwiderlaufen rechtfertigen kann (vgl. EuGH Slg. 1997, I - 5815 (unter Tz. 49)). Darüber hinaus hat er ausgeführt, daß die Erfüllung der Aufgaben nicht erst dann i.S.d. Art. 86 II 1 EGV gefährdet ist, wenn das Überleben des Unternehmens gefährdet ist (Tz. 59), sondern daß dies auch schon der Fall sein kann, wenn ihm dies nicht zu wirtschaftlich tragbaren Bedingungen möglich ist (Tz. 96). Schließlich und vor allem geht aus den Entscheidungen aber auch hervor, daß selbst ausschließliche Ein- und Ausfuhrrechte, mithin ein völliger Ausschluß des gemeinschaftsinternen Wettbewerbs durch Art. 86 II EGV gerechtfertigt werden kann (Tzrn. 90 ff.). Der vom EuGH selber noch einmal erwähnte Grundsatz, Art. 86 II EGV sei als Ausnahmevorschrift eng auszulegen (Tz. 53), ist also offenkundig erheblich aufgeweicht worden.

675 Lecheler/Gundel, RdE 1998, 92, 98. Das vernachlässigt Büdenbender, JZ 1999, 62, 65.

676 So z.B. für den Binnenflugverkehr die Verordnung (EWG) 2408/92 über den Zugang von Luftfahrtunternehmen der Gemeinschaft zu Strecken des innergemeinschaftlichen Flugverkehrs, ABl. EG 1992 Nr. L 240, S. 8.

677 Vgl. z.B. EuGH Slg. 1994, I - 5229, 5240, wo die Aussetzung einer gegen Frankreich gerichteten Entscheidung (allerdings im Verfahren des vorläufigen Rechtsschutzes) mit der Begründung abgelehnt wurde, Art. 4 der Verordnung ermögliche es den Mitgliedsstaaten, Fluggesellschaften gemeinwirtschaftliche Verpflichtungen aufzuerlegen, was einen ausreichenden Schutz nationaler Interessen gewährleiste. In demselben Verfahren entschied später auch das EuG, Slg. 1997, II - 997, 1043, daß die Verordnung insoweit zahlreiche Instrumente zur Verfügung stelle, so daß weitergehende Wettbewerbsbeschränkungen nicht ohne weiteres als gerechtfertigt angesehen werden können.

Dementsprechend könnte auch hier davon auszugehen sein, daß die Bestimmungen der Stromrichtlinie bei der Anwendung des Art. 86 II 1 EGV nicht unberücksichtigt bleiben können.[678] Ebenso wie die Verordnung 2408/92 über die Liberalisierung des Binnenflugverkehrs stellt nämlich auch die Stromrichtlinie den Mitgliedsstaaten (vgl. insbesondere Art. 3 II, III sowie die Wahlmöglichkeiten hinsichtlich der Organisation des Netzzugangs in Art. 16 ff.) zahlreiche Instrumente zur Verfügung, durch die - unter bewußter Inkaufnahme bestimmter Wettbewerbsbeschränkungen - den nationalen bzw. gemeinwirtschaftlichen Interessen im Bereich der Energieversorgung Rechnung getragen werden kann. Vor diesem Hintergrund spricht in der Tat einiges dafür, daß eine Rechtfertigung weitergehender Wettbewerbsbeschränkungen nach Art. 86 II 1 EGV im Energiesektor nur in äußerst seltenen Fällen und nur unter sehr engen Voraussetzungen überhaupt in Betracht kommt.[679]

(bb) Betrauung

Aber auch dann, wenn man einmal davon ausginge, daß die Stromrichtlinie die Vorschrift des Art. 86 EGV nicht beeinflußt,[680] dann kommt eine Anwendung des Art. 86 II 1 EGV ohnehin nur dann in Betracht, wenn seine tatbestandlichen Voraussetzungen erfüllt sind. Problematisch ist hierbei jedoch vor allem,[681] ob die deutschen Energieversorgungsunternehmen mit der Durchführung der Energieversorgung "betraut" worden sind.[682]

---

678 So Lecheler/Gundel, RdE 1998, 92, 97; Schaub/Dohms, AG 1998, 566, 574; a.A. wohl Thiessen, EWS 1998, 10, 18.

679 Dieser Frage kann im Rahmen der vorliegenden Untersuchung nicht weiter nachgegangen werden. Eine Klärung ist insoweit jedoch von den Entscheidungen des EuGH zu den Vorlagebeschlüssen des BGH, RdE 1997, 197 ("Wingas") und des KG, EuZW 1996, 765 ("Ruhrgas/Thyssengas") zu erwarten, in denen es u.a. darum geht, ob die deutschen Versorgungsunternehmen als "betraut" i.S.d. Art. 86 II 1 EGV anzusehen sind.

680 Hierfür könnte die bereits erwähnte Äußerung im 3. Erwägungsgrund der Stromrichtlinie sprechen, nach der die Anwendung der Vorschriften des EG-Vertrages von der Richtlinie nicht berührt werden.

681 Daß es sich bei der Energieversorgung um eine Dienstleistung von allgemeinem wirtschaftlichen Interesse i.S.d. Art. 86 II 1 EGV handelt, ist demgegenüber weitgehend anerkannt, vgl. nur EuGH, EuZW 1994, 408, 410 ("Almelo"); Kommission, ABl. EG 1991 Nr. L 28, S. 32, 43 ("Ijsselcentrale"); BGH, RdE 1997, 197, 200 ("Wingas"); Hochbaum, in: Groeben/Thiesing/Ehlermann, Art. 90 Rdn. 46; Emmerich, Öffentliche Unternehmen, S. 445; Baur, in: Aktuelle Probleme, S. 77, 87; Börner, in: Das Energiewirtschaftsgesetz im Wandel, S. 61, 65; Feist, RdE 1995, 186, 189; Lukes, DB 1987, 1925, 1926; Rapp-Jung, RdE 1994, 165, 168; Thiessen, EWS 1998, 10, 13. Der Begriff der Dienstleistung in Art. 86 II 1 EGV ist dabei weiter auszulegen als derjenige in Art. 59 ff. EGV, vgl. Hochbaum, in: Groeben/Thiesing/Ehlermann, Art. 90 Rdn. 46; Mestmäcker, Wettbewerbsrecht, § 55 III 2; Emmerich, Öffentliche Unternehmen, S. 445; Lukes, RIW 1998, 581, 582.

682 Während die wohl überwiegende Meinung diese Frage verneint (vgl. WuW/E BKartA 2648, 2654 ("Ruhrgas/Thyssengas"); BKartA, RdE 1996, 160, 162 ("Stadt Nordhorn"); Hochbaum, in: Groeben/Thiesing/Ehlermann, Art. 90 Rdn. 77; Klaue, in: Immenga/Mestmäcker, § 103 Rdn. 91; Schaub/Dohms, AG 1998, 566, 569; Thiessen, EWS 1998, 10, 13 ff., 17; Lukes, DB 1987,

Nach der Rechtsprechung des EuGH erfordert das Merkmal der "Betrauung" i.S.d. Art. 86 II 1 EGV einen Hoheitsakt der öffentlichen Gewalt,[683] wobei jedoch weniger die formale Ausgestaltung als vielmehr der Inhalt und die rechtlichen Folgen der betreffenden Maßnahme zu berücksichtigen sind:[684] So muß die Zuweisung der Aufgaben nicht zwangsläufig aufgrund eines Gesetzes erfolgen; auf der anderen Seite reicht die bloße Erteilung der Erlaubnis zur Aufnahme der betreffenden Tätigkeit oder auch deren Überwachung nicht aus.[685] Danach kommen im Hinblick auf die deutschen Energieversorgungsunternehmen im wesentlichen zwei Ansatzpunkte in Betracht, aus denen eine Betrauung hergeleitet werden könnte: Die allgemeine Anschluß- und Versorgungspflicht des § 10 EnWG[686] und (im Verhältnis der Gemeinden zu den Versorgungsunternehmen) der Abschluß eines Konzessionsvertrages.[687]

(aaa) Die allgemeine Anschluß- und Versorgungspflicht

Was zunächst die allgemeine Anschluß- und Versorgungspflicht betrifft, hebt die aus § 10 EnWG im allgemeinen wirtschaftlichen Interesse folgende Verpflichtung, unter Umständen auch unrentable Versorgungsleistungen zu erbringen, die Energieversorger in der Tat von den allein ihr eigenes, wirtschaftliches Interesse verfolgenden Unternehmen ab.[688] Eine derartige Verpflichtung wurde auch vom EuGH als ein

---

1925, 1927. Neuerdings wohl auch - entgegen ihrer früheren Haltung, vgl. ABl. EG 1993 Nr. L 50, S. 14, 22 ("Jahrhundertvertrag") - die Kommission im Rahmen der anhängigen Vorabentscheidungsverfahren, vgl. Schaub/Dohms, AG 1998, 566, 568 f.), sehen einige das Merkmal der Betrauung als erfüllt an (vgl. Jestaedt, in: Langen/Bunte, Art. 85 Sonderbereiche Rdn. 112; Emmerich, Öffentliche Unternehmen, S. 462; Börner, in: Das Energiewirtschaftsgesetz im Wandel, S. 61, 66 ff.; Baur, in: Aktuelle Probleme, S. 77, 90 f.; Rapp-Jung, RdE 1994, 165, 168; Feist, RdE 1995, 186, 190). Auch diese Frage liegt, wie bereits erwähnt, zur Zeit dem EuGH vor, vgl. die Vorlagebeschlüsse des BGH, RdE 1997, 197 ("Wingas", Frage 3) und des KG, EuZW 1996, 765 ("Ruhrgas/ Thyssengas", Frage 10).

683 Vgl. EuGH, Slg. 1974, 313, 318 ("BRT/SABAM").

684 Vgl. Emmerich, Öffentliche Unternehmen, S. 446; Baur, in: Aktuelle Probleme, S. 77, 90; Rapp-Jung, RdE 1994, 165, 168; Litpher, RdE 1998, 72, 73. Hochbaum, in: Groeben/Thiesing/Ehlermann, Art. 90 Rdn. 49 weist darauf hin, daß die deutsche Fassung der Richtlinie eine "formalere" Auslegung nahezulegen scheint.

685 Vgl. EuGH, Slg. 1983, 483, 504 ("GVL"); Hochbaum, in: Groeben/Thiesing/ Ehlermann, Art. 90 Rdn. 49; Börner, in: Das Energiewirtschaftsgesetz im Wandel, S. 61, 66; Feist, RdE 1995, 186, 189.

686 So insbesondere Jestaedt, in: Langen/Bunte, Art. 85 Sonderbereiche Rdn. 112; Emmerich, Öffentliche Unternehmen, S. 462; Feist, RdE 1995, 186, 190

687 Vgl. Jestaedt, in: Langen/Bunte, Art. 85 Sonderbereiche Rdn. 112; Rapp-Jung, RdE 1994, 165, 168. Wohl auch Emmerich, Öffentliche Unternehmen, S. 462. Allein die Tatsache, daß § 3 EnWG eine Genehmigungspflicht vorsieht, reicht danach eindeutig nicht aus, vgl. auch Börner, Das Energiewirtschaftsgesetz im Wandel, S. 61, 66.

688 Emmerich, Öffentliche Unternehmen, S. 462; Baur, in: Aktuelle Probleme, S. 77, 90 f.; ders., RdE 1992, 41.

Gesichtspunkt bei der Beurteilung, ob eine Betrauung vorliegt, berücksichtigt.[689] Wollte man das Merkmal der "Betrauung" mit dieser Begründung bejahen, dann müßte die Anwendung des Art. 86 II 1 EGV allerdings konsequenterweise - was häufig nicht deutlich genug hervorgehoben wird - auf die Gebietsversorger beschränkt bleiben.[690] Denn wie sich bereits aus dem Wortlaut des § 10 EnWG ergibt, werden solche Versorgungsunternehmen, die keine allgemeine Versorgung von Letztverbrauchern in ihrem Gebiet durchführen, von der allgemeinen Anschluß- und Versorgungspflicht nicht erfaßt.

Auch hinsichtlich der Gebietsversorgungsunternehmen dürfte eine Betrauung i.S.d. Art. 86 II 1 EGV jedoch letztlich zu verneinen sein.[691] Denn die Bundesregierung hat in ihrer Begründung zum Entwurf der Energierechtsnovelle ausdrücklich hervorgehoben, daß mit der Umsetzung der "service public"-Bestimmungen der Richtlinie (Art. 3 II), zu denen sie ausdrücklich auch die Anschluß- und Versorgungspflicht des (späteren) § 10 EnWG rechnete, keine Betrauung i.S.d. Art. 86 II 1 EGV verbunden sein sollte.[692] Auch bei einer "gemeinschaftsrechtlichen" Auslegung des Merkmals der Betrauung in dem Sinne, daß es in erster Linie auf den rechtlichen Inhalt der Maßnahme ankommt,[693] ist angesichts dieser Stellungnahme davon auszugehen, daß der in der Umsetzung der "service public"-Bestimmungen liegende Akt der öffentlichen Gewalt nach seinem rechtlichen Inhalt gerade nicht auf eine "Betrauung" i.S.d. Art. 86 II 1 EGV gerichtet war.

Alles in allem spricht daher mehr dafür, daß auch die Energieversorgungsunternehmen, die die allgemeine Anschluß- und Versorgungspflicht des § 10 EnWG trifft, nicht mit einer Dienstleistung von allgemeinem wirtschaftlichen Interesse "betraut" worden sind.

---

689 Vgl. EuGH, Slg. 1989, 803, 853 ("Ahmed Saeed"); EuGH, Slg. 1993, 2533, 2569 ("Corbeau"); vgl. auch Pernice, in: Grabitz/Hilf, Art. 90 Rdn. 36; Jestaedt, in: Langen/Bunte, Art. 85 Sonderbereiche Rdn. 112.

690 Zutreffend Emmerich, Öffentliche Unternehmen, S. 462.

691 Ob dies schon allein mit der Überlegung begründet werden kann, § 10 EnWG knüpfe lediglich an die Aufnahme der tatsächlichen Versorgungstätigkeit an, weshalb es an einem Betrauungsakt fehle (so Schaub/Dohms, AG 1998, 566, 568), erscheint jedoch zweifelhaft. Denn dabei würde der Umstand vernachlässigt, daß die Verpflichtung letztlich aus § 10 EnWG, d.h. einem Akt der öffentlichen Gewalt folgt.

692 Vgl. BT-Drucksache 13/7274, S. 37.

693 Die Notwendigkeit einer gemeinschaftsrechtlichen Auslegung heben hervor Rapp-Jung, RdE 1994, 165, 168; Schaub/Dohms, AG 1998, 566, 567.

(bbb) Abschluß eines Konzessionsvertrages

Ein Betrauungsakt könnte möglicherweise aber in dem Abschluß eines Konzessionsvertrages zwischen einer Gebietskörperschaft und einem Versorgungsunternehmen zu sehen sein, durch den letzterem das Recht (und die Pflicht) zugewiesen wird, die Gemeindewege zur Versorgung von Letztverbrauchern im Versorgungsgebiet zu nutzen.[694] Denn der Abschluß eines Konzessionsvertrages erfordert in der Regel einen Beschluß der zuständigen Organe der Gebietskörperschaft und damit, wenn man so will, einen "Akt der öffentlichen Gewalt".[695]

Dagegen, daß es sich hierbei um einen Akt der öffentlichen Gewalt i.S.d. Art. 86 II 1 EGV handelt, könnte aber die Tatsache sprechen, daß sich das Versorgungsunternehmen an dem Konzessionsvertrag ja freiwillig beteiligt und seine eigene Betrauung somit letztlich privatautonom herbeiführen würde. Während sich dieses Bedenken noch mit dem Argument entkräften läßt, daß es weniger auf den formalen Akt als vielmehr auf den Inhalt der betreffenden Maßnahme ankommt, sprechen aber jedenfalls die möglichen, praktischen Konsequenzen dagegen, Konzessionsverträge als Betrauungsakte anzusehen. Denn wenn es den Versorgungsunternehmen möglich ist, auf den konkreten Inhalt der Verpflichtung Einfluß zu nehmen, dann kann der daraus folgende, unterschiedliche Inhalt der Konzessionsverträge dazu führen, daß in der einen Gemeinde eine Betrauung vorliegt, in der anderen hingegen nicht. Damit würde sich die Frage der Anwendbarkeit der Art. 81, 82 EGV in praktisch jedem Gemeindegebiet neu stellen.

Darüber hinaus spricht gegen die Einordnung der Konzessionsverträge als Betrauungsakte aber auch, daß die Gebietskörperschaften bei dem Abschluß dieser Verträge weniger hoheitlich als vielmehr unternehmerisch tätig werden.[696] Das

---

694 Gegen diese Auffassung spricht dabei nicht etwa, daß sie - wie bisweilen behauptet - einen Zirkelschluß darstelle (vgl. Thiessen, EWS 1998, 10, 17, der dies damit begründet, daß sie voraussetzt, was eigentlich erst ihr Ergebnis sein könne, nämlich die Wirksamkeit der Vereinbarung). Dieser Vorwurf beruht indes auf einer Vermischung der unterschiedlichen, in einem Konzessionsvertrag enthaltenen Vereinbarungen: Die mögliche Wettbewerbswidrigkeit beruht auf der Ausschließlichkeit der Wegerechte, während Art. 86 II 1 EGV an die allgemeine Versorgungspflicht anknüpft. Nur wenn letztere zu einer Anwendbarkeit des Art. 86 II 1 EGV führt, kann die in der Ausschließlichkeitsbindung liegende Wettbewerbsbeschränkung gerechtfertigt sein.

695 Mit dieser Begründung insbesondere Rapp-Jung, RdE 1994, 165, 168 f.

696 Britz, Örtliche Energieversorgung, S. 206, 209; Steinberg/Britz/Schaub, RdE 1996, 165, 172. Dies wird insbesondere dadurch verdeutlicht, daß die Konzessionsabgaben eine echte Gegenleistung für die Einräumung der Wegerechte darstellen. Auch bei Art. 81 EGV (dazu sogleich unter (b)) wird die Unternehmenseigenschaft der Gemeinden in erster Linie damit begründet, daß es sich bei der Energieversorgung auch von ihrer Seite um eine wirtschaftliche Betätigung handelt.

Handeln der Gemeinden stellt sich daher nicht als eine im allgemeinen wirtschaftlichen Interesse liegende Übertragung bestimmter Versorgungsaufgaben im Wege hoheitlichen Handelns dar. Es kann daher nicht davon ausgegangen werden, daß im Abschluß eines Konzessionsvertrages eine Betrauung i.S.d. Art. 86 II 1 EGV liegt.

Die deutschen Energieversorgungsunternehmen sind daher nicht mit der Durchführung der Energieversorgung i.S.d. Art. 86 II 1 EGV "betraut".

(b) Art. 81 EGV

Möglicherweise ergibt sich ein rechtlich anzuerkennendes Bedürfnis für Demarkations- und Konzessionsverträge aber aus den allgemeinen Grundsätzen zu Art. 81, 82 EGV.[697]

(aa) Handelsbeeinträchtigung

Fraglich könnte jedoch sein, ob und inwieweit Gebietsschutzabreden in Energieliefer- und Konzessionsverträgen die Zwischenstaatlichkeitsklausel des Art. 81 I EGV erfüllen. Denn eine rein spekulative, lediglich theoretische Eignung zur Beeinträchtigung des innergemeinschaftlichen Handels reicht hierfür nicht aus.[698] Auf der anderen Seite ist auch kein Nachweis erforderlich, daß eine konkrete Beeinträchtigung vorliegt; ausreichend ist vielmehr eine auf objektive Umstände gegründete, hinreichende Wahrscheinlichkeit, daß es zu einer solchen Beeinträchtigung kommen kann.[699]

---

697 Daß diese Vorschriften auch auf die Energieversorgung Anwendung finden, ist weitgehend anerkannt, vgl. EuGH, EuZW 1994, 408, 410 ("Almelo"); Jestaedt, in: Langen/Bunte, Art. 85 Sonderbereiche Rdn. 103; Klaue, in: Immenga/Mestmäcker, § 103 Rdn. 91. Zwar werden im Hinblick auf die Unternehmenseigenschaft der an Konzessionsverträgen beteiligten Gebietskörperschaften bisweilen Zweifel geäußert (Jestaedt, in: Langen/Bunte, Art. 85 Sonderbereiche Rdn. 109). Angesichts der Tatsache, daß sich die Tätigkeit der Gebietskörperschaften als wirtschaftliches und somit unternehmerisches Handeln darstellt (zur Maßgeblichkeit der wirtschaftlichen Betätigung für die Unternehmenseigenschaft vgl. EuGH, Slg. 1985, 873, 885 ("British Telecom"); Koch, in: Grabitz/Hilf, Art. 85 Rdnrn. 7 f.; Baur, RdE 1992, 41, 45), sind sie jedoch als Unternehmen i.S.d. Art. 81 EGV anzusehen (vgl. BGH, RdE 1997, 197, 198 ("Wingas"); Baur, RdE 1992, 41, 45).

698 Vgl. EuGH, Slg. 1979, 1869, 1894 ff. ("Hugin", unter Tzrn. 22 ff.); Schröter, in: Groeben/Thiesing/Ehlermann, Art. 85 Rdn. 142.

699 Vgl. EuGH, Slg. 1966, 281, 303 ("La Technique Minière"); Koch, in: Grabitz/Hilf, Art. 85 Rdn. 91; Schröter, in: Groeben/Thiesing/Ehlermann, Art. 85 Rdn. 141.

Während teilweise davon ausgegangen wird, daß Demarkations- und Konzessionsverträgen eine solche Wirkung in der Regel zukommen wird,[700] nehmen andere eine differenzierende Haltung ein: Nur bei Konzessionsverträgen in grenznahen Gebieten bzw. bei Demarkationsvereinbarungen zwischen Versorgern in verschiedenen Mitgliedsstaaten sei eine Handelsbeeinträchtigung mit hinreichender Wahrscheinlichkeit zu erwarten. In grenzfernen Gebieten bzw. bei rein inländischen Demarkationen werde es hieran hingegen regelmäßig fehlen.[701]

Die letztgenannte Ansicht erscheint auf den ersten Blick durchaus plausibel: Bei Konzessionen grenzfern gelegener Gebietskörperschaften oder bei Demarkationen zwischen inländischen Versorgern scheint die Wahrscheinlichkeit, daß sie Auswirkungen auf den innergemeinschaftlichen Handel haben, in der Tat verhältnismäßig gering zu sein.[702] Letztlich dürften aber auch derartige Vereinbarungen zur Beeinträchtigung des innergemeinschaftlichen Handels geeignet sein. Zwar ist dies letzten Endes immer eine Frage des Einzelfalls.[703] Durch die Vereinbarung einer Gebietsschutzabrede werden die in dem "geschlossenen" Versorgungsgebiet ansässigen Abnehmer aber gleichwohl in jedem Fall daran gehindert, Energie von einem anderen - inländischen oder ausländischen - Anbieter zu beziehen. Da der Wechsel zu einem anderen, ausländischen Anbieter auch nicht mit vergleichbar hohen Transportkosten wie in anderen Wirtschaftsbereichen verbunden ist,[704] handelt es sich hierbei auch nicht um ein rein hypothetisches Szenario. Die Möglichkeit für ausländische Unternehmen, Energie an Abnehmer in Deutschland zu liefern, wird vielmehr konkret und unmittelbar beeinträchtigt.[705]

---

700 Vgl. für Demarkationsverträge WuW/E BKartA 2648, 2653 ("Ruhrgas/Thyssengas"); für Konzessionsverträge BKartA, RdE 1996, 160, 162 ("Stadt Nordhorn"); grundsätzlich bejahend auch Ehlermann, RdE 1993, 41, 44 f.; Feist, RdE 1995, 186, 187 (für Demarkationsverträge).

701 Vgl. Baur, RdE 1992, 41, 46; Lukes, DB 1987, 1925, 1929; Schmitz, RdE 1991, 142, 147; speziell für inländische vertikale Demarkationen ebenso Steinberg/Britz/Schaub, RdE 1996, 165, 171.

702 Für sie spricht auch, daß die vom BKartA als Musterverfahren herausgegriffenen Fälle durchweg Vereinbarungen zwischen Unternehmen in grenznahen Gebieten betreffen, vgl. die Verfahren "RWE/Kleve" (Mitteilung in WuW 1993, 180), "Ruhrgas/Thyssengas" (WuW/E BKartA 2648) und "Stadt Nordhorn" (RdE 1996, 160). Gleichwohl geht das BKartA davon aus (vgl. die von Markert, RdE 1993, 134, 135 geäußerte Ansicht), daß die Entscheidungen des EuGH dann für sämtliche Vereinbarungen gelten werden.

703 Vgl. Schulte-Beckhausen, in: Ludwig/Odenthal, Art. 85 EGV Rdnrn. 14, 16. Hierbei dürfte neben dem Stand der Marktdurchdringung auch die Größe des betroffenen Versorgungsgebietes eine Rolle spielen (in der Entscheidung "Ijsselcentrale" betraf die Vereinbarung das gesamte Gebiet der Niederlande, weshalb die Eignungsklausel bejaht wurde, vgl. Kommission, ABl. EG 1991 Nr. L 28, S. 32, 42; Schmitz, RdE 1991, 142, 144). Auch die Laufzeit der Vereinbarung kann eine Rolle spielen, vgl. Kommission, ABl. EG 1991 Nr. L 28, S. 32, 42 ("Ijsselcentrale").

704 Wie bereits oben (B. I.) dargestellt wurde, erfolgt ja gar keine "Lieferung" im eigentlichen Sinne. Der einzige tatsächliche Auslandsbezug besteht in der vertraglichen Bindung.

705 Vgl. Ehlermann, RdE 1993, 41, 44. In diesem Zusammenhang ist auch zu berücksichtigen, daß der Anteil des Stromhandels am gesamten Stromverbrauch in Westeuropa schon derzeit 10%

Vor diesem Hintergrund ist davon auszugehen, daß es infolge der Vereinbarung einer Gebietsschutzabrede mit hinreichender Wahrscheinlichkeit zu einer Beeinträchtigung des innergemeinschaftlichen Handels mit Energie kommen kann.[706] Gebietsschutzabreden in Energieliefer- und Konzessionsverträgen dürften daher regelmäßig dem Verbot des Art. 81 I EGV unterfallen.

(bb) Freistellung nach Art. 81 III EGV

Damit stellt sich nun die für die Beurteilung eines "anzuerkennenden Bedürfnisses" entscheidende Frage, ob die betreffenden Vereinbarungen die Voraussetzungen für eine Freistellung nach Art. 81 III EGV erfüllen. Da eine Gruppenfreistellungsverordnung - anders als z.B. für Alleinbezugsvereinbarungen[707] - für Konzessions- oder Demarkationsverträge nicht existiert,[708] kommt lediglich die Möglichkeit einer Einzelfreistellung in Betracht.[709]

---

beträgt (so die Angabe der RWE in der Berliner Zeitung v. 24.04.1999, S. 35 ("RWE baut Stromhandel aus"). Ob sich dieses Ergebnis auch aus der sog. "Bündeltheorie" ergibt, ist angesichts der Tatsache, daß derartige Vereinbarungen künftig grundsätzlich unzulässig sind, hingegen zweifelhaft. So aber wohl Köhler, Wettbewerbsbeschränkungen beim Energievertrieb, S. 51, 53.

706 Im Einzelfall, insbesondere wenn es sich um kleine, abgelegene Gebiete handelt, kann es jedoch an der Spürbarkeit der Beeinträchtigung fehlen; gegen eine vorschnelle Bejahung dieses Tatbestandsmerkmals auch Schmitz, RdE 1991, 142, 147.

707 Verordnung (EWG) Nr. 1984/83 der Kommission vom 22.06.1983 über die Anwendung von Art. 81 III EGV auf Gruppen von Alleinbezugsvereinbarungen, ABl. EG 1983 Nr. L 173, S. 5. Rapp-Jung, RdE 1994, 165, 166 hält diese im Hinblick auf Energielieferverträge insbesondere deswegen für unzureichend, weil die Begrenzung der Freistellung auf Vereinbarungen bis zu einer Höchstdauer von 5 Jahren im Vergleich zur bisherigen Rechtslage (§ 103 a I 1 GWB stellte Demarkations- und Konzessionsverträge mit einer Laufzeit von bis zu 20 Jahren frei) eine deutliche Verkürzung darstellt. Eine 5-jährige Alleinbezugsvereinbarung dürfte den Energieversorgungsunternehmen aber zumindest eine gewisse Planungssicherheit bieten. Skeptisch gegenüber der Anwendbarkeit der Verordnung im Energiebereich hingegen Köhler, Wettbewerbsbeschränkungen beim Energievertrieb, S. 51, 60.

708 Angesichts der in der Stromrichtlinie getroffenen Kompromisse und den damit verbundenen, unterschiedlichen Graden der Marktöffnung innerhalb der Gemeinschaft erscheint der Vorschlag, die nach Art. 81, 82 EGV zulässigen Wettbewerbsbeschränkungen im Energiesektor in einer Gruppenfreistellungsverordnung zu regeln, wenig realistisch. Hierfür aber Jestaedt, in: Langen/ Bunte, Art. 85 Sonderbereiche Rdn. 115.

709 Dies ist zwar insofern unbefriedigend, als das Verfahren bis zu einer Freistellungserklärung recht langwierig ist (Wiedemann, Gruppenfreistellungsverordnungen, AT Rdn. 15) und der betreffenden Vereinbarung bis dahin die rechtliche Anerkennung fehlt (Schröter, in: Groeben/Thiesing/Ehlermann, Art. 85 Rdn. 169; Wiedemann, Gruppenfreistellungsverordnungen, AT Rdn. 13). Die damit verbundene Rechtsunsicherheit läßt sich jedoch bis zu einem gewissen Grad durch die Erteilung eines sog. "comfort letters" abmildern, der zwar keine bindende Wirkung hat, aber zumindest einen gewissen Vertrauensschutz begründet; weiterhin besteht für den nationalen Richter, insbesondere nach Erlaß eines "comfort letters" die Möglichkeit, das Verfahren bis zur förmlichen Freistellungsentscheidung auszusetzen (Schröter/Jakob-Siebert, in: Groeben/Thiesing/Ehlermann, Art. 87 - Zweiter Teil, Rdn. 47).

Erste Voraussetzung hierfür ist eine Verbesserung der Warenerzeugung oder -verteilung. Demarkations- und Konzessionsverträge ermöglichen es den Versorgungsunternehmen, durch eine langfristige Planung und Sicherstellung einer möglichst hohen Auslastung ihrer Erzeugungs- und Verteilunganlagen die Energieerzeugung und -versorgung rationell zu betreiben. Unnötige Leerstandszeiten, Überkapazitäten etc. werden so vermieden. Daß dies unter Umständen zu einer Verbesserung der Warenerzeugung und -verteilung i.S.d. Art. 81 III EGV führen kann, hat die Kommission mehrfach anerkannt.[710]

An den dadurch erzielten Vorteilen werden die Verbraucher auch in angemessener Weise beteiligt. Die durch Demarkations- und Konzessionsverträge ermöglichte, langfristige Planung und rationelle Unternehmensführung dient dem Interesse sowohl der privaten als auch der industriellen Verbraucher an einer sicheren Versorgung zu tragbaren Preisen.[711]

Im Regelfall kann auch nicht davon ausgegangen werden, daß hierdurch für einen wesentlichen Teil der betreffenden Waren der Wettbewerb ausgeschlossen wird.[712] Fraglich könnte aber sein, ob die mit Demarkations- und Konzessionsverträgen verbundenen Beschränkungen für die Erreichung dieser Ziele unerläßlich sind. Denn wie oben gezeigt wurde, dürfte die allgemeine Versorgungssicherheit zu vertretbaren Preisen auch bei einer Geltung der Wettbewerbsregeln in der Regel nicht gefährdet sein. Es hat sich aber auch gezeigt, daß Fälle denkbar sind, in denen sich eine Maßnahme (zu denken wäre im Hinblick auf eine Verbesserung der Warenverteilung z.B. an die Erschließung eines abgelegenen Gebietes) ohne eine gewisse Befreiung vom Wettbewerbsdruck nicht bzw. nur unter der Gefahr einer andernfalls drohenden Entwertung der mit ihr verbundenen Investitionen durchführen läßt; die betreffende Wettbewerbsbeschränkung kann im Einzelfall daher durchaus "unerläßlich" sein.

---

710 Vgl. ABl. EG 1991 Nr. L 178, S. 31, 34 f. ("Scottish Nuclear"); ABl. EG 1992 Nr. L 50, S. 14, 23 ("Jahrhundertvertrag"). Ebenso Schröter, in: Groeben/ Thiesing/Ehlermann, Art. 85 Rdn. 218; Koch, in: Grabitz/Hilf, Art. 85 Rdn. 167. Zwar betrafen diese Entscheidungen Alleinbezugsvereinbarungen; die genannten Wirkungen können aber auch Gebietsschutzabreden in Energieliefer- und Konzessionsverträgen zukommen.

711 Vgl. Kommission, ABl. EG 1992 Nr. L 50, S. 14, 23 ("Jahrhundertvertrag"); Schröter, in: Groeben/Thiesing/Ehlermann, Art. 85 Rdn. 221.

712 Unterhalb einer Marktanteilsschwelle von 20-30% ist dies in der Regel zu verneinen, vgl. Kommission, ABl. EG 1976 Nr. L 30, S. 13, 20 f. (Bayer/Gist-Brocades); Schröter, in: Groeben/Thiesing/Ehlermann, Art. 85 Rdn. 231. Auf kleine, begrenzte Gebiete beschränkte Vereinbarungen werden diese Voraussetzung daher im allgemeinen nicht erfüllen.

Dem Interesse an einer möglichst weitgehenden Aufrechterhaltung des Wettbewerbs wird dadurch hinreichend Rechnung getragen, daß die betreffenden Maßnahmen darüber hinaus, um "unerläßlich" zu sein, dem Grundsatz der Verhältnismäßigkeit entsprechen müssen.[713] Weniger weitreichende Maßnahmen, die die Erreichung der Ziele ebenfalls gewährleisten, sind also vorzuziehen. Neben einer Verkürzung der Laufzeit der betreffenden Vereinbarung[714] kommt auch dem Umfang der von der Vereinbarung erfaßten Waren eine erhebliche Bedeutung zu: So wäre beispielsweise daran zu denken, daß sich ein Unternehmen die Versorgung in einem bestimmten Gebiet nur bis zu einem gewissen Prozentsatz vorbehält.[715]

Vor diesem Hintergrund ist es daher durchaus denkbar, daß Gebietsschutzabreden in Energieliefer- und Konzessionsverträgen im Einzelfall die Voraussetzungen für eine Freistellung nach Art. 81 III EGV erfüllen können, und für sie somit nach Art. 81 EGV ein rechtlich anzuerkennendes Bedürfnis bestehen kann.

(c) Art. 82 EGV

Weiterhin stellt sich die Frage, ob und inwieweit Demarkations- und Konzessionsverträge mit dem Verbot des Art. 82 EGV zu vereinbaren sind.

(aa) Marktbeherrschende Stellung

Was zunächst das Bestehen einer marktbeherrschenden Stellung angeht, so konnte bislang regelmäßig davon ausgegangen werden, daß die Versorgungsunternehmen und Gebietskörperschaften bereits aufgrund des Leitungs- bzw. Wegeeigentums auf den Versorgungs- und Transportmärkten in "ihren" Versorgungsgebieten marktbeherrschend waren.[716] Das infolge der Liberalisierungsmaßnahmen veränderte rechtliche Umfeld bringt jedoch einige Änderungen mit sich, die es fraglich erscheinen lassen, ob dies auch künftig noch so zu beurteilen ist. Denn mit der Durchleitung wurde ein Wettbewerbsinstrument eingeführt, das anderen Anbietern das Recht

---

713 Vgl. Schröter, in: Groeben/Thiesing/Ehlermann, Art. 85 Rdn. 222.

714 Diese spielt eine erhebliche Rolle, vgl. den Fall "Electrabel" (Kommission, 27. Wettbewerbsbericht 1997, S. 48), in dem die Kommission die Prüfung aussetzte, nachdem die Parteien die Dauer der Vereinbarung von 20-30 auf 10-15 Jahre gekürzt hatten.

715 Vgl. auch insoweit den Fall "Electrabel", in dem das Recht zur Alleinversorgung früher als ursprünglich geplant auf 75% des Bedarfs zurückgeführt wurde; vgl. auch Markert, OGLTR 1996, 220, 223.

716 Vgl. Jestaedt, in: Langen/Bunte, Art. 85 Sonderbereiche Rdn. 116; Ehlermann, RdE 1993, 41, 43; Baur, RdE 1992, 41, 47 f. Vgl. auch (zum Fall eines gesetzlichen Monopols) EuGH, Slg. 1985, 3261 ff. ("Télémarketing", unter Tzrn. 11 ff., 18).

einräumt, vorhandene Leitungen der ehemals alleinberechtigten Eigentümer zur Versorgung ihrer Kunden zu nutzen. Auch ist wegen Art. 21 der Stromrichtlinie bzw. § 13 I 1 EnWG die Vergabe ausschließlicher Nutzungsrechte durch die Gebietskörperschaften künftig nur noch unter engen Voraussetzungen möglich. Die Rechtspositionen, auf die sich die Monopolstellungen gründeten, können potentiellen Wettbewerbern also künftig grundsätzlich nicht mehr entgegengehalten werden.

Das führt zugleich zu einer weitreichenden Veränderung des wettbewerblichen Umfeldes. Zwar werden auch künftig für eine Aufnahme der Energieversorgung oder einen Ausbau der Leitungen aufgrund der erheblichen finanziellen Aufwendungen hohe Marktzutrittsschranken bestehen.[717] Die auf dem deutschen Markt bereits etablierten Versorgungsunternehmen, die in erster Linie als Wettbewerber in Betracht kommen, verfügen hingegen über eine erhebliche Finanzkraft,[718] die es ihnen ermöglicht, den Wettbewerb um bislang "fremde" Versorgungsgebiete tatsächlich aufzunehmen. Durch das Auftreten von Wettbewerbern verstärkt sich zugleich die Position der Marktgegenseite (insbesondere in Gestalt der Großabnehmer), die bisherigen Monopolisten sehen sich einem vorher nicht vorhandenen Wettbewerbsdruck ausgesetzt. Die Abschaffung eines rechtlichen Monopols, das Auftreten finanzkräftiger Wettbewerber sowie das Aufkommen einer Elastizität in der Nachfrage sind aber allesamt Umstände, denen bei der Beurteilung, ob eine marktbeherrschende Stellung besteht, eine erhebliche Bedeutung zukommt.[719]

Vor diesem Hintergrund dürfte die Möglichkeit, sich gegenüber den Konkurrenten und der Marktgegenseite in einem nennenswerten Umfang unabhängig zu verhalten, was Voraussetzung für die Annahme einer marktbeherrschenden Stellung ist,[720] erheblich eingeschränkt sein. Angesichts dessen kann zukünftig, jedenfalls mittelfristig,[721] nicht mehr ohne weiteres davon ausgegangen werden, daß Gebietsver-

---

717 Dies kann für eine marktbeherrschende Stellung sprechen, vgl. EuGH, Slg. 1978, 207, 291 ("United Brands", Tzrn. 121/124); EuGH, Slg. 1979, 461, 524 ("Hoffmann-La Roche", Tz. 48); Möschel, in: Immenga/Mestmäcker, EG-Wettbewerbsrecht, Band I, VI., Rdn. 77.

718 Diese kann marktmachtrelativierend wirken, vgl. EuGH, Slg. 1983, 3461, 3511 f. ("Michelin", Tz. 59); Möschel, in: Immenga/Mestmäcker, EG-Wettbewerbsrecht, Band I, VI., Rdn. 75.

719 Vgl. EuGH, Slg. 1983, 3461, 3511 f. ("Michelin", Tz. 59); Möschel, in: Immenga/ Mestmäcker, EG-Wettbewerbsrecht, Band I, VI., Rdnrn. 74, 75, 82; Koch, in: Grabitz/Hilf, Art. 86 Rdn. 30.

720 Vgl. EuGH, Slg. 1978, 207, 278 ff. ("United Brands", Tzrn. 63/66); EuGH, Slg. 1983, 3461, 3496 ff. ("Michelin", Tz. 30); Dirksen, in: Langen/Bunte, Art. 86 Rdn. 56.

721 Auch in diesem Zusammenhang sind unter dem Gesichtspunkt der zeitlichen Marktabgrenzung wieder die infolge der Liberalisierung zu erwartenden Änderungen des wettbewerblichen Umfeldes von erheblicher Bedeutung, vgl. Dirksen, in: Langen/Bunte, Art. 86 Rdn. 36.

sorgungsunternehmen oder Gebietskörperschaften auf ihrem jeweiligen Markt eine beherrschende Stellung innehaben.[722]

Aber auch in den Fällen, in denen eine marktbeherrschende Stellung zu bejahen ist, muß sich diese zumindest auf einen wesentlichen Teil des gemeinsamen Marktes beziehen. Hierbei ist, stärker als auf die Größe des betreffenden Marktes, auf die wirtschaftliche Bedeutung des betreffenden Gebietes, vor allem auf die Struktur und den Umfang der Produktion und des Verbrauchs abzustellen.[723] Während attraktive Ballungszentren diese Voraussetzungen möglicherweise erfüllen, wird es sich bei abgelegenen Gebieten mit einer hohen Zahl von Tarifabnehmern und wenigen Großkunden in der Regel nicht um wirtschaftlich bedeutende Teilmärkte i.S.d. Art. 82 EGV handeln.

Es ist daher festzuhalten, daß künftig nicht mehr ohne weiteres von einer marktbeherrschenden Stellung des Energieversorgungsunternehmens bzw. der Gebietskörperschaft ausgegangen werden kann.

(bb) Mißbrauch

Aber auch wenn eine marktbeherrschende Stellung vorliegt, fragt es sich, ob diese mißbräuchlich ausgenutzt wird. Als Mißbrauchshandlung kommt in erster Linie die Weigerung eines Versorgungsunternehmens in Betracht, einem Konkurrenten die Versorgung von in "seinem" Gebiet ansässigen Verbrauchern im Wege der Durchleitung zu gestatten; aber auch die Weigerung einer Gebietskörperschaft, Wege zum Leitungsbau zur Verfügung zu stellen, könnte einen solchen Mißbrauch darstellen.

---

722 Auch die Möglichkeit des Rückgriffs auf eine kollektiv marktbeherrschende Stellung, die in diesem Zusammenhang bisweilen angedeutet wurde (vgl. EuGH, EuZW 1994, 408, 410 ("Almelo", Tzrn. 41 ff.)), dürfte zukünftig deutlich schwieriger werden. Denn zum einen wird es infolge der Liberalisierung des Energiemarktes künftig am bisher vorhandenen, flächendeckenden Netz gleichartiger Demarkations- und Konzessionsverträge, und damit an einer möglichen strukturellen Voraussetzung für eine gemeinsame Marktbeherrschung fehlen. Zum anderen kann angesichts eines aufkommenden Wettbewerbs nicht mehr ohne weiteres von einer, eine kollektive Beherrschung nahelegenden, Interessengleichrichtung ausgegangen werden (zu den Voraussetzungen einer kollektiv marktbeherrschenden Stellung, insbesondere zur Unterscheidung zwischen strukturellen und verhaltensbedingten Kriterien vgl. EuG, Slg. 1992, II - 1403, 1458 ("Italienische Glashersteller", Tz. 358); EuG, Slg. 1996, II - 1201, 1230 f. ("CMB", Tzrn. 62, 64); Möschel, in: Immenga/Mestmäcker, EG-Wettbewerbsrecht, Band I, VI., Rdnrn. 108 f.).

723 Vgl. EuGH, Slg. 1975, 1663, 1995 ("Suiker Unie", Tz. 371/372); EuGH, Slg. 1991, II - 5889, 5928 ("Hafen von Genua", Tz. 15); Schröter, in: Groeben/ Thiesing/Ehlermann, Art. 86 Rdn. 127; Möschel, in: Immenga/Mestmäcker, EG-Wettbewerbsrecht, Band I, VI., Rdn. 57.

Nach der Rechtsprechung des EuGH kommen allerdings nur solche Verhaltensweisen als Mißbrauchshandlungen i.S.d. Art. 82 EGV in Betracht, die "von den Mitteln eines normalen Produkt- oder Dienstleistungswettbewerbs auf der Grundlage der Leistungen der Marktbürger abweichen."[724] Damit soll deutlich gemacht werden, daß sich auch marktbeherrschende Unternehmen im Wettbewerb frei bewegen können, sofern sie sich der Mittel des Leistungswettbewerbs bedienen.[725] Dementsprechend ist es anerkannt, daß solche Verhaltensweisen keinen Mißbrauch darstellen, die durch technische oder kommerzielle Notwendigkeiten gerechtfertigt sind, die sich aus der Eigenart des jeweiligen Sachgebietes ergeben.[726]

Zwar können dann, wenn es - wie hier - um den Zugang zu einer "wesentlichen Einrichtung" geht,[727] unter Umständen strengere Maßstäbe gelten.[728] Auch in einem solchen Fall besteht eine Pflicht, Wettbewerbern den Zugang zu den betreffenden Einrichtungen zu gewähren, aber nicht uneingeschränkt.[729] Vielmehr ist auch dann eine Interessenabwägung vorzunehmen, die dazu führen kann, daß die Zugangsverweigerung durch objektive Gründe gerechtfertigt ist.[730]

Die Verweigerung der Durchleitung stellt danach jedenfalls dann keinen Mißbrauch dar, wenn es an freien Kapazitäten fehlt.[731] Sie ist aber nicht auf diesen Fall beschränkt ("oder kommerzielle Notwendigkeit"). Auch legitime wirtschaftliche Eigeninteressen können das praktizierte Verhalten rechtfertigen.[732] So ist es denkbar, daß

---

724 Vgl. EuGH, Slg. 1979, 461, 541 ("Hoffmann-La Roche", Tz. 91); EuGH, Slg. 1980, 3775, 3794 ("L'Oréal", Tz. 27); EuGH, Slg. 1983, 3461, 3514 ("Michelin", Tz. 70).

725 Vgl. Schröter, in: Groeben/Thiesing/Ehlermann, Art. 86 Rdn. 131.

726 Vgl. EuGH, Slg. 1985, 3261, 3278 ("Télémarketing", Tz. 26); Möschel, in: Immenga/Mestmäcker, EG-Wettbewerbsrecht, Band I, VI., Rdn. 120; Baur, RdE 1992, 41, 48; Scholz, RdE 1998, 209, 213.

727 Sog. "essential facilities"-Doktrin, vgl. hierzu Möschel, in: Immenga/Mestmäcker, EG-Wettbewerbsrecht, Band I, VI., Rdnrn. 258 ff. Eine wesentliche Einrichtung in diesem Sinne liegt vor, wenn ein Wettbewerber ohne ihre Nutzung seinen Kunden keine Dienste anbieten kann, vgl. Kommission, ABl. EG 1994 Nr. L 15, S. 6, 16 (Tz. 66).

728 Vgl. Möschel, in: Immenga/Mestmäcker, EG-Wettbewerbsrecht, Band I, VI., Rdnrn. 266 f.

729 Vgl. EuGH, Slg. 1988, 6211, 6235 ("Volvo/Veng", Tz. 8); EuGH, Slg. 1995, I - 743, 823 ("Magill", Tz. 50, wo es sogar heißt, die Ausübung der ausschließlichen Rechte stelle nur unter "außergewöhnlichen Umständen" einen Mißbrauch dar). Für das deutsche Recht ebenso WuW/E BGH 2953, 2963 ("VNG").

730 Möschel, in: Immenga/Mestmäcker, EG-Wettbewerbsrecht, Band I, VI., Rdn. 263. Zum deutschen Recht vgl. WuW/E BGH 2953, 2963 ff. ("VNG"); Büdenbender, RdE 1999, 1, 5 f.; Schmidt-Preuß, RdE 1996, 1, 4 ff., der insbesondere auch die Bedeutung von Investitionsschutzerwägungen hervorhebt.

731 Vgl. Jestaedt, in: Langen/Bunte, Art. 85 Sonderbereiche Rdn. 117 (unter Hinweis darauf, daß hierbei auch künftig bestehende Lieferverpflichtungen zu berücksichtigen sind); diese Fallgruppe hat in Art. 17 V 1 der Stromrichtlinie ihren normativen Niederschlag erfahren.

732 EuGH, Slg. 1978, 207, 298 ("United Brands", Tz. 184/194); EuGH, Slg. 1985, 3261, 3278 ("Télémarketing", Tz. 26); Möschel, in: Immenga/Mestmäcker, EG-Wettbewerbsrecht, Band I, VI.,

ein Versorgungsunternehmen zur Amortisation seiner Aufwendungen, die z.B. für die Erschließung eines abgelegenen Gebietes erforderlich waren, für eine Zeitlang darauf angewiesen ist, das Netz nur selber für die Versorgung zu nutzen, da ein heftiger Preiswettbewerb diese Investitionen andernfalls unzumutbar entwerten würde. Dieselbe Erwägung kann dann aber auch den Abschluß von Demarkationsvereinbarungen zwischen Liefer- und Verteilerunternehmen rechtfertigen. Auch erscheint es vor diesem Hintergrund denkbar, daß eine Gemeinde ein legitimes Interesse daran haben kann, die Versorgung des Gemeindegebietes nur einem Versorger zu gestatten.[733]

Unter derartigen Umständen stellt die Verweigerung der Durchleitung bzw. der Einräumung von Wegerechten daher kein mißbräuchliches Verhalten i.S.d. Art. 82 EGV dar. Dementsprechend sind in diesem Umfang auch Gebietsschutzabreden in Energieliefer- und Konzessionsverträgen zulässig.

(3) Zwischenergebnis

Gebietsschutzabreden in Energieliefer- und Konzessionsverträgen können, soweit sie eine Wettbewerbsbeschränkung i.S.d. Art. 81, 82 EGV enthalten, im Einzelfall auch aus wirtschaftlichen Gründen nach diesen Vorschriften gerechtfertigt sein. Soweit die Stromrichtlinie insoweit engere Regeln aufstellt, kann und will sie die höherrangigen Vorschriften der Art. 81, 82 nicht präkludieren.

cc) Ergebnis

Auch nach der Novellierung des Energiewirtschaftsrechts kann für Demarkations- und Konzessionsvereinbarungen noch ein wirtschaftlich und (nach deutschem und europäischem Recht) auch rechtlich anzuerkennendes Bedürfnis bestehen.

Rdn. 120; Jestaedt, in: Langen/Bunte, Art. 85, Sonderbereiche, Rdn. 16; Baur, RdE 1992, 41, 48; Scholz, RdE 1998, 209, 213.

733 Eine Aushöhlung der Liberalisierungsbemühungen ist bei einem solchen Verständnis des auch marktbeherrschenden Unternehmen erlaubten Verhaltens nicht zu befürchten, da auch im Rahmen von Art. 82 EGV der Grundsatz der Verhältnismäßigkeit gilt, vgl. EuGH, Slg. 1978, 207, 298 ("United Brands", Tz. 184/194); Möschel, in: Immenga/Mestmäcker, EG-Wettbewerbsrecht, Band I, VI., Rdn. 120; Dirksen, in; Langen/Bunte, Art. 86 Rdn. 81.

Zusammenfassung der wichtigsten Ergebnisse

(1) Die Neufassung des Kartellverbots durch die 6. GWB-Novelle stellt, soweit es die Abgrenzung "horizontaler" und "vertikaler" Wettbewerbsbeschränkungen betrifft, einen großen Schritt in die richtige Richtung dar, da durch den Übergang zu der Formulierung "zwischen miteinander im Wettbewerb stehenden Unternehmen" nunmehr bereits der Wortlaut des § 1 GWB zu erkennen gibt, worum es in dieser Vorschrift eigentlich geht, nämlich um das Verbot der typischerweise besonders schädlichen, horizontalen Wettbewerbsbeschränkungen. Das Vorliegen einer horizontalen Wettbewerbsbeschränkung ist daher auch als maßgebendes Abgrenzungskriterium zwischen den §§ 1 und 14 ff. GWB anzusehen.

(2) Die klarstellende Wirkung der Neufassung beschränkt sich allerdings auf den "Kernbereich" der vom Kartellverbot erfaßten Fälle; im Hinblick auf die problematischen "Grenzfälle" (wie Wettbewerbsverbote und -beschränkungen in Gesellschafts- bzw. Austauschverträgen und Beschränkungen von Drittwettbewerb) führt der Verzicht auf die "offene" Formulierung "zu einem gemeinsamen Zweck" und der Übergang zur "geschlossenen" Formulierung "zwischen miteinander im Wettbewerb stehenden Unternehmen" hingegen zu erhöhter Rechtsunsicherheit.

(3) Wettbewerbsverbote in Gesellschaftsverträgen verstoßen dann nicht gegen § 1 GWB, wenn sie für die Durchführung des Vertrages wirtschaftlich und rechtlich erforderlich sind. Methodisch handelt es sich hierbei um eine teleologische Reduktion des Tatbestandsmerkmals "Wettbewerbsbeschränkung" in § 1 GWB. Die Immanenztheorie ist demgegenüber aus systematischen und teleologischen Gründen abzulehnen.

(4) Der Normzweck des § 1 GWB sowie das in dieser Vorschrift zum Ausdruck kommende Verbotsprinzip werden dem wettbewerblichen Charakter von Wettbewerbsbeschränkungen in Austauschverträgen nicht gerecht. Die von der herrschenden Meinung praktizierte, ergänzende Kontrolle dieser Vereinbarungen anhand von § 1 GWB ist daher abzulehnen. Wettbewerbsbeschränkungen in Austauschverträgen sind vielmehr ausschließlich nach § 16 GWB zu beurteilen.

Die Beurteilung ist dabei nicht auf die in dieser Vorschrift ausdrücklich genannte, marktstrukturelle Untersuchung beschränkt. § 16 GWB will darüber hinaus vielmehr nur solche Vereinbarungen zulassen, für die in wirtschaftlicher und rechtlicher Hinsicht ein "anzuerkennendes Bedürfnis" besteht; hierbei sind auch die nicht marktstruktur-bezogenen Aspekte der Vereinbarung eigenständig zu berücksichtigen. In methodischer Hinsicht liegt dem eine teleologische Extension des Tatbestandsmerkmals "wesentliche Wettbewerbsbeeinträchtigung" in § 16 GWB zugrunde.

Soweit es danach an einem "anzuerkennenden Bedürfnis" fehlt, können die hiervon betroffenen Wettbewerber gemäß § 33 GWB i.V.m. § 16 GWB Unterlassungs- bzw. Schadensersatzansprüche geltend machen. Die Wettbewerber, wie auch der gebundene Vertragsteil selber können sich auf das Fehlen eines "anzuerkennenden Bedürfnisses" darüber hinaus auch nach § 138 BGB i.V.m. § 16 GWB berufen.

(5) Beschränkungen von Drittwettbewerb sind in aller Regel ebenfalls allein nach § 16 GWB zu beurteilen, da sie sich in der Praxis regelmäßig als eine Form der Wettbewerbsbeschränkungen in Austauschverträgen erweisen, und es ihnen somit an der generellen Wettbewerbsschädlichkeit fehlt, die für die von § 1 GWB erfaßten Vereinbarungen typisch ist. Für die Abgrenzung der §§ 1 und 16 GWB wird das Kriterium der "horizontalen Wettbewerbsbeschränkung" daher durch das Merkmal "Vorliegen eines Austauschvertrages" ergänzt.

Sofern es einmal am Vorliegen eines Austauschvertrages fehlt, können auch Beschränkungen von Drittwettbewerb dem Kartellverbot unterfallen. In den - seltenen - Fällen, in denen es sich bei den an der Vereinbarung Beteiligten selber nicht um Wettbewerber handelt, dürfte dies mit Blick auf den Wortlaut des § 1 GWB aus rechtsstaatlichen Erwägungen jedoch ausgeschlossen sein. Die durch die Neufassung des § 1 GWB insoweit entstandene Lücke läßt sich bei der nächsten Novelle jedoch ohne weiteres schließen.

(6) Bei Gebietsschutzabreden in Energieliefer- und Konzessionsverträgen handelt es sich in aller Regel um Wettbewerbsbeschränkungen in Austauschverträgen, die § 16 GWB unterfallen. Gleichwohl werden sie nach dem Wegfall der kartellrechtlichen Freistellung regelmäßig unzulässig; das Merkmal "anzuerkennendes Bedürfnis" ist dabei im Lichte der von der Energierechtsnovelle beabsichtigten Liberalisierung des Energiemarktes auszulegen. Allerdings tritt diese Unzulässigkeit nicht ausnahmslos ein; vielmehr kann für Gebietsschutzabreden - wenn auch nur unter engen Voraussetzungen - auch aus wirtschaftlichen Gründen, wie zum Beispiel des Investitionsschutzes, noch ein (nach deutschem und europäischem Recht) "anzuerkennendes Bedürfnis" bestehen.

Deutsches und Europäisches Wirtschaftsrecht

Herausgegeben von Jürgen F. Baur

Band 1 Matthias Wolter: Das Tatbestandsmerkmal der Lückenlosigkeit qualitativer Selektivvertriebssysteme im Spannungsverhältnis zwischen Wettbewerbs- und Kartellrecht. 2001.

Band 2 Nicole Hagemann: Rechtsschutz gegen Kennzeichenmissbrauch unter Berücksichtigung der Internet-Domain-Name-Problematik. 2001.

Band 3 Bernd Nelißen: Die Abgrenzung "horizontaler" und "vertikaler" Wettbewerbsbeschränkungen nach der 6. GWB-Novelle. 2001.

Gerhard Ring (Hrsg.)

Freiberger Symposium zum Gewerblichen Rechtsschutz

Tagungsband des 2. Freiberger Seminars zur Praxis des Gewerblichen Rechtsschutzes

Frankfurt/M., Berlin, Bern, Bruxelles, New York, Oxford, Wien, 2000.
XIII, 106 S., 4 Abb.
Schriften zur Praxis des Gewerblichen Rechtsschutzes.
Herausgegeben von Gerhard Ring. Bd. 1
ISBN 3-631-36440-7 · br. DM 45.–*

In einer Einführung erfolgt zunächst eine praxisorientierte Einführung in die Grundzüge des Gewerblichen Rechtsschutzes. Dabei werden insbesondere die Strukturen des Patent- sowie des Markenrechts aufgezeigt. Dieser theoretische Überblick wird ergänzt durch praktische Beispiele aus der aktuellen Rechtsprechung des Bundespatentgerichts und des Bundesgerichtshofs. Aus der Sicht der Industrie erfolgt eine Darstellung der strategischen Überlegungen und Kriterien, die einer Anmeldung gewerblicher Schutzrechte in der Praxis vorangehen.

Aus dem Inhalt: Erich R. Franke: Kriterien für die Anmeldung von Schutzrechten aus der Sicht der Industrie · Marianne Grabrucker: Aktuelle Entwicklungen in der Rechtsprechung zum Markenrecht · Wilfried Anders: Neue Entwicklungen in der Rechtsprechung zum Patentrecht · Horst Götting: Einführung in die Grundlagen des Patentrechts · Gerhard Ring: Einführung in das Markenrecht

FSC
www.fsc.org
MIX
Papier | Fördert gute Waldnutzung
FSC® C083411

Kolibri 360 GmbH
Ferdinand-Jühlke-Straße 7
99095 Erfurt, Deutschland
produktsicherheit@kolibri360.de

Druck:
CPI Druckdienstleistungen GmbH
im Auftrag der
Kolibri 360 GmbH
Ferdinand-Jühlke-Str. 7
99095 Erfurt